29888

BIBLIOTHÈQUE DES SCIENCES MORALES ET POLITIQUES.

# ÉCONOMIE RURALE

DE

# LA FRANCE

## DEPUIS 1789

PAR

## M. L. DE LAVERGNE

MEMBRE DE L'INSTITUT
ET DE LA SOCIÉTÉ CENTRALE D'AGRICULTURE DE FRANCE.

## PARIS

GUILLAUMIN ET C<sup>ie</sup>  |  LIBRAIRIE AGRICOLE
ÉDITEURS | DE LA MAISON RUSTIQUE
RUE RICHELIEU, 14. | RUE JACOB, 26.

## 1860

# ÉCONOMIE RURALE

## DE LA FRANCE

### DEPUIS 1789.

## DU MÊME AUTEUR

ESSAI SUR L'ÉCONOMIE RURALE DE L'ANGLETERRE, DE L'ÉCOSSE ET DE L'IRLANDE. 3ᵉ édition. 1 vol. grand in-18. 1858.

L'AGRICULTURE ET LA POPULATION. 1 vol. grand in-18. 1857.

Paris — Imp. de A. Henry Noblet, rue du Bac, 50.

# ÉCONOMIE RURALE

## DE LA FRANCE

### DEPUIS 1789

#### PAR M. LÉONCE DE LAVERGNE

Membre de l'Institut,
de la Société centrale d'agriculture de France,
ancien député.

« Le territoire de la France, dans toute son étendue, est libre comme les personnes qui l'habitent. »
( *Loi du 28 septembre 1791.* )

PARIS

| Librairie économique | Librairie agricole |
|---|---|
| DE GUILLAUMIN ET Cⁱᵉ | DE LA *MAISON RUSTIQUE* |
| 14, rue Richelieu | 26, rue Jacob |

1860
(Tous droits réservés.)

# PRÉFACE

Bien que ce volume soit le fruit de plusieurs années de travail, je ne me dissimule pas ce qui lui manque. Je prie seulement qu'on se souvienne, avant de le juger, de l'immensité et de la difficulté du sujet. Si je n'avais consulté que mes forces, je l'aurais certainement abandonné ; je n'ai été soutenu jusqu'au bout que par le sentiment du devoir que m'avait imposé l'Académie des Sciences morales et politiques.

On trouvera peut-être que j'ai donné trop de place aux considérations politiques et historiques. Il ne dépendait pas de moi de faire autrement. D'après le programme tracé par l'Académie, il s'agissait, avant tout, de rechercher les effets de la révolution de 1789 sur notre économie rurale, et il était impossible de constater ces effets sans remonter aux causes.

J'aurais d'ailleurs évité, dans tous les cas, de traiter exactement les mêmes questions que dans mon *Essai sur l'économie rurale de l'Angleterre*. Cet essai contient une comparaison entre l'Angleterre et la France, sous le rapport de la richesse agricole, et je ne puis qu'y renvoyer pour tous les points que je n'aurais pu développer de nouveau sans tomber dans des redites.

Un des plus grands écueils du sujet, c'est que chaque lecteur, pour ainsi dire, en saura plus que l'auteur sur un point donné du territoire. Puisque ce redoutable contrôle va s'exercer partout à la fois, tâchons d'en tirer parti dans l'intérêt de la vérité. Quelque soin que j'aie pris pour éviter des erreurs, il est impossible que je n'en aie pas commis quelques-unes ; je prie en grâce qu'on me les signale pour que je puisse les corriger.

Il eût été facile de multiplier les détails statistiques. J'ai cru devoir en être très-sobre. A peu près suffisante pour les faits d'ensemble, la statistique agricole présente d'autant plus de chances d'erreur qu'elle pénètre davantage dans les détails. J'ai cherché des bases moins contestables dans les tableaux officiels de la population et du revenu public.

Quoique je n'attache que bien peu d'importance aux questions de priorité, on me permettra de rappeler que la plus grande partie de ces études a paru, par fragments, dans le *Compte rendu des travaux de l'Académie des Sciences morales et politiques* dès 1856, et que les principales idées exposées dans la *Conclusion* ont été déjà présentées par moi dans le *Journal des Économistes* du 15 avril 1853, sous ce titre : *De la répartition des dépenses publiques*.

Paris, 15 juin 1860.

L. L.

# ÉCONOMIE RURALE

## DE LA FRANCE

### DEPUIS 1789.

## INTRODUCTION

### I.

Quelle a été l'influence de la révolution française sur l'agriculture? Grande et difficile question qui ne peut être résolue qu'à l'aide d'une distinction capitale.

Si l'on compare l'état de l'agriculture en 1789 et en 1859, on trouve qu'elle a fait dans ces soixante-dix ans d'assez grands progrès, dus pour la plupart aux principes nouveaux que la révolution a introduits dans nos lois. Mais si l'on borne l'examen à la période révolutionnaire proprement dite, c'est-à-dire aux temps écoulés de 1789 à 1800 et même à 1815, on voit que les progrès accomplis dans ces vingt-cinq ans ont été fort inférieurs à ceux de la période qui avait précédé et de celle qui a suivi : d'où il faut conclure que les idées généralement désignées sous le millésime de 1789, et qui ont en effet reçu dans cette mémorable année leur plus éclatante consécration, mais qui datent en réalité de bien plus loin, ont été extrêmement favorables à l'agriculture, mais que les excès de tout genre, survenus plus tard, lui ont fait beaucoup de mal, et qu'elle ne s'est relevée sérieusement que lorsque la séparation s'est faite entre les bonnes et les mauvaises conséquences de la révolution.

Il importe d'abord, pour bien établir les faits, de rendre justice aux temps écoulés de 1774 à 1789. Il s'en faut de beaucoup que ces quinze années aient été sans résultats, soit pour l'application des idées qui devaient triompher en 1789, soit pour l'accroissement de la richesse publique. On confond trop souvent, sous le nom d'ancien régime, deux époques fort différentes. La mémoire de Louis XIV et de Louis XV mérite le jugement le plus sévère; mais il n'en est pas de même de Louis XVI. Ce règne, qui a si mal fini, est au contraire une des plus heureuses époques de notre histoire; il n'y a que les trente-deux ans de la restauration et de la monarchie constitutionnelle qui puissent lui être comparés. Le changement qui s'était opéré pacifiquement avant 1789 dans notre organisation nationale s'est perdu dans les dramatiques incidents de la fin du siècle; mais, s'il frappe moins les yeux, il a été plus réellement utile que la plupart des violences qui l'ont fait oublier.

Au moment où Louis XVI montait sur le trône, la grande révolution, qui allait bientôt passer dans les faits, était consommée dans les esprits. Les écrivains du

XVIIIe siècle, philosophes, légistes, économistes, l'avaient préparée. Dès son premier pas, le nouveau roi appela à lui deux hommes qui sont restés les modèles de la vertu au pouvoir, Malesherbes et Turgot. Ils n'y restèrent pas longtemps ; mais ce qu'ils firent leur survécut, du moins en partie. Quand il n'y aurait eu que les célèbres édits sur la liberté du commerce des grains et des vins, sur l'abolition des corvées et des jurandes, c'était assez pour changer l'économie du travail agricole, commercial et industriel. Après eux, vint Necker, qui porta dans les finances publiques un ordre inconnu jusqu'à lui. Les derniers serfs furent affranchis, la question fut supprimée. La France monarchique tendit la main à l'Amérique républicaine et l'aida à briser le joug de l'Angleterre. La victoire revint à nos drapeaux, qu'elle avait abandonnés depuis Rosbach. En même temps florissaient les lettres, les sciences, les arts : Lavoisier inventait la chimie, Montgolfier découvrait les aérostats, Buffon publiait les *Époques de la nature*, Haüy fondait la minéralogie, Lagrange écrivait la *Mécanique analytique*, Jussieu perfectionnait la botanique, Bougainville achevait le tour du monde, Greuze et Vien régénéraient la peinture, Grétry créait la musique nationale, Sedaine et Beaumarchais transformaient le théâtre.

En agriculture, les deux plus grandes conquêtes qu'on ait faites depuis des siècles, les seules qu'il soit possible de citer après l'introduction du maïs et de la soie, commençaient à s'accomplir : Parmentier popularisait la pomme de terre, Daubenton introduisait la race espagnole du mouton mérinos. De leur côté, le commerce et l'industrie, longtemps comprimés, avaient pris l'essor. La seule colonie de Saint-Domingue, aujourd'hui perdue, donnait lieu à un va-et-vient maritime de près de 200 millions. Toutes nos villes s'enrichissaient à vue d'œil, et leurs plus beaux quartiers datent encore de ce temps. La population nationale montait rapidement. Dans son grand ouvrage sur l'*Administration des finances*, publié en 1784, Necker évalue le nombre annuel des naissances à un million, et celui des décès à 818,000, soit un excédant de 182,000 existences nouvelles par an, ce que nous sommes très-loin d'égaler aujourd'hui.

À cette prospérité renaissante se mêlaient toujours de graves abus. L'ancien régime, assiégé de toutes parts, ébranlé dans ses fondements, résistait encore; les intérêts nouveaux manquaient de garanties : la nation, qui sentait sa force et qui ne voulait plus retomber dans l'abîme d'où elle sortait, les exigea. Les états généraux furent convoqués. Dès leur réunion, l'ordre nouveau qu'appelaient les vœux et les besoins apparut tout entier. La double représentation du tiers, la réunion des ordres, le vote par tête, furent des pas décisifs vers ce que la France voulait, l'égalité civile et la liberté politique. Les premières délibérations de l'assemblée inscrivirent dans la déclaration des droits, sous une forme trop métaphysique sans doute, mais énergique et nette, les principes immortels qui sont la foi commune de tous les peuples civilisés. Le comité de constitution, inspiré par Mounier, jeta les bases d'une constitution libre. La nuit du 4 août y mit le sceau en amenant l'abandon spontané des priviléges par les privilégiés eux-mêmes. Tout était dit alors, la révolution légitime était accomplie.

Malheureusement l'impatience nationale, cette furie française, qui nous a si souvent perdus au milieu de nos succès, voulut aller plus loin, et le bel édifice que les travaux de tout un siècle avaient préparé s'écroula pour ne se relever qu'après d'horribles convulsions.

Arrêtons-nous un moment à cette grande date d'août 1789, et voyons quels étaient les termes des articles rédigés le 11, à la suite des résolutions du 4.

« L'assemblée nationale, est-il dit dans l'article 1$^{er}$, détruit entièrement le régime féodal; dans les droits tant féodaux que censuels, ceux qui tiennent à la servitude personnelle sont abolis sans indemnité; tous les autres sont déclarés rachetables, le prix et le mode du rachat seront fixés par l'assemblée nationale. »

Les articles 2 et 3 abolissent le droit exclusif de colombier et le droit de chasse et de garenne ouverte. L'article 4 supprime les justices seigneuriales. L'article 5 supprime les dîmes possédées par des corps séculiers et réguliers, sauf à subvenir d'une autre manière aux dépenses du culte et au soulagement des pauvres; les autres dîmes sont déclarées rachetables, de quelque nature qu'elles soient. L'article 6 déclare également rachetables les rentes foncières perpétuelles, soit en nature, soit en argent, et les *champarts* (1)

---

(1) On entendait par *champart* le prélèvement en nature d'une partie des fruits obtenus par la culture.

de toute espèce. L'article 7 supprime la vénalité des offices de judicature et de municipalité. L'article 8 supprime le casuel des curés de campagne, sous la condition qu'il sera pourvu à l'augmentation de ce qu'on appelait leurs *portions congrues*. L'article 9 abolit les priviléges pécuniaires en matière de subsides, et ordonne que la perception se fera sur tous les biens et sur tous les citoyens de la même manière. L'article 10 abolit les priviléges particuliers des provinces, principautés, cantons, villes, etc. L'article 11 porte que tous les citoyens seront admis sans distinction de naissance à tous les emplois et dignités. Les articles 12 et 13 abolissent les annates et les droits de déport. L'article 14 supprime la pluralité des bénéfices au delà d'un revenu annuel de 3,000 livres. L'article 15 ordonne la révision des pensions.

Si l'on peut reprocher quelque chose à ces réformes, c'est d'avoir compromis par trop de précipitation les résultats qu'on voulait obtenir. Rien n'est plus sage que la lettre du roi à l'assemblée, lue dans la séance du 18 septembre. Louis XVI approuvait l'abolition des droits féodaux en ce qu'ils avaient de dégradant pour les personnes; mais il croyait devoir faire des réserves pour ceux qui avaient une valeur importante pour les propriétaires; il lui paraissait juste de les ranger parmi ceux qu'on déclarait rachetables. La suppression du droit de colombier et du droit de chasse était approuvée, mais sous la réserve que le port d'armes ne pût se multiplier d'une manière contraire à l'ordre public. La suppression des dîmes était acceptée en principe, mais à condition qu'on s'expliquât sur l'impôt établi en échange. Le rachat des rentes perpétuelles était approuvé, ainsi que la suppression du casuel des curés, l'égalité en matière d'impôts, l'égale admissibilité des Français à tous les emplois, la suppression de la pluralité des bénéfices ; mais le roi présentait des objections fondées sur l'abolition des annates, qui, perçues en exécution d'un traité avec la cour de Rome, ne pouvaient être supprimées par une des parties sans le consentement de l'autre, et sur quelques autres points moins importants.

Nul doute que les articles du 11 août, combinés avec la déclaration des droits et les propositions du comité de constitution, ne fussent parfaitement suffisants pour établir en France le régime nouveau. On peut même trouver que le roi allait trop loin en accordant la suppression pure et simple des dîmes. Perçues d'après le produit brut et réparties à l'origine fort inégalement, les dîmes passaient avec raison pour un mauvais impôt ; certains fonds en étaient affranchis, tandis que d'autres payaient beaucoup plus que leur part. Une réforme était donc indispensable ; mais on pouvait leur appliquer le principe du rachat, qu'on posait en même temps pour d'autres redevances. C'était la véritable opinion de l'assemblée, qui l'avait ainsi décidé d'abord, et qui revint ensuite sur sa décision. C'était en particulier l'avis de Sieyès, qui écrivit à ce sujet une brochure remarquable, où il n'avait pas de peine à prouver qu'en se rachetant au denier vingt, les décimés auraient encore un grand bénéfice. Les dîmes ecclésiastiques, c'est le roi qui le dit dans sa lettre à l'assemblée, rapportaient de 60 à 80 millions nets; les contribuables payaient une quarantaine de millions de plus, qui se perdaient en frais de perception (1). En se rachetant pour un capital de 12 ou 1,500 millions, ils auraient gagné au moins autant, sans imposer aucune perte de revenu aux titulaires.

A l'inégalité de perception se joignait une non moins grande inégalité de distribution : l'archevêque de Strasbourg avait 400,000 livres de rente, tandis que la plupart des curés de campagne n'avaient que la *portion congrue*, qui était de 500 livres ; mais tout le monde était d'accord pour corriger cette disproportion criante, sans qu'il fût nécessaire d'aller jusqu'à l'abolition. C'est à ce propos que Sieyès, mécontent, dit son fameux mot : « Ils veulent être libres, et ils ne savent pas être justes ! »

Cette suppression des dîmes a eu en réalité bien moins d'importance qu'on ne croit. La charge a été déplacée, non détruite, car les frais du culte coûtent aujourd'hui à la masse des contribuables bien près de 50 millions, et on n'a pas encore tenu à tous les curés de campagne la promesse qu'on leur a faite en 1789, de porter le minimum de leur traitement à 1,200 francs. Le clergé y a perdu en tout une vingtaine de millions de revenu ; mais croit-on que, cette somme, les contribuables l'aient gagnée ? Je ne serais pas bien embarrassé si j'avais à dé-

(1) Le comité des impositions de l'assemblée constituante a évalué le produit total des dîmes à 133 millions, mais il y comprenait, avec les dîmes ecclésiastiques, celles qui appartenaient à des laïques et qu'on appelait *inféodées*. Ces dernières dépassaient 10 millions ; elles avaient été exceptées de la suppression et déclarées rachetables.

signer dans notre budget actuel, non pas vingt millions, mais cent, moins utilement dépensés dans l'intérêt des campagnes que le produit des anciennes dîmes. D'un autre côté, la rente du sol s'est accrue en général du montant des dîmes, et les cultivateurs proprement dits, à l'exception de ceux qui étaient en même temps propriétaires, n'ont rien gagné.

L'abolition radicale des droits féodaux peut donner lieu à des observations analogues. Le moment était évidemment venu où toute espèce de droits féodaux devait disparaître à jamais; mais fallait-il les abolir sans indemnité? Voilà qui n'est pas aussi bien démontré. L'assemblée nationale a fait une distinction très-rationnelle entre les droits qui dérivaient de l'autorité féodale et ceux qui représentaient une concession de propriété; mais cette distinction n'était pas toujours clairement applicable. Le principe de l'abolition sans indemnité s'est étendu de proche en proche, de manière à embrasser presque toutes les redevances, quelle qu'en fût l'origine. Il eût mieux valu poser le principe contraire, sauf à l'appliquer avec ménagement, suivant les cas. Le mode de rachat devant être réglé par l'assemblée, il était facile de le rendre nominal, quand il s'agirait d'un droit odieux ou ridicule. Au fond, c'est ce que le roi désirait, sans le dire explicitement; c'était mieux encore, c'était l'opinion de Turgot et de ses amis, exprimée dans le livre de Boncerf, *Inconvénients des droits féodaux*, publié dès 1776. Plus vexatoires que lucratifs, le rachat de ces droits à leur véritable valeur ne pouvait pas coûter bien cher.

Quoi qu'il en soit, voilà les dîmes et les droits féodaux abolis du consentement du roi au mois d'août 1789. Dès ce moment, toutes les conséquences qu'un pareil fait pouvait avoir pour l'agriculture lui étaient acquises. En même temps, les redevances devenaient rachetables, l'égalité de toutes les propriétés en matière d'impôt était proclamée. Les autres droits de l'homme et du citoyen, tels que la liberté individuelle, la propriété, la liberté du travail, la liberté de conscience, la liberté de parler et d'écrire, le droit de participer au vote de l'impôt et de prendre part au gouvernement des affaires publiques, n'étaient plus contestés. C'est cet ensemble de conquêtes qui a survécu et qui a vraiment fécondé le sol.

A ces causes générales, il faut ajouter la loi du 28 septembre 1791, sur les *biens et usages ruraux*, venue un peu plus tard, mais encore tout imprégnée du grand esprit de 1789; il suffira d'en citer les deux premiers articles, qui la contiennent en quelque sorte tout entière : — « Art. 1er. Le territoire de la France, dans toute son étendue, est libre comme les personnes qui l'habitent; ainsi toute propriété territoriale ne peut être sujette qu'aux usages établis ou reconnus par la loi et aux sacrifices que peut exiger le bien général, sous la condition d'une juste et préalable indemnité. — Art. 2. Les propriétaires sont libres de varier à leur gré la culture et l'exploitation de leurs terres, de conserver à leur gré leurs récoltes, et de disposer de toutes les productions de leur propriété dans l'intérieur du royaume et au dehors, sans préjudicier aux droits d'autrui et en se conformant aux lois. »

Quand une nation adopte de pareils principes, elle ouvre devant elle une carrière indéfinie de prospérité. Par malheur, ces principes, à peine posés, ont subi de graves violations et n'ont pu porter que plus tard leurs fruits. Il en est qui n'ont pas reçu encore aujourd'hui une complète satisfaction. Nous voyons de temps en temps, aux époques de disette, quelques représentants de l'autorité publique contester aux propriétaires le droit de *conserver* leurs récoltes et d'*en disposer à leur gré*, même dans l'intérieur du territoire, et pour ce qui est du dehors, nous avons un système de douanes qui prohibe positivement dans beaucoup de cas l'exportation des denrées agricoles, et qui, dans beaucoup d'autres, y met obstacle indirectement.

N'oublions pas d'ailleurs de rapporter à son véritable auteur, Turgot, l'honneur de la loi de 1791. Les principes de cette loi sont d'avance inscrits dans les fameux édits de 1774, 1775 et 1776. « La prospérité publique, disait le roi dans le préambule de l'édit sur les vins, a pour premier fondement la culture des terres, l'abondance des denrées et leur débit avantageux, seul encouragement de la culture, seul gage de l'abondance. *Ce débit avantageux ne peut naître que de la plus entière liberté des ventes et des achats.* C'est cette liberté seule qui assure aux cultivateurs la juste récompense de leurs travaux, aux propriétaires un revenu fixe, aux hommes industrieux des salaires constants et proportionnés, aux consommateurs les objets de leurs besoins, aux citoyens de tous les ordres la jouissance de leurs droits. »

On reconnaît dans ce langage le prélude de ces belles paroles de la loi de 1791 : « Le territoire de la France, dans toute son étendue, est libre comme les personnes qui l'habitent. » La loi de la révolution n'a fait que confirmer ce qu'avait voulu l'édit royal quinze ans auparavant, et au moment où ont paru les édits de Turgot, on avait plus de mérite à parler ainsi qu'en 1791, car les préjugés du passé étaient bien autrement vivants et puissants, témoin la résistance insensée que ces innovations soulevèrent dans toutes les classes de la société.

Pour bien comprendre l'importance de cette loi et des édits qui l'ont précédée, il faut se faire une idée de l'organisation économique avant Turgot. La funeste influence du régime des corporations sur le travail industriel a été souvent décrite. L'agriculture ne souffrait pas moins du défaut de liberté. De véritables douanes entre les provinces empêchaient la circulation des produits agricoles, que rendait déjà très-difficile l'insuffisance des voies de communication, si bien que telle partie de la France manquait de tout, tandis que ses voisines regorgeaient de blé, de viande ou de vin. L'autorité publique autorisait ou défendait arbitrairement, soit l'importation, soit l'exportation des grains ; elle s'arrogeait le droit de vider les greniers, de fixer le prix du blé et même de régler les ensemencements. Toute modification à l'assolement établi était interdite par des intendants ignorants, comme une atteinte à la subsistance publique ; on voulait des céréales avant tout, et on ne savait pas que la variété des cultures était précisément le plus sûr moyen d'en obtenir. Il était défendu, dans la même pensée, de planter des vignes sans autorisation; le dernier édit qui renouvelle cette prohibition est de 1747, et ce n'était pas une lettre morte.

Bien plus que les dîmes et les droits féodaux, ces entraves rendaient impossible tout perfectionnement agricole et ramenaient périodiquement une famine tous les dix ans. En les abolissant, les édits de Turgot et la loi de 1791 ont encore plus fait que les articles du 4 août. Les dîmes et les droits féodaux ne sont pas inconciliables avec le progrès de l'agriculture, ainsi que le prouve l'exemple de l'Angleterre; ce qui est tout à fait nuisible, c'est ce qui porte atteinte à la liberté du travail et des débouchés.

Ici s'arrête l'heureuse influence de la révolution sur l'agriculture, parce qu'en effet ici s'arrêtent les idées de 1789. A partir des derniers mois de cette année, si pleine d'événements, l'assemblée nationale, qui seule représentait la France, perd la direction du mouvement; elle obéit et ne commande plus. A l'esprit de justice et de liberté succède l'esprit de violence et d'oppression; tous les droits sont foulés aux pieds, toutes les propriétés violées, toutes les libertés détruites; le sang finit par couler à flots. Les législateurs de 1789, disciples de Turgot et de Malesherbes, connaissaient les lois de l'ordre économique aussi bien que les véritables conditions de la liberté politique; leurs successeurs ignorent tout et confondent tout. Quand il s'agira, après bien des épreuves, de fonder une organisation régulière, il faudra revenir au point de départ.

## II

Deux des actes les plus violents de la révolution sont souvent présentés comme ayant rendu service à l'agriculture en divisant le sol : la vente générale des biens du clergé, la vente des biens des émigrés, des déportés et des condamnés révolutionnairement. Cette opinion a un côté spécieux, mais je ne la crois pas fondée.

Il n'est pas impossible, malgré le chaos des affirmations contradictoires, de se faire une idée approximative de la valeur des biens d'église qui appartenaient principalement au clergé régulier. Le premier qui en ait parlé à l'assemblée constituante, l'évêque d'Autun, évaluait, dans la séance du 10 octobre 1789, les revenus de ces biens à 70 millions. Plus tard, le 18 décembre, Treilhard en portait la valeur capitale à 4 milliards. Outre que ce dernier chiffre a été fort contesté, on y comprenait les maisons religieuses, qui ne donnaient pas de revenu ; dans la seule ville de Paris, on estimait de 150 à 200 millions les bâtiments et terrains occupés par des couvents. Beaucoup de revenus ecclésiastiques se composant de redevances et de rentes perpétuelles, on pouvait varier extrêmement sur le mode de capitalisation. En portant à 3 milliards de capital, donnant, à deux et demi pour cent, 75 millions de revenu, la valeur de ces propriétés tant rurales qu'urbaines, on doit être bien près du vrai. Encore faut-il retrancher du revenu net les dettes du clergé, que le rapporteur du comité des dîmes évaluait, le

9 avril 1790, à 11 millions d'intérêts, et le don annuel, appelé *gratuit* pour la forme, que le clergé était tenu de faire au roi; restaient 60 millions environ.

Dans la discussion qui se termina par l'abolition des vœux monastiques le 13 février 1790, il fut constaté qu'il y avait en France 17,000 religieux et 30,000 religieuses. Ce chiffre paraîtra sans doute bien faible à côté de tout le bruit qu'on a fait, mais il n'est pas moins avéré ; beaucoup de couvents, autrefois très-peuplés, ne contenaient plus que très-peu d'habitants. Avec les chanoines et les autres bénéficiers, le nombre des parties prenantes s'élevait environ à 60,000. La répartition des revenus eût donc donné tout au plus 1,000 fr. par tête, si elle avait été égale, et elle ne l'était pas : tel abbé avait à lui seul 200,000 livres de rentes, ce qui réduisait d'autant la part des autres; et avec ces revenus il fallait pourvoir à la pompe du culte, aux dépenses des arts, des sciences et des lettres, qui avaient conservé dans les cloîtres d'importants foyers, aux fondations de charité, à l'enseignement, et même aux améliorations agricoles, qui n'étaient pas tout à fait oubliées.

Qu'il y eût quelque chose à faire pour les biens ecclésiastiques comme pour les dîmes, on n'en peut douter. Ce n'était pas, à proprement parler, une propriété comme une autre, en ce sens que le roi, collateur de la plupart des bénéfices, avait une sorte de droit de co-propriété consacrée par le temps. On avait déjà coupé court à l'accroissement indéfini de ces biens par une série de mesures dont la plus efficace avait été l'édit de 1749, rédigé par le chancelier d'Aguesseau, qui défendait à l'église de recevoir aucun immeuble, soit par donation, soit par testament, soit même par échange, sans lettres-patentes du roi enregistrées au parlement.

Vers le même temps, Montesquieu disait, dans l'*Esprit des lois* : « Les familles particulières peuvent s'augmenter ; il faut donc que leurs biens puissent croître aussi. Le clergé est une famille qui ne doit point s'augmenter, les biens doivent donc y être bornés. Rendez sacré et inviolable l'ancien et nécessaire domaine du clergé, qu'il soit fixe et éternel comme lui ; mais laissez sortir de ses mains les nouveaux domaines. »

Le moment était venu de faire un pas de plus. Les chefs du clergé reconnaissaient la nécessité d'une réforme et même d'une réduction. On pouvait, d'accord avec eux, supprimer et mettre en vente les couvents devenus inutiles, surtout dans les villes, et réaliser par ce moyen 400 millions au moins, qu'ils consentaient à affecter à la garantie de la dette publique. Parmi les biens productifs, on pouvait en aliéner une partie pour payer les dettes du clergé lui-même, et soumettre les autres à tous les impôts supportés par la généralité des propriétaires, ce qui n'était plus contesté par personne, comme on peut s'en convaincre par le texte à peu près unanime des cahiers du clergé. On pouvait enfin décréter, ce qui ne souffrait pas beaucoup plus de difficultés, que les biens des bénéfices qui viendraient à s'éteindre à l'avenir, du consentement de l'autorité ecclésiastique, seraient vendus successivement. Une grande partie des revenus du clergé consistant en rentes perpétuelles, la décision qui avait rendu ces rentes rachetables suffisait d'ailleurs pour que, dans un temps donné, le sol en fût affranchi.

Cette liquidation faite, le clergé, tant séculier que régulier, serait resté en possession de 2 milliards environ d'immeubles, y compris les bâtiments; c'était encore beaucoup sans doute, ce n'était pas trop en présence des charges qu'il avait à supporter. La charité publique et l'instruction gratuite absorbent aujourd'hui bien au delà des 50 millions dont il aurait pu disposer, et il aurait eu de plus à conserver l'éclat de ces splendides abbayes, chefs-d'œuvre de tous les arts catholiques, dont la destruction afflige aujourd'hui les regards. Nos campagnes ont beaucoup perdu en perdant ces établissements séculaires, qui les avaient défrichées primitivement, et qui animaient encore de leur présence les coins les plus reculés. Il y avait régné autrefois de grands désordres, car les institutions monastiques ont mérité tour à tour le bien et le mal qu'on en a pu dire; mais la plupart de ces désordres avaient disparu, et ce qui en restait était facile à réprimer. Tout le monde y donnait les mains, le clergé surtout, dont la grande majorité réclamait une distribution plus égale des revenus et le rétablissement de la discipline. Parmi les articles du 11 août, il en était un qui interdisait le cumul des bénéfices au delà d'un revenu de 3,000 livres.

Je sais bien qu'aux yeux des ardents réformateurs qui répétaient à satiété les anciens griefs, ces 50 millions n'auraient servi qu'à entretenir une partie de la nation dans le célibat et l'oisiveté ; mais cette objection ne pouvait plus en être une que pour des esprits passionnés. 50,000 religieux et religieuses pour une nation de 26 millions d'âmes, ou deux têtes environ sur 1,000, il ne pouvait en résulter aucun effet sensible, ni sur la population, ni sur le travail. Ces religieux remplissaient, pour la plupart, une fonction utile, en se livrant à l'étude, à l'enseignement, à l'aumône, à la garde des malades, et quand même ils n'auraient été bons à rien, personne n'avait le droit de violenter leur conscience. Tout ne se mesure pas en ce monde par l'utilité matérielle ; la méditation, l'abstinence, la pénitence, la prière, le repos même, ont aussi leurs droits. Pour que la liberté personnelle fût entière, il suffisait que la législation ne reconnût pas les vœux perpétuels, et qu'aucune vocation ne fût contrainte ; le reste ne regardait pas le pouvoir temporel. On ne pouvait, sans violer la liberté même, chasser des cloîtres par la force ceux qui voulaient y rester.

Au lieu de s'en tenir à ce qui était légitime, accepté, véritablement utile, l'assemblée a dépassé le but en ordonnant la vente de tous ces biens sans distinction. Outre que son droit ne pouvait aller jusque-là, c'était excéder les limites du possible aussi bien que du juste.

L'histoire de cette œuvre de violence, la première qu'ait accomplie la révolution et la source secrète de toutes les autres, est bonne à étudier. L'idée première commence à paraître après les journées des 5 et 6 octobre. Quoique déjà atteinte dans sa liberté par sa translation forcée à Paris, l'assemblée résiste d'abord ; elle refuse de déclarer en principe que les biens du clergé sont une propriété nationale, et n'adopte que le 2 novembre, à la majorité de 568 voix contre 386, la proposition insidieuse de Mirabeau, portant que ces biens sont *à la disposition de la nation*, à la charge de pourvoir d'une manière convenable aux frais du culte, à l'entretien de ses ministres et au soulagement des pauvres. Le 18 décembre, on décide qu'il en sera vendu pour 400 millions. Le 13 février 1790, le torrent grossissant toujours, les ordres monastiques sont abolis. Le 14 avril, un nouveau décret est rendu, sous la menace incessante des clubs, des journaux et des émeutes, portant que l'administration des biens d'église sera désormais confiée aux assemblées de département, sous la réserve de pensions équivalentes (70 millions), servies par le trésor public aux religieux dépossédés. Enfin, au mois de juin, l'assemblée, décidément subjuguée, décrète la constitution civile du clergé, et autorise l'aliénation générale de ce que la loi appelle pour la première fois les *domaines nationaux*.

On a beaucoup dit, pour justifier cette mesure, qu'elle avait eu pour but et pour effet de supprimer les biens de mainmorte et de les diviser. Même en admettant que ce double résultat ait été atteint, on peut nier qu'il y eût avantage à l'obtenir par ce moyen. Assurément la mainmorte est par elle-même plus nuisible qu'utile à l'agriculture, et dans tout État bien ordonné, on doit éviter ce qui l'impose ou la favorise; mais il n'est pas également prouvé que, quand elle existe, on puisse gagner quelque chose à la détruire violemment et d'un seul coup. En vendant les biens, on ne crée pas les capitaux nécessaires pour les mettre en valeur. C'était déjà beaucoup que de mettre en vente pour 400 millions de propriétés et de préparer pour un temps assez rapproché l'aliénation successive de 600 autres millions ; une pareille entreprise ne pouvait trouver son excuse que dans la nécessité de parer aux dettes de l'État et à celles du clergé, et dans la convenance impérieuse d'une réforme demandée par les intéressés eux-mêmes. Jeter ensemble sur le marché 3 milliards d'immeubles, c'était passer toutes les bornes ; il ne pouvait en résulter qu'un effroyable désordre, l'avilissement général de la propriété foncière, par conséquent la ruine momentanée de l'agriculture, et la démoralisation de la partie du public qu'on invitait à se partager cette énorme proie. « Vous ne pourrez pas vendre toutes ces terres à la fois, disait-on un jour à Mirabeau. — Eh bien ! répondit-il, nous les donnerons. »

Est-on bien sûr, d'ailleurs, d'avoir réduit autant qu'on l'a cru la somme des biens de mainmorte ? Les immeubles ecclésiastiques ont tous été mis en vente, mais tous n'ont pas été vendus. Les forêts, par exemple, qui en formaient la plus belle partie, sont restées en grand nombre à l'État. Ceux des bâtiments qui n'ont pas été démolis appartiennent presque tous à l'État ou aux municipalités. Il s'est trouvé tout récemment que les hospices possédaient pour 500 millions de propriétés foncières ; le patrimoine des pauvres s'est reconstitué sous un autre nom. Si l'on entreprenait de faire le compte exact de ce qui est encore frappé de mainmorte à des titres divers, soit parmi les anciens biens du clergé, soit parmi ceux qui les ont remplacés, en y ajoutant les valeurs détruites qui n'ont profité à personne, on trouverait qu'il n'est pas entré dans le domaine de la propriété privée beaucoup plus du milliard qui y serait entré dans tous les cas.

Croit-on que les communautés religieuses, qu'on a a voulu dépouiller à tout jamais, ne possèdent réellement plus rien? Même sans compter les valeurs mobilières qui, étant presque toutes au porteur, échappent à tout contrôle, j'ignore quelle est la valeur des immeubles qui leur appartiennent aujourd'hui ; je sais seulement qu'elle est très-élevée. Dans quelques provinces, on affirme qu'elle sera bientôt égale à ce qu'elle était en 1789. Un fait positif peut en donner une idée, c'est la quantité de ceux qui en vivent. D'après le dénombrement officiel de 1851, le nombre des religieuses était à lui seul de 29,486, et il n'a certainement pas diminué depuis. Le département de la Seine en compte près de 4,000 ; d'autres départements en ont plus de 1,000. On n'en comptait pas davantage en 1789. Le nombre des religieux n'est pas aussi exactement connu ; il doit être de plusieurs milliers.

Telle est l'impuissance des révolutions quand elles veulent changer le monde à leur guise. La persécution révolutionnaire est assurément pour beaucoup dans l'intérêt qui s'attache aujourd'hui aux fondations monastiques. Si le clergé avait conservé la jouissance incontestée de propriétés transmises par les siècles, on peut affirmer que les fidèles s'appliqueraient avec moins de passion à lui en créer d'autres, et que les mesures prises comme autrefois par la loi pour mettre obstacle à de nouveaux dons et legs recevraient un assentiment plus général et une exécution plus efficace.

Les ennemis de toute espèce de mainmorte diront que cette persistance est un grand malheur. Peu importe à la question dont il s'agit; en fait, la mainmorte a survécu pour une grande partie des biens mis en vente, ce qui atténue d'autant l'effet produit. Il s'en faut d'ailleurs que l'objection contre la mainmorte ne souffre aucune exception. Il est, au contraire, fort heureux que certaines natures de biens échappent à la mobilité de la propriété privée. Sans parler des monuments, des statues, des tableaux, des bibliothèques, qui ne sont, à vrai dire, que des dépôts entre les mains des générations vivantes, on peut citer les forêts. Celles des forêts du clergé qui ont été achetées par des spéculateurs n'existent plus. Dans les cas assez rares où elles ont été remplacées par de bonnes prairies ou de bonnes terres arables, il n'y a qu'à s'en féliciter; mais il est arrivé plus souvent qu'on n'a mis à la place que de mauvais taillis ou des landes improductives, et on en regrette amèrement l'absence. Celles que l'État possède ont gardé plus de valeur; mais elles sont à tout moment menacées de disparaître à leur tour.

Même pour les biens ruraux, quand un vingtième, par exemple, du sol cultivé serait resté en dehors de nos mutations perpétuelles, l'agriculture y aurait plus gagné que perdu. On se plaint que la France manque de bons fermiers, nul doute que l'absence de propriétés plus ou moins incommutables n'y soit pour quelque chose. La plupart des terres du clergé étant affermées, les fermiers avaient d'excellents baux et s'enrichissaient, si bien que, quand ces terres ont été mises en vente, ce sont eux, en général, qui les ont achetées. Cette circonstance a certainement contribué à détourner les capitaux de la culture pour les porter vers la propriété, un des vices principaux de notre économie rurale. Presque tout ce qui exige en culture de la richesse et de l'esprit de suite, a pris naissance chez nous à l'ombre des cloîtres ; nos principaux vignobles ont été créés par des ordres religieux, et n'ont pu que perdre à sortir de leurs mains ; l'horticulture leur doit ses plus heureux trésors, tant en fleurs qu'en fruits ; le bétail, enfin, cet élément principal de toute prospérité rurale, a trouvé surtout dans leurs étables les conditions nécessaires à la conservation et au perfectionnement des races.

Dans certaines provinces, les propriétés ecclésiastiques étaient rares et clair-semées ; dans d'autres, elles comprenaient le quart, le tiers et jusqu'à la moitié du sol. Il fallait corriger ces inégalités, en choisissant avec le temps entre les propriétés que le clergé devait garder et celles qu'il devait vendre. On a voulu s'épargner des difficultés de détail, on s'en est donné de bien plus graves. « Si la nation a droit à la partie, elle a droit au tout, » disait à la tribune un membre de l'assemblée à propos des 400 millions que le clergé abandonnait : parole spécieuse, mais fatale, en ce qu'elle exprime cette malheureuse tendance de l'esprit français à tout généraliser outre mesure et à ne pas comprendre que, dans ces questions délicates, où plusieurs droits sont en présence, il y a également abus et danger à invoquer de part et d'autre le *summum jus*.

A coup sûr, une partie des biens du clergé pouvait utilement se diviser; mais fallait-il diviser le tout? et en fait, l'a-t-on divisé? Non-seulement ce qui n'a pas été vendu a échappé à la division, mais une partie seulement des biens vendus s'est divisée. On ne partage pas à volonté les exploitations rurales ; chaque domaine forme le plus souvent un tout proportionné à la nature du sol, à l'étendue des bâtiments, à la constitution locale du travail. Partout où la division était réclamée par des circonstances antérieures, elle s'est faite; partout où ces circonstances n'existaient pas, elle a échoué. Outre les terres incultes et les forêts, qui sont restées généralement en grandes masses, beaucoup d'anciennes fermes et métairies ayant appartenu au clergé ont encore aujourd'hui les mêmes dimensions qu'alors. On se trompe quand on suppose que les propriétés ecclésiastiques formaient toutes d'immenses agglomérations; quelques riches abbayes possédaient en effet de grandes étendues, mais les petits bénéfices, qui se comptaient par milliers, n'ont pas pu se diviser beaucoup.

Dans tous les cas, la division telle quelle a beaucoup plus profité à la moyenne propriété qu'à la petite, parce que l'une était plus prête que l'autre à tirer parti de l'occasion. On sait maintenant que les petits propriétaires se sont beaucoup moins multipliés depuis la révolution qu'on ne se l'était imaginé. « Le nombre des petits propriétaires est si prodigieux, disait Arthur Young en 1789, que je crois bien qu'il comprend un tiers du royaume. » Il n'en comprend pas davantage aujourd'hui. « Il y a en France, écrivait en même temps Necker, une *immensité* de petites propriétés rurales. » La petite propriété mise ainsi hors de cause, la vente forcée doit avoir moins de partisans. Qu'à 60,000 propriétaires ecclésiastiques, et par conséquent viagers, on ait substitué un égal nombre de bourgeois possédant sous une autre forme, c'est un changement considérable sans doute, mais qui n'a pas la portée qu'on a voulu lui donner.

J'ai dû me renfermer dans la question agricole et économique, la seule qui soit ici de mon sujet. Il eût été facile de montrer que le but moral et politique n'a pas été moins dépassé. Sans examiner s'il était utile ou non à la bonne organisation de la société que le clergé restât propriétaire, je dirai seulement qu'on a commis une grande faute en le blessant à ce point dans ses intérêts, dans sa dignité et dans sa foi. Il ne faut pas oublier qu'en 1789 la grande majorité du clergé était animée des sentiments les plus libéraux ; c'est l'ordre du clergé qui le premier a voté sa réunion à l'ordre du tiers, et qui, dans l'église Saint-Louis, à Versailles, effectua, sous la protection de l'autel, cette réunion décisive, malgré la résistance de la noblesse et de la cour. Ses prélats les plus éminents (1)

---

(1) L'archevêque de Bordeaux (M. de Cicé), l'archevêque de Vienne (M. de Pompignan), l'archevêque d'Aix (M. de Boisgelin), etc. D'autres membres du clergé ont suivi la révolution jusqu'au bout, tels que l'évêque d'Autun (M. de Talleyrand), l'abbé Sieyès, l'abbé Grégoire, etc.

comme ses plus modestes curés, ont pris une part active aux premières délibérations de l'assemblée et aux résolutions du 4 août. Un prêtre ultramontain était alors aussi rare que peut l'être aujourd'hui un gallican. En séparant, par une série de persécutions, les deux plus grandes puissances de ce monde, la religion et la liberté, on a fait à l'une et à l'autre un mal qui sera difficilement réparable.

### III.

L'expropriation révolutionnaire a eu pour les biens des émigrés encore moins de résultats que pour les biens d'église. L'Église a perdu ses propriétés ; les familles dépossédées sont, pour la plupart du moins, rentrées dans les leurs.

La somme des domaines confisqués sur les émigrés, les déportés et les condamnés révolutionnairement, était énorme à l'origine ; elle égalait presque la valeur des propriétés ecclésiastiques, ou deux ou trois milliards. En y ajoutant les domaines de la couronne, la totalité des terres de diverse origine mises en vente à la fois comprenait un tiers du territoire. Jamais transformation plus radicale de la propriété n'avait été tentée. Qu'en est-il arrivé? Plus de moitié des biens mis en vente n'ont pas été vendus, et ont fait retour en nature à leurs propriétaires, soit pendant l'empire, soit en vertu de la loi du 5 décembre 1814. Il n'en a été vendu en réalité que pour un milliard, exactement 987,819,968 fr. 96 c. (1), et la plus grande partie de ce milliard a été restituée aux ayants droit par la loi d'indemnité du 17 avril 1825. Même parmi les biens vendus, quelques-uns avaient été achetés sous main par les familles des émigrés ou par des personnes interposées ; d'autres ont été rendus volontairement plus tard par les acquéreurs, soit à titre gratuit, par acte entre vifs ou par testament, soit par voie d'échange ou contre remboursement de tout ou partie du prix. La dépossession réelle n'a pas dépassé 5 ou 400 millions, et l'équivalent de cette perte ayant été reconquise et au delà par des mariages, on trouverait probablement, si l'on y regardait de près, la plupart des familles que la révolution avait cru ruiner plus riches aujourd'hui qu'en 1789.

D'après Sieyès, le nombre des nobles n'était que de 110,000, en y comprenant les hommes, les femmes et les enfants ; d'après Lavoisier, il était moindre encore, ou de 83,000, ce qui suppose de 20 à 25,000 chefs de famille au plus. Aujourd'hui le nombre des chefs de famille payant en moyenne 1,000 fr. de contributions directes est de 40 à 50,000.

On s'exagère en général la richesse de l'ancienne noblesse. Elle possédait nominalement un quart environ du sol, mais si négligé, si mal administré, si grevé de dettes de toutes sortes, que le revenu net était presque nul. Un très-petit nombre de grands seigneurs avaient des biens immenses, des charges de cour, des pensions qu'ils dépen-

(1) Exposé des motifs de la loi sur l'indemnité, par M. de Martignac, séance du 3 janvier 1825, à la chambre des députés.

saient à Versailles dans un luxe extravagant; le reste végétait pauvrement, dans de petits fiefs de campagne, qui ne valaient pas souvent plus de 2,000 ou 3,000 francs de rente. Le sot préjugé qui leur imposait l'obligation de *vivre noblement*, c'est-à-dire de ne rien faire de lucratif, au milieu des progrès d'un tiers-état industrieux, les avait réduits avec le temps à une véritable gêne; beaucoup d'entre eux ne disaient que trop vrai quand ils se plaignaient qu'en leur enlevant leurs redevances féodales, leur droit de garenne et de colombier, on leur ôtât leurs moyens d'existence. Beaucoup de ces modestes châtellenies sont encore debout, et on peut juger, par leur intérieur comme par leurs dépendances, du genre de vie qu'on y menait.

Les possessions de la noblesse s'étendaient autrefois beaucoup plus; elle en avait aliéné successivement la plus grande partie, et, le plus souvent, les droits féodaux n'étaient que l'ombre vaine d'une propriété qui n'existait plus depuis longtemps.

La distribution même de l'indemnité de 1825 donne la preuve de cette pauvreté. Quand on parcourt la liste des indemnisés, on en trouve quelques-uns qui ont reçu un million et au delà; mais on en voit en même temps beaucoup qui ont reçu moins de 1,000 fr.; le plus grand nombre des indemnités ne dépasse pas 50,000 fr. Parmi ceux qui ont eu leurs biens confisqués, se trouvaient beaucoup de bourgeois et même de pauvres paysans, comme il est facile de s'en assurer par le chiffre plus que modeste de leurs indemnités. Ce n'est pas la vente de ces petites propriétés qui aura beaucoup contribué à diviser le sol ; il en était, surtout en Alsace, au-dessous de 100 fr.

Telle était la condition déplorable où l'action des deux derniers règnes avait réduit la noblesse française, que ceux qui avaient le plus conservé l'apparence de grandes fortunes n'en tiraient aucun produit. Leurs châteaux héréditaires tombaient en ruines, leurs terres restaient incultes. « Toutes les fois, dit Arthur Young, que vous rencontrez les terres d'un grand seigneur, même quand il possède des millions, vous êtes sûr de les trouver en friche. Le prince de Soubise et le duc de Bouillon sont les deux plus grands propriétaires de France ; les seules marques que j'aie encore vues de leur grandeur sont des jachères, des landes et des déserts. Ah ! si j'étais seulement pendant quelques jours législateur de France, comme je ferais danser tous ces grands seigneurs ! » Arthur Young ajoute en note qu'il avait eu plus tard, après les événements accomplis, envie d'effacer ce passage, et qu'il l'avait laissé comme témoignage de l'impression du moment. Il aurait dû faire plus, il aurait dû l'expliquer ; car il ne pouvait entrer dans sa pensée, même au plus fort de son indignation contre les grands propriétaires qui ne remplissaient pas leurs devoirs, de les dépouiller et de les tuer ; la condamnation sévère qu'il porte sur les excès de la révolution, quand il en est témoin, ne peut laisser aucun doute à ce sujet.

Qu'aurait donc fait Arthur Young, et que pouvait la loi *pour faire danser*, comme il le dit, tous ces grands seigneurs ? Il suffisait de leur enlever leurs privilèges, et de les obliger, comme tout le monde, à payer leurs dettes : c'est ce qu'avait fait la déclaration du 4 août. Une liquidation aurait produit tout l'effet utile des mesures révolutionnaires, sans aucun mélange criminel. Beaucoup de ces grands domaines se seraient fondus pour parer aux charges accumulées par un désordre séculaire. C'est ce qui est arrivé pour quelques-unes des familles nobles qui n'ont pas émigré, car toutes les propriétés nobiliaires vendues pendant la révolution ne l'ont pas été révolutionnairement, il en est qui ont disparu tout simplement par suite de mauvaises affaires.

Il ne faut pas non plus que la France nouvelle se montre trop sévère envers l'ancienne. Rien de plus beau que cette grande pensée qui, en supprimant tous les ordres, n'a fait qu'une nation homogène de ces corps séparés et hostiles ; tout n'était pourtant pas également mauvais dans la vieille société, et ne méritait pas également d'être condamné. Le plus puissant élément de cette constitution séculaire, c'était, malgré les apparences, le tiers-état, et il l'a bien prouvé ; mais, en prenant fièrement sa place à la tête des anciens privilégiés, en les attirant, en les confondant dans son sein, rien ne le forçait à méconnaître les services qu'ils avaient rendus et qu'ils pouvaient rendre encore. L'ancien clergé, malgré des abus qu'il déplorait lui-même, était, par ses lumières, le premier de l'Europe ; on ne voit pas que ceux qu'il élevait fussent si mal élevés, puisque la grande génération de 1789 sortait de ses écoles. Quand le jour des épreuves est venu pour lui, il a préféré l'exil et la mort aux lâches complaisances ; et, après avoir salué un des premiers la liberté légale, il a un des premiers protesté contre l'oppression révolutionnaire. La noblesse aussi, tout en ayant de grands torts, avait en même temps de grands mérites; c'est à elle qu'ont nui ses défauts, ses qualités ont servi la nation entière. Elle était brave jusqu'à la folie; ces soldats plébéiens, qui étonnent de nos jours le monde par leur fougue intrépide, ne font que suivre la trace héroïque des gentilshommes d'autrefois. Si beaucoup d'entre eux se déshonoraient par des bassesses de cour, d'autres vivaient loin de Versailles, à l'armée ou dans leurs terres, et s'ils y commettaient la faute énorme de s'isoler dans leur orgueil, ils s'y montraient, du moins, animés d'un vif sentiment d'honneur.

En perdant ses priviléges, la noblesse avait encore une place à prendre dans la société nouvelle. Au lieu de l'y convier, la révolution a violé envers elle ses propres principes; la confiscation avait été abolie de fait, et on ne pouvait la rétablir sans blesser le droit écrit, aussi bien que le droit naturel. Les violences contre les propriétés ont bientôt conduit à des violences contre les personnes; la mort a suivi la spoliation. On a éternisé la lutte en la rendant sans pitié, on a fermé aux émigrés toute voie de conciliation et de retour et pour arriver à un résultat impossible. « En révolution, disait un bel esprit terroriste, il n'y a que les morts qui ne reviennent pas. » Il se trompait, les morts sont revenus. On a fait seulement pour la noblesse ce qu'on a fait pour le clergé, on lui a rendu suspectes les idées de 1789, que ses plus illustres membres avaient adoptées avec passion. Qui trouve-t-on parmi les principaux acteurs de la nuit du 4 août et des premières délibérations de l'assemblée ? Le marquis de Lafayette, le duc de la Rochefoucauld, le duc de Liancourt, le comte de Clermont-Tonnerre, le vicomte de Montmorency, le vicomte de Noailles, le comte de Lally-Tolendal, et celui qu'il faut citer à part pour son éloquence comme pour le mal qu'il a fait, le comte de Mirabeau.

De tout ce mal est sorti un certain bien. L'ancienne noblesse paraît avoir compris combien elle avait eu tort de négliger le sol, elle a vu ce qu'elle avait gagné à devenir à la fois faible et abusive, insolente et pauvre, et elle cherche à établir désormais sa puissance, non sur d'odieux et inutiles priviléges, mais sur ce qui vaut mieux de toute façon, la propriété bien entendue. Son intérêt se confond ainsi avec l'intérêt commun, car la richesse privée est l'élément constitutif de la richesse publique, quand elle ne provient pas du parasitisme et de la déprédation, et qu'elle découle de la seule source légitime, la bonne administration du travail, de l'intelligence et du capital. C'est ainsi que l'ancienne noblesse peut reprendre dans la société française une place moins apparente, mais plus effective qu'avant 1789. Par son principe et son origine, elle était essentiellement rurale, elle n'a qu'à le redevenir pour se régénérer.

Combien cette transformation eût pu être plus prompte et plus facile, si le rapprochement du passé et de l'avenir avait été plus complet dès le premier jour ! L'ancienne noblesse, ou, pour parler plus exactement, la classe riche, redoute et redoutera longtemps encore l'esprit niveleur dont elle a eu tant à souffrir, et qui se confond pour elle avec le véritable esprit de liberté ; elle jette un dernier regard de regret sur les priviléges, en se demandant s'ils n'étaient pas une garantie de la propriété : erreur excusable après ce qui s'est passé, mais funeste pour tout le monde.

Au nombre des reproches qu'on fait aux idées de 1789, se trouve la portée qu'on prête à la loi de succession. On oublie que le principe du partage égal n'est pas nouveau ; il existait sous l'ancien régime pour les propriétés non nobles, le code civil n'a fait que le généraliser. C'est avec la loi du partage égal que, sous l'ancien régime, le tiers-état avait grandi en richesse et en puissance, au point de pouvoir dire en 1789 qu'il était la nation même. C'est avec le droit d'aînesse et les substitutions que la noblesse avait perdu sa richesse, presque son existence, car les trois quarts des nobles n'étaient que des bourgeois enrichis. Le véritable effet du partage égal est de stimuler l'activité individuelle ; avec lui, les aînés ne sont pas beaucoup moins riches, et les cadets le sont davantage, parce que tous héritent d'une partie de leur fortune et ont l'autre à créer. « L'avantage du droit d'aînesse, disait ironiquement en Angleterre le docteur Johnson, c'est qu'il ne fait qu'un sot par famille. »

De même, la substitution, qui paraît un obstacle à la dissipation, la favorise, en ce qu'elle donne à une classe de la société le privilége d'une banqueroute légale et périodique. Ce fatal privilége tourne contre ceux qui l'exercent ; il dispense d'ordre, de travail et de moralité; il nuit doublement à la bonne administration du sol, en le retenant de force entre les mains de ceux qui l'épuisent et en ôtant à ceux qui pourraient l'améliorer les moyens et jusqu'à l'envie de l'entreprendre.

Ces combinaisons légales manquent donc leur but, elles n'aident que faiblement à conserver la richesse acquise, et elles empêchent de l'augmenter. Elles ne sont même pas nécessaires à la constitution d'une aristocratie politique, ainsi que l'a déjà fait remarquer Sismondi, puisque les deux plus grandes aristocraties du monde, celle de l'ancienne Rome et celle de la moderne Venise, se sont maintenues sans ce secours. Peu importe que la richesse se divise, pourvu qu'elle s'accroisse, ou, pour mieux dire, il est heureux qu'elle se divise, puisque la division est un moyen d'accroissement.

Quoi qu'il en soit, cette question de la loi de succession est distincte de la confiscation. L'une fait partie des conséquences légitimes, l'autre des conséquences illégitimes de la révolution. Elles n'ont de commun que la tendance à la division du sol; et, sous ce rapport, toutes deux ensemble ont eu, quoi qu'on en dise, assez peu d'effets certains.

Il y a un troisième agent de division qui diminue encore la part des deux autres; c'est ce qu'on appelle en France *la bande noire*, et en Allemagne *les bouchers de domaines*. Tout le monde sait combien la spéculation des ventes au détail, regrettable à quelques égards, utile à beaucoup d'autres, et qui a fait, en définitive, plus de bien que de mal, a eu d'activité depuis un demi-siècle. Elle a contribué plus que toute autre cause à la division du sol ; car elle a cet avantage qu'elle n'agit qu'à propos, dans la mesure des besoins, et comme une conséquence naturelle du libre mouvement des intérêts privés. Rien ne prouve mieux combien la révolution avait laissé son œuvre incomplète, puisque, même après elle, une spéculation pareille a pu se développer à ce point, et cependant le sol est encore loin de tomber en poussière.

On peut enfin reprocher à la révolution d'avoir créé ou du moins fortifié, dans sa haine pour la propriété nobiliaire, une espèce particulière de mainmorte, qui a plus que compensé la réduction de la mainmorte ecclésiastique. Dans l'ancien droit, la propriété des terres vaines et vagues était disputée entre les communes et les seigneurs. La révolution a tranché le débat en les attribuant exclusivement aux communes. Quand les idées des économistes ont commencé à pénétrer dans le gouvernement, c'est-à-dire vers 1760, on avait entrepris de diviser les communaux. Un arrêt du conseil, entre autres, de mars 1777, avait ordonné qu'en Flandre on en fît trois parts : l'une pour le seigneur, l'autre pour les habitants, la troisième pour être amodiée ou vendue au profit de la commune. Si le gouvernement royal avait duré, on serait certainement parvenu à les faire tous passer peu à peu, sous une forme ou sous une autre, dans le domaine de la propriété privée. Deux lois de la période révolutionnaire, l'une de 1792, l'autre de 1793, ordonnèrent à leur tour le partage, mais avec la violence habituelle du temps et sans tenir compte des circonstances ; des difficultés d'exécution s'étant élevées, on y renonça, et la jouissance en commun, la plus mauvaise de toutes, a fini par l'emporter.

Cinq millions d'hectares, le dixième du territoire, ont été ainsi frappés de stérilité et d'immobilité, autant du moins que le pouvait la loi, car des aliénations volontaires en ont depuis réduit beaucoup l'étendue. Le principe subsiste toujours avec ses tristes conséquences, tandis qu'en Angleterre et en Écosse, où des idées contraires ont prévalu, presque toutes les terres, autrefois incultes, sont aujourd'hui parfaitement cultivées. En France même, les pays où les communaux ont été partagés ou vendus, soit avant 1789, soit après, sont sans comparaison plus riches et plus peuplés que ceux qui ont conservé de grandes étendues de terres communes.

## IV.

Nous venons de voir combien les mesures révolutionnaires ont peu profité à l'agriculture, puisque la plupart de leurs résultats auraient pu être obtenus sans spoliation et sans secousse, par le seul effet de l'égalité civile et de la liberté politique inaugurées en 1789. Il faut maintenant montrer à quel prix ces mesures ont été achetées, et combien l'agriculture a souffert de la perturbation générale qu'elles ont amenée.

Transportons-nous de nouveau à la fin d'août 1789. L'assemblée nationale vient d'abolir le régime féodal, les dîmes, les priviléges, et de déclarer rachetables les redevances, champarts, rentes foncières de toute espèce; elle n'a plus qu'à consolider ces conquêtes et à organiser les moyens d'exécution. Il semble que la joie et le travail doivent régner dans les campagnes affranchies; il n'en est rien. Une insurrection violente avait déjà commencé; au lieu de s'arrêter, elle s'étend. Des bandes de pillards parcourent les provinces, en portant avec elles la mort et l'incendie. Ce n'est plus à la féodalité, c'est à la propriété qu'on en veut. *Guerre aux châteaux*, dit-on, *et paix aux chaumières!* Mais la distance entre la chaumière et le château n'est pas si grande que, quand l'un brûle, l'autre soit à l'abri. La destruction, une fois commencée, ne s'arrête plus : après avoir détruit les lapins, les pigeons, les tourelles, les forêts, les titres de propriété, on détruit aussi les granges, les bestiaux, les récoltes; de proche en proche, le ravage et la peur vont loin. Croit-on que, dans un pareil moment, le cultivateur, quoique dégagé des dîmes et des droits féodaux, fût fort encouragé à semer, à labourer, à moissonner, à poursuivre son rude et fécond labeur? On s'aperçut bien vite des conséquences inévitables de ces désordres : les subsistances étaient déjà rares, elles le devinrent encore plus, et le premier effet de l'émancipation rurale fut une disette.

Cette disette même devint une arme entre les mains des révolutionnaires. Une déplorable législation sur les grains avait donné naissance, sous l'ancien régime, à de grands abus, grossis encore par l'imagination populaire. Le souvenir de ce qu'on appelait le *pacte de famine*, c'est-à-dire de spéculations coupables sur le prix des grains à l'aide du pouvoir arbitraire du gouvernement, fut exploité avec une habileté funeste. Les passions soulevées accusèrent les ennemis de la révolution du mal qu'elles avaient fait. Les violences s'en accrurent, et avec elles le manque de pain. Pendant toute la durée de la période révolutionnaire, la disette fut en permanence. On essaya de la combattre par les fameuses lois du *maximum*, on amena une véritable famine. La population de Paris se vit réduite à faire queue à la porte des boulangers, avec des cartes de pain délivrées par la commune ; les cultivateurs furent contraints par la force à envoyer leurs grains au marché et à les vendre un prix déterminé. Qu'étaient devenus les sages prescriptions de la loi de 1791 ?

Quel temps pour l'agriculture, comme pour toutes les autres branches du travail national, que 1792 et les années suivantes ! La guerre civile et la guerre étrangère déchaînées à la fois, tout l'ouest en feu, tout le midi frémissant, Lyon soulevé, trois cent mille suspects jetés en prison, une moitié de la France acharnée contre l'autre, et cinq cent mille hommes armés se jetant sur l'Europe ! Sciences, arts, lettres, industries utiles, tout avait péri à la fois. Est-ce le besoin d'institutions libres qui a produit cette horrible crise ? Non certes, puisqu'il était satisfait dès le premier jour ; c'est un autre motif, bien moins légitime. Sans l'expropriation d'un tiers du territoire, toutes ces fureurs étaient inutiles ; avec elle, tout devient nécessaire, tout s'enchaîne ; le coup porté à la propriété conduit à la guerre civile, la guerre civile à la mort du roi, la mort du roi à la guerre universelle. Aujourd'hui que ces cendres sont refroidies par près de trois quarts de siècle, on peut dire la vérité sans danger.

Et qui a le plus supporté les conséquences funestes de ces violences accumulées? La dupe éternelle de ceux qui le flattent, le peuple. Pendant que les habiles spéculaient sur la confusion et achetaient pour la moitié ou le quart de leur valeur les biens mis en vente, le plus grand nombre courait aux armes. Que d'hommes enlevés à la charrue et moissonnés par la misère encore plus que par l'ennemi! Nous avons vu tout récemment combien la guerre fait de victimes, à une époque où tout ce qui peut défendre la vie des hommes, science médicale, puissance financière, art des transports, organisation militaire, est parvenu à un haut point de perfection; que faut-il penser d'un temps où tout manquait à la fois, l'argent, l'expérience, la discipline, où des soldats improvisés marchaient au combat, sans pain, sans souliers, sans chefs, presque sans armes? Combien en est-il mort sur les routes et dans les hôpitaux, de ces courageux volontaires? Qui le sait et qui le saura jamais? En évaluant à un million d'hommes la perte de la France dans les huit années de la guerre révolutionnaire, de 1792 à 1800, on est probablement au-dessous de la vérité, sans compter ceux qui ont péri à l'intérieur par la famine et par les exécutions capitales. En même temps le séquestre était mis sur un tiers du territoire (on sait ce que devient l'administration des biens placés sous le séquestre), et l'agiotage sur les assignats jetait dans toutes les affaires privées un épouvantable désordre.

« Dès ce moment, portait le décret du 25 août 1793

pour la fameuse levée en masse, *tous les Français seront en réquisition pour le service des armées.* Les jeunes gens iront au combat, les hommes mariés forgeront des armes et transporteront les subsistances ; les femmes feront des tentes, des habits, et serviront dans les hôpitaux ; les enfants mettront du vieux linge en charpie ; les vieillards se feront porter sur les places publiques pour exciter le courage des guerriers, prêcher la haine des rois et l'amour de la république. » Chevaux, grains, bestiaux, tout était mis en réquisition, et il s'en perdait au moins autant par le vol et le gaspillage qu'il s'en employait utilement. Si ces prescriptions avaient été exécutées à la lettre, il ne serait resté ni un homme ni une bête de somme pour ouvrir un sillon. Il fallait sans doute défendre le sol national contre l'invasion ; mais n'eût-il pas mieux valu n'avoir pas à l'en défendre ?

Après le règne de la terreur, quand un ordre relatif se rétablit dans le gouvernement, l'agriculture a peine à se relever. Tous les documents du temps s'accordent sur ce point, que le prix des propriétés rurales, écrasé par les difficultés de la culture non moins que par la concurrence des biens nationaux, était tombé de 50 pour 100 en 1795 et 1796. Le principal embarras des financiers révolutionnaires est de trouver des acquéreurs pour les biens nationaux, à quelque prix que ce soit. La première passion satisfaite, on n'en veut plus, ce qui force le gouvernement à recourir à l'expédient déplorable des emprunts forcés et à faire argent sans relâche avec la planche aux assignats.

Des souvenirs lugubres se rattachent aux dernières années de la république comme aux premières. Si l'échafaud n'était plus en permanence dans les villes, le défaut absolu de police livrait les campagnes à des troupes de brigands qui commettaient impunément les plus grands crimes. Ce nouveau genre de terreur n'a pas eu le même retentissement historique que l'autre, mais il a laissé une trace plus profonde, s'il est possible, dans l'imagination des populations rurales. Le nom de *chauffeurs* qu'avaient pris quelques-uns de ces bandits, parce qu'ils brûlaient les pieds de leurs victimes, pour leur arracher le secret de leur argent, est resté comme un épouvantail qui porte encore l'effroi dans les habitations isolées. En même temps, les diligences étaient arrêtées en plein jour sur les routes, même dans les environs de la capitale, et on ne pouvait faire un voyage, si court qu'il fût, sans courir le risque d'être assassiné. Personne n'osait vivre aux champs sans une nécessité absolue, on y songeait beaucoup plus à se défendre qu'à s'enrichir. Ces restes hideux des désordres révolutionnaires n'ont disparu tout à fait qu'en 1803, devant des colonnes mobiles et des commissions militaires.

Les quatre années du consulat amenèrent une trève dont profita l'agriculture. La paix rétablie sur terre et sur mer par les traités de Lunéville et d'Amiens, l'ordre revenu à l'intérieur, les principes de 1789 invoqués de nouveau, tout contribuait à ranimer le travail. Le seul ministre qui ait fait quelque bien, de 1789 à 1815, à l'agriculture et à l'industrie, Chaptal, est entré au ministère au commencement de 1801 et en est sorti à la fin de 1804.

Quatre ans, c'est bien court pour un peuple. La proclamation de l'empire ajourna de nouveau la plupart des conséquences économiques et politiques de 1789. Une lutte gigantesque recommença, glorieuse pour nous pendant cinq ans, désastreuse pendant cinq autres ; un second million de Français au moins paya de sa vie ce nouveau défi (1). Pendant qu'ils arrosaient de leur sang la terre étrangère, leurs sueurs ne fécondaient pas le sol natal. Les intempéries furent sans doute pour beaucoup dans les disettes qui affligèrent les dernières années de l'empire et les premières de la restauration ; mais il est probable que le défaut de bras et de capitaux, en 1812, 1813, 1814 et 1815, n'y fut pas étranger. Comme au temps de la convention, toutes les forces du pays se concentraient dans un suprême effort. On avait du moins réussi, sous la république, à expulser les étrangers du territoire ; on fut moins heureux sous l'empire, et les désastres de deux invasions vinrent mettre le comble à nos malheurs.

Aux fureurs de la guerre se joignaient toujours les mauvais effets de l'ignorance économique. Les lois du *maximum* furent renouvelées par un décret de mai 1812, qui défendait de faire du blé *un objet de spéculation* et le

---

(1) L'ancien directeur de la conscription sous l'empire a évalué à plus de 1,700,000 le nombre des hommes nés dans les anciennes limites de la France qui ont succombé pendant les guerres impériales, de 1804 à 1815 ; ce fait a été rappelé par M. Passy à l'Académie des sciences morales et politiques (séance du 22 janvier 1859).

taxait *à 33 francs l'hectolitre.* Il en résulta naturellement, comme en 1793, un surcroît de disette. Un autre monument de cette ignorance, qui eut des conséquences moins graves, mais qui n'est pas moins caractéristique, est le décret du 8 mars 1811 pour *l'amélioration des bêtes à laine.* Il était interdit par ce décret à tout propriétaire d'un troupeau mérinos de *faire châtrer aucun bélier* sans l'autorisation d'un inspecteur, et il était ordonné à tout propriétaire de troupeau métis ou indigène de faire châtrer tous les siens, le tout sous peine de confiscation des animaux et d'une amende de 100 fr. à 1,000 francs, *et du double en cas de récidive.* Comme de juste, ces prescriptions n'eurent d'autre effet que d'entraver le progrès des troupeaux. Nous voilà de nouveau bien loin de la loi de 1791.

Si quelque chose a droit d'étonner, c'est que la culture n'ait pas été plus abandonnée, soit sous la république, soit sous l'empire. Il faut que la race énergique des laboureurs soit douée d'un véritable acharnement pour avoir résisté à tant de causes de dispersion. Il est vrai qu'au milieu de tous ces malheurs, la culture avait trouvé une compensation, regrettable sans doute, mais efficace, dans le prix excessif des denrées agricoles, qui dépassa à plusieurs reprises le double et même le triple du prix normal. Disons aussi que les idées de 1789, proscrites à la surface, descendaient lentement dans les profondeurs nationales et y prenaient racine. Au moment où les gouvernements les violaient par leurs actes sous l'excuse apparente de la nécessité, ils continuaient à les arborer comme drapeaux, ce qui entraînait à leur donner quelques satisfactions de détail.

La plus grande de toutes a été, sous le consulat, la rédaction de nos lois civiles, qui, malgré des exagérations et des lacunes introduites par le mélange de l'esprit révolutionnaire et de l'esprit despotique, offrent le plus beau corps de législation qui soit au monde. Grâce aux jurisconsultes éminents qui les ont rédigées et qui appartenaient tous par leur âge à la génération de 1789, ces lois, en réalisant une moitié des promesses de cette grande époque, ont compensé en partie la perte de l'autre.

Ces aperçus se trouvent confirmés par les faits, si l'on essaye de comparer les produits de l'agriculture en 1789 et en 1815. En 1789, la statistique naissait à peine, les documents qui nous restent de ce temps ne nous font connaître qu'imparfaitement la production. Ce que nous possédons de plus complet, outre le voyage d'Arthur Young, est l'extrait d'un grand travail préparé par Lavoisier et ayant pour titre : *Richesse territoriale du royaume de France*. L'ouvrage proprement dit n'a jamais été fini, mais l'extrait a été lu au comité des impositions de l'assemblée nationale en 1791 et imprimé par son ordre. L'auteur était lui-même député et commissaire de la trésorerie; il avait été fermier général, agronome éminent, et s'était occupé toute sa vie de ce qu'on appelait alors *l'arithmétique politique*. Son travail se présente donc avec les caractères d'une œuvre sérieuse. S'il ne peut être également adopté dans toutes ses parties, il offre au moins un excellent sujet de discussion.

Or, d'après Lavoisier, le produit total de l'agriculture en 1789 était de 2 milliards 750 millions. J'admets cette évaluation, qui me paraît exacte ; j'en retrancherais seulement 150 millions pour tenir compte de quelques exagérations. Lavoisier porte le prix du blé à 24 livres le setier ou 16 francs l'hectolitre, ce qui était en effet le prix moyen du froment ; mais il dit lui-même que, sous ce nom de blé, il entend avec le froment toutes les céréales qui servaient à la consommation des hommes, comme le seigle et l'orge : à ce compte, le prix de 24 livres le setier est trop élevé, il doit être réduit au moins d'un quart pour représenter la valeur des céréales inférieures qui l'emportaient sur le froment dans l'alimentation générale. La somme totale des produits obtenus par l'agriculture aurait été alors de 2 milliards 600 millions ou 100 francs environ par tête.

Nous possédons également sur l'état de l'agriculture à la fin de l'empire un document d'une autorité suffisante dans l'ouvrage de Chaptal, *De l'industrie française*, publié en 1818. D'après Chaptal, le total des produits de l'agriculture s'élevait vers 1815 à 4 milliards 678 millions ; mais, pour établir la comparaison entre ce chiffre et celui de Lavoisier, il faut y faire d'importantes rectifications. Lavoisier n'avait compris dans le produit total ni les semences, que Chaptal évalue à part à 381 millions, ni la consommation des animaux attachés à la ferme, que Chaptal évalue à 863 millions, ni le dépérissement et la mortalité de ces mêmes animaux, ni les poissons des marais et rivières, etc. Ces retranchements s'élèvent ensemble à près de 1,400 millions. En ramenant les deux statistiques à des bases communes, on trouve pour le produit total annuel de l'agriculture à la fin de l'empire un peu plus de 3 milliards ; ce produit ne se serait alors accru que de 500 millions en vingt-cinq ans, et il est probable que l'augmentation tout entière avait été obtenue sous le consulat ; la république et l'empire n'auraient alors rien ajouté à la richesse territoriale de la France.

Cette conséquence des recherches de Chaptal se vérifie par le mouvement de la population. La population nationale s'élevait en 1790, d'après le dénombrement fait par ordre de l'assemblée, à 26,500,000 âmes (1) ; elle était tout au plus, en 1815, de 29,500,000 ; différence, 3 millions seulement. Ces 3 millions d'augmentation ont dû être obtenus de 1796 à 1810 ; avant et après cette période, la population a dû plutôt diminuer.

L'industrie s'était développée plus vite, mais sans faire encore de bien grands pas. Un document fort curieux, retrouvé par M. Moreau de Jonnès dans ses infatigables recherches sur l'histoire de la statistique, et qui émane de M. de Tolosan, alors inspecteur général du commerce, nous apprend que le produit total de l'industrie française

(1) Exactement, 26,363,000, non compris le comtat d'Avignon, qui n'a été réuni que plus tard, et qui devait avoir à peu près les 137,000 âmes complémentaires. Necker avait évalué la population nationale, en 1780, à 24 millions 800,000 âmes ; elle se serait donc accrue, en dix ans, de 1,563,000 âmes, ou de 156,300 en moyenne par an, ce qui n'a rien que de vraisemblable. D'après les calculs de Necker cités plus haut, l'augmentation aurait dû être plus considérable encore.

en 1789 pouvait être évalué à 930 millions, y compris la valeur des matières premières. L'exposé de la situation de l'empire en 1812, publié par M. de Montalivet, ministre de l'intérieur, porte le produit correspondant, pour les quatre-vingt-six départements de l'ancienne France, à 1,325 millions : augmentation, 400 millions seulement. Quant au commerce extérieur, il n'était pas en 1815 au même point qu'en 1789, le développement du trafic par terre n'ayant pas compensé la perte de tout commerce maritime.

Il ne peut rester aucun doute sur ce fait quand on lit le passage suivant de l'introduction au livre de Chaptal : « En comparant l'état commercial de la France en 1789 avec celui de nos jours, on ne peut qu'éprouver des regrets sur la différence qui marque ces deux époques. La perte de nos plus belles colonies nous a privés à la fois de débouchés considérables et de moyens d'échange pour notre commerce avec l'étranger ; nos établissements dans les échelles du Levant et de Barbarie ont disparu. La suspension des relations commerciales entre les peuples leur a fait prendre de nouvelles habitudes ; *tout est donc à recréer.* »

D'après la statistique officielle, le total des importations et exportations, qui avait dépassé un milliard en 1789, était tombé à 550 millions en 1793, et n'atteignait encore que 622 millions à la chute de l'empire.

Quelques travaux publics, plus fastueux qu'utiles, avaient été entrepris à grand bruit par Napoléon ; d'autres étaient commencés ou projetés, sans qu'on eût pu les pousser bien loin, la guerre absorbant toutes les ressources. Ces rares créations d'un pouvoir unique, qui se glorifiait lui-même dans ses œuvres, servaient beaucoup plus, comme celles de Louis XIV, à la grandeur du prince qu'à celle de la nation. La France était encore, à vrai dire, sans autres chemins que quelques grandes routes, sans ponts sur ses rivières, sans ports florissants sur ses côtes, presque sans capitaux et sans population virile. La fureur révolutionnaire et l'ambition d'un homme avaient successivement dévoré la plus grande partie de ce que le travail d'un grand peuple avait pu produire.

## V.

A partir de 1815, une tout autre activité se déclare. Bien que l'empire ait laissé derrière lui de lourdes charges, un milliard à payer aux étrangers pour les frais de la guerre et un autre milliard d'arriéré à solder, bien que la lutte envenimée par les souvenirs du passé entre les éléments de la société française ait amené en 1830, en 1848 et en 1851, de nouvelles secousses, la prospérité publique s'est accrue depuis 1815, sinon sans intermittences, du moins sans interruption prolongée, et parfois avec de rapides et magnifiques élans. Le commerce extérieur a quintuplé, l'industrie a quadruplé ses produits, et l'agriculture, moins agile par sa masse, a presque doublé les siens. C'est que les principes de 1789, qui se résument en trois mots, paix, justice et liberté, ont pris de plus en plus possession de la société française; ils ont toujours à lutter contre les mêmes ennemis, qui ont quelquefois encore l'air de les vaincre, mais leurs éclipses ne sont jamais aussi complètes que par le passé, et dans tous les cas elles sont plus courtes. Si leur triomphe n'est pas complet et définitif, il est certain, comme ces majestueuses marées dont les flots ne reculent par intervalles que pour revenir plus haut et plus loin.

Cette activité nouvelle s'est manifestée, surtout depuis 1830, par d'immenses travaux publics qui, exécutés cette fois sur tous les points du territoire ou à peu près, ont laissé bien loin derrière eux tout ce qui les avait précédés. 125,000 kilomètres de chemins nouveaux ont été ouverts, de nombreux canaux ont été creusés, des rivières améliorées, des ports créés ou perfectionnés; 9,000 kilomètres de chemins de fer sont venus s'ajouter à ce beau réseau; 7,000 autres se construisent et doivent s'achever successivement. Par suite de ce progrès constant des communications, des échanges jusqu'alors inconnus se sont établis, les conditions du travail ont changé de fond en comble, la production a acquis une puissance qui semble braver tous les obstacles; les révolutions, les guerres, les disettes, les épidémies, tous ces fléaux, autrefois mortels, peuvent désormais l'arrêter dans ses progrès, mais non la réduire.

Cette nouvelle période se divise elle-même en deux parties distinctes, l'une qui s'étend de 1815 à 1847, l'autre qui a commencé en 1848 et qui dure encore. Dans la première l'agriculture a fait des progrès analogues à ceux qui s'accomplissaient sous le règne de Louis XVI ; dans la seconde, ces progrès se sont sensiblement ralentis, comme après 1789. La population, qui donne la mesure la plus exacte des progrès agricoles, puisqu'elle se proportionne à peu près à la quantité des subsistances, s'est accrue, de 1815 à 1846, de 6 millions d'âmes, ou de 200,000 en moyenne par an, tandis que, dans les dix ans écoulés de 1847 à 1856, elle ne s'est accrue que de 600,000 âmes ou de 60,000 en moyenne par an.

La grande époque pour l'agriculture nationale est donc comprise entre 1815 et 1847. C'est le temps où la France a joui le plus complétement de la paix intérieure et extérieure et des bienfaits de la liberté politique. « La religion chrétienne, dit Montesquieu, qui ne semble avoir pour objet que la félicité de l'autre vie, fait encore notre bonheur dans celle-ci. » De même, la liberté sous toutes ses formes, qui paraît n'avoir d'autre but que de donner des satisfactions morales, est le plus sûr instrument des succès matériels.

Dès 1846, un mal mystérieux qui attaque la pomme de terre a commencé à compromettre ces résultats. La même année a donné une mauvaise récolte de céréales, qui a amené la disette de 1847. Puis nous avons vu survenir successivement la crise politique de 1848, les mauvaises récoltes de 1853 et 1855, la guerre d'Orient, le choléra, la guerre d'Italie, les travaux extraordinaires de Paris et de quelques autres grandes villes qui ont enlevé aux campagnes un grand nombre d'ouvriers, toutes circonstances fort peu favorables au développement agricole. On a essayé de réagir contre cette situation fâcheuse par des concours et autres encouragements; mais ces moyens de détail, qui ont certainement leur action à la longue et quand le ciel est serein, ne peuvent presque rien contre les causes beaucoup plus actives qui ont éloigné de l'agriculture, depuis douze ans, les capitaux et les bras. Les chemins de fer eux-mêmes, qui doivent avoir un jour une influence bien autrement décisive, n'ont guère pu, jusqu'ici, que compenser les influences délétères qui ont agi sur la production rurale.

Le prix persistant de la viande semble indiquer que la quantité du bétail ne s'accroît pas; le produit en vin a beaucoup souffert des fléaux de tout genre qui ont assailli la vigne; un autre fléau a réduit des trois quarts la récolte de la soie; la maladie des pommes de terre ne se guérit que lentement et reparaît encore par intervalles; de sorte que le produit de l'agriculture nationale ne paraît pas avoir gagné dans son ensemble depuis douze ans; c'est déjà beaucoup qu'il n'ait pas diminué. La valeur vénale des propriétés rurales, un des signes les plus sûrs de la prospérité agricole, a plutôt baissé que monté depuis 1847.

Nous pouvons maintenant essayer de nous rendre compte des résultats généraux obtenus depuis 1789 jusqu'à ce jour. Voyons d'abord l'état de la propriété et de la culture.

Nous ignorons quelle était exactement en 1789 la distribution de la propriété. Nous savons seulement en gros que le clergé possédait le sixième environ du sol, l'État et les communes un autre sixième, et que la noblesse, le tiers-état et les paysans se partageaient le reste par portions à peu près égales. Or voici quelle était, en 1815, suivant un des plus grands ennemis de la division des terres, M. Rubichon (1), cette distribution :

| | | | |
|---|---|---|---|
| 21,456 familles possédant en moyenne | 880 hect. | ...... | 19 millions d'hect. |
| 168,643 — | 62 — | ...... | 10,500,000 — |
| 217,817 — | 22 — | ...... | 4,800,000 — |
| 256,533 — | 12 — | ...... | 3,000,000 — |
| 258,452 — | 8 — | ...... | 2,000,000 — |
| 361,711 — | 5 — | ...... | 1,800,000 — |
| 567,087 — | 3 — | ...... | 1,700,000 — |
| 851,280 — | 1 —66 ares. | | 1,400,000 — |
| 1,101,421 — | » —50 — | | 550,000 — |
| 3,805,000 propriétaires de terres possédant, | | ......... | 44,750,000 hect. |

Je n'ai pu retrouver l'origine de ces chiffres, mais M. Rubichon les donne comme ayant un caractère authentique ; il en résulterait qu'après vingt-cinq ans de révolution, la grande propriété possédait encore la moitié environ du sol, et que la petite, même en y comprenant les domaines de 12 hectares en moyenne, n'embrassait même pas le tiers que lui attribuait Arthur Young en 1789. 21,000 familles possédant en moyenne 880 hectares, je doute qu'avant la révolution la propriété fût beaucoup plus concentrée. Évidemment les biens du clergé et des émigrés, quoique mis en vente en détail, avaient changé de mains beaucoup plus que de dimensions.

(1) *Du mécanisme de la société en France et en Angleterre*, p. 31.

Depuis 1815, la division a fait des progrès bien autrement marqués, qui montrent ceux qu'elle aurait faits naturellement auparavant, si elle avait été livrée à elle-même. Au lieu de 21,000 familles de grands propriétaires, nous en avons aujourd'hui le double; par conséquent, le lot de chacune d'elles dans le partage du sol a dû diminuer environ de moitié; mais comme en même temps la valeur des biens a doublé, leur richesse moyenne est restée la même au point de vue territorial et sans compter les trésors nouveaux qu'a créés l'accroissement de la richesse industrielle et commerciale. D'un autre côté, les petits propriétaires, qui étaient d'après M. Rubichon de 5 millions et demi en 1815, sont aujourd'hui beaucoup plus nombreux; ils ont gagné du terrain, et on ne peut que s'en féliciter, car ils l'ont conquis par le travail, non par la spoliation, si bien qu'ils l'ont payé en général fort au-dessus de sa valeur.

Quand on décompose aujourd'hui les cotes foncières, on trouve qu'un tiers environ de l'impôt total est payé par les cotes supérieures, un tiers par les cotes moyennes, un tiers par les petites cotes; d'où l'on peut induire à peu près ainsi qu'il suit l'état actuel de la propriété, déduction faite des terrains non imposables et des propriétés de l'État et des communes :

50,000 grands propres possédant en moy. 300 hect. : 15 millions d'hect.
500,000 moyens — — 30 hect. : 15 —
5,000,000 petits — — 3 hect. : 15 —

Total...................... 45 millions d'hect.

Quant à la culture, le sol se divisait en 1789, d'après les évaluations d'Arthur Young, légèrement rectifiées dans quelques parties, ainsi qu'il suit :

| | |
|---|---|
| Terres de labour......... | 25,000,000 hectares. |
| Jardins et vergers (1).... | 1,500,000 — |
| Vignes................... | 1,500,000 — |
| Bois..................... | 9,000,000 — |
| Prairies................. | 3,000,000 — |
| Landes................... | 10,000,000 — |
| Total............ | 50,000,000 d'hectares. |

Voici maintenant la distribution actuelle :

| | |
|---|---|
| Terres de labour......... | 26,000,000 hectares. |
| Jardins et vergers....... | 2,000,000 — |
| Vignes................... | 2,000,000 — |
| Bois..................... | 8,000,000 — |
| Prairies................. | 4,000,000 — |
| Landes................... | 8,000,000 — |
| Total............ | 50,000,000 d'hectares. |

D'où il suit que l'étendue des landes aurait diminué de 2 millions d'hectares, et celle des bois d'un million, tandis que les jardins et les terres de labour se seraient accrus de 1,500,000 hectares, les prairies d'un million d'hectares, les vignes de 500,000. Ces conquêtes paraîtront sans doute bien peu de chose pour une si longue période ; en allant toujours du même pas, il nous faudrait deux siècles pour achever le défrichement de nos terres incultes. Mais si le changement dans la distribu-

(1) J'entends par vergers tous les massifs d'arbres cultivés, comme les châtaigneraies, les oliviers, les mûriers, les pépinières, les oseraies, etc.

tion des terres n'est pas très-grand, l'amélioration a été plus sensible pour l'exploitation des terres cultivées, comme on va voir :

|  | 1789. | 1859. |
|---|---|---|
| Jachères............ | 10,000,000 d'hectares. | 5,000,000 d'hectares. |
| Froment............ | 4,000,000 — | 6,000,000 — |
| Seigle et autres grains. | 7,000,000 — | 6,000,000 — |
| Avoine............. | 2,500,000 — | 3,000,000 — |
| Prairies artificielles... | 1,000,000 — | 3,000,000 — |
| Racines............. | 100,000 — | 2,000,000 — |
| Cultures diverses..... | 400,000 — | 1,000,000 — |
|  | 25,000,000 hect. | 26,000,000 hect. |

Ainsi les jachères auraient reculé de 5 millions d'hectares, et le seigle d'un million ; en revanche, l'étendue cultivée en froment se serait accrue de 2 millions d'hectares, les prairies artificielles auraient triplé ; une culture à peu près inconnue en 1789, celle des racines, aurait passé de 100,000 hectares à 2 millions, et les cultures diverses, les plus riches, de 400,000 hect. à un million.

Grâce à cette meilleure division du sol, qui permet de consacrer 6 millions d'hectares de plus à la nourriture des animaux, et par conséquent à la production des fumiers ; grâce à des marnages, des irrigations, des assainissements, des labours mieux faits, le rendement de toutes les cultures s'est élevé. Le froment, qui ne donnait en moyenne que 8 hectolitres à l'hectare, semence déduite, en a donné 12, et comme en même temps l'étendue semée s'est accrue, la production totale a plus que doublé. Le même fait s'est présenté pour le bétail, qui, recevant deux fois plus d'aliments, a grandi à la fois en nombre et en qualité, de manière à doubler ses produits; les cultures industrielles se sont développées, la soie et le colza ont quintuplé, le sucre indigène a pris naissance, la récolte en vin a doublé. Il n'y a pas jusqu'au bois qui, mieux défendu contre la dent des animaux, mieux exploité en vue des nouveaux débouchés, n'ait augmenté ses revenus annuels, mais trop souvent aux dépens du capital.

Le prix moyen du blé ne paraît pas avoir beaucoup changé. Arthur Young dit que le pain de froment se payait 3 sols la livre, et le pain de seigle, que mangeait communément le peuple, 2 sols; c'est à peu près le même prix qu'aujourd'hui.

La viande a haussé; Arthur Young dit qu'elle se vendait 7 sols la livre sur l'étal, ce qui suppose une moyenne de 6 sols ou 30 centimes pour le producteur. La moyenne actuelle doit être de 40 centimes ou 8 sols par livre; elle aurait alors augmenté d'un tiers. Ce prix de 40 centimes paraîtra sans doute bien faible, surtout aux Parisiens; mais c'est du prix des campagnes qu'il s'agit, avant que la viande ait été chargée des frais de transport, des droits de marché, d'abattoir et d'octroi, des bénéfices des marchands de bœufs et des bouchers, du loyer et de l'entretien des étaux, qui doublent la valeur de la denrée avant qu'elle arrive chez le consommateur de Paris et des autres grandes villes.

Arthur Young porte le vin à 4 sols 6 deniers la bouteille; comme le prix du vin varie extrêmement, suivant l'âge, la qualité, le lieu où on le boit, etc., il est difficile de tirer de cette indication aucune conclusion positive. Je crois cependant qu'à prendre les choses dans leur ensemble, le prix du vin, déduction faite de la valeur de l'impôt, n'a pas beaucoup plus changé que celui du pain; il a dû hausser dans la plupart des lieux de production et baisser partout ailleurs, par suite du perfectionnement des communications.

En répartissant également par tête d'habitant le blé et la viande obtenus à ces trois époques, la ration annuelle devient : pour 1789 (26 millions et demi d'habitants), 1 hectolitre et quart de froment, 1 hectolitre trois quarts de seigle et autres grains, 18 kilos de viande ; pour 1815 (29 millions et demi d'habitants), 1 hectolitre et demi de froment, 1 hectolitre et demi de seigle et autres grains (1), 18 kilos de viande ; pour 1859 (36 millions d'habitants), 2 hectolitres de froment, 1 hectolitre de seigle et autres grains, 28 kilos de viande ; plus les pommes de terre, le vin et les autres boissons, les légumes secs et frais, le lait, qui se sont accrus beaucoup plus que la population, la pomme de terre surtout.

En y ajoutant les produits non alimentaires, comme la laine, la soie, le lin, les peaux, etc., le produit brut agricole doit dépasser aujourd'hui 5 milliards, soit deux fois plus qu'en 1789, et 2 milliards de plus qu'en 1815. La répartition de ce produit sur la population donne de 140 à 150 fr. par tête.

Le produit brut une fois connu, du moins approximativement, il reste à se demander, pour achever la compa-

(1) Chaptal compte un peu plus, mais il oublie de déduire les semences.

raison, comment il se répartissait en 1789 et en 1815, et comment il se répartit aujourd'hui, entre la rente du propriétaire, le bénéfice de l'exploitant, les frais accessoires de la culture, l'impôt et les salaires.

Lavoisier estime à 600 millions en tout pour 1789, ou 12 fr. en moyenne par hectare, le revenu net des propriétaires français. On ne peut qu'accepter cette évaluation, qui est en même temps celle de Forbonnais. La rente donne le prix vénal des terres : à 3 pour 100, c'est 400 francs l'hectare. A ce compte, la rente et le prix vénal auraient marché plus vite que le produit brut; car on peut estimer aujourd'hui la rente moyenne à 50 francs, et le prix vénal à 1,000 francs l'hectare. Le quart environ de cet accroissement provient de la réunion des dîmes et des droits féodaux; le reste est la juste récompense du surcroît d'attention que les propriétaires ont donné à leurs domaines, et des nouveaux capitaux qu'ils y ont enfouis.

Le bénéfice de l'exploitant se proportionne d'ordinaire au capital d'exploitation; ce capital devait être en 1789 la moitié de ce qu'il est aujourd'hui. Arthur Young, qui, dans cette partie de son travail, tombe à tout moment dans des exagérations évidentes, le porte à 120 francs par hectare; mais en même temps, dans beaucoup de provinces qui formaient les deux tiers du territoire, il l'évalue à 50 francs. C'est ce dernier chiffre qui devait être le vrai. En tenant compte des forêts et des terres incultes qui comprenaient la moitié du sol, restait une moyenne de 100 francs par hectare en culture. Aujourd'hui notre capital d'exploitation doit être au moins de 100 francs par hectare de la superficie, ce qui donne, déduction faite des bois et des landes qui n'occupent plus qu'un tiers du sol, 150 fr. par hectare en culture.

Les frais accessoires, comme achats de graines, d'engrais et d'amendements, acquisition et réparation d'outils aratoires, etc., peuvent être considérés comme étant à peu près nuls en 1789; aujourd'hui encore, ils ne s'élèvent pas bien haut.

C'est une question assez délicate que celle de l'impôt que payait la propriété rurale avant 1789. Lavoisier l'estime à 600 millions; c'est-à-dire à l'équivalent de la rente. « Le revenu net, dit-il, montant à 1,200 millions, déduction faite des frais de culture, est partagé à peu près par égales portions entre le trésor public et les propriétaires. » Mais Lavoisier, imbu d'une opinion économique fort répandue de son temps, fait peser sur la propriété rurale la totalité du revenu public, qui était, en effet, de 600 millions, tandis qu'elle n'en supportait réellement qu'une partie. Les impôts de consommation, les produits des domaines, les postes, etc., rapportaient environ 380 millions; les impôts directs sur le sol en donnaient tout au plus 220, y compris les contributions des pays d'états et même les corvées. A l'impôt proprement dit venaient se joindre les dîmes, qui rapportaient 150 millions; d'où il suit que le fardeau total devait être de 550 millions.

L'impôt direct est aujourd'hui un peu allégé, et surtout il est mieux réparti; mais en même temps les autres branches des recettes publiques, dont la propriété rurale supporte sa part, ont pris un énorme accroissement. Le droit seigneurial de *lods et ventes*, qui rapportait en 1789, suivant M. Bailly (1), 58 millions, a plus que sextuplé depuis qu'il est devenu un droit de l'Etat. Les impôts indirects, dont les noms seuls ont changé, ont monté presque aussi vite. Somme toute, nous payons le double de ce que payaient nos pères, dîmes comprises. Il est vrai que, la richesse générale ayant au moins triplé, il est plus facile aujourd'hui de payer 1,500 millions qu'alors d'en payer la moitié; cette progression dans les taxes n'en est pas moins regrettable. Les idées de 1789 donnent les moyens de payer cet énorme budget; mais si elles avaient pleinement triomphé, il ne serait pas.

Arthur Young évalue à *dix-neuf sols* le prix moyen de la journée de travail, qui doit être aujourd'hui d'*un franc cinquante centimes*, et cette augmentation ne représente encore qu'une partie du gain réalisé. Bien que la nation rurale soit restée à peu près la même, l'excédant de population survenu depuis 1789 s'étant concentré dans les villes, le nombre effectif des journées de travail a grossi, d'abord parce que, la vie moyenne s'étant allongée, le nombre des hommes valides s'est élevé, et ensuite parce que le travail est mieux organisé, soit par la suppression de plusieurs fêtes chômées, soit par le seul effet d'une demande plus active. En tenant

---

(1) *Histoire financière de la France*, tome II, p. 402.

compte de l'accroissement du nombre des journées, le gain annuel de l'ouvrier rural doit avoir doublé. Ce genre de progrès marchait aussi vite avant 1789, car Arthur Young dit que, vingt-cinq ans seulement avant son voyage, le salaire moyen n'était que de *seize sols* par jour, et qu'il avait par conséquent monté de 20 pour 100 dans cet intervalle.

Cette augmentation dans le salaire se traduit pour l'ouvrier en une augmentation au moins correspondante de bien-être, puisque le prix des principaux objets nécessaires à la vie a peu changé et que celui des objets fabriqués, des tissus, par exemple, a sensiblement baissé. L'habitation est également devenue meilleure, sinon partout, du moins dans la plupart de nos provinces.

De tout ce qui précède résulte le tableau suivant, pour le partage du produit brut par hectare :

|  | 1789. | 1815. | 1859. |
|---|---|---|---|
| Rente du propriétaire | 12 fr. | 18 fr. | 30 fr. |
| Bénéfice de l'exploitant | 5 | 6 | 10 |
| Frais accessoires | 1 | 2 | 5 |
| Impôts fonciers et dîmes | 7 | 4 | 5 |
| Salaires | 25 | 30 | 50 |
| Total | 50 fr. | 60 fr. | 100 fr. |

Ces progrès suffisent pour nous inspirer un légitime orgueil et une juste confiance dans l'avenir ; mais nous ne devons jamais oublier qu'ils auraient pu être au moins doublés, puisque nous avons perdu la moitié environ du temps écoulé depuis la révolution. Un pays voisin, chez qui les principes de 1789 ont été, malgré quelques exceptions apparentes, plus anciennement et plus constamment appliqués que chez nous, a fait dans le même laps de temps des progrès plus rapides encore. En 1789, le Royaume-Uni avait 13 millions et demi d'habitants; en 1856, il en avait 28 millions, sans compter plusieurs millions d'Anglais répandus dans les colonies; sa population a donc plus que doublé, tandis que la nôtre ne s'est accrue que d'un tiers. Il ne nous a pas fallu moins de soixante-dix ans pour défricher deux millions d'hectares de landes, supprimer la moitié de nos jachères, doubler nos produits ruraux, accroître la population de 50 pour 100, le salaire de 100 pour 100, la rente de 150 pour 100. A ce compte, il nous faudrait encore trois quarts de siècle pour arriver au point où en est aujourd'hui l'Angleterre.

# PREMIÈRE RÉGION.

## LE NORD-OUEST.

### I.

Après ce coup d'œil préliminaire sur l'ensemble de la progression agricole, nous allons pénétrer dans les détails et voir quel rôle chaque partie de la France a joué dans le mouvement. Cette étude nous révélera de grandes inégalités, soit avant 1789, soit de nos jours.

Sous une apparente uniformité, la France n'est rien moins que l'abrégé de l'Europe et presque du monde. Parlerons-nous d'abord des climats? Rien ne se ressemble moins que le département du Nord, qui forme une extrémité de ce vaste territoire, et le département du Var, qui forme l'extrémité opposée. Le même contraste éclate entre les bords du Rhin et le pied des Pyrénées, entre la rude Bretagne, battue par la vague orageuse de l'Océan, et l'ardent Roussillon, que vient caresser le flot tiède de la Méditerranée. Parlerons-nous de la constitution géologique? Les montagnes de l'est, du centre et du sud, déjà très-différentes entre elles, les unes calcaires, les autres granitiques, les autres volcaniques, n'ont rien de commun avec les plaines qui s'étendent à leurs pieds et qui offrent à leur tour d'innombrables diversités. Étudierons-nous les faits moraux et politiques? Chaque province a son histoire qui a fortement agi sur son développement économique, et depuis qu'elles obéissent toutes aux mêmes lois, ces lois ont eu sur chacune d'elles une influence particulière. Venons-nous enfin aux applications agricoles? Nous trouvons à la fois toutes les cultures, tous les modes d'exploitation du sol, tous les degrés de l'échelle, depuis la plus extrême pauvreté jusqu'à la plus grande richesse rurale. Il y a tel canton cent fois plus riche que tel autre canton, tel département cinquante fois plus riche que tel autre département.

Pour bien embrasser ce sujet si vaste et si complexe, je diviserai le territoire national en six régions, composées chacune de quatorze à quinze départements et de 8 à 9 millions d'hectares : le nord-ouest, le nord-est, l'ouest, le sud-est, le sud-ouest et le centre. Je prendrai à part chacun de ces groupes, aussi grands que beaucoup d'États européens, et j'essaierai de peindre par ses traits les plus généraux leur condition présente, avec la mesure des pas qu'ils ont faits depuis 1789. Je terminerai par l'indication sommaire des moyens qui me paraissent les plus propres, soit à corriger l'excessive inégalité qu'ils présentent, soit à précipiter le progrès général.

Parmi les changements effectués par la révolution dans notre organisation nationale, il en est un qu'on cite souvent comme ayant pleinement réussi et qui est en effet entré désormais dans les habitudes ; c'est la division par départements. Ce changement n'est pas tout à fait aussi radical que l'a cru l'Anglais Burke, à qui il a inspiré une de ses plus éloquentes sorties contre la révolution. La division par provinces, la seule conforme aux origines historiques, n'existait plus, à proprement parler, en 1789. La France avait été divisée par l'ancienne monarchie en 34 généralités administrées par des intendants. Le nom même de la plupart des provinces avait disparu dans le langage officiel, car les généralités étaient désignées par le nom de la ville chef-lieu, et on les classait habituellement, comme on classe aujourd'hui les départements, par ordre alphabétique. L'innovation a consisté à porter le nombre de ces divisions de 34 à 83, en supprimant les quelques états provinciaux qui étaient restés debout, à les appeler *départements* au lieu de *généralités*, et à les désigner par le nom d'une montagne ou d'une rivière au lieu d'une ville.

Quant à la manière dont l'opération a été faite, on y reconnaît d'assez nombreux ménagements pour les faits existants, qui ont contribué à la faire accepter, en lui enlevant une partie de son caractère révolutionnaire. Beaucoup de nos départements actuels formaient de petites provinces distinctes, dont on a, jusqu'à un certain point, respecté les limites : l'Artois, le Maine, l'Anjou, la Touraine, le Nivernais, le Bourbonnais, l'Angoumois, la Saintonge, le Quercy, le Périgord, le Rouergue, le Roussillon, le Bigorre, le Béarn, n'ont guère fait que changer de nom, et se retrouvent à peu près exactement dans les départements qui les ont remplacés. Même quand il s'agit de grandes provinces, comme la Normandie ou la Bretagne, qui ont dû, par leur étendue, former plusieurs départements, la nouvelle division s'est assez bien calquée sur une division antérieure, résultant d'une circonscription naturelle ou d'une tradition historique. A cet égard, la délimitation des départements vaut mieux que celle des généralités, en ce sens que leur plus grand nombre a permis de se prêter à plus de diversités.

Il est, du reste, à remarquer que, pas plus avec les départements qu'avec les généralités, l'existence de nos vieilles provinces n'a été détruite. Dans l'un et l'autre cas, le nom banni du langage administratif, est resté dans le langage courant. Il y a toujours, Dieu merci, des Bretons, des Normands, des Lorrains, des Provençaux, et on n'est pas moins bon Français pour avoir conservé de l'attachement à sa province natale. Ce qui a disparu et devait disparaître dans tous les cas, c'est le sentiment de rivalité qu'avaient pu nourrir dans d'autres temps ces provinces et qui s'est fondu à jamais dans la grande nationalité française. L'institution des départements n'y est pour rien ou presque rien ; la destruction des douanes intérieures, la suppression des priviléges particuliers, le perfectionnement des communications, ont tout fait, en amenant la fusion des intérêts et le rapprochement continu des personnes.

Les départements, comme les généralités, ont eu pour véritable but l'établissement d'une forte centralisation administrative, qui n'a de commun que l'apparence avec l'unité nationale. Il n'est pas de pays plus un que l'Angleterre et il n'en est pas de moins centralisé. En revanche, il est peu de pays plus centralisés que l'empire d'Autriche, et il n'en est pas de moins un. C'est sous les règnes de Louis XIII, de Louis XIV et de Louis XV, que notre centralisation s'est constituée, et on songeait fort peu dans ce temps-là à développer les intérêts généraux ou à créer l'harmonie entre les provinces. Il ne s'agissait que de réunir dans les mains du gouvernement central tous les produits des contributions, comme toutes les forces vives des peuples, pour les faire servir à la puissance personnelle des rois et au luxe de leur cour. Ce système a principalement porté ses fruits dans la seconde moitié du dix-septième siècle et la première moitié du dix-huitième ; il en est résulté pour la France entière, sauf Paris et Versailles, appauvrissement et dépopulation. Une réaction contraire a commencé vers 1750 et a été toujours en grandissant jusqu'en 1789. Deux ans seulement avant la convocation des états généraux, Louis XVI avait ordonné, par un édit, la création d'assemblées provinciales dans tout le royaume, pour faire contre-poids au pouvoir sans contrôle qu'avaient exercé jusqu'alors, excepté sur un petit nombre de points, les intendants nommés par le roi.

La révolution a répudié, sous ce rapport comme sous beaucoup d'autres, les traditions de Louis XVI, pour reprendre celles du pouvoir absolu. La centralisation monarchique s'est fortifiée sous le règne du comité de salut public, et l'empire a achevé de l'organiser. Ses effets n'ont pas été, de nos jours, aussi funestes que sous l'ancien régime, parce que les idées de 1789 ont pénétré la société tout entière d'un souffle de vie qui a été plus fort que tout; mais le principe a persisté, même après 1815, et les assemblées provinciales, qui ont reparu sous le nom de nos conseils généraux de département, n'ont pu que l'atténuer. On verra, par la suite de ces études, quelle a été l'influence de cette centralisation sur les diverses parties du territoire.

Commençons par la région du nord-ouest, la plus riche des six; elle comprend les anciennes provinces de Flandre, Artois, Picardie, Normandie et Ile-de-France, et forme aujourd'hui quinze départements, dont voici les noms, l'étendue et la population :

| DÉPARTEMENTS. | ÉTENDUE en hectares. | POPULATION en 1856. | HABITANTS par 100 hect. |
|---|---|---|---|
| Nord. | 568,087 | 1,212,353 | 213,41 |
| Pas-de-Calais. | 660,563 | 712,846 | 107,91 |
| Somme. | 616,120 | 566,619 | 91,97 |
| Aisne. | 735,200 | 555,539 | 75,56 |
| Oise. | 585,506 | 396,685 | 67,65 |
| Seine. | 47,550 | 1,727,419 | 3,632,85 |
| Seine-et-Oise. | 560,365 | 484,179 | 86,40 |
| Seine-et-Marne. | 573,635 | 341,382 | 59,51 |
| Seine-Inférieure. | 603,329 | 769,450 | 127,53 |
| Calvados. | 552,072 | 478,397 | 86,65 |
| Eure. | 595,765 | 404,665 | 67,92 |
| Orne. | 609,729 | 430,127 | 70,54 |
| Manche. | 592,838 | 595,202 | 100,40 |
| Eure-et-Loir. | 587,430 | 291,074 | 49,55 |
| Loiret. | 677,119 | 345,115 | 50,97 |
| | 8,565,308 | 9,310,452 | 109 |

Un simple coup d'œil jeté sur ce tableau suffit pour montrer combien cette région l'emporte sur les autres ; quoiqu'elle n'ait que le sixième du territoire, elle contient plus du quart de la population, ou plus de 9 millions d'âmes sur 36 ; on y compte 109 habitants sur 100 hectares, tandis que la moyenne nationale n'est que de 68.

La différence de richesse est plus grande encore. Un des moyens les plus sûrs de se rendre compte de la richesse relative des diverses parties d'un pays consiste à comparer le produit des impôts. Cette méthode serait des plus défectueuses s'il s'agissait de pays différents, soumis à des systèmes d'impôts plus ou moins lourds ; mais en France, où, quoi qu'on en dise, la péréquation de l'impôt est à peu près complète, le produit des recettes publiques par département peut être considéré comme une mesure assez exacte de la richesse. Or, sur 1,644 millions d'impôts de toute nature payés en 1857 par la France entière, la région du nord-ouest figure pour 690 millions (1). Si la France entière payait autant, l'ensemble des recettes publiques monterait à plus de 4 milliards. Dans ces chiffres ne sont pas comprises les taxes municipales, qui s'élèvent, pour la Seine surtout, à une somme énorme ; en les ajoutant, on trouverait probablement que le nord-ouest paye à lui seul autant que tout le reste de la France.

Ces 690 millions se décomposent ainsi entre les départements :

---

(1) Compte général de l'administration des finances pour 1857, p. 91.

| DÉPARTEMENTS. | RECETTES PUBLIQUES EN 1857. | | |
|---|---|---|---|
| | TOTAL. | PAR HECTARE. | PAR HABITANT. |
| Nord............ | 87,779,535 (1) | 134 51 | 72 40 |
| Pas-de-Calais..... | 35,754,135 | 54 12 | 50 15 |
| Somme.......... | 22,184,274 | 36 01 | 39 15 |
| Aisne........... | 22,242,022 | 30 25 | 40 02 |
| Oise............ | 20,065,550 | 31 27 | 50 65 |
| Seine........... | 246,625,699 | 5,181 21 | 142 77 |
| Seine-et-Oise..... | 30,106,459 | 53 72 | 62 18 |
| Seine-et-Marne.... | 18,963,520 | 33 06 | 55 54 |
| Seine-Inférieure... | 99,230,620 (2) | 164 48 | 128 96 |
| Calvados......... | 25,014,152 | 45 31 | 52 28 |
| Eure............ | 18,836,330 | 31 62 | 46 54 |
| Orne............ | 13,506,063 | 22 15 | 31 40 |
| Manche.......... | 20,283,406 | 34 22 | 34 07 |
| Eure-et-Loir...... | 13,587,537 | 23 13 | 46 68 |
| Loiret........... | 15,491,580 | 22 88 | 44 88 |
| Total.......... | 689,670,882 | 85 | 74 |

Plus de 9 millions d'âmes de population, et près de 700 millions de contributions publiques, il y a peu d'États dans le monde qui puissent soutenir la comparaison. L'Angleterre, la Belgique, la basse Lombardie, qui comptent 150 habitants par 100 hectares, l'emportent encore; le reste de l'Europe baisse pavillon. Si même on coupe la région en deux, pour considérer à part la moitié la plus septentrionale, on trouve un territoire de 4 millions et demi d'hectares qui ne le cède à aucun autre. L'Angleterre ne l'emporte plus que par son étendue;

(1) Y compris 23 millions pour les douanes.
(2) Y compris 52 millions pour les douanes.

elle n'a rien de supérieur à surface égale, pas même ces comtés du nord dont elle est si fière à juste titre. Le département de la Seine paye, à lui seul, 350 millions d'impôts, y compris l'octroi, ou le cinquième de l'impôt total ; il est douteux qu'une plus forte agglomération de richesse se rencontre sur aucun autre point du monde. Londres ; dont la population est plus nombreuse, n'est probablement pas plus riche.

Cette région était déjà en 1789 plus prospère et plus peuplée que les autres, mais la différence n'était pas aussi grande : c'est celle qui a fait le plus de progrès. Voici l'état comparé de la population en 1790 et en 1856 :

| DÉPARTEMENTS. | POPULATION en 1790. | POPULATION en 1856. | AUGMENTATION. | DIMINUTION. |
|---|---|---|---|---|
| Nord............ | 568,533 | 1,212,353 | 643,720 | » |
| Pas-de-Calais... | 586,666 | 712,846 | 126,180 | » |
| Somme.......... | 386,133 | 566,619 | 180,486 | » |
| Aisne........... | 392,053 | 555,539 | 163,486 | » |
| Oise............ | 320,000 | 396,085 | 76,085 | » |
| Seine........... | 725,333 | 1,727,419 | 1,002,086 | » |
| Seine-et-Oise.... | 320,000 | 484,179 | 164,179 | » |
| Seine-et-Marne.. | 345,000 | 341,382 | » | 4,218 |
| Seine-Inférieure. | 445,866 | 769,460 | 323,584 | » |
| Calvados........ | 435,200 | 478,397 | 43,197 | » |
| Eure............ | 400,000 | 404,665 | 4,665 | » |
| Orne............ | 386,133 | 430,127 | 43,994 | » |
| Manche......... | 330,666 | 595,202 | 264,536 | » |
| Eure-et-Loir.... | 230,400 | 291,074 | 60,674 | » |
| Loiret.......... | 269,866 | 345,115 | 75,249 | » |
| Totaux...... | 6,142,449 | 9,310,452 | 3,168,003 | 4,218 |
| A déduire........................... | | | 4,218 | » |
| Augmentation effective............. | | | 3,163,785 | » |

Ainsi, pendant que la nation entière ne s'accroissait en tout que de 9 millions 500,000 âmes, la région du nord-ouest a reçu, à elle seule, le tiers de cet accroissement, ou plus de 3 millions d'habitants; deux de ses départements, la Seine et le Nord, ont plus que doublé; un autre a presque doublé, la Seine-Inférieure; et si quelques-uns ne se sont que faiblement accrus, si l'un même, absorbé par le voisinage de Paris, semble avoir diminué, ces faibles anomalies disparaissent dans l'ensemble.

Les chiffres pour 1790 sont extraits du dénombrement officiel cité par Arthur Young dans son *Voyage en France* (1). Ce dénombrement n'a jamais été publié dans tous ses détails, et il est bien à désirer qu'il le soit. On ne peut savoir jusque là quel degré de confiance il convient d'accorder à une opération qui a dû être fort imparfaite, mais qui présente néanmoins dans son ensemble un grand caractère de vraisemblance. Nous n'avons aucun renseignement plus précis que celui-là, et nous sommes bien forcés de l'accepter, faute de mieux. Tout en n'accordant aux chiffres qu'une confiance limitée, nous continuerons à prendre pour guide l'extrait sommaire donné par Arthur Young (2).

Les éléments nous manquent pour dresser un tableau analogue de la richesse du nord-ouest en 1789;

---

(1) Tome II, p. 317 de la nouvelle traduction de M. Lesage.

(2) On remarquera dans ce tableau de la population en 1790 que certains chiffres se terminent par 666 ou 333, d'autres sont en nombres ronds; ces faits semblent indiquer que l'opération n'a été qu'approximative, au moins pour quelques départements.

tout ce qu'on peut affirmer, c'est qu'elle a marché encore plus vite que la population. Puisque le produit agricole a doublé pour la France entière, il a dû plus que doubler dans cette région, et quant aux autres branches de la richesse publique, elles ont dû suivre une progression bien autrement puissante.

## II.

Le département du Nord, qui ouvre la marche, est le plus beau pays de culture de France, et un des plus beaux du monde. Je ne connais que les comtés de Leicester et de Warwick, en Angleterre, et en Belgique le Hainaut, qui puissent lui être comparés. La terre y produit en moyenne au moins 300 fr. par hectare de l'étendue totale, ce qui, déduction faite des bois et autres terrains improductifs, donne 450 fr. par hectare cultivé, ou trois fois plus que la moyenne de la France. On y compte 215 habitants par 100 hectares. Si la France entière était aussi peuplée, elle aurait plus de 100 millions d'habitants. On y trouve la grande, la moyenne et la petite culture; mais la petite domine et donne des résultats admirables.

Dans cette galerie abrégée de l'Europe que renferme la France, le département du Nord représente les Pays-Bas. Les marais desséchés des environs de Dunkerque ont de grands rapports avec la Hollande, le reste du pays continue la Belgique. Le sol est généralement plat, le climat brumeux et humide. La couche arable, formée d'un mélange d'argile et de sable, avec sous-sol calcaire, a presque partout autant de profondeur que de richesse; il s'y trouve cependant des parties sablonneuses à l'excès, d'autres tout à fait marécageuses, qu'une active industrie a dû transformer. Il faut croire que ces contrées sombres et tristes, où l'eau pénètre de toute part l'air et le sol, sont les plus propices au développement de l'espèce humaine, puisque partout où elles se rencontrent, la population arrive à son apogée.

Telle qu'elle est, l'agriculture flamande n'a pas de rivale ou au moins de supérieure. Malgré les trésors qu'elle porte sans fin, la fertilité de la terre ne cesse de s'accroître. C'est que les animaux domestiques prennent largement leur part de ce magnifique développement de vie. Les chevaux flamands sont célèbres comme bêtes de gros trait. Les vaches rivalisent, comme laitières, avec les meilleures connues; le département en nourrit près de 200,000. Les moutons sont peu nombreux, mais énormes; les porcs, les volailles, tout, dans ce pays privilégié, prend des proportions extraordinaires. On y était parvenu, en 1840, à nourrir l'équivalent d'une tête de gros bétail pour moins de deux hectares; c'est peut-être la plus forte proportion qui existe au monde pour une pareille étendue; et les terres cultivées n'en comprennent que les deux tiers, ce qui donne une tête par hectare et quart. On doit être bien près aujourd'hui d'une tête par hectare. Si la France entière avait autant de bétail, elle en aurait trois fois plus qu'elle n'en a. La population animale suit la même proportion que la population humaine.

Cette quantité d'animaux fournit des masses énormes d'engrais. Les cultivateurs flamands ne s'en contentent pas ; ils y ajoutent les boues de ville, les tourteaux, les os, les sables de mer, et surtout un genre particulier de fumure, dont personne ne connaît aussi bien qu'eux la préparation et l'emploi, l'engrais humain. Rejeté avec répugnance par beaucoup de peuples, notamment par les Anglais, qui commencent à se raviser, cet engrais est un des plus énergiques ; en le perdant, on laisse échapper une immense richesse. C'est par lui que les Flamands ont pu étendre leurs cultures épuisantes, sans nuire à la fécondité de leur sol, et se montrer supérieurs même aux Anglais, comme production. Tandis que l'Angleterre consacre les trois quarts de son territoire à la nourriture du bétail, la Flandre n'en emploie qu'un quart, bien qu'elle nourrisse proportionnellement plus d'animaux ; elle y supplée par l'engrais humain.

Cette richesse agricole date de loin. La Flandre est le pays le plus anciennement prospère de l'Europe. C'est dans ses grasses plaines qu'est né l'assolement alterne, importé depuis en Angleterre, puis en France, et destiné à faire le tour du monde. L'origine de cette découverte, la plus précieuse de toutes pour l'humanité, puisqu'elle seule permet de nourrir sur une surface donnée un nombre indéfini d'êtres humains, se perd dans l'obscurité du moyen âge. L'assolement alterne est indiqué par Virgile : *variis requiescunt fetibus arva*. Mais il ne paraît pas qu'il ait été pratiqué en grand par les Romains. Il ne s'est réellement développé que quand il a fallu nourrir ces villes populeuses, comme Gand et Bruges, qui tenaient tête aux rois et aux princes. Les anciens Flamands, comme ceux d'aujourd'hui, devaient la plus grande partie de leur vigueur à une alimentation substantielle ; la viande et la bière les avaient faits ce qu'ils étaient, et leurs principaux chefs appartenaient à la corporation des bouchers ou à celle des boulangers.

En 1789, le département du Nord comptait déjà 100 habitants par 100 hectares, c'est-à-dire le double au moins du reste de la France. M. Cordier remarque avec raison, dans son *Agriculture de la Flandre française*, que ce pays devait encore plus sa richesse à de bonnes institutions qu'à la fertilité de son sol. Louis XIV lui-même, après l'avoir conquis, avait respecté ses anciennes libertés. Affranchi depuis des siècles de la féodalité et des impôts indirects, il était encore en 1789 administré sans frais par des magistrats pris dans son sein. Les communes rurales, comme les villes, avaient le droit et l'habitude d'entreprendre des travaux publics ; des associations de particuliers se formaient au besoin, et les sociétés volontaires pour le desséchement des terres inondées, dites *watteringues*, présentent un modèle d'administration qu'il serait désirable de voir imiter partout.

« En allant de Cambrai à Valenciennes, dit Arthur Young, j'entre dans cette province célèbre qui a, parmi les Français, la réputation d'être la mieux cultivée du royaume. Les fermes sont grandes dans le pays ouvert ; mais, dans les vallées de la Flandre, elles sont petites et communément entre les mains de petits propriétaires.

C'est près de Bouchain que commence la ligne de démarcation entre la culture française et la flamande ; d'où il suit que *la ligne de séparation entre les deux agricultures s'accorde exactement avec l'ancienne ligne qui séparait les deux États.* La division reparaît toujours entre le despotisme de la France qui déprimait l'agriculture, et le gouvernement libre de ces provinces qui la développait. Cette distinction ne vient pas du sol ; car il n'est guère permis d'en trouver un plus beau que celui de la vaste et fertile plaine qui s'étend presque sans interruption jusqu'à Orléans ; mais la plus grande partie est honteusement négligée, sans clôtures, et soumise au détestable système des jachères, tandis qu'en Flandre la terre ne se repose jamais. Dans le voisinage de Lille, la rente est à 56 livres par *quartier* (35 ares) ; le prix du fonds est de 1,200 livres (3,500 fr. l'hectare). Le propriétaire, ayant à payer les impôts sur la rente, ne retire pas plus de 2 pour 100 de son capital. J'attribue ce haut prix du sol au nombre des petites propriétés et à la passion qu'ont les habitants de devenir propriétaires. »

Francois de Neufchâteau, dans les notes de son édition d'Olivier de Serres, reproduit un mémoire fort curieux sur une ferme flamande des environs de Lille en 1776. Toutes les pratiques qui ont fait, par un long usage, la richesse exceptionnelle de cet arrondissement, étaient en pleine vigueur. La ferme dont il s'agit contenait 22 hectares : un tiers des terres en céréales d'hiver, un tiers en colza, lin, fèves et grains de printemps, un tiers en trèfle, pommes de terre, betteraves, carottes et navets. Le produit brut s'élevait à 11,000 livres, ou 500 fr. environ par hectare; le prix de location, à 85 francs. Quelques années avant, en 1764, le dictionnaire d'Expilly rendait le même témoignage; il y est question du colza comme d'une plante inconnue partout ailleurs et cultivée en Flandre; parmi les cultures les plus productives, on cite le lin, qui donnait souvent *une récolte égale à la valeur du fonds.*

Cette florissante contrée renfermait de nombreuses propriétés ecclésiastiques. L'archevêque de Cambrai, le plus riche de France après celui de Strasbourg, avait 200,000 livres de rentes; de grandes abbayes possédaient en même temps d'immenses revenus. On ne voit pas que l'agriculture y eût beaucoup perdu. La Belgique tout entière, si peuplée et si cultivée, présentait le même spectacle, ainsi que l'Allemagne rhénane.

Il semblait impossible qu'une pareille culture fît encore des progrès; elle a cependant doublé ses produits depuis 1789. Rien d'essentiel n'a été changé à l'assolement; le rendement seul s'est accru par l'emploi continu des mêmes engrais et par le perfectionnement toujours croissant des mêmes procédés. L'industrie manufacturière a pris, de son côté, d'énormes développements. L'arrondissement de Lille a maintenant plus de 400,000 habitants sur 87,000 hectares; on y trouve de simples chefs-lieux de canton, Roubaix et Tourcoing, qui ont chacun 30,000 âmes. Autour de ces centres puissants de consommation, la terre vaut, en moyenne, 10,000 francs l'hectare. Avant la révolution, Lille avait déjà un grand commerce avec les Pays-Bas ; ce commerce s'est beaucoup accru depuis la paix, et la suppression des douanes intérieures a ouvert en outre aux produits flamands l'immensité du marché français. Ce qui entre et sort tous les ans, dans le département du Nord, par la frontière de Belgique, se compte par centaines de millions ; s'il était possible d'y ajouter ce qui entre et sort par la frontière de France, on arriverait à des chiffres prodigieux.

Grâce à ses anciennes franchises, ce département est depuis longtemps un des mieux dotés en voies de communication. Sur une étendue totale de 568,000 hectares, il n'a pas moins de 500 kilomètres de voies de navigation intérieure, tant naturelle qu'artificielle, et sans compter la côte de l'Océan. Ce merveilleux système de canalisation est d'un grand secours pour l'agriculture comme pour l'industrie. Les fumiers des villes sont expédiés presque sans frais à des distances de plusieurs lieues; les amendements arrivent de tous côtés ; les produits les plus encombrants s'exportent à bas prix. 1,000 kilomètres de routes nationales et départementales, 1,200 kilomètres de chemins vicinaux de grande et de moyenne communication, un nombre plus grand encore de chemins de petite vicinalité à l'état d'entretien, viennent s'ajouter aux canaux et aux rivières, et un réseau de chemins de fer complète ce magnifique ensemble qui n'a de supérieur nulle part.

Au premier rang des cultures, il en est une qui s'est développée tout entière depuis 1789 et qui peut être considérée comme la plus belle conquête agricole de notre temps, la betterave à sucre. L'invention du sucre de betterave n'est pas française ; c'est en Prusse qu'elle a pris naissance vers le milieu du dernier siècle. En 1799, elle y avait fait assez de progrès pour qu'un chimiste de Berlin, Achard, pût présenter au roi de Prusse des pains de sucre indigène. La France étant alors engagée dans une guerre maritime, et, par conséquent, privée de sucre colonial, ce fait attira chez nous l'attention des savants ; mais ce fut seulement dix ans après, en 1809, que les essais entrepris commencèrent à donner des résultats. La paix de 1815, qui rouvrit les ports au sucre des colonies, arrêta un moment les progrès de cette industrie naissante ; elle se releva bientôt après pour arriver progressivement au point où nous la voyons. Sur un total de 350 fabriques de sucre indigène, le Nord en compte à lui seul 150.

On a pu craindre, dans les premiers temps, que la betterave à sucre ne portât atteinte à la production du bétail et du blé, en occupant les meilleures terres et en les épuisant ; mais cette crainte n'était pas fondée, au moins pour les régions les mieux cultivées. Il est aujourd'hui démontré que la fabrication du sucre, en créant une nouvelle source de bénéfices, contribue à accroître les autres produits du sol. L'extraction de la matière sucrée n'enlève à la racine qu'une partie de ses éléments ; sa pulpe et son feuillage fournissent aux animaux une alimentation abondante, et les revenus des sucrières permettent d'y ajouter des engrais commerciaux qui accroissent indéfiniment la fertilité du sol. En 1853, la ville de Valenciennes, siége principal de cette industrie, a pu inscrire sur un arc-de-triomphe ces mots significatifs : *Production du blé dans l'arrondissement avant la fabrication du sucre, 353,000 hectolitres ; nombre de bœufs, 700. Production du blé depuis l'industrie du sucre, 421,000 hectolitres ; nombre de bœufs, 11,500.*

Cette curieuse statistique n'est pas tout à fait sans réplique, en ce sens qu'on peut toujours se demander si la production du bétail et du blé n'aurait pas augmenté plus encore depuis quarante ans, dans le cas où l'attention des cultivateurs flamands se serait uniquement portée de ce côté. Les Anglais ne font pas de sucre, et l'heureux enchaînement de la viande et du pain, par les seuls procédés de la culture alterne, a fait aussi chez eux d'immenses progrès. Quoi qu'il en soit, ce département est parvenu, par l'accumulation de ses engrais, à cultiver annuellement 20,000 hectares en betteraves, et chacun de ces hectares rapporte 1,000, 2,000, jusqu'à 3,000 francs de produit brut. Aucune autre culture ne produit autant sur une pareille surface. C'est le chef-d'œuvre de notre industrie rurale. On a poussé le génie et le soin jusqu'à créer, par un choix persévérant de graines, des variétés artificielles de betteraves qui donnent beaucoup plus de sucre que les autres. Le fameux principe de la *sélection* peut donc être appliqué aux plantes comme aux animaux et étendre dans une proportion inconnue les victoires de l'homme sur la nature.

Les oléagineux, œillette et colza, couvrent environ 20,000 hectares ; le lin s'étend sur 10,000 et donne, en moyenne, 1,000 francs par hectare ; on en a vu qui a produit jusqu'à 5,000 et même 6,000 francs. Le tabac et le houblon ne rapportent pas moins, mais sur une faible surface. Les céréales n'en souffrent pas ; le froment, qui occupe le tiers environ des terres arables, produit, en moyenne, 25 hectolitres à l'hectare, comme en Angleterre ; sur quelques points on obtient 30, 40 et jusqu'à 50 hectolitres. Dans les arrondissements de Lille et de Valenciennes, la rente moyenne des terres est de 150 fr. au moins ; dans ceux de Dunkerque, d'Hazebrouck, de Cambrai, de Douai, de 100 fr. Outre le sucre, d'autres industries agricoles sont aussi très-répandues, comme l'extraction de la fécule des pommes de terre, la fabrication de la bière et de l'huile, la distillation, etc. Lors de la dernière disette, le gouvernement a interdit les distilleries de grains, c'est une mesure regrettable ; plus les céréales reçoivent de destinations diverses, plus il y a profit à en produire, et plus on en produit.

Malheureusement, cette culture si profitable a un vice capital, qui rétablit l'équilibre en faveur de la culture anglaise, l'excès de la population rurale. Malgré les développements de l'industrie et du commerce, ceux qui vivent de l'agriculture forment la moitié à peu près de la population, ce qui les porte à 100 pour 100 hectares, ou plus que dans quelque pays que ce soit, excepté peut-être la Chine. Une telle surabondance de bras n'est pas une conséquence nécessaire de la petite culture, mais elle en est la tendance naturelle. Si la Flandre produit plus que l'Angleterre relativement à sa surface, elle ne produit que moitié moins relativement à sa population rurale. Il n'y a nulle part autant d'indigents que dans cette grasse et riche contrée. La ville de Lille fait une triste exception à tout ce qui est connu dans ce genre ; le *tiers* de ses habitants est inscrit au bureau de bienfaisance, et plus d'une commune rurale a proportionnellement autant de pauvres. En présence d'un pareil fléau, ces admirables campagnes perdent beaucoup de leur éclat.

Au fond, la condition générale des Flamands est plutôt au-dessus qu'au-dessous de la moyenne nationale : telle ration qui ne suffit pas dans ce pays-là passerait dans d'autres parties de la France pour plus que suffisante. Mais si les habitants de plusieurs de nos provinces montrent une extrême sobriété, il ne s'ensuit pas qu'on doive accepter pour règle le triste régime que leur impose la nécessité. Quand même le nombre des indigents serait réduit, par une police sévère, d'un tiers ou d'un quart, dans le département du Nord, il en resterait encore beaucoup trop. On ne peut espérer de le réduire sérieusement qu'en réduisant la population ; car si la production agricole peut faire encore des progrès, il est peu probable qu'elle en fasse jamais assez pour satisfaire à tous les besoins. Si féconde que soit l'antique Cybèle, il y a une limite qu'elle peut difficilement dépasser. Aujourd'hui déjà, le département du Nord achète à ses voisins beaucoup de subsistances.

L'organisation de la propriété et de la culture ne réclame aucun changement radical. L'intérêt public, comme l'intérêt privé, commande que, dans la location de la terre, le propriétaire cherche à obtenir la rente la plus élevée. Si la petite culture lui donne plus que la grande, c'est elle qu'il doit préférer ; mais il faut faire entrer tous les éléments dans le calcul, et si le trop petit cultivateur promet plus qu'il ne peut tenir, mieux vaut s'arrêter. Je n'admets, pour mon compte, d'autre borne à la division du sol, soit comme propriété, soit comme culture, que le point où le cultivateur ne peut plus obtenir de son travail une rémunération suffisante. Où ce point est-il atteint dans le département du Nord? La réponse doit varier suivant les circonstances. Supposons qu'en moyenne, la limite raisonnable soit de 8 à 10 hectares pour les fermes, et de 4 à 5 pour les propriétés ; on peut certes s'imposer un pareil minimum sans changer beaucoup les conditions existantes.

Si ce minimum ou tout autre était adopté, non par la loi, qui n'a rien à voir en ces matières, mais par le consentement libre des parties ; si en même temps on s'attachait à éviter tout excès de main-d'œuvre et à perfectionner les instruments de travail, la rente pourrait s'élever encore, et la condition de la population rurale s'améliorer. Quant à la portion qui n'aurait plus d'emploi, on ne voit pour elle d'autre débouché que l'émigration, à moins que l'industrie ne prenne des proportions inattendues. L'émigration est peu dans les mœurs de cette race si attachée au clocher natal, mais il ne serait pas nécessaire d'aller bien loin ; nous avons en France beaucoup de contrées où les familles flamandes qui viendraient demander des fermes seraient accueillies avec faveur ; car elles apporteraient l'habitude de la culture la plus productive,

L'arrondissement d'Avesnes, qui touche aux Ardennes, diffère tout à fait du reste du département ; c'est ce qu'on appelait la Thiérache, une des subdivisions de l'ancienne Picardie, pays froid, argileux, élevé, couvert de forêts, dont la capitale, Guise, autrefois forteresse féodale de l'illustre maison qui a joué dans notre histoire un rôle si tragique, est aujourd'hui un chef-lieu de canton du département de l'Aisne. La Thiérache contient encore beaucoup de bois, et dans ce nombre la forêt de Mormal, une des plus belles de France, qui n'a pas moins de 10,000 hectares. La culture des céréales y est difficile, celle des plantes industrielles à peu près impossible ; sa richesse consiste en de vastes herbages dont l'étendue égale celle des terres de labour. La plupart de ces pâturages, où s'engraissent des bœufs par milliers, n'ont de naturel que l'apparence ; ils ont été créés à grands frais sur des défrichements de bois ; c'est une des cultures les plus lucratives de cet industrieux pays. Grâce à elle, la rente moyenne de ces terres ingrates a été poussée à 60 fr. l'hectare ; celle des herbages proprement dits atteint 100 fr. et même 200.

### III

L'ancien Artois, aujourd'hui département du Pas-de-Calais (1), jouissait avant la révolution des mêmes fran-

---

(1) Disons une fois pour toutes que ceci n'est pas absolument exact. On a joint à l'ancien Artois, pour former le département du Pas-de-Ca-

chises que la Flandre. Les établissements ecclésiastiques n'y étaient ni moins nombreux ni moins florissants. On y comptait trois siéges épiscopaux très-rapprochés l'un de l'autre, Arras, Saint-Omer et Boulogne, et beaucoup de vieilles abbayes : il suffit de nommer dans le nombre Saint-Waast et Saint-Bertin, dont les abbés ont marché de pair avec les rois. Ces monastères avaient rendu, comme partout, de grands services à l'agriculture. C'est dans un couvent de chartreux, à Lillers, qu'a été creusé, dès le douzième siècle, le premier de ces puits à eaux jaillissantes connus sous le nom de *puits artésiens*, de même que les premiers essais de drainage par tuyaux ont été faits à Maubeuge dans un couvent d'oratoriens, vers 1600. En 1789 les bienfaits des ordres religieux étaient oubliés, il ne restait plus que le sentiment de leur opulence. Cette cause fut probablement pour beaucoup dans la violence révolutionnaire que manifesta cette riche province; Robespierre et Joseph Lebon étaient d'Arras. On ne se contenta pas de vendre les biens du clergé, on démolit sans pitié les plus beaux édifices religieux, pour en effacer jusqu'à la trace.

Ces biens, qui excitaient de si ardentes convoitises, ont continué à prospérer entre les mains de leurs nouveaux propriétaires. L'agriculture du Pas-de-Calais n'est pas très-inférieure à celle du Nord. Il est vrai que les mêmes conditions de sol, de climat et de débouché s'y retrouvent,

tis, une partie de la basse Picardie; mais il eût été impossible de tenir compte de ces détails dans un aperçu aussi rapide que celui-ci. Nous continuerons à les négliger.

Les deux ports de Calais et de Boulogne sont devenus, depuis la paix, le théâtre d'un immense mouvement de voyageurs entre la France et l'Angleterre. Rivières, canaux, routes, chemins de fer, rien ne manque à ce beau département. On y compte 60 fabriques de sucre indigène. La partie la plus rapprochée de la Flandre est la mieux traitée. Je ne citerai qu'un seul propriétaire exploitant, M. Decrombecque, près Lens, que des juges compétents ont proclamé le premier peut-être des cultivateurs français ; dans ces plaines autrefois illustrées par l'une des plus belles victoires du prince de Condé, l'agriculture déploie sous nos yeux ses triomphes pacifiques. C'est aussi à Arras et dans les environs que se trouvent les établissements agricoles de M. Crespel-Delisse, qui a monté à lui seul huit sucreries.

Bien plus anciennement soumise que la Flandre et l'Artois, la Picardie, qui forme aujourd'hui les deux départements de la Somme et de l'Aisne, n'était pas, sous l'ancien régime, aussi prospère que ses deux voisines. « Cette province, dit Arthur Young, a été vantée par beaucoup d'écrivains français pour sa bonne culture, je n'ai pu lui découvrir ce mérite. » Necker confirme ce jugement en ces termes : « Toute la partie de la Picardie un peu éloignée des villes est excessivement pauvre. » Cette contrée déchue avait pourtant vu dans d'autres temps d'aussi beaux jours qu'aucune autre. Les tribus gauloises qui habitaient son territoire figuraient parmi les plus populeuses de la Gaule. A l'origine de la monarchie, elle avait été le séjour favori de nos rois, et au moyen âge, un des siéges les plus florissants de la féodalité religieuse et militaire. Dès le neuvième siècle, les abbayes de Saint-Riquier et de Corbie étaient déjà célèbres par leurs richesses; les évêchés d'Amiens, de Laon, de Noyon, de Soissons, plus de cinquante monastères, pouvaient rivaliser avec ceux de Flandre et d'Artois. A ces possessions se joignaient celles d'innombrables seigneuries, signes certains d'un grand essor de culture et de population. Les noms des comtes de Ponthieu et de Vermandois reviennent souvent dans l'histoire de France, les sires de Coucy ont longtemps compté parmi les plus puissants et les plus illustres, et le marquisat de Nesle, dans l'ancien Santerre, entre Péronne et Montdidier, commandait à 1,800 fiefs. Enfin, car tout se tient dans le développement social, c'est de Picardie qu'est partie la fameuse révolution communale du douzième siècle; les noms de ses villes sont aussi glorieux que ceux de ses principales seigneuries.

Des monuments imposants, qu'on aurait quelque peine à élever aujourd'hui, comme les cathédrales d'Amiens, de Laon et de Noyon, d'autres églises et abbayes, des hôtels de ville, des châteaux forts, attestent cette ancienne prospérité. A partir du xiv<sup>e</sup> siècle, tout cet éclat s'efface. La Picardie a particulièrement souffert de la guerre de cent ans contre les Anglais. Après avoir donné des rois à Jérusalem, la noblesse picarde paye un large tribut aux journées de Crécy et d'Azincourt. Dans les siècles suivants, l'administration monarchique étend sur la province son niveau fatal. Sous Louis XIV, la manufacture de draps d'Abbeville donne quelque vie à un point isolé; les campagnes restent inertes. En y mettant le pied, Arthur Young trouve ce qu'il appelle la *culture française*, par opposition à la culture flamande, c'est-à-dire l'assolement triennal avec jachère. « La généralité d'Amiens, dit Necker, se trouve assujettie à toutes les impositions établies en France, et on y paye le sel au plus haut prix, ce pays étant compris dans les grandes gabelles. »

Dans le demi-siècle qui a précédé 1789, la Picardie commençait à se relever. Un mémoire de M. le marquis de Guerchy, inséré dans le recueil de la *Société royale d'agriculture de Paris,* pour 1788, donne à ce sujet des renseignements positifs. « Le Marcanterré, dit-il, est un petit canton à l'extrémité du Ponthieu (aujourd'hui arrondissement d'Abbeville), conquis depuis soixante ans sur la mer; en se retirant, elle a entraîné une certaine quantité de sable, au point de former une digue naturelle. Les habitants des cantons voisins, naturellement industrieux, ont imaginé de la renforcer et de la consolider pour empêcher la mer de reprendre ce qu'elle a donné au continent. Cette opération faite, ils ont entrepris des défrichements qui ont été pénibles, ce terrain étant toujours très-aquatique. Les bâtiments construits avec une grande simplicité ont l'apparence de la misère; mais lorsqu'on voit les détails, on est étonné de ce qu'on trouve; les grains surtout sont d'une beauté surprenante. »

La ferme de Châteauneuf, la plus belle du pays, appartenait à un M. de Lormois; elle contenait 1,200 arpents. Le fermier avait 100 chevaux, y compris les juments poulinières, 150 vaches ou génisses et 1,000 moutons. Voilà, certes, un assez bel échantillon de grande culture. M. de Lormois y avait joint une concession de 600 arpents qu'il venait d'obtenir dans des terrains jadis submergés, et qu'il s'occupait à défendre contre la mer par des digues de neuf pieds de haut. Il se proposait d'exploiter lui-même le tout, et avait fait venir d'Angleterre 4 béliers et 90 brebis. A côté de cette grande entreprise, M. de Guerchy cite une autre exploitation, celle de la Chapelle, près Boulogne, composée d'un seul enclos de 400 arpents, qui n'était auparavant qu'un mauvais bois et qui, défriché et cultivé à l'anglaise, nourrissait 600 bêtes à laine de la plus belle espèce, et portait de magnifiques récoltes de luzerne, de trèfle, de sainfoin, de pommes de terre et de turneps. L'attention des cultivateurs picards s'était portée sur l'agriculture anglaise, et une émulation féconde s'emparait d'eux.

Suspendu pendant les guerres de la révolution et de l'empire, ce mouvement a repris avec plus de force depuis 1815. Une bien autre activité industrielle qu'avant 1789 s'est développée; Amiens, Abbeville, Saint-Quentin, sont devenus de puissants foyers de travail. Le produit et la valeur des terres doivent avoir triplé depuis le passage d'Arthur Young. Les deux départements de la Somme et de l'Aisne viennent après le Nord et le Pas-de-Calais dans l'ordre de la richesse comme dans l'ordre géographique. Admirablement situés, ils peuvent associer les procédés de la culture anglaise à ceux de la culture flamande, et arriver ainsi au plus haut point de production rurale. Ils ont cet avantage sur le Nord, que l'excès de population ne s'y fait pas sentir : la Somme n'a que 92 habitants par 100 hectares, et l'Aisne 76, c'est-à-dire environ le tiers de la population flamande.

Les cultures industrielles de la Flandre s'y sont naturalisées. Dès 1788, M. de Guerchy avait trouvé une assez grande culture de lin dans les environs d'Abbeville ; le colza aussi s'est répandu, ainsi que la betterave à sucre. En même temps, les prairies artificielles ont gagné du terrain sur les jachères, qui ont reculé des trois quarts. Depuis quelques années, une circonstance nouvelle a servi à propager la betterave : les eaux-de-vie de vin ayant manqué par l'invasion de l'*oïdium*, on a eu l'idée de demander à cette précieuse racine l'alcool aussi bien que le sucre. Cette nouvelle tentative a réussi, et de nombreuses distilleries se sont établies rapidement, malgré les capitaux considérables qu'elles exigent. Il en est résulté un accroissement marqué dans la quantité et la qualité des animaux; car partout où s'étend la betterave, l'engraissement du bétail devient facile et profitable ; l'augmentation des fumiers permet sans danger les cultures les plus épuisantes, et, excitée par de croissants bénéfices, la production tend vers son *maximum*.

De ces deux départements, la Somme est le plus riche, comme le plus généralement favorisé par la nature du sol ; mais l'Aisne le suit de près. Le premier se rapproche plus de la culture flamande, le second de la culture anglaise. Un des plus frappants exemples de l'extrême diversité de nos conditions agricoles se présente ici : pendant que l'arrondissement de Saint-Quentin, l'ancien Vermandois, offre toutes les merveilles de la petite culture, la grande domine dans les arrondissements de Laon et de Soissons, où la moyenne des exploitations dépasse 100 hectares. Ce département se distingue surtout par le nombre et la beauté de ses troupeaux. Placé au centre de nos grandes industries lainières, il contient à lui seul un million de moutons : encore un pas, et il en aura autant qu'en Angleterre.

Ces moutons, fortement nourris et améliorés par des croisements, donnent à la fois beaucoup de viande et beaucoup de laine.

Depuis 1857, le gouvernement a ajouté aux concours régionaux de bétail et de produits agricoles un concours spécial entre les exploitations les mieux dirigées : le prix est une *prime d'honneur* de 8,000 fr. En attendant que cette magnifique prime porte des fruits pour l'avenir, elle sert à faire connaître les principaux succès obtenus jusqu'ici. Le lauréat de 1859, dans l'Aisne, a été un fermier des environs de Soissons, M. Vallerand. Les travaux de cet habile cultivateur remontent à 1835 : il a pris, à cette époque, la ferme de Moufflaye, d'une étendue totale de 260 hectares. Quoiqu'il n'eût qu'un modeste capital de 40,000 francs, il est parvenu, dans une situation qui en aurait ruiné beaucoup d'autres, à porter en vingt-cinq ans les terres de cette ferme à un admirable état de fertilité. Son principal instrument a été la culture de la betterave, qu'il a étendue progressivement jusqu'à occuper un tiers du sol (1), ce qui lui permet d'engraisser, tous les ans, 2,000 moutons. Son capital d'exploitation a été porté à 800 francs par hectare; il a quadruplé.

Tous les cultivateurs de la Somme et de l'Aisne ne possèdent pas de pareilles ressources, mais on ne peut guère estimer en moyenne leur capital d'exploitation à moins de 300 francs par hectare en culture; c'est le double de la moyenne nationale. La plupart d'entre eux emploient des machines nouvelles et coûteuses; un des grands moyens de succès de M. Vallerand tient à une puissante *défonceuse* dont il est l'inventeur, et qui, traînée par douze bœufs, bouleverse le sol. De nombreux comices, des concours locaux, des publications spéciales, entretiennent, comme en Angleterre, l'activité d'esprit nécessaire à toute industrie. Il faut même rendre cette justice aux cultivateurs de cette région, que les idées économiques se répandent parmi eux; lors des discussions récemment soulevées à propos de la législation sur les grains, le comice agricole de l'arrondissement de Saint-Quentin, un des plus productifs de France en céréales, s'est montré un des plus éclairés.

## IV.

Si j'avais à désigner la plus heureuse partie de la France, je n'hésiterais pas, je désignerais la Normandie. Dans la série des analogies extérieures, la Normandie, c'est

---

(1) *Journal d'agriculture pratique*, nos des 5 et 20 août 1859.

l'Angleterre. Les cultures industrielles de la région flamande ne s'y retrouvent plus, les herbages verdoyants les remplacent. Les cinq départements normands ont 500,000 hectares de prés et pacages, ou le sixième du sol; c'est la même proportion que dans les îles vertes par excellence. 500,000 vaches, 200,000 bœufs, un million de moutons, 300,000 chevaux, peuplent ces immenses pâturages. La culture normande, habituée depuis longtemps à de bons profits, n'adopte qu'avec lenteur les innovations. L'assolement triennal est encore généralement suivi pour les terres arables; les prairies artificielles gagnent du terrain, mais les racines sont en retard. La culture du colza, qui commençait à pénétrer entre Dieppe et Eu en 1788, d'après M. de Guerchy, n'a fait d'assez grands progrès que depuis peu d'années.

Le département de la Seine-Inférieure représente assez bien ce qu'on appelait autrefois la Haute-Normandie et le pays de Caux : le Calvados répond à la Basse-Normandie; l'Eure, au Vexin normand et au comté d'Evreux; la Manche au Cotentin, et l'Orne au Perche. Toute une moitié de la province n'a qu'une fertilité médiocre; la presqu'île du Cotentin repose sur le granit, comme la Bretagne sa voisine, et le Perche n'est guère qu'un assemblage de petites chaînes à sommets stériles. L'autre moitié, composée de la Seine-Inférieure, du Calvados et d'une partie de l'Eure, est plus naturellement fertile. Traversée par la Seine, elle étend sur l'Océan un beau développement de côtes où se trouvent plusieurs ports de commerce. C'est là surtout que se concentre la richesse;

la terre y vaut en moyenne autant qu'en Angleterre. Le climat, humide et doux, favorise la végétation des prairies. L'Océan fournit en abondance des engrais spéciaux, la tangue et le varech, dont on fait un grand usage. De nombreuses industries animent les villes et produisent tous les ans des centaines de millions. Auprès de pareils auxiliaires, l'agriculture prospère toujours. Mais ce qui a fait surtout, de temps immémorial, la richesse de cette province, c'est le voisinage de la capitale. Paris alimente le mouvement commercial de son fleuve et de ses ports, Paris consomme les produits de ses manufactures et les poissons de sa pêche, Paris enfin achète ses chevaux, ses bœufs gras, son beurre, ses volailles, tout ce qu'elle peut y envoyer.

De là cette heureuse économie rurale qui, en développant la culture pastorale, a préservé le pays des cultures épuisantes et de l'excès de population. *Les domestiques sont nourris ici comme les maîtres,* me disait un jour un paysan normand avec un juste sentiment de son bienêtre. Le salaire ordinaire est aussi élevé que dans les meilleurs districts de l'Angleterre; il a même, dans ces dernières années, monté plus haut. Les fermiers ne sont pas encore aussi riches que les fermiers anglais, mais les petits propriétaires sont nombreux ; et comme la plupart jouissent d'un revenu suffisant, ils élèvent l'aisance moyenne.

Parmi les industries rurales, la première est la fabrication du cidre. Ainsi se manifeste le caractère distinctif du génie national, l'originalité et la variété des produits :

voilà deux provinces qui se touchent, l'une s'adonne à la betterave, l'autre a planté des pommiers, et la valeur créée par l'arbre normand égale à peu près celle que produit la racine flamande. Puis vient la fabrication du beurre. On peut dire que, sous ce rapport, on est arrivé à la perfection, surtout dans le petit pays du Bessin, à l'extrémité du Calvados. Il y a telle ferme qui vend tous les ans pour 25,000 fr. de beurre ; les vaches qui appartiennent à la race locale dite *cotentine* donnent en moyenne 100 kilos de beurre par tête, et il en est qui vont bien au delà. L'engraissement des bœufs n'a pris nulle part autant de développement. Ces bœufs sont engraissés dans des herbages, dons naturels du sol et du climat ; il n'est pas d'industrie plus commode et plus avantageuse.

On peut difficilement se faire une idée, quand on n'y a pas regardé de près, de ce que peut devenir la moindre branche de l'économie rurale, quand elle a des débouchés suffisants. La Normandie doit produire tous les ans environ 100,000 bœufs gras, en y comprenant ceux qu'elle achète aux pays voisins pour les engraisser ; qu'elle fasse beaucoup d'argent avec un tel produit, c'est ce qui se comprend sans peine ; mais ce qu'elle gagne avec les volailles, par exemple, est moins généralement apprécié. On exporte tous les ans de nos côtes du nord-ouest en Angleterre pour 7 ou 8 millions d'œufs ; on en envoie autant à Paris, et pour 10 ou 12 millions de volailles, sans compter ce qui se consomme sur place. Une espèce précieuse de poules, connue sous le nom de *poule de Crèvecœur*, s'est formée de longue main pour alimenter ce commerce ;

elle pond en abondance de beaux œufs et prend la graisse avec une extrême facilité. La race des canards normands a aussi ses mérites. Plus d'un petit fermier paye sa ferme entière avec sa basse-cour.

Une grande question se débat depuis quelques années entre les agronomes et les herbagers. Ceux-ci maintiennent la supériorité de l'antique race de gros bétail pour la production de la viande comme pour celle du lait; ceux-là proposent de lui substituer, pure ou croisée, la race anglaise de Durham. Un éleveur du département de l'Orne, M. le marquis de Torcy, a prouvé par son exemple que les plus beaux échantillons de la race anglaise pouvaient naître et s'engraisser dans les parties les moins fertiles de la Normandie; l'habitude et le préjugé n'en persistent pas moins, et dans les bœufs qui alimentent le marché de Poissy, les Durham et croisés Durham sont toujours en bien petit nombre. Le *bœuf gras* qui figure annuellement à Paris appartient d'ordinaire à la race cotentine; on en a vu qui atteignaient le poids énorme de 2,000 kilos. Les Durham n'arrivent pas à ce poids, et leur viande ne vaut pas celle des cotentins. De plus, en altérant leur race, les éleveurs normands craignent de porter atteinte aux qualités laitières de leurs vaches. Il est probable que la querelle finira par une transaction : les cotentins, soit en s'améliorant par eux-mêmes, soit en se croisant avec les Durham, gagneront quelques-unes des qualités qui leur manquent sans perdre celles qu'ils possèdent.

Le principal obstacle à la substitution pure et simple

d'une race à l'autre tient à l'ancienne organisation de l'économie rurale. Chaque fraction du pays avait autrefois sa spécialité. Le Cotentin, comme le moins fertile, était le seul à faire naître et à élever du gros bétail; le pays d'Auge engraissait, la plaine de Caen cultivait les céréales, et ainsi de suite. Aujourd'hui toutes ces industries tendent à se rapprocher, révolution heureuse, sans doute, mais qui a ses difficultés et ses lenteurs. Pour que les pays d'élevage deviennent tout à fait propres à l'engraissement, pour que les céréales s'étendent à côté des herbages et réciproquement, il faut du temps; en attendant la transformation, la race locale se prête plus que toute autre à la variété des circonstances.

Les chevaux normands ont depuis longtemps une réputation méritée comme chevaux de trait *au trot*. Le petit pays du Perche a donné naissance à une race considérée comme la meilleure du monde pour le service des postes et des autres voitures qui exigent à la fois de la force et de la vitesse. Au dernier concours régional d'Alençon, en 1858, on avait réuni la plus belle collection de juments et d'étalons qui fût peut-être possible en Europe, au nombre de près de 400. Une question du même genre que pour les bœufs se débat pour les chevaux entre les producteurs normands et les partisans exclusifs du sang anglais. Il est probable qu'elle finira de même. Les races indigènes peuvent s'améliorer par des croisements, elles peuvent aussi se perfectionner par elles-mêmes; l'important est, dans les deux systèmes, de n'employer que des reproducteurs de choix et de nourrir convenablement les élèves. L'éleveur normand est mieux placé que tout autre pour réaliser ces deux conditions.

Il y avait autrefois au haras national du Pin, près d'Argentan (Orne), une jumenterie et une école de haras; l'une et l'autre ont été supprimées en 1852, lors d'une réorganisation de l'administration, qui a fait prévaloir des idées contraires. Les juments qui appartenaient au pur sang anglais ont été vendues aux enchères. Ces brusques révolutions sont toujours regrettables. Douze juments de plus ou de moins, ce n'était pas une grande affaire pour l'État, et elles pouvaient donner lieu à des expériences utiles. On a heureusement respecté les étalons, qui sont au nombre de 100, et qui n'ont été réunis qu'au prix de longs efforts. Le haras du Pin, créé sous Louis XIV, est un de ces grands établissements qui font partie du patrimoine national, et qui, même lorsque leur utilité est contestée, méritent d'être conservés, pour représenter l'idée de la durée au milieu de nos perpétuels revirements. En Angleterre, il appartiendrait à un duc qui l'entretiendrait à grands frais.

La création des chemins de fer a excité un moment en Normandie de vives appréhensions ; on a craint que la concurrence des provinces plus éloignées ne devînt fatale aux produits du pays sur le marché de Paris. Ces craintes sont aujourd'hui dissipées : la Normandie aura toujours un privilége par l'excellence de ses denrées et par sa proximité. On y verra probablement, de plus en plus, quand les fléaux passagers qui ont atteint la vigne auront disparu, la lutte du vin contre le cidre. Faut-il s'en affliger même au point de vue de l'intérêt normand ? J'en doute. La production du cidre compte aujourd'hui parmi les revenus les plus clairs des fermiers ; mais ont-ils bien calculé le tort que font les pommiers aux autres cultures? C'est un compte qu'il faudra établir quelque jour, et qui donnera peut-être des résultats imprévus. Quant aux consommateurs, ils ne peuvent que gagner à la substitution ; quel que soit le goût des Normands pour leur boisson traditionnelle, le vin est plus agréable, plus fortifiant et plus sain.

La Normandie est une de nos provinces où la population s'accroît le moins vite. En 1790, elle avait 2 millions d'habitants ; d'après le dénombrement de 1856, elle en a aujourd'hui 2,700,000, soit une augmentation de 700,000 âmes, ou 35 pour 100 dans ces soixante-dix années. Dans le même laps de temps, la population du département du Nord a doublé. En Normandie même, le gain se répartit très-inégalement. Le département le plus voisin de Paris, l'Eure, est resté presque stationnaire ; le plus éloigné, la Manche, a fait au contraire des progrès rapides (1) ; la Seine-Inférieure a dû au développement de son commerce et de ses manufactures un accroissement marqué ; le Calvados et l'Orne ont marché moins vite.

Il faut féliciter la population normande de cette sage

(1) Ce progrès exceptionnel de la population dans le département de la Manche, à moins d'une erreur grave dans le dénombrement de 1790, ne peut s'expliquer que par les travaux du port de Cherbourg, qui ont répandu dans le pays beaucoup de capitaux. Ce port, commencé sous Louis XVI, a coûté jusqu'ici *deux cents millions*, et il n'est pas fini.

lenteur. Suivant toute apparence, la richesse a quadruplé depuis 1790, en la considérant sous toutes ses formes. L'aisance moyenne a dû alors plus que doubler; on reconnaît là le génie calculateur de cette race normande, la plus positive de nos races nationales. La plupart des Normands n'ont pas lu Malthus, mais ils pratiquent instinctivement ses conseils. La proximité de Paris, qui absorbe la population surabondante, est pour quelque chose dans cet heureux équilibre; la prudence des familles y a encore plus de part. La population totale n'atteint pas une tête par hectare.

L'industrie absorbe plus de la moitié des bras. La population agricole n'est donc guère plus nombreuse qu'en Angleterre, et elle a autant de débouchés. Aussi a-t-elle échappé plus complétement qu'aucune autre aux idées subversives de 1848. Il n'en a pas été tout à fait de même dans les centres manufacturiers. Les inconvénients des agglomérations ouvrières se sont fait sentir à Rouen, à Elbeuf, à Louviers; mais, à côté de ces masses agitées, la Normandie possède un élément précieux, qui doit servir un jour à résoudre le grand problème de l'organisation industrielle, la manufacture rurale. Dans les vallées qui avoisinent Rouen, dans les campagnes de l'Orne et du Calvados, l'atelier s'élève à côté de la ferme; souvent même, comme pour la fabrication de la dentelle, la commande s'exécute dans la ferme elle-même, au milieu des autres occupations domestiques, et le calme régulier de la vie champêtre s'allie aux profits du travail industriel.

6.

Nous possédons sur un de ces départements, l'Eure, des renseignements particuliers, qui nous permettent de mesurer les progrès accomplis depuis 1789. M. Passy avait déjà constaté les faits jusqu'à 1837 ; une statistique récemment publiée va jusqu'à 1852. Le produit brut et le produit net ont doublé, et ces perfectionnements se sont accomplis sans aucun changement sérieux dans l'étendue moyenne des exploitations, le sol ne s'est pas divisé. « Longtemps avant 1800, dit M. Passy, la grande culture s'était emparée de la plupart des plaines du département; à la moyenne et à la petite appartenaient les vallées, les sites accidentés et en général les terres les plus légères. Tout est resté sur le même pied. Chaque système a conservé le terrain qu'il occupait, et les limites respectives n'ont pas sensiblement varié. C'est qu'appelée par la différence des besoins de la consommation et de la qualité des terres, cette diversité est éminemment favorable à la prospérité commune. Si la grande culture règne dans les plaines, c'est que leur sol argileux, uni et compacte ne se prête bien qu'à la production des céréales, et que cette production, étendue sur de vastes espaces, exige moins de frais et laisse plus de bénéfices. Si les fonds accidentés et légers sont devenus le partage de la moyenne et de la petite culture, c'est que ces fonds permettent de marier à la production des grains celle des plantes industrielles et des légumes secs, qui réclament plus de main d'œuvre. »

Un document encore plus récent sur l'état de l'agriculture dans l'arrondissement de Louviers en 1858, par M. Anisson du Péron, constate que, dans une partie de cet arrondissement, les terres qui valaient 500 fr. l'hectare il y a trente ans, valent aujourd'hui 3,000 fr.; c'est l'introduction du trèfle incarnat dans l'assolement qui a amené cette révolution. M. Anisson du Péron remarque en même temps que l'extrême morcellement de la plaine du Neubourg, une des plus divisées de France, remonte, d'après des pièces authentiques, au XVIIe siècle, et probablement plus haut encore.

La Normandie a joué de tout temps un rôle considérable dans l'histoire. De là est partie l'armée qui a conquis l'Angleterre. Longtemps possédée à son tour par les monarques anglais, elle a successivement donné et reçu l'empreinte commune. Si nous en croyons M. Léopold Delisle, le servage y était aboli dès le douzième siècle. Les monuments du moyen âge, églises, abbayes, châteaux historiques, y sont nombreux et bien conservés. Quand est venu le grand moment du dix-septième siècle, elle a donné aux arts Poussin et aux lettres Malherbe et Corneille, qui ont exercé tous trois une puissante influence sur le génie national. Encore aujourd'hui, c'est la province la plus éclairée, celle où se maintient le plus, malgré le voisinage de Paris, une originalité distincte, où l'on étudie avec le plus d'amour les antiquités et les ressources locales.

Nulle part n'apparaît plus nettement en France la solidarité des intérêts. Les grandes fortunes, soit commerciales, soit manufacturières, soit territoriales, ne sont nulle part plus nombreuses, et nulle part il n'y a moins de pauvres. Beaucoup de communes n'ont pas un seul indigent, et le nombre des pauvres n'y dépasse pas en tout, y compris les villes, 5 pour 100 de la population, ou la moitié seulement de la moyenne nationale. Le château s'appuie sur la chaumière et la chaumière sur le château, harmonie aussi heureuse que rare, quoique conforme à l'intérêt bien entendu de tous.

Cette richesse ancienne et générale a eu ses conséquences naturelles. La Normandie rappelle l'aspect élégant et orné de la campagne anglaise. De belles habitations, semées entre les fermes et les *cottages*, attestent par leur apparence que leurs propriétaires ne les désertent pas. Les haies bien fournies et bien taillées, les fossés bien entretenus, les portes closes, les barrières peintes, les plantations d'arbres en allées ou en massifs, les prairies bien nivelées, les landes rares, les animaux sains et vigoureux, les plus modestes bâtiments réparés avec soin, tout révèle à l'œil la prospérité. Sans offrir précisément de bien grands effets, le sol, découpé de mille vallées qui descendent vers la mer, est riant et pittoresque. La verdure y a presque la même fraîcheur qu'en Angleterre, et les animaux au pâturage y forment les mêmes groupes bariolés.

## V.

L'ancienne Ile-de-France forme aujourd'hui quatre départements : la Seine, Seine-et-Oise, Seine-et-Marne et Oise. Ici, la puissance du débouché devient de plus en plus sensible. Le département de la Seine, qui n'a pas

50,000 hectares, contenait à lui seul 1,727,000 habitants lors du dénombrement de 1856, et il en contient probablement beaucoup plus aujourd'hui : Paris le couvre presque tout entier. On sait quel monstre insatiable est cette seule ville ; non-seulement il s'y est agglomeré une population plus nombreuse que sur aucun autre point, mais comme la richesse nationale y afflue par toutes les voies, ses habitants vivent mieux et consomment plus qu'ailleurs. On y engloutit tous les ans 4 millions d'hectolitres de blé, 1,500,000 hectolitres de vin, 100 millions de kilos de viande, sans compter le lait, le beurre, le fromage, les œufs, la volaille, le gibier, le poisson, les légumes, les fruits, et la nourriture des chevaux qui servent à son immense population, le foin, la paille et l'avoine. En 1789 Paris consommait tout au plus pour 100 millions de denrées agricoles ; il en consomme aujourd'hui pour 500 millions ; cette gigantesque demande se répartit sur les départements environnants.

La Normandie fournit la plus grande partie de la viande de bœuf, du beurre, des œufs et des volailles ; les veaux, les moutons, les céréales, le lait, les légumes, les fruits, viennent des départements plus rapprochés. Celui de Seine-et-Oise, qui entoure Paris comme une ceinture, a la principale part à cet approvisionnement. La grande culture y occupe environ les deux tiers du sol cultivé. De belles fermes à céréales, ayant des centaines d'hectares d'étendue, et louées 10,000, 20,000, 50,000 fr. par an, couvrent les plateaux ; la petite culture fleurit dans les vallées. La même économie rurale se retrouve dans les parties de Seine-et-Marne et de l'Oise les plus voisines de Paris. La rente des terres monte, aux portes de la capitale, jusqu'à 200 et même 250 fr.; elle descend graduellement à mesure qu'on s'en éloigne, et dans les arrondissements de Provins et de Fontainebleau, elle n'est plus que de 30 à 40.

Ces quatre départements ont, comme en Belgique, 150 habitants par 100 hectares de superficie. La population rurale n'excède pas le quart; tout le reste habite la ville, ou se livre à d'autres industries : c'est la seule partie de la France qui présente en grand cette heureuse proportion. Le sol est généralement médiocre, excepté sur quelques points, où un mélange d'argile et de sable à sous-sol calcaire le rend particulièrement propre à la production des céréales.

Le nombre des bêtes à cornes n'est que de 300,000 environ, ou une pour 6 hectares; beaucoup de parties de la France en ont davantage; l'Angleterre en a deux fois plus. Les trois quarts sont des vaches entretenues pour le lait; les veaux de boucherie forment l'autre quart. Le travail des champs étant uniquement fait par des chevaux, il n'y a pas de bœufs de travail, et l'on n'y engraisse que les vaches épuisées. On n'y fait pas non plus d'élèves; en revanche, l'entretien des vaches laitières et l'engraissement des veaux sont des industries très-bien entendues. Nulle part au monde on ne mange d'aussi bon veau qu'à Paris. La plus grande partie du lait se vend en nature. La Brie produit des fromages estimés.

Le principal bétail est le mouton. On y a environ une

tête de mouton par hectare de la superficie totale, ou un et demi par hectare en culture. Presque tous sont des mérinos ou métis mérinos, qui dépouillent tous les ans de 4 à 5 kilos de laine fine. Cette richesse n'est pas ancienne, elle ne date que de quarante ans. On la doit à la bergerie nationale de Rambouillet (Seine-et-Oise). Tout ne réussit pas dans les tentatives pour améliorer l'économie rurale d'un pays; mais il suffit qu'une seule vienne à bien pour payer au centuple celles qui avortent. Pendant longtemps on a pu craindre que la bergerie de Rambouillet ne fût un essai malheureux; fondée en 1786, elle n'a commencé à porter des fruits que trente ans après. Par un rare et surprenant privilège, dû à la persévérance indomptable de quelques hommes, la révolution a respecté l'utile création de Louis XVI, et ce troupeau précieux, sauvé par miracle, se propage maintenant jusqu'aux antipodes. Dans un pays comme le nôtre, où la modicité des fortunes s'unit à l'inconstance des humeurs et à la mobilité des événements, pour rendre extrèmement difficiles les efforts isolés qui ne donnent pas une rémunération immédiate, l'intervention de l'État est quelquefois nécessaire; elle remplace l'action de la grande propriété anglaise. Si les éleveurs français eussent été livrés à eux-mêmes, la race de Rambouillet n'existerait pas. Quel agronome se serait résigné à faire trente ans des sacrifices sans profit, surtout dans des temps comme ceux qui se sont écoulés de 1787 à 1815?

Cette création de la bergerie royale de Rambouillet montre que l'impulsion agricole était déjà fortement donnée avant 1789. La *Société d'agriculture de Paris*, fondée en 1761, et qui comptait au nombre de ses membres les hommes les plus célèbres du temps, Malesherbes, le duc de la Rochefoucauld, le duc de Liancourt, Lavoisier, Parmentier, Daubenton, dirigeait le mouvement. Louis XVI avait témoigné plusieurs fois de l'extrême intérêt qu'il portait aux travaux de cette société. Une des études provoquées et publiées par elle, le mémoire de Gilbert sur les prairies artificielles, a paru pour la première fois en 1787 ; souvent réimprimé depuis, c'est encore le meilleur traité qui existe sur ce sujet. Il a sans nul doute activement contribué aux progrès qu'ont faits autour de Paris les prairies artificielles. Il nous fournit en même temps les moyens de mesurer la progression de la rente des terres, depuis 1789, dans l'ancienne généralité de Paris. D'après Gilbert, le prix de location était alors de 27 à 32 fr. l'hectare dans les élections de Paris, Meaux, Pontoise et Senlis ; de 20 à 24 fr. dans celles de Beauvais, Compiègne, Coulommiers, Etampes, Melun ; de 10 à 16 fr. dans celles de Provins, Nemours, Montereau, Sens, etc. Tous ces prix ont quadruplé. La généralité, prise dans son ensemble, nourrissait un million de moutons ; elle en nourrit aujourd'hui trois fois plus, et le revenu de chacun de ces animaux ayant doublé par le fait d'une alimentation plus abondante et d'un croisement avec la race de Rambouillet, le produit total des troupeaux a dû sextupler.

L'école vétérinaire d'Alfort, fondée en 1763, deux ans après la Société d'agriculture de Paris, a beaucoup servi à préparer ces beaux résultats; Gilbert était un des professeurs de cette école, ainsi que Daubenton, Vicq d'Azyr, Fourcroy, Flandrin, etc.

L'Eglise avait autour de Paris des biens immenses. L'abbaye de Saint-Germain-des-Prés avait possédé, sous Charlemagne, d'après les recherches de M. Guérard, 430,000 hectares, ou l'étendue actuelle d'un département; elle était encore, en 1789, la plus riche de France. L'abbé passait pour avoir à lui seul 300,000 livres de rentes; l'archevêque de Paris en avait 200,000; l'évêque de Beauvais 100,000. L'abbaye de Saint-Denis était presque aussi riche que Saint-Germain-des-Prés. Dans l'intérieur même de Paris de nombreux couvents occupaient des terrains qui valent aujourd'hui des milliards. C'est là surtout qu'il fallait en vendre et que la vente a pleinement réussi. On comprend sans peine l'impatience et l'envie que de si belles possessions devaient exciter, au centre même de l'activité nationale.

Grâce à la propagation des mérinos et au débouché toujours croissant de Paris; grâce aussi, il faut bien le dire, aux anciennes traditions de la grande propriété ecclésiastique, l'Ile-de-France est le seul point de notre territoire où l'on trouve des fermiers aussi riches qu'en Angleterre. De véritables fortunes s'y sont faites de tout temps dans la culture, et surtout depuis un demi-siècle. On y voit quelques fermiers millionnaires; d'autres, en plus grand nombre, qui ont des centaines de mille francs. La culture y a tout à fait le caractère d'une industrie qui emploie de grands capitaux et qui en retire de grands profits, surtout dans cette partie qu'on appelle encore la *France* par excellence, parce qu'elle formait le domaine primitif de Hugues Capet.

La grande propriété s'y est conservée aussi plus intacte qu'ailleurs. On y compte plus de 3,000 cotes rurales au-dessus de 1,000 fr. en principal ; parmi ces propriétaires, il en est plusieurs qui jouissent de 50 à 100,000 fr. de rente, et au delà. M. le duc de Luynes a, dit-on, un million de revenu en biens-fonds, situés pour la plupart dans ces parages. La terre de Ferrières, près Lagny, appartenant aujourd'hui à M. le baron de Rothschild, contient 3,000 hectares ; le parc à lui seul en occupe 400. Les terres de 500 à 1,000 hectares sont assez nombreuses, surtout dans Seine-et-Marne, un des départements de France qui ont le moins de petites cotes. De tout temps les deux aristocraties, celle de naissance et celle de fortune, ont tenu à avoir de vastes possessions dans les environs de Paris ; malgré les révolutions, elles ont gardé de beaux restes. La plupart de ces propriétés ont changé de mains, mais sans beaucoup se diviser.

Les anciens châteaux royaux de Versailles, Saint-Germain, Saint-Cloud, Meudon, Rambouillet, Fontainebleau, Compiègne, avec leur entourage de bois et de parcs magnifiques, donnent le ton ; quiconque possède à Paris quelque fortune ou seulement un peu d'aisance cherche à le suivre. Autour de ces résidences historiques, qu'embellit le faste accumulé de plusieurs dynasties, et qui n'ont point de rivales dans le monde, se presse une foule innombrable de maisons de plaisance de toutes les dimensions. Ce qui manque au reste de la France se trouve ici prodigué à l'excès. Tantôt ce sont des châteaux appartenant à de riches financiers, et rivalisant de luxe avec les maisons royales; tantôt des *villa* de second ordre, élégantes et bien tenues; tantôt de simples chalets, où s'ébat dans l'été la multitude des familles bourgeoises.

Dans quelques-unes de ces habitations, même les plus riches, on tient à honneur de s'occuper d'agriculture. Près de Rozay en Brie, à treize lieues de Paris, s'élève le château de Lagrange, illustré par le long séjour du général Lafayette. La face des événements est si changeante que la conduite des hommes publics prête aux appréciations les plus diverses; on peut varier sur le jugement à porter de l'influence politique de Lafayette; mais ce qui ne saurait être contesté, c'est la noblesse et la dignité de sa vie. Au sortir de sa glorieuse prison d'Olmutz, il s'établit à Lagrange en 1801, et y passa tout le temps de l'Empire et de la Restauration. Le château, bâtiment massif à cinq grosses tours, était entouré d'un parc de 60 hectares, moitié prairies, moitié bois; la ferme contenait 200 hectares de terres. C'est là que Lafayette, entouré de sa famille et de ses amis, a présenté longtemps ce beau et grand spectacle, si rare en France, mais si commun en Angleterre et en Amérique, d'un homme célèbre cultivant ses champs. Comme son ami Washington, il aimait l'agriculture et s'y adonnait avec succès. Il a beaucoup contribué à propager en Brie la race des moutons mérinos.

De nos jours aussi, quelques grands propriétaires font de louables efforts pour perfectionner l'agriculture;

dans le nombre, il faut citer M. Dailly, qui possède et exploite à Trappes 550 hectares, et qui y consacre un capital d'exploitation de 500,000 fr. D'autres se livrent à l'horticulture et y emploient des sommes considérables. Ceux même qui ne viennent chercher aux champs que le bon air et le repos contribuent, par le seul fait de leur séjour, à la prospérité rurale. Mieux vaut venir à la campagne pour n'y rien faire que de rester à la ville ; ce qu'on y dépense profite au moins à la population qui cultive. C'est le département de Seine-et-Oise qui renferme le plus de ces résidences d'été, parce qu'il est le plus rapproché, et le plus pittoresque ; quelques-unes de ses parties rivalisent pour la beauté des sites avec les paysages les plus renommés.

Deux des départements de l'Ile-de-France ont jusqu'ici pris part au concours pour les primes d'honneur : Seine-et-Marne en 1857, Seine-et-Oise en 1858. Dans le premier, le prix a été vivement disputé entre trois concurrents, MM. Chertemps, Dutfoy et Giot. Un simple aperçu des trois exploitations en présence suffira pour faire apprécier l'état de l'agriculture dans ce département. La ferme de Rouvray, exploitée par M. Chertemps, se compose de 250 hectares d'un seul tenant. Quoique simple fermier, il y a fait exécuter à ses frais pour 40,000 fr. de travaux de drainage, il a ouvert 1,400 mètres de routes empierrées, il a marné la moitié des terres à raison de 50 mètres cubes par hectare, il a fait construire, sans y être obligé, des bâtiments d'exploitation, et, après avoir payé 25,000 francs de fermage annuel et 5,750 francs d'impôts, il retire encore de ses avances un revenu suffisamment rémunérateur. La ferme d'Éprunes, cultivée par M. Dutfoy, également comme fermier, se compose de 504 hectares, et présente à peu près les mêmes phénomènes. Le troisième concurrent, M. Giot, simple garçon boucher il y a trente ans, possède aujourd'hui une exploitation de 354 hectares, qu'il a conquise pied à pied sur des marais et des bruyères.

A son tour, le lauréat de Seine-et-Oise, M. Decauville, exploite à Petit-Bourg, à 30 kilomètres de Paris, une ferme de 350 hectares, formée de la réunion de trois anciennes fermes et dont il paye 35,000 francs de loyer. Son capital d'exploitation est évalué à près de 400,000 francs, ou 1,000 francs au moins par hectare. Il a, tous les ans, 100 hectares en blé, 100 hectares en colza, 100 hectares en betteraves, et les 50 hectares restants en trèfle et autres fourrages. Il a acheté, dans une seule année, 100,000 kilogrammes de guano et 50,000 de tourteaux de colza, en sus de l'immense quantité de fumier qu'il produit lui-même en engraissant un nombre énorme d'animaux. On ne trouve nulle part, même en Angleterre, que bien peu d'entreprises de culture aussi puissantes. M. Decauville appartient à une famille tout agricole; son père était fermier, ses deux frères sont fermiers, et les capitaux dont ils disposent tous les trois ont été gagnés avec la charrue.

Ces magnifiques exemples sont loin d'être isolés. De tous côtés, dans les grandes fermes qui entourent Paris, on travaille à s'en rapprocher. Des féculeries, des sucreries, des distilleries, des fabriques d'engrais se multiplient. Les grandes machines à battre se comptent déjà par milliers. Dans les fermes les plus avancées, on commence à trouver des machines à vapeur. La meunerie de Corbeil est depuis longtemps la première du monde pour la qualité comme pour la quantité de ses produits. Le département de Seine-et-Marne sera bientôt complétement drainé. La ferme de Bresles, dans l'Oise, offre probablement le seul exemple qui existe en France d'une société uniquement formée pour la culture, et y consacrant un capital de 800,000 francs.

Pendant que la grande culture marche ainsi sur les traces de la culture anglaise, la petite se développe parallèlement et la dépasse en résultats. Son unique défaut est, comme partout, d'exiger trop de bras et de donner avec un produit brut plus élevé un moindre produit net. Quand la grande culture occupe 30 habitants seulement pour 100 hectares, la petite en exige le double et même le triple. De là une différence sensible dans la condition des deux classes ; les petits cultivateurs sont les moins à l'aise. Avant la révolution de 1848, la petite culture gagnait du terrain, parce qu'elle offrait une rente plus élevée ; beaucoup de corps de fermes se disloquaient pour se louer en parcelles. Quand est venue la baisse des prix, ces petits entrepreneurs n'ont pas pu payer ; les propriétaires ont été forcés de reprendre leurs terres pour les louer de nouveau à des fermiers capitalistes. Cette crise a arrêté les progrès du morcellement, qui menaçait de devenir excessif. A cela près, rien n'est admirable comme les prodiges d'industrie de ces petits cultivateurs.

C'est surtout dans la culture maraîchère qu'il faut les voir à l'œuvre. Les jardins ou *marais* qui entourent Paris produisent sous leurs mains de véritables trésors ; un hectare consacré à la production des pêches de Montreuil peut valoir 30,000 francs et rapporter 6,000 francs de produit brut. Les treilles de Thomery, qui donnent le raisin dit de Fontainebleau, arrivent à des produits analogues. A Argenteuil, la division du sol a atteint des proportions incroyables. On obtient, sous ce climat brumeux et humide, des produits qui dépassent en saveur comme en précocité ceux des régions les plus favorisées du soleil. Les fruits des tropiques, les ananas, y viennent en abondance. Paris offre un débouché inépuisable aux fleurs comme aux fruits ; de nombreux marchés sont ouverts à ces charmants produits, qui alimentent une vente annuelle de plusieurs millions.

Les deux départements d'Eure-et-Loir et du Loiret, qui terminent cette région vers le sud, n'appartiennent pas à l'Ile-de-France, mais en forment les annexes. L'Eure-et-Loir comprend l'ancienne Beauce, un des greniers de la capitale ; c'est, comme la Brie, un pays de grande culture, produisant à peu près autant de céréales, et non moins riche en moutons ; elle est cependant un peu moins prospère. On y suit plus exactement l'assolement triennal ; la rente des terres y monte moins haut. On ne peut attribuer cette infériorité qu'à la distance du débouché commun, car le sol présente à peu près les mêmes caractères. Meaux est de quelques lieues plus près de Paris que Chartres ; cette différence, peu sensible aujourd'hui, a pu suffire dans d'autres temps pour rendre les communications moins faciles. Le reste du département est moins fertile et plus accidenté. On y trouve quelques habitations historiques. Le château d'Anet, que Henri II fit construire pour Diane de Poitiers, était un des chefs-d'œuvre de la renaissance; la révolution l'a démoli, et il n'en reste que des débris. Celui de Maintenon, heureusement plus respecté, appartient encore à la famille de Noailles, qui l'a reçu de la célèbre marquise par le mariage de sa nièce avec le duc d'Ayen.

Le Loiret commence à s'éloigner du rayon de Paris et à se rapprocher de la région la plus pauvre, le centre. Les arrondissements d'Orléans et de Pithiviers ont encore une assez grande richesse; ceux de Gien et de Montargis sont bien en arrière : c'est ce qu'on appelait autrefois le *Gâtinais*, pays de landes incultes, mais qui s'améliore rapidement depuis l'ouverture du chemin de fer d'Orléans. A vrai dire, on ne doit compter, dans le nord-ouest, que la partie du Loiret située au nord de la Loire, en y ajoutant la partie du département de Loir-et-Cher placée sur la même rive; ce fleuve fait ici la véritable séparation entre le nord et le centre. Les deux départements d'Eure-et-Loir et du Loiret figurent parmi les moins peuplés; ils n'ont que 50 habitants pour 100 hectares.

## VI.

Ici finit la région du nord-ouest. Envisagée dans son ensemble, elle fournit à peu près le tiers de notre production agricole, ou 1,600 millions sur 5 milliards. Elle ne porte pas moins de 28 millions d'hectolitres de froment, semence déduite, qui, à 18 fr. l'un, font un total annuel de 500 millions ; les produits animaux, tels que viande, laines, lait, volailles, chevaux, etc., représentent au moins 500 autres millions ; les 600 restant sont fournis par les autres céréales, la bière, le cidre, le sucre, les légumes, les fruits, l'huile, le lin, le chanvre, etc. En répartissant cette somme sur l'étendue totale de la région, on trouve 180 francs de produit brut moyen par hectare, et déduction faite des terrains non cultivés, 200 francs par hectare en culture. Dans la moitié septentrionale, cette moyenne s'élève à 250 fr. ; dans l'autre moitié, elle tombe à 150.

Il résulte d'un *Traité des communes*, publié en 1778, que l'étendue des terrains communaux était grande à cette époque dans les environs de la capitale. La généralité de Paris en contenait plus de 150,000 arpents, soit en marais, soit en friches ; celle de Soissons, plus de 120,000. « On ne peut voir sans regret, dit l'auteur, à treize lieues de la capitale, de vastes marais sans cesse inondés, parce qu'ils sont communs, ne pas porter, dans l'année entière, une bonne botte de foin et nourrir difficilement un petit nombre de bestiaux de rebut. Ces cloaques immenses, dont l'infection répand des maladies sans nombre, deviendraient, entre les mains des particuliers, des prés fertiles, des jardinages précieux ; ils seraient desséchés, ils occuperaient un grand nombre de cultivateurs ; la capitale en recevrait un plus grand surcroît de denrées ;

enfin l'air deviendrait salubre dans ces villages infortunés où cette possession fatale ne produit que des maux, de la misère et la désertion des habitants. Verra-t-on sans regret les marais de Claye, de Leches, de Gressi, de Messi, de Bulles, de la Faloise, et tant d'autres peu éloignés de Paris, n'être couverts que de joncs et de roseaux qui croissent même à peine dans un sol fangeux, tandis qu'on mettrait si facilement ces terrains en valeur? Pourrait-on comprendre qu'un simple hameau de 35 ménages pauvres emploie à la pâture de 22 vaches et de 220 moutons 1,100 arpents de terres communes? »

Ce tableau serait encore vrai dans beaucoup de parties du territoire, il ne l'est plus dans le nord-ouest. L'étendue totale des communaux pour la France entière étant de 4,718,656 hectares, le nord-ouest n'en a que 108,000 ou le *quarante-sixième*. On peut dire qu'ils y ont à peu près disparu, et avec eux les terres incultes qui occupaient, en 1789, le huitième de la région. Les landes qui subsistent encore sont situées dans les départements de la Manche et de l'Aisne; les autres n'en ont plus. En même temps, les jachères ont reculé des deux tiers, le seigle a perdu les trois quarts de son ancien domaine, un quart environ des bois a été défriché, et on a vu s'étendre progressivement à leur place le froment, les prairies artificielles, les racines, les cultures industrielles.

Les prairies artificielles surtout. Il suffit de lire le chapitre d'Arthur Young sur la luzerne pour voir que cette plante précieuse était cultivée, avant 1789, dans le nord-ouest. De riches propriétaires, et même de grandes dames, donnaient l'exemple. A Dammartin, Arthur Young trouve de nombreuses luzernières; l'archevêque d'Aix, qui possédait une abbaye dans le voisinage, s'était beaucoup occupé d'en généraliser la culture : c'est probablement à ce fait que la Brie doit sa richesse actuelle. A la Roche-Guyon, en Normandie, la duchesse d'Anville, mère du duc de Larochefoucauld, en avait 50 arpents. A Brasseuse (Oise), la vicomtesse du Pont, sœur de la duchesse de Liancourt, en avait probablement plus que qui que ce fût en Europe, 250 arpents. « Quelle fut ma surprise, s'écrie Arthur Young, de trouver un grand agriculteur dans cette vicomtesse! Une dame, une Française, assez jeune pour goûter les plaisirs de Paris, vivant à la campagne et s'occupant de ses terres! quel spectacle inattendu! » L'agronome anglais consacre aussi un chapitre spécial au sainfoin, mais il parle peu du trèfle.

La culture de la vigne était autrefois assez répandue autour de Paris; elle a reculé de toutes parts depuis l'ouverture des communications qui ont permis l'arrivée de meilleurs vins. Cet abandon des vignobles et le succès de la grande culture pour la production des blés et des laines, expliquent pourquoi la population ne s'est pas accrue dans Seine-et-Marne et sur quelques autres points.

Il ne paraît pas que la ville de Paris se soit très-bien trouvée des violences révolutionnaires; car, si nous en croyons les recensements, sa population aurait diminué sous la république, et serait restée au moins stationnaire sous l'empire; elle n'aurait pris son mouvement ascensionnel qu'à partir de 1815.

POPULATION DU DÉPARTEMENT DE LA SEINE.

|      |             | AUGMENTATION. | DIMINUTION. |
|------|-------------|---------------|-------------|
| 1790 | 725,333 âmes. | »           | »           |
| 1801 | 631,585 —   | »             | 93,748      |
| 1811 | 630,636 —   | »             | 949         |
| 1821 | 822,171 —   | 191,535       | »           |
| 1831 | 935,108 —   | 112,937       | »           |
| 1841 | 1,194,603 — | 259,495       | »           |
| 1851 | 1,422,065 —.| 227,462       | »           |
| 1856 | 1,727,419 — | 305,354       | »           |

Comme la ville de Paris est le cœur du nord-ouest, la production des subsistances dans cette région a dû se ralentir aussi pendant la révolution et l'empire et s'augmenter rapidement depuis la paix. Un seul moment d'interruption, en 1848 et 1849, a signalé l'avènement de la seconde république. A partir de 1850, et surtout de 1852, la progression a recommencé avec une intensité croissante. Dans la dernière période quinquennale, où l'agriculture et la population ont diminué dans le reste de la France, elles n'ont cessé de marcher plus vite que jamais dans le rayon de Paris. Indépendamment des causes politiques et économiques qui ont contribué à ce fait exceptionnel, une circonstance n'a pas été sans influence : le nord-ouest ne produit ni vin ni soie, il ne cultive que très-secondairement la pomme de terre, et ces trois produits sont ceux qui ont le plus souffert depuis dix ans. L'agriculture y est d'ailleurs défendue contre les effets des intempéries par la puissance de ses capitaux accumulés.

Cette région est de beaucoup la plus favorisée pour les communications. Au 1ᵉʳ janvier 1857, la France entière possédait 160,000 kilomètres de chemins à l'état d'entretien, sans compter les chemins de petite vicinalité dont l'état n'est pas exactement connu. Sur ce nombre, le nord-ouest possédait 40,000 kilomètres, ou le quart, divisés ainsi qu'il suit :

| DÉPARTEMENTS. | ROUTES impériales | ROUTES départementales | CHEMINS vicinaux de grande communication (1). | CHEMINS vicinaux de moyenne communication (1). | TOTAL. |
|---|---|---|---|---|---|
| | kilom. | kilom. | kilom. | kilom. | kilom. |
| Nord........ | 594 | 417 | 903 | 298 | 2,212 |
| Pas-de-Calais.. | 685 | 469 | 1,140 | 1,782 | 4,076 |
| Somme....... | 620 | 578 | 932 | 791 | 2,921 |
| Aisne....... | 611 | 673 | 1,182 | 543 | 3,009 |
| Oise........ | 600 | 839 | 553 | 657 | 2,649 |
| Seine....... | 136 | 194 | 104 | » | 434 |
| Seine-et-Oise.. | 745 | 763 | 662 | 454 | 2,624 |
| Seine-et-Marne. | 516 | 941 | 1,346 | » | 2,803 |
| Seine-Infér.... | 591 | 757 | 960 | 2,438 | 4,746 |
| Calvados..... | 459 | 549 | 974 | 574 | 2,556 |
| Eure........ | 462 | 822 | 1,269 | 424 | 2,977 |
| Orne........ | 458 | 365 | 1,186 | 583 | 2,592 |
| Manche...... | 374 | 644 | 942 | 252 | 2,212 |
| Eure-et-Loir.. | 387 | 500 | 1,025 | 419 | 2,331 |
| Loiret....... | 434 | 461 | 784 | 324 | 2,003 |
| Totaux..... | 7,652 | 8,972 | 13,962 | 9,539 | 40,125 |

A quoi il faut ajouter, pour connaître l'état complet des communications, les voies navigables, tant naturelles qu'artificielles, et les chemins de fer en exploitation :

(1) Rapport à l'empereur sur le service des chemins vicinaux, 1858.

|  | Voies navigables. | Chemins de fer. |
|---|---|---|
| Nord | 496,416 mètres. | 331,117 mètres. |
| Pas-de-Calais | 228,009 | 141,346 |
| Somme | 190,816 | 157,974 |
| Aisne | 335,159 | 161,630 |
| Seine-Inférieure | 159,715 | 178,370 |
| Calvados | 146,413 | 177,249 |
| Manche | 207,558 | 65,258 |
| Orne | » | 85,430 |
| Eure | 170,920 | 139,632 |
| Seine | 94,688 | 135,461 |
| Oise | 169,485 | 187,726 |
| Seine-et-Oise | 199,166 | 323,601 |
| Seine-et-Marne | 361,642 | 237,149 |
| Eure-et-Loir | » | 97,916 |
| Loiret | 289,268 | 94,171 |
|  | 3,049,645 | 2,514,030 |

La longueur totale de nos voies navigables, rivières et canaux étant de 13,552 kilomètres, et celle des chemins de fer de 8,826 kilom., il s'ensuit que le nord-ouest possède un peu moins du quart des premières et un peu plus du quart des seconds; soit à peu près la même proportion que pour les chemins ordinaires. On peut dire sans exagération que tous ces travaux, à part un petit nombre de grandes routes qui aboutissaient à Paris, ont été faits depuis la paix.

Les riches propriétaires se trouvent en grand nombre dans cette région. Sur un total de 16,346 cotes de 1,000 fr. et au-dessus, et de 36,862 de 500 fr. à 1,000 fr. pour toute la France, le nord-ouest contient la moitié des premières et près de la moitié des secondes. Il est vrai que dans ces chiffres figure la ville de Paris; même en la retranchant, la disproportion est encore énorme. Les départements qui ont le plus de grosses cotes après la Seine, sont la Seine-Inférieure, Seine-et-Oise, Seine-et-Marne, l'Aisne, le Calvados, l'Oise et l'Eure.

Le nombre des petites cotes est aussi très-considérable ; les départements de France qui en ont le plus sont le Nord, la Somme, le Pas-de-Calais, la Seine-Inférieure, l'Aisne, l'Oise. La richesse commune profite à tous les genres de propriété.

Le nord-ouest ne contient probablement pas un seul métayer, excepté cependant dans les parties les plus reculées du Loiret : si le bail à moitié fruit y est encore employé quelque part hors de ce département, ce ne peut être que par des conventions spéciales. Il n'y a partout que des fermiers et de bons fermiers, c'est-à-dire possédant de vrais capitaux, propriétaires de leur cheptel, habitués de père en fils à considérer la culture comme une industrie sérieuse et profitable, et s'y livrant sans partage. Ces fermiers, avec leurs familles, forment le cinquième de la population rurale ; les propriétaires cultivateurs forment un second cinquième ; les trois autres se composent de journaliers et de domestiques. La moyenne des salaires ruraux peut être évaluée à 2 fr. par jour de travail ; dans la Flandre, ils sont au-dessous de cette moyenne, et dans les environs immédiats de Paris au-dessus.

Si le passé agricole de cette région est brillant, l'avenir l'est bien plus encore. Depuis 1789, le progrès agricole s'est manifesté par les prairies artificielles et les moutons mérinos ; depuis quelques années, une autre voie s'ouvre par la culture de la betterave, le drainage, l'importation des races de boucherie. La seconde moitié du siècle verra probablement l'équivalent de ce qu'a vu la première, mais par de nouveaux moyens. La betterave surtout paraît destinée à devenir pour le nord de la France ce qu'est pour l'Angleterre le turneps. Capitaux et débouchés, rien ne manque au nord-ouest, et l'enseignement agricole lui-même s'y donne plus largement qu'ailleurs, soit dans l'école régionale de Grignon, la plus ancienne et la plus prospère, soit dans d'autres établissements publics et privés.

C'est aussi à Versailles, au centre de nos plus belles cultures, non loin de l'école de Grignon et de la bergerie de Rambouillet, qu'avait été placé l'institut national agronomique, fondé par une loi, en 1848, pour l'enseignement des sciences appliquées à l'agriculture, et supprimé par décret en 1852.

# SECONDE RÉGION.

## LE NORD-EST.

### I

La région du nord-est, la seconde en richesse, comprend les anciennes provinces de Champagne, Bourgogne, Franche-Comté, Lorraine et Alsace, ou quinze départements :

| DÉPARTEMENTS. | ÉTENDUE en hectares. | POPULATION en 1856. | HABITANTS par 100 hect. |
|---|---|---|---|
| Ardennes | 523,289 | 322,138 | 61,56 |
| Aube | 600,139 | 261,673 | 43,60 |
| Marne | 818,044 | 372,050 | 45,48 |
| Haute-Marne | 621,968 | 256,512 | 41,24 |
| Yonne | 742,804 | 368,901 | 49,66 |
| Côte-d'Or | 876,116 | 385,131 | 43,96 |
| Doubs | 522,755 | 286,888 | 54,88 |
| Jura | 499,401 | 296,701 | 59,41 |
| Haute-Saône | 533,992 | 312,397 | 58,50 |
| Meuse | 622,787 | 305,727 | 49,09 |
| Moselle | 536,889 | 451,152 | 84,03 |
| Meurthe | 609,004 | 424,373 | 69,68 |
| Vosges | 607,996 | 405,708 | 66,73 |
| Haut-Rhin | 410,771 | 499,442 | 121,59 |
| Bas-Rhin | 455,345 | 563,855 | 123,83 |
|  | 8,981,300 | 5,512,648 | 61,37 |

Voici maintenant l'état des recettes publiques avec la division par hectare et par tête d'habitant :

| DÉPARTEMENTS. | RECETTES PUBLIQUES EN 1857. | | |
|---|---|---|---|
| | TOTAL. | PAR HECTARE. | PAR HABITANT. |
| Ardennes......... | 13,546,653 | 25 89 | 42 04 |
| Aube............. | 11,392,072 | 18 98 | 43 53 |
| Marne............ | 17,671,071 | 21 60 | 47 49 |
| Haute-Marne..... | 10,077,926 | 16 20 | 39 28 |
| Yonne............ | 12,639,781 | 17 02 | 34 26 |
| Côte-d'Or........ | 17,148,999 | 19 57 | 44 52 |
| Doubs............ | 11,998,921 | 22 95 | 41 82 |
| Jura............. | 11,460,842 | 22 95 | 38 62 |
| Haute-Saône..... | 10,213,848 | 19 13 | 32 69 |
| Meuse............ | 11,660,918 | 18 72 | 38 14 |
| Moselle.......... | 17,970,457 | 33 47 | 39 83 |
| Meurthe.......... | 21,738,902 | 35 70 | 51 22 |
| Vosges........... | 12,959,637 | 21 32 | 31 94 |
| Haut-Rhin....... | 17,329,926 | 42 19 | 34 69 |
| Bas-Rhin......... | 21,309,537 | 46 80 | 37 79 |
| Total.......... | 219,119,490 | 24 | 40 |

5 millions et demi d'habitants au lieu de 9 millions, et 219 millions de recettes publiques au lieu de 690 millions, telle est la différence de population et de richesse entre cette région et la première. Sa physionomie diffère du tout au tout; au lieu de ces vastes plaines qui descendent doucement vers l'Océan, elle ne contient guère qu'un amas de montagnes qui se croisent dans tous les sens, et dont quelques-unes arrivent à d'assez grandes hauteurs. Peu de villes, beaucoup de forêts; mais une

population industrieuse, qui rachète, par son travail, les défauts du sol natal.

L'ancienne Champagne en forme la plus mauvaise partie, quoique la moins montagneuse. *Campania*, pays de plaines. Le département des Ardennes, qui occupe l'extrémité septentrionale de cette province, n'était autrefois qu'une immense forêt, célèbre dans les traditions de l'antiquité et du moyen âge, et dont on voit encore de nombreux restes. Une succession de plateaux, qui porte le nom devenu glorieux de Chaîne-de-l'Argonne, le couvre presque tout entier; sur ce sol schisteux, toutes les espèces de plantes et d'animaux naissent rabougries; le travail le plus habile et le plus opiniâtre peut seul en tirer quelque parti. Les départements de la Marne et de l'Aube ont un autre genre d'infertilité; on n'y trouve, sur la moitié de leur étendue, qu'une sorte de tuf crayeux, dépourvu d'humus et rebelle à toute sorte de végétation : c'est ce qu'on appelait autrefois du nom significatif de *Champagne pouilleuse*. La Haute-Marne a d'assez bonnes parties; mais son territoire s'élève graduellement pour aller rejoindre la chaîne des Vosges, et ses nombreux sommets, formés de grès stériles, ne peuvent porter que du bois.

La pauvreté de la Champagne était proverbiale sous l'ancien régime. A la veille de 1789, l'assemblée provinciale, dans un rapport cité par Arthur Young, avait évalué l'étendue de la province à 4 millions d'arpents, ou 2 millions d'hectares, loués ensemble 20 millions de livres, et produisant 60 millions bruts; ce qui mettait la rente à 10 livres et le produit brut à 30 livres par hectare.

Arthur Young fait remarquer que ces évaluations supposaient d'énormes étendues improductives ; car le rendement des vallées et des vignobles était déjà très-supérieur ; et, en effet, la moitié au moins de la province ne formait qu'un vaste désert. Plus florissante sous ses comtes, la guerre contre les Anglais l'avait complétement dépeuplée. De ses campagnes désolées était sortie la jeune bergère qui avait relevé la couronne abattue, l'héroïque Jeanne d'Arc. Pour prix de ce service, l'administration royale l'accablait d'impôts. Arthur Young fait un tableau navrant de cette pauvreté, qu'il attribue sans hésiter au gouvernement. L'établissement d'une assemblée provinciale montre que les choses commençaient à changer avant 1789.

Pendant les guerres de la révolution, la Champagne a été la première et la dernière envahie par les étrangers. Le village de Valmy a vu, en 1792, reculer l'armée prussienne, et en 1814 Napoléon y a soutenu sa dernière lutte. La gloire de Champaubert et de Montmirail a coûté cher au pays, qui a été horriblement dévasté. Il s'est relevé de ses ruines, et bien qu'il soit encore un des moins peuplés de France, sa prospérité dépasse ce qu'on pouvait attendre de sa stérilité naturelle et de ses malheurs. C'est à l'industrie qu'il le doit. Il suffit de nommer, dans les Ardennes Sedan, dans la Marne Reims, dans la Haute-Marne Saint-Dizier, pour rappeler les progrès que toutes les branches du travail y ont faits depuis quarante ans. Pendant que Reims et Sedan portent à une perfection croissante l'ancienne fabrication des lainages, les bois des Ardennes et de la Haute-Marne sont utilisés pour la production du fer. La moitié environ de la population se livre à ces industries ; l'autre est restée agricole, et trouve dans la première un débouché : de là un développement de culture remarquable pour un pareil sol.

La Champagne n'a que des espèces médiocres de gros bétail. C'est le mouton qui fait la principale richesse animale; on y compte une tête de mouton par hectare en culture. Ceux des Ardennes sont petits, mais estimés, comme tous ceux de montagne, pour la qualité de leur chair; depuis quelque temps, on en transforme la race par le mélange du sang mérinos. La plupart des produits d'une ferme champenoise sont en laine. Les prairies naturelles manquent ; on n'en voit que dans les vallées, et il est difficile d'en créer ailleurs. Le froment ne donne en moyenne que dix ou douze hectolitres à l'hectare ; et on fait encore beaucoup de seigle. Depuis quelques années, on a imaginé de planter des arbres verts dans les terres crayeuses : cette ingénieuse tentative a réussi. Outre qu'ils abritent contre les vents ces vastes plaines, ces arbres forment par leurs débris une couche de terre végétale. Avec ces plantations et le secours des moutons qui viennent apporter de l'engrais dès qu'ils trouvent un brin d'herbe, on finira par métamorphoser ces tristes campagnes. Les prairies artificielles, formées des plantes qui ne craignent pas l'excès de l'élément calcaire, comme le sainfoin, font des progrès ; la culture des racines commence à se répandre.

Tout n'est pas, d'ailleurs, également mauvais sur cette

vaste étendue. Au pied du plateau de Langres, d'où s'échappent en sens opposé les sources de la Marne, de la Saône et de la Meuse, l'ancien pays du Bassigny s'étend sur des terres marneuses, renommées de tout temps pour leur fertilité. Les bords de la Seine, de l'Aube, de l'Aisne, de la Meuse, de la Marne, offrent d'abondantes ressources à la culture. L'élève des volailles s'y fait en grand; on récolte des légumes et des fruits estimés. Mais la principale industrie rurale de la Champagne, il est à peine besoin de le dire, c'est le vin. On le produit sur une espèce de bande située entre la Brie et la Champagne proprement dite, et dont le sol participe à la fois de l'une et de l'autre. Bien que les vignes ne couvrent pas une grande surface, 60,000 hectares seulement pour les quatre départements, elles produisent annuellement une valeur de 60 millions. Voilà la première fois que nous rencontrons la vigne sur notre chemin ; elle débute avec éclat.

Les arrondissements de Reims et d'Épernay sont célèbres pour leurs vins blancs mousseux, dont la réputation a fait le tour du monde. Un hectare de vignes y vaut jusqu'à 20,000 francs. C'est un des produits qui font le plus d'honneur à notre génie inventif; presque tout artificiel, il a conquis par ses qualités originales un véritable monopole. Joyeux, léger et pétillant, Voltaire y a vu l'image du caractère français. Il utilise admirablement des sols qui seraient sans lui tout à fait improductifs, et alimente un commerce actif, surtout à l'exportation. Les caves immenses qui le renferment sont au nombre de nos curiosités nationales ; il en est qui ont jusqu'à deux lieues de galeries creusées dans la craie, des voitures à quatre chevaux peuvent y circuler librement. Un château magnifique, récemment construit près d'Épernay avec les bénéfices de ce commerce, domine à bon droit la contrée, dont il représente la richesse.

La petite et la moyenne propriété se partagent à peu près le sol cultivé. La grande a aussi sa part, mais en bois. M. le comte de Chambord possède dans la Haute-Marne d'immenses forêts; la terre d'Arc, qui appartenait à M. le prince de Joinville, et qui a été achetée par une réunion d'actionnaires, se compose de 11,000 hectares de bois. Le peu de valeur de ces sortes de possessions fait que les grandes fortunes sont rares. Un seul des départements du nord-ouest a plus de cotes au-dessus de 1,000 fr. que tous ceux de la Champagne pris ensemble.

La petite propriété a amené à la longue, pour la meilleure partie du sol, un inconvénient qui est le fléau de toute cette région, la division parcellaire. L'Aube, la Marne et la Haute-Marne ont à eux trois plus de six millions de parcelles, ce qui suppose, déduction faite des bois et des grands héritages, une étendue moyenne de dix ares. Tel petit domaine qui appartient à un seul propriétaire se divise en vingt fragments séparés les uns des autres. Une pareille division met obstacle à tout; elle fait perdre aux cultivateurs un temps énorme et donne naissance à une foule de servitudes réciproques extrêmement nuisibles au fonds, bien qu'utiles et même nécessaires dans l'état actuel, comme l'institution du troupeau commun, l'uniformité d'assolement, le droit de parcours et de vaine pâture. C'est, après l'excès de la population rurale, le plus grand vice de la petite propriété.

En comparant entre eux les départements champenois, on trouve un exemple frappant de la puissante action de l'industrie sur l'agriculture. Celui des Ardennes était, comme sol et comme climat, un des plus déshérités; c'est maintenant le plus florissant, même au point de vue agricole. La population y a doublé depuis 1789. Parmi les procédés de culture qu'un art inventif a imaginés figurent depuis des siècles les *essarts* : quand un taillis de chêne vient d'être coupé, on met le feu aux feuilles, genêts, branchages, herbes et débris de toute sorte, qui restent sur le sol ; on laboure sans craindre de blesser les racines, et on prend une ou deux récoltes de céréales, seigle, blé noir ou avoine ; après quoi, le bois ne repousse qu'avec plus de vigueur et a bien vite regagné le temps perdu. Les *essarts* sont également usités dans la portion des Ardennes qui appartient à la Belgique.

Le moins industriel de ces départements est celui de l'Aube; le voisinage de Paris y supplée. Le pays n'est pas d'ailleurs tout à fait dénué d'industrie; la bonnetterie de Troyes a une véritable importance. Cette ville, ancien séjour des comtes de Champagne, et célèbre au moyen âge par la splendeur de ses foires où l'on accourait de tous les points de l'Europe, avait, dit-on, 50,000 habitants au XIIIe siècle ; elle était descendue à 15,000 il y a cent ans ; elle en a bien près de 50,000 aujourd'hui. Les fortunes qu'elle renferme, presque toutes d'origine récente, sont dues au travail et à l'économie. Dans la campagne, la terre appartient en général à ceux qui la cultivent ; il n'est pas rare de trouver des paysans qui possèdent 100, 200 hectares, achetés en quelque sorte sou par sou. Beaucoup de ces terres ont doublé, triplé, quadruplé de valeur depuis quarante ans ; nulle part, la vente des grands domaines à l'*écorché* n'a eu plus de succès ; la terre s'y est vendue quelquefois sur le pied de moins de 1 pour 100. La plupart des cultivateurs joignent au revenu du sol un salaire industriel ; dans les champs, comme dans la ville, on entend le bruit des métiers.

La Champagne présente une organisation rurale qui se retrouve en France sur beaucoup d'autres points, mais qui n'est nulle part plus marquée ; on n'y voit presque pas de fermes isolées, les cultivateurs sont groupés en villages quelquefois très-éloignés les uns des autres. Les terres les plus rapprochées du village deviennent hors de prix, tandis que les plus distantes, exigeant de longs transports, ont beaucoup moins de valeur et donnent moins de produits. Cette disposition, contraire à l'intérêt de la culture, s'explique sur beaucoup de points par le défaut d'eau ; sur d'autres, elle doit probablement son origine à des nécessités de défense. Les plus grandes agressions qui aient menacé l'indépendance nationale sont venues par là. Il y aura bientôt quinze cents ans qu'Attila y a perdu sa grande bataille contre les Francs et les Romains. Ces souvenirs jettent un reflet de gloire sur une organisation vicieuse au point de vue économique. Toute cette frontière en est comme illuminée ; avec Bovines et Denain dans le département du Nord, et Rocroy dans les Ardennes, les plus grands noms de notre histoire militaire s'y accumulent.

L'intérieur de ces villages présente un spectacle curieux d'activité champêtre, qui se retrouve jusque dans les faubourgs des villes plus importantes. Le soir, on voit entrer de tous côtés les vaches qui reviennent du champ et qui vont boire aux abreuvoirs publics; le matin, on entend sonner la corne du berger communal, et on voit sortir de chaque porte un petit détachement de moutons qui va rejoindre le grand troupeau. Au temps de la moisson, les chars de blé ou d'avoine arrivent de tous les points de l'horizon, et les granges ouvertes à chaque pas laissent distinguer les gerbes qui s'entassent dans les greniers. Laboureurs et vignerons partent ensemble pour le travail et reviennent ensemble. Cette vie en commun a ses avantages; si elle rend difficiles les grands progrès, elle prévient les défaillances; tout le village marche à peu près du même pas, et il s'établit entre les cultures une comparaison perpétuelle qui entretient l'émulation.

Aucun pays n'a plus que la Champagne dû au clergé sa culture primitive. Dans le désordre universel qui accompagne la chute de l'empire romain, les établissements religieux y paraissent tout d'abord. Quand Clovis entre en Gaule, c'est là qu'il s'arrête pour se faire chrétien. L'archevêché de Reims, si illustre dans notre histoire, les antiques évêchés de Langres et de Châlons, formaient sous l'ancien régime, avec ceux de Laon, de Beauvais et de Noyon, les six pairies ecclésiastiques du royaume. L'ordre de Malte avait en Champagne un des trois grands prieurés de la langue de France. Dans un des recoins les plus déserts et les plus sauvages, saint Bernard avait fondé au douzième siècle la célèbre abbaye de Clairvaux, qui commandait à 800 couvents du même ordre répandus dans toute l'Europe. Ce qui en reste sert aujourd'hui de maison de détention ; il faut avouer que saint Bernard valait mieux.

## II.

La Bourgogne comprend à son tour quatre départements; il faut en détacher deux, ceux de Saône-et-Loire et de l'Ain, qui font partie de la région du sud-est; restent l'Yonne et la Côte-d'Or. Ceux-ci ne sont, dans leur ensemble, ni plus riches ni plus peuplés que la Champagne. Les arrondissements de Sémur et de Châtillon (Côte-d'Or), avec le département de l'Yonne presque tout entier, peuvent compter parmi les moins productifs. La faute en est avant tout à la nature du sol. L'ancienne Puisaye, dépendance du Gâtinais, doit à un sous-sol imperméable une insalubrité et une pauvreté notoires, qu'il est maintenant facile de corriger. Près de Sémur, se trouve un nœud de montagnes granitiques qui ne font qu'un avec celles du Morvan ; la ville elle-même est située à 400 mètres au-dessus du niveau de la mer. C'est dans ces hauteurs abruptes que se réfugia la nationalité gauloise, pour livrer à César son dernier combat. Le camp retranché d'Alesia occupait un de ces sommets ; 80,000 hommes désespérés y moururent les armes à la main. Par un rapprochement singulier, le fleuve qui doit abreuver la puissante capitale de la France actuelle, la Seine, naît dans les montagnes qui ont vu l'héroïque défaite de nos pères.

Cette chaîne se prolonge dans tous les sens et couvre la plus grande partie des deux départements. Le quart du territoire est en bois, et on ne peut pas se plaindre qu'il y en ait trop; un grand nombre d'hectares incultes ou couverts de broussailles pourraient encore être boisés avec avantage. Les terres arables, soumises à l'assolement triennal, ne portent que de médiocres récoltes. Ce sont toujours les prairies qui font défaut. Dans les parties les plus rapprochées de Paris, l'introduction des prairies artificielles a fait faire depuis vingt-cinq ans des progrès sensibles. Partout où elle arrive, la providence des mauvais sols, le mouton, peut se multiplier; ce sont pour la plupart des métis mérinos; l'État en encourage la propagation par une bergerie nationale établie à Gevrolles (Côte-d'Or).

La Champagne et cette partie de la Bourgogne contiennent environ 3 millions de moutons; en les ajoutant à ceux de la Picardie, de la Normandie, de l'Ile-de-France, on trouve, dans un rayon de trente à quarante lieues autour de Paris, le quart en nombre et la moitié en valeur des troupeaux français. Ces moutons ne se nourrissaient autrefois qu'au pâturage; mais aujourd'hui, de plus en plus pourvus de fourrages artificiels, vivant presque toujours à l'étable ou au parc, croisés avec des races supérieures, ils n'ont plus de commun que le nom avec les chétives espèces du centre, encore obligées de chercher leur subsistance dans de maigres pâtures. Une seule tête peut donner autant de revenu en viande et en laine que dix de la Sologne ou du Limousin ; ils en donnent en moyenne quatre fois plus. De tous les animaux domestiques, le mouton est celui qui se prête le mieux à toutes les conditions économiques comme à tous les climats ; il s'accommode de la culture la plus arriérée comme de la plus parfaite, mais ses produits sont bien différents dans les deux cas.

Reims est peut-être le plus grand marché de France pour les laines : les autres villes manufacturières du nord en absorbent des quantités énormes. La moitié environ de nos laines, la presque totalité de nos qualités fines ou demi-fines, se produisent autour de ces grands centres de fabrication. Nos producteurs ne peuvent même pas suffire à la demande, qui doit avoir triplé depuis quarante ans. Nous aurions deux ou trois fois plus de troupeaux, que nos laines auraient encore un débouché assuré, sans parler de la viande, qui n'est pas moins en hausse.

Le vin forme une des plus grandes richesses de la Bourgogne comme de la Champagne. Les vignes y ont proportionnellement deux fois plus d'étendue ; elles couvrent surtout un chaînon latéral qui court de Dijon à Beaune, et qui, par l'excellence de ses produits, a reçu le nom de *Côte-d'Or* ; là se trouvent Nuits, Chambertin, la Romanée, le clos Vougeot. Malheureusement, depuis quelques années, les intempéries ont fait disparaître à peu près la récolte, et ce n'est pas le seul danger qui ait paru menacer l'avenir de ces vins. Ils passent pour avoir perdu de leur qualité, depuis que les vignerons ont préféré des cépages plus productifs mais plus grossiers, et des procédés de vinification moins irréprochables que par le passé; et ce qui est plus grave, ils rencontrent maintenant sur le marché de Paris la concurrence des vins du midi. Ces causes réunies ont amené une crise dans l'industrie vinicole de la Bourgogne; elle se terminera probablement par un progrès, mais qui aura été douloureusement acheté. Le nord-est a trop de vignes; on sera sans doute amené à ne conserver que les meilleurs crus, la culture des autres étant trop coûteuse pour le produit obtenu.

Il n'y a presque pas d'industrie dans l'Yonne; la Côte-d'Or en a davantage, mais pas assez pour donner un grand essor à la production rurale; la moitié du pays n'est qu'une solitude; dans l'autre règnent la petite propriété et la petite culture. La division parcellaire, dont la culture de la vigne est évidemment la cause principale, y est poussée encore plus loin qu'en Champagne. L'Yonne a 5 millions de parcelles; un seul département en a davantage, et il est plus riche et plus fertile, la Charente-Inférieure. Il ne faut pas croire que cette extrême division soit d'origine moderne; de tout temps on s'en est plaint et on a cherché les moyens d'y porter remède.

L'ancienne Bourgogne paraît avoir atteint l'apogée de sa prospérité au quinzième siècle, sous le règne long et pacifique de son duc Philippe le Bon, pendant que la France proprement dite avait beaucoup de peine à se délivrer des Anglais. Les folies belliqueuses de Charles le Téméraire détruisirent une partie des richesses accumulées sous son père; mais il en restait assez pour qu'à sa réunion à la couronne, la Bourgogne passât pour une de nos plus belles provinces. Les états provinciaux qui lui furent laissés, bien faibles et bien peu écoutés (1), ne réussirent qu'avec peine à la garantir des exactions de l'administration monarchique. La plupart de ses villes, comme Auxerre et Sens, ont eu autrefois plus d'habitants qu'aujourd'hui. Au dix-huitième siècle, Dijon avait encore un air de capitale, avec ses états, son parlement, son académie, son université, et ses beaux hôtels habités par une société éclairée et polie, dont les lettres du président de Brosses ont conservé le souvenir. Arthur Young s'arrête avec plaisir sur l'accueil qu'il y reçut en 1789 du célèbre chimiste Morveau.

Même au fond des campagnes les plus reculées, on trouve des traces d'un passé illustre. Dans la région qui touche au Morvan s'élève, au milieu des bois, la petite ville de Vézelay, simple chef-lieu de canton de 1,500 âmes. Dès le IX⁰ siècle, un duc de Bourgogne y fonda une abbaye, *qui porta bientôt sa tête*, dit un chroniqueur, *au-dessus de toutes les églises d'Occident*. Saint Bernard y prêcha la seconde croisade; Louis le Jeune vint y prendre la croix avec ses vassaux. Plus tard, les luttes des bourgeois contre leur abbé, pour obtenir la liberté communale, formèrent un des épisodes les plus curieux

(1) Voir l'ouvrage de M. Thomas: *Une province sous Louis XIV*.

du moyen âge. L'église de Vézelay, une des plus vastes de France, atteste seule aujourd'hui la noblesse de ces origines. Un pareil monument dans un pareil lieu rappelle ces ruines de l'antiquité que le désert environne; là aussi, on croit voir les restes d'une nationalité éteinte. Cette décadence était sensible sous Louis XIV; Vauban écrivit, dans un château voisin de Vézelay, son fameux mémoire sur la dépopulation des campagnes, qui lui valut la disgrâce du grand roi; il avait sous les yeux le mal qu'il décrivait.

Non loin de là, le château de Montbard a été la résidence de Buffon. Il y a tracé, dans une solitude agreste et sévère, la plupart des tableaux où il peint si bien les magnificences de la nature. On peut remarquer, à l'honneur de la vie rurale, que les trois plus grands écrivains du XVIIIe siècle habitaient la campagne et s'y occupaient d'agriculture : Voltaire à Ferney, Montesquieu à la Brède, Buffon à Montbard; le quatrième, J.-J. Rousseau, n'avait pas de château, mais il a vécu autant que possible au milieu des champs, et il a décrit avec délices les charmes de ce séjour. C'est aussi à Montbard que Daubenton, le créateur de la zootechnie, a fait ses expériences sur les races des moutons. Aujourd'hui le chemin de fer de Paris à Lyon traverse ce vallon célèbre, et le voyageur peut saluer en passant la tour de Buffon. D'autres vieilles demeures éparses, et parmi elles le château où Bussy-Rabutin a passé le temps de son exil, montrent qu'une nombreuse noblesse habitait autrefois le pays.

C'est précisément en Bourgogne que commencèrent, au

mois de juillet 1789, les attaques à main armée contre les châteaux. Les antiques institutions s'y étant conservées plus intactes qu'ailleurs, par suite de sa demi-indépendance, les terres nobles devaient y être en plus grand nombre, et les droits seigneuriaux plus lourds; des traces visibles de l'ancienne servitude personnelle subsistaient même sur quelques points. Ces circonstances expliquent l'irritation particulière du peuple contre les seigneurs; elles ne suffisent pas pour justifier les excès commis. Arthur Young, qui ne peut être suspect de partialité, n'en parle qu'avec indignation. « Il y a, dit-il, dans l'hôtel où je suis descendu à Dijon, un malheureux gentilhomme, avec sa femme et un enfant de trois mois, qui se sont échappés presque nus de leur château en flammes. Ces malheureux étaient cependant estimés de leurs voisins, et leur bonté aurait dû leur gagner l'amour des pauvres, dont le ressentiment n'a aucune excuse. Ces abominations sont tout à fait gratuites; on pourrait bien reconstituer le royaume sans recourir au fer et au feu, au pillage et à l'assassinat. »

Les deux départements de la Côte-d'Or et de l'Yonne sont du petit nombre de ceux dont la population semble avoir diminué depuis 1789. Ils figurent dans le dénombrement de 1790 pour 866,000 habitants, et dans celui de 1856, pour 754,000 seulement. La diminution aurait été surtout sensible pendant la période révolutionnaire et impériale; depuis 1815, ils auraient regagné en partie ce qu'ils avaient perdu. Ces questions sont si complexes que, même en admettant la vérité des faits, il est difficile d'en tirer une conclusion. Je me borne à signaler cette apparente anomalie. Les documents nous manquent pour constater le véritable effet qu'a pu avoir sur ce point la vente des biens d'émigrés. Quant aux propriétés ecclésiastiques, personne ne conteste l'heureuse influence qu'elles avaient exercée sur le développement agricole, et en particulier sur la production du vin. La joyeuse vie que menaient les moines, les soins qu'ils avaient pour leurs celliers, revivent encore dans toute sorte de légendes locales plus ou moins véridiques. La plus célèbre de ces abbayes était celle de Cîteaux, dont l'abbé avait 120,000 livres de rentes en 1789.

### III.

Plus montueuse encore que la Bourgogne, la Franche-Comté a une plus grande richesse rurale. La moitié environ de sa surface est couverte par la chaîne du Jura, qui n'a pas moins de quatre-vingts lieues de long. La ville de Pontarlier, située sur l'extrême frontière, est à 837 mètres; c'est un des points habités les plus élevés de l'Europe; les autres villes s'échelonnent entre 200 et 500. Sur les principales hauteurs, on ne trouve que des forêts de sapins et des pâturages alpestres. Un peu plus bas commencent des champs de seigle, d'orge et d'avoine; plus bas encore arrive le froment, et sur les derniers chaînons exposés au midi, la vigne et le maïs : on peut en quelques heures traverser plusieurs climats. La Franche-Comté, c'est la Suisse, avec ses mille aspects tour à tour gracieux et sublimes; il n'y manque que les glaciers éternels. Deux faits expliquent le développement agricole qui s'est fait jour au milieu de ces aspérités : la nature du sol, formé d'un mélange particulier d'argile et de calcaire éminemment fertile, qui a reçu de M. de Humboldt le nom de *terrain jurassique*, et l'étendue des prairies par suite de l'abondance des eaux. Pendant que la Bourgogne et la Champagne n'ont en prairies que le vingtième de leur territoire, ici c'est le sixième; cette heureuse proportion dit tout.

D'abord apparaît le premier signe d'une bonne terre, une race distinguée de gros bétail. La Franche-Comté possède deux variétés distinctes : l'une de plaine, appelée *fémeline*, reconnaissable à son pelage gris et consacrée principalement au travail; l'autre de montagne, au pelage blanc et rouge, désignée sous le nom de *tourache*, et estimée pour ses qualités laitières. La première disparaissait peu à peu comme toutes les espèces de travail, et la seconde, soit pure, soit croisée avec la race suisse, se répandait à sa place; mais, depuis quelques années, un retour marqué d'opinion s'est déclaré en faveur de la Féméline. La Tourache l'emporte encore, au moins pour le nombre. Les vaches ne travaillent jamais, et on en est récompensé : elles donnent en moyenne 2,000 litres de lait; il en est qui vont jusqu'à 3 ou même 4,000. Les moutons sont peu nombreux, ce n'est pas là leur place.

La réputation du bétail comtois a franchi les bornes de son pays natal. Les cultivateurs des départements du

Nord, du Pas-de-Calais et de l'Aisne, ont besoin tous les ans d'un supplément extraordinaire de bœufs pour transporter leurs betteraves et consommer leurs pulpes ; c'est en Franche-Comté qu'ils viennent les chercher. On leur vend de 6 à 7,000 bœufs par an, au prix moyen de 300 fr., ce qui porte à 2 millions environ le produit total. La boucherie de Besançon, qui est une ville de 40,000 âmes, consomme aussi beaucoup de ces animaux. Mais la principale industrie qu'alimente cette race, c'est la production du fromage de Gruyère. Depuis que les procédés usités en Suisse pour cette fabrication ont été importés, les fromageries ont fait des progrès continus ; on en compte aujourd'hui 800, produisant 8 millions de kilos de fromage. Il y a peu d'industries rurales aussi prospères.

Ces fromageries, qu'on appelle *fruitières*, sont organisées par association. C'est un des exemples qui parlent le plus en faveur de la petite propriété et de la petite culture. Une fabrication qui exige 300 litres de lait à la fois, pour la confection d'un seul fromage, semble incompatible avec le morcellement du sol. On voit cette difficulté disparaître devant l'intérêt commun. Il faut quelquefois, pour établir une fruitière, réunir jusqu'à cinquante ou soixante associés, dont chacun n'a qu'une vache, deux ou trois au plus. L'ordre le plus parfait règne entre eux. Quiconque s'aviserait de mettre de l'eau dans son lait serait exclu de toute société, et par conséquent ruiné, sans compter les poursuites que pourrait exercer contre lui l'autorité judiciaire. Tout est ingénieusement combiné pour rendre à chacun ce qui lui appartient, même dans les plus petits profits de la laiterie, comme la crème et le petit-lait. L'ouvrier qui fait les fromages pour l'association est l'objet d'une surveillance qui n'a rien de gênant, mais qui n'en a pas moins d'efficacité ; il reçoit le meilleur des encouragements par les profits qui lui sont alloués, car il gagne en général un millier de francs par an. Rien n'est intéressant à étudier comme l'intérieur de ces petites communautés rurales, qu'on rencontre aujourd'hui dans presque tous les villages du Doubs et du Jura.

Pour les pâturages les plus élevés, l'entreprise prend une autre forme. Comme ils ne sont accessibles que pendant quatre mois d'été, le fruitier, qui est le plus souvent un Suisse, loue une montagne et des vaches en lait, et fait les fromages à ses risques et périls. La saison dure du 9 juin au 9 octobre. Quand les premières chaleurs de l'été ont fondu les neiges sur les hauts plateaux, on voit sortir du fond des vallées, où elles ont passé l'hiver, des files de vaches aux larges mamelles qui s'acheminent vers la montagne ; le troupeau grossit en marchant sous la conduite de l'entrepreneur, qui s'installe avec ses instruments dans un chalet rustique. Ces vaches passent en plein air les jours et les nuits, abondamment nourries de plantes aromatiques, qui donnent à leur lait une qualité particulière ; puis, quand arrive la Saint-Denis, elles repartent d'elles-mêmes, dit-on, pour rejoindre le toit qui doit les abriter de nouveau. Le loyer d'une vache pendant la saison est en moyenne de 40 francs.

Ces prairies supérieures, qui doivent s'élever au moins

à 1,000 mètres, sont, à vrai dire, les seules qui soient encore pâturées. Dans les régions moins froides et plus habitées, on pratique de plus en plus une stabulation presque complète. On s'est aperçu que les animaux arrachaient en paissant une partie de l'herbe et en gâtaient encore plus avec leurs pieds. Le Jura possède une espèce particulière de gazons qui couvrent les pentes les plus escarpées et qu'on appelle des *prés-bois*, parce qu'ils sont entremêlés de bouquets d'arbres. Même sur ces pentes, qui n'étaient autrefois que de maigres pacages, on aime mieux aujourd'hui porter la faux, bien qu'elle y recueille une herbe courte et rare; en y transportant du fumier, on les voit s'améliorer rapidement, au lieu de se détruire sous la dent du bétail. Ces progrès méritent d'autant plus l'attention, qu'ils coïncident, comme les fruitières, avec une grande division de la propriété. Dans la partie montagneuse de la Franche-Comté, chaque village forme une espèce de république, où tout était probablement en commun autrefois, et où la terre est maintenant partagée en portions à peu près égales. Peu de départements ont moins de fortes cotes; le Doubs et le Jura n'en ont à eux deux que 130 de 1,000 francs et au-dessus.

Je me suis arrêté, en visitant ces parages, dans la petite ville d'Ornans, une des plus prospères. Le bourg est situé au fond d'un vallon étroit, que dominent de toutes parts des rochers en forme de créneaux, couronnement distinctif de ces montagnes. Sur un de ces rochers à pic s'élèvent les ruines d'un château qui a appartenu, dit-on, au fameux cardinal Granvelle, originaire d'Ornans. Au bas coule ou plutôt se précipite une rivière nommée la *Loue* ou *Louve*, à cause de sa course furieuse. Dans ce site reculé se déploie la culture la plus florissante. Le revers sud de la montagne est tout couvert de vignes, qui valent de 100 à 500 francs l'*ouvrée* de quatre ares et demi, ou de 2,000 à 12,000 francs l'hectare. Les terres arables valent 1,500 francs le *journal* de trente-cinq ares. Tout le monde à peu près, à Ornans, est propriétaire. La plupart de ces paysans ont de 20 à 25,000 fr. de bien au soleil ; quelques-uns en ont jusqu'à 100,000. On y a créé deux fromageries par association. Tous les bâtiments communaux sont bien tenus ; l'église est ornée avec goût. Je conseille aux détracteurs de la petite propriété de faire le voyage ; ils en reviendront convertis.

A Pontarlier, on est tout surpris de voir, au-dessus de la région des sapins, des champs de froment ; on y fait la moisson en septembre, comme dans le nord de l'Europe, peu avant les premières neiges. On y remarque une culture spéciale qui donne d'excellents profits, celle de l'absinthe et de l'hysope. Ces plantes prennent dans cet air raréfié un parfum pénétrant ; le produit d'un hectare peut se vendre jusqu'à 2,000 fr.

Une ombre s'étend cependant sur ce riant tableau, comme pour montrer que la perfection n'est pas de ce monde ; beaucoup de ces cultivateurs ont de lourdes dettes, et les portefeuilles des capitalistes comtois ou suisses renferment souvent les véritables titres de leurs propriétés. Mais si l'amour de la terre a causé ces embarras, il parvient aussi à les atténuer à force de travail et d'économie ; les plus petits débiteurs ne sont pas ceux qui s'acquittent le moins. La crise de 1848 les a éclairés sur les dangers des acquisitions inconsidérées, et ils portent aujourd'hui plus de prudence dans la satisfaction de leur passion dominante. Cette population montagnarde a beaucoup de rapports intellectuels et moraux avec ses voisins de Suisse ; elle consacre ses longs mois d'hiver à des travaux sédentaires qui augmentent son bien-être, et à des lectures qui développent son intelligence.

Dans le Doubs, l'enseignement agricole se donne sous une forme particulière et digne de remarque. Un professeur d'agriculture, rétribué par le département, se rend, pendant tous les dimanches de la belle saison, dans un des cantons, et y fait une leçon publique ; les cultivateurs du lieu y assistent avec empressement ; après la leçon, un entretien familier s'établit entre eux et le professeur, sur des questions pratiques. Le premier inventeur de ce mode d'enseignement nomade, M. Bonnet, le poursuit depuis vingt ans avec un succès constant.

Politiquement, la Franche-Comté a été toujours assez heureuse. Après avoir joui, elle aussi, du règne paisible et prospère de Philippe le Bon, elle ne fut pas réunie à la France à la mort de Charles le Téméraire et fit partie de l'empire d'Allemagne. Charles-Quint, ce grand destructeur, la traita avec une douceur particulière. Conquise par Louis XIV, elle conserva une partie des franchises dont elle a tiré son nom. « La Champagne, dit Necker, n'est que d'un cinquième plus considérable en population que la Franche-Comté, et elle paye au moins six cinquièmes de plus; c'est que la Franche-Comté est exempte des aides et du privilége exclusif du tabac, et que le fisc y vend le sel au quart du prix fixé pour la Champagne; pour ces seuls impôts, il en coûte plus de six millions et demi à cette dernière province. La taille, la capitation, et toutes les impositions générales sont plus fortes en Champagne qu'en Franche-Comté. » Somme toute, Necker évalue le montant des impôts à 26 livres par tête en Champagne et à 13 livres en Franche-Comté (1).

Malgré ces faveurs, cette province a, comme la Bourgogne, donné le signal des violences de la révolution. Là aussi, la féodalité s'était conservée plus entière et plus détestée qu'ailleurs. Tout le dix-huitième siècle a retenti des plaintes éloquentes de Voltaire contre le chapitre de Saint-Claude qui s'obstinait à maintenir le servage dans ses domaines. Ces derniers restes d'un passé odieux avaient disparu avant 1789, devant la volonté bienfaisante de Louis XVI; mais la colère amassée de longue main leur survivait. On comprend aisément pourquoi le servage, aboli partout depuis longtemps, s'était maintenu dans les montagnes les plus stériles. Sans le lien qui les retenait au sol, les habitants auraient probablement quitté ces âpres régions où ils ne pouvaient mener qu'une triste vie, toujours menacée par les éléments. Depuis que toute violence a cessé, cette population a diminué, et on doit désirer qu'elle diminue encore, car elle ne trouve quelques ressources que dans l'émigration.

(1) *De l'administration des finances*, chap. XI. 1784.

Arthur Young, qui traversait ce pays au mois d'août 1789, raconte ainsi ce qui lui arriva : « Dans une des petites villes où je passai, on me demanda pourquoi je ne portais pas la cocarde du tiers état; on me dit que c'était ordonné par le tiers, et que, si je n'étais pas un seigneur, je devais obéir. — Supposons, mes amis, que je sois un seigneur; et après? — Après? me répondit-on d'un air farouche, la corde, c'est tout ce que vous méritez. » Il devenait évident que la plaisanterie n'était plus de mise. Si je ne m'étais pas déclaré Anglais et dans l'ignorance de cet ordre, je ne m'en serais pas tiré à si bon marché. J'achetai immédiatement une cocarde. Bien des châteaux ont été brûlés, d'autres livrés au pillage, des seigneurs traqués comme des bêtes fauves, leurs femmes et leurs filles enlevées, leurs papiers et leurs titres jetés au feu, tous leurs biens ravagés. »

Il faut croire cependant que l'état agricole et social n'était pas si mauvais en 1789, car les deux départements du Doubs et du Jura n'ont gagné depuis que 110,000 âmes, ou 25 pour cent.

Si florissant que puisse être relativement le versant français du mont Jura, le versant suisse l'est plus encore. Ces deux départements contiennent ensemble, sur un million d'hectares, 600,000 âmes de population; les cantons de Neuchâtel, Vaud, Genève, Fribourg et Soleure, avec la moitié de celui de Berne, qui couvrent de l'autre côté une étendue égale, ont bien près d'un million d'habitants, et touchent à d'autres cantons plus riches et plus peuplés encore. L'altitude moyenne est pourtant plus forte, et si élevé que soit Pontarlier, il ne l'est pas autant que la Chaux-de-Fonds, ce merveilleux village de 20,000 âmes, que l'industrie horlogère a créé sur une montagne à peine habitable, à la hauteur des premiers glaciers. La terre rapporte et vaut deux fois plus du côté suisse que du côté français; l'agriculture et l'industrie prospèrent plus généralement. Cette différence ne peut s'expliquer que par la différence des institutions; si libre qu'ait pu être la Franche-Comté, au moins quant au pouvoir central, la Suisse a été de tout temps plus libre encore; chaque canton, presque chaque village, s'administre souverainement, et la liberté commerciale la plus entière s'unit à la liberté politique pour y exciter l'énergie physique, intellectuelle et morale des habitants.

Le dernier des départements comtois, celui de la Haute-Saône, qui occupe une sorte de vallée intermédiaire entre les Vosges et le Jura, forme une catégorie à part. Peu de pays sont mieux disposés pour la culture; la nature argilo-calcaire du sol, sa forme légèrement onduleuse, son exposition générale vers le sud, son altitude modérée, lui donnent à la fois tous les avantages. Si l'industrie des habitants égalait celle de leurs frères du Doubs et du Jura, la richesse serait au moins triple. Une circonstance fâcheuse a tout neutralisé. Il semble que la Providence ait voulu compenser les défauts et les qualités des différentes régions: dans les montagnes les plus rudes, l'air est vif et l'homme vigoureux; dans les plaines les plus unies, l'air devient moins sain et l'homme plus faible. Ce contraste est frappant dans la Haute-Saône. A part quelques cantons qui s'élèvent sur les premières assises des Vosges, la population manque d'énergie et d'activité. Des maladies endémiques y régnent, et le choléra y a fait de grands ravages.

Cette insalubrité tient à une cause unique, le défaut d'écoulement des eaux. Les rivières n'ont pas assez de pente. César l'a remarqué l'un des premiers : « La Saône, dit-il, coule avec une incroyable lenteur. » *Arar fluit incredibili lenitate.* Rendez-vous de toutes les eaux de ce versant des Vosges, les inondations y sont périodiques; sur les bords de la Saône, on perd régulièrement une récolte de foin sur trois, emportée par les crues. Le chef-lieu du département, Vesoul, est à tout moment entouré d'un lac qui monte jusque dans l'intérieur de la ville. A une lieue seulement, s'ouvre une vaste caverne en communication souterraine avec les réservoirs des montagnes voisines, et qu'on appelle *Frais-Puits*; dès qu'il a plu quelques jours de suite, elle vomit des torrents qui couvrent tout le pays environnant. Il est sans doute difficile de remédier à ce défaut naturel, mais ce n'est pas impossible. Le jour où, par un ensemble de travaux bien faits, la Haute-Saône sera assainie, ce département rapportera le double de ce qu'il rapporte aujourd'hui, et la santé publique y sera meilleure.

## IV.

La chaîne des Vosges est au Jura ce que le Jura lui-même est aux Alpes; elle forme, au nord, les premières marches de cet escalier gigantesque; ses plus hauts sommets ont à peine 1,500 mètres, et les ramifications qu'elle projette n'en ont en moyenne que 800. Sa composition géologique est beaucoup moins favorable à la culture; elle est formée d'une roche infertile appelée *grès des Vosges*, et sur quelques points, le granit paraît à nu. L'exposition générale vers le nord en rend le climat plus humide et plus froid que dans le Jura. Les rivières qui en découlent vont finir leur cours sur un sol étranger. Où vont-elles? au Rhin, ce fleuve de nos pères dont la guerre nous a toujours éloignés, et dont la paix seule peut nous rapprocher un jour. Partout accessibles, ces petites montagnes ont des aspects plus riants que sévères; les cimes affectent une forme arrondie qui leur a fait donner le nom de *ballons*. La Lorraine s'adosse à elles, comme la Franche-Comté au Jura; cette ancienne province forme aujourd'hui quatre départements. Elle se divise en trois parties : la montagne, les vallées et les plateaux.

La partie vraiment montagneuse, située dans les arrondissements d'Épinal, de Remiremont et de Saint-Dié, contient beaucoup de forêts. Les Vosges, comme le Jura, possèdent deux essences précieuses, le sapin et l'épicéa. Ces arbres magnifiques ne viennent guère à moins de cinq à six cents mètres au-dessus du niveau de la mer; mais sur des hauteurs que la neige couvre tous les ans pendant six mois et semble vouer à une éternelle stérilité, le long de ces pentes escarpées, où la chèvre elle-même a peine à se tenir, ils créent une richesse supérieure à celle des sols les plus fertiles, sous les cieux les plus bienfaisants. S'élevant en ligne droite et presque sans branches, ils donnent à surface égale beaucoup plus de bois et surtout de planches que les autres. Un hectare de sapins peut valoir jusqu'à 50,000 francs, un sapin séculaire vaut jusqu'à 200 fr. Ces bois exploités descendent les rivières; ils arrivent par la Saône et le Rhône jusqu'à la Méditerranée.

Le chêne et le hêtre ne donnent pas tout à fait d'aussi beaux revenus; mais sur beaucoup de points leur produit est encore supérieur à celui de la culture la plus soignée. De même que dans les plaines la forêt doit reculer devant la charrue, de même dans ces rochers la charrue doit reculer devant la forêt, pour porter chaque sol à son plus haut degré de production. Le nord-est contient à lui seul la moitié de nos richesses forestières. Elles appartiennent pour la plupart au domaine public. L'Etat a établi à Nancy une école forestière qui lui fournit d'excellents agents pour l'administration de ses propres bois; il est au moins étrange qu'une institution analogue n'existe pas pour former des gardes pour les bois des particuliers.

Ce pays sauvage renferme des sites admirables et peu connus. Entre Remiremont et Saint-Dié, sur la pente des plus hautes cimes, s'étendent d'étage en étage trois belles nappes d'eau bleue et limpide. Le lac de Gérardmer, le plus bas et le plus grand des trois, a 125 hectares de superficie, et avec son cadre de montagnes, de chalets et de sapins, il rivalise, sinon avec le Windermere, du moins avec les autres lacs si vantés du Westmoreland. En remontant le long des eaux bouillonnantes qui tombent des gorges supérieures, on arrive à un second lac ; puis à un troisième, qui est à la fois le plus haut, le plus petit et le plus beau ; celui-là n'a pas plus de 8 hectares, mais il remplit un entonnoir fermé de toutes parts, que borde une ceinture de verts pâturages et que dominent d'immenses murailles couvertes de forêts. Ce site, à la fois charmant et superbe, où s'élèverait en Ecosse le manoir historique d'un chef de clan, a été vendu il y a quelques années pour 1,200 fr. ; l'administration des eaux et forêts y a fait construire une maison de garde.

On peut dire que la meilleure économie rurale de ces montagnes consisterait à avoir la moitié du sol en bois et l'autre moitié en prairies. Les bois couvrent à peu près la part qui leur revient, mais les prairies en sont bien loin. La culture céréale a pris trop d'extension dans les hautes vallées, où l'on ne recueille que du seigle, des pommes de terre et du sarrasin. Outre qu'on ne fait pas assez de prés, on n'a pas assez de soin de ceux qu'on a ; on ne les fume pas assez, on ne les débarrasse pas des eaux croupissantes. Comme dans la Haute-Saône, beaucoup de ces vallées manquent d'écoulement naturel et forment de véritables marais, qu'un drainage énergique, combiné avec l'irrigation des parties sèches, peut seul assainir. Le foin aigre qui en sort donne des maladies aux animaux. La race proprement indigène est petite, noire, peu productive, soit comme viande, soit comme lait. Elle servait autrefois à transporter les bois, et devait à ce labeur pénible, uni à la mauvaise nourriture, une constitution énergique, mais maigre et dure. Aujourd'hui que les routes permettent de transporter les bois avec des chevaux, elle disparaît devant les variétés plus productives de la Franche-Comté.

Le bourg de Gérardmer, au bord du lac de ce nom, est à près de 700 mètres de hauteur; c'est le plateau habité le plus élevé des Vosges; l'hiver le plus rude y dure six mois. Là pourtant 1,500 hectares de prés nourrissent 1,500 vaches, dont chacune donne par an 200 kilos de fromage. Comme dans le Jura, ces vaches ne sortent presque jamais. Le prix d'un jour de prairie (20 ares) monte jusqu'à 1,000 francs. Longtemps les habitants n'ont pas eu d'autre industrie; mais la population s'est développée à tel point qu'il a fallu chercher d'autres ressources : c'est la fabrication de la toile qui les a fournies. Aujourd'hui tout le monde est tisserand à Gérardmer, en même temps que *marcaire* ou vacher; et grâce à ces deux sources de profits, 7,000 âmes vivent sans trop de privations sur ces hauteurs. On y fait quelque peu de seigle et de pommes de terre; mais les neuf dixièmes de l'alimentation viennent du dehors. L'aspect de tout ce canton est ravissant; c'est moins un bourg qu'un assemblage de maisons jetées sans ordre sur la montagne, chacune avec son enclos et sa fontaine, toutes parfaitement blanchies à la chaux, avec un toit de bois qui descend jusqu'à terre. Dans peu d'années, les derniers rochers dont les pointes blanches percent les pentes escarpées, et qu'on appelait *les moutons de Gérardmer*, auront fini de sauter sous la mine, pour faire place à des terrasses artistement construites avec leurs débris.

Ce mélange d'agriculture et d'industrie se rencontre partout dans la montagne. Les moindres vallées fourmillent d'habitants : on sent le voisinage de la riche et laborieuse Alsace. Partout des ateliers, des manufactures. Parmi les industries annexes à l'agriculture figure, comme dans la Forêt-Noire qui fait face aux Vosges de l'autre côté du Rhin, la fabrication du kirsch ou eau-de-vie de cerises. Le val d'Ajol, qui touche à Plombières, en exporte tous les ans pour plusieurs millions ; les deux versants du val sont tout couverts de cerisiers, dont les fleurs blanches font au printemps le plus agréable effet. Sur les bords des limpides torrents qui tombent de ces montagnes, deux simples pêcheurs ont retrouvé l'industrie oubliée de la pisciculture.

Il y a moins d'un siècle, les Vosges étaient loin d'offrir ce spectacle d'active industrie. La transformation s'est faite peu à peu, à mesure que les routes se sont ouvertes. Parmi ceux qui y ont le plus contribué, figure un ministre protestant, nommé Oberlin, qui a été cinquante ans pasteur du petit pays du Ban-de-la-Roche, sur un des plus âpres sommets. Il est mort en 1820, à quatre-vingt-six ans, laissant une des plus belles traces que l'homme puisse laisser sur la terre. Ce qu'un pasteur protestant a fait sur ce point, un curé catholique l'a fait vers la même époque à Gérardmer. Tous deux ont tracé des chemins, bâti des écoles, suscité des fabriques et des cultures. A quelque culte qu'ils appartiennent, les ministres de la religion peuvent faire un double bien quand ils joignent au soin pieux des âmes la passion du travail utile; ces deux apostolats se secondent l'un par l'autre, car l'aisance s'acquiert plus vite et se conserve plus sûrement quand elle est unie à des mœurs pures et sanctifiée par la foi.

Malheureusement cette alliance féconde ne se rencontre pas toujours. La densité relative de la population a fait naître dans les Vosges une nouvelle branche de travail qui occupe une grande quantité d'ouvrières : M. le docteur Haxo, d'Épinal, évalue à 35,000 le nombre des femmes employées à la broderie dans ce seul département; les commandes leur viennent de Paris, de Nancy et de Saint-Quentin. Ces brodeuses sont arrivées à une grande habileté; mais M. le docteur Haxo a constaté les mauvais effets de ce genre de travail sur leur santé et leur moralité. Les jeunes filles s'y adonnent de trop bonne heure, et contractent des maladies en y consacrant jusqu'à dix-huit heures par jour; et ce qui est encore plus regrettable, c'est l'usage qu'elles font pour la plupart de ces salaires achetés si cher ; elles les emploient à satisfaire des goûts de luxe, de paresse et même de débauche. Parmi les moyens souvent proposés pour améliorer la condition des classes rurales, un de ceux qui paraissent les meilleurs consiste dans l'adoption de quelques travaux sédentaires pour les femmes ; mais il est jusqu'ici à peu près sans exemple que l'abus ne soit pas venu très-vite détruire les bons effets qu'on en attendait. Le problème n'est pas encore résolu.

Quoique la grande culture soit rare dans les Vosges, il est impossible de ne pas mentionner une des plus belles entreprises agricoles qui aient jamais été faites, la création de 500 hectares de prairies sur les grèves de la Moselle, près d'Epinal. Ce gigantesque travail, qui laisse bien loin derrière lui les fameuses irrigations du duc de Portland dans le comté de Nottingham, n'a pas en France la réputation qu'il mérite. Il a été conçu et mené à peu près à fin par deux frères, MM. Dutac, qui, n'ayant pas assez mesuré leurs forces, n'ont malheureusement pas fait de bonnes affaires, comme il n'arrive chez nous que trop souvent; ces terrains, vendus par expropriation, appartiennent maintenant à MM. Naville, banquiers de Genève, qui ont continué l'œuvre commencée. Des sables arides, des cailloux amoncelés, de mauvaises pâtures, sont convertis en bonnes prairies.

Au-dessous de la chaîne des Vosges s'étendent, vers le nord et l'ouest, les plateaux secondaires qui forment les trois quarts de la Lorraine. Le département de la Meuse est celui qui en a le plus; il fait partie de cette région stérile qui s'étend au delà de la frontière et y forme le Luxembourg. Moins industriel que le département des Ardennes, son voisin, il est en même temps moins agricole; il a moins de moutons et plus de forêts. La population y est clair-semée.

Deux vallées principales percent ce vaste massif. La Meuse a peu d'affluents, sa vallée est longue et étroite. Celle de la Moselle est plus large, et elle a pour affluent la Meurthe : voilà la plus belle partie de la Lorraine et une des plus florissantes de l'Europe. La population s'y accumule. Deux grandes villes, deux anciennes capitales,

Nancy et Metz, l'une de 50,000 âmes, l'autre de 60,000, ne sont qu'à une faible distance l'une de l'autre. Puis la Moselle sort de France, descend vers Trèves et va se jeter dans le Rhin, après un cours de plus de cent lieues. Dès le temps des Romains, cette magnifique vallée était célèbre; Ausone l'a chantée au quatrième siècle, et sa richesse remonte plus haut; la culture y fleurit depuis deux mille ans. Trèves a été longtemps la métropole des Gaules et le séjour des empereurs. La description du poëte latin frappe encore par sa vérité: vignes, jardins, prairies, terres arables, se succèdent sans interruption, tout est couvert de moissons et de fruits. On y récolte un vin agréable et léger, bien connu sous le nom de vin de Moselle, qui rivalise quelquefois avec les meilleurs crus des bords du Rhin. Cette production du vin dans le nord-est, jusqu'à une latitude si septentrionale, tient à un caractère particulier du climat: il y fait plus froid en hiver et plus chaud en été que dans le nord-ouest, où le voisinage de l'Océan entretient une température plus égale.

La Lorraine n'a été définitivement réunie à la couronne qu'en 1766, vingt-trois ans seulement avant 1789. Elle avait donc échappé à la centralisation monarchique qui marquait auprès d'elle d'une si triste empreinte la Champagne et la Picardie. Dès le commencement du dix-huitième siècle, un duc de Lorraine, Léopold, avait aboli dans ses États les servitudes féodales, et fait jouir ce pays d'une administration douce et équitable. Son fils François, et bientôt après le roi Stanislas, continuèrent ces traditions. L'heureuse province passa presque sans transition de Stanislas à Louis XVI. Les impôts n'y atteignaient, d'après Necker, que 15 livres par tête comme en Franche-Comté. Un seul obstacle gênait son activité : elle était séparée du reste de la France, même après sa réunion, par une ligne de douanes. Les trois évêchés de Metz, Toul et Verdun, qui formaient une province à part, plus anciennement réunie, avaient aussi conservé leurs douanes, ainsi que l'Alsace. C'est ce qu'on appelait, dans le langage fiscal du temps, les provinces d'*étranger effectif*. La suppression de ces barrières n'a pu que donner un nouvel essor à leur prospérité.

Non loin de Nancy, près du point où finit la montagne et où commence ce qu'on peut appeler la plaine, se trouve la ferme de Roville, que dirigea vingt ans Mathieu de Dombasle. Comme tous ceux qui se préoccupent davantage du progrès général que de leurs intérêts privés, ce grand agronome a eu peu de succès dans son entreprise. Avant lui, Arthur Young en avait eu encore moins. Ses leçons et ses exemples, comme ceux de l'illustre fermier anglais, ont plus profité à son pays qu'à lui-même. L'impulsion qu'il a donnée est partout sensible autour de Roville ; le département de la Meurthe est, grâce à lui, un de ceux qui cultivent le plus de prairies artificielles. On a fini par lui élever une statue à Nancy, témoignage tardif, mais réfléchi, de la reconnaissance publique. La fabrique d'instruments aratoires qu'il a créée subsiste encore ; on lui doit l'usage assez général que les cultivateurs du nord-est font des instruments perfectionnés.

La machine à battre, entre autres, est très-répandue dans cette région; on n'y bat presque plus au fléau. Ces machines fort simples coûtent fort peu, de 300 à 600 fr. environ, et elles battent douze hectolitres par jour. Les plus petits cultivateurs s'en servent; les uns en ont, les autres vont battre chez leurs voisins à un prix modique. Dans les simples chefs-lieux de canton, on trouve des fabricants qui en vendent.

Plus productive qu'en Champagne, en Bourgogne et en Franche-Comté, l'agriculture n'a cependant pas atteint en Lorraine le même point que dans le nord-ouest. La quantité de bétail est insuffisante; on ne produit avec quelque abondance que des chevaux de cavalerie. On tire assez bon parti des vallées, mais on néglige les plateaux. Nulle part il ne serait plus à propos d'introduire le système agricole qui a transformé les *wolds* du Lincoln et les *moors* du Yorkshire, non moins impropres à la production; l'assolement quadriennal y ferait merveille. Malheureusement l'introduction de cet assolement exige des capitaux et par conséquent la grande culture; et, comme dans tout le reste de la région, c'est la petite qui domine. Sur plusieurs points cependant de grandes fermes s'élèvent et commencent à donner de beaux produits. Des sociétés d'agriculture, des comices, entretiennent une heureuse émulation. Tout permet d'espérer que la grande culture finira par s'établir, pour faire ce que la petite ne fait pas.

La prime d'honneur du département de la Meuse, en 1857, a été obtenue par un fermier, M. Jacques, qui exploite, dans l'arrondissement de Verdun, une ferme de 158 hectares, dimension considérable pour le pays. Le sol étant argileux et imperméable, le drainage a été le principal instrument du succès. Outre son bail qui est progressif, M. Jacques paye à son propriétaire 4 pour cent de toutes les sommes avancées par lui en améliorations foncières, et cette ferme, qui ne rapportait rien autrefois, qui avait ruiné plusieurs fermiers, porte maintenant, grâce à ces avances, les plus belles récoltes. Parmi les exploitations qui ont disputé le prix, il s'en trouvait une de 331 hectares d'un seul bloc, une autre de 147 hectares, preuves manifestes d'une tendance marquée. Tous les nouveaux procédés, et entre autres la culture de la betterave à sucre, s'introduisent dans ces grandes fermes et y préparent l'avenir.

La Lorraine est depuis longtemps la province de France qui élève et engraisse le plus de porcs ; la Meurthe et la Moselle figurent au premier rang parmi les départements qui approvisionnent Paris en jambons.

## V.

Le chemin de fer de Paris à Strasbourg passe maintenant sous la chaîne des Vosges par une succession de tunnels ; spectacle curieux et frappant, qui donne une haute idée de la puissance humaine, mais qui ne vaut pas celui qu'on avait autrefois, quand, après avoir gravi la montagne par la route de terre, on voyait tout à coup s'ouvrir sous ses pieds la splendide vallée du Rhin. La contrée qui occupe la rive gauche de ce grand fleuve, l'Alsace, termine la France de ce côté. L'Alsace, c'est l'Allemagne rhénane avec son agriculture jardinière, son active industrie, son commerce florissant, et malheureusement aussi sa population exubérante, 123 habitants par 100 hectares, ou trois fois plus qu'en Champagne et en Bourgogne, deux fois plus qu'en Lorraine et en Franche-Comté. L'industrie, dans toutes ses branches, n'occupe que la moitié de ces bras ; l'autre retombe sur le sol, ce qui en suppose plus que dans aucune partie de la France, excepté le département du Nord.

Cette population rurale s'agglomère presque tout entière dans la plaine resserrée entre la montagne et le Rhin, qui ne forme que la moitié de l'Alsace. Le domaine agricole ne comprend en réalité que 500,000 hectares, dont 100,000 en prairies, 30,000 en vignes, et le reste en terres arables. Les établissements industriels se concentrent presque tous dans le Haut-Rhin ; c'est sur les alentours de Strasbourg que se porte le grand effort agricole. La culture de cet étroit espace le cède peu à celle de la Flandre, et occupe proportionnellement autant de bras. La jachère morte a presque disparu ; les pommes de terre, les prairies artificielles, les carottes, les navets, les topinambours, les légumes secs, le chanvre, le colza, le houblon, le tabac, la remplacent ; dans l'ensemble, on peut évaluer le produit brut à 350 fr. par hectare en culture.

Ce produit peut sans doute s'accroître, puisque sur plusieurs points de l'Angleterre, de la Belgique et même de la France, il est dépassé. La culture alsacienne n'a pas assez de bétail; les moutons font défaut à peu près complétement; il y a plus de bêtes bovines, mais pas encore assez; les chevaux seuls abondent, et même un peu trop, car ils coûtent souvent plus qu'ils ne rapportent, et le plus petit cultivateur veut en avoir. Mieux vaudrait consacrer à la nourriture des animaux de rente une grande partie du terrain absorbé par des cultures industrielles, et transformer en prairies, par l'irrigation, les grèves caillouteuses du Rhin, qu'on s'acharne à cultiver. Tout y gagnerait, le présent et l'avenir, car ce sont les animaux qui nourrissent les hommes. Toute l'Allemagne rhénane a le même défaut; elle essaye de suppléer à la quantité du bétail par la stabulation la plus stricte, pratique excellente, sans doute, mais qui ne suffit pas. On peut en juger par le résultat; si riche qu'elle soit, cette culture ne parvient pas à entretenir sur la même surface un aussi grand nombre d'hommes que l'anglaise ou la flamande.

Même en supposant ce progrès accompli, l'agriculture alsacienne ne serait pas délivrée de son plus grand vice. Là comme en Flandre, il n'y a qu'un remède sérieux, l'émigration; car il n'est pas probable que l'industrie puisse faire des progrès assez rapides pour occuper l'excédant des bras. Nulle part, en France, la propriété n'est tombée dans un tel état de division. Le cadastre accuse 400,000 propriétaires; même en retranchant la moitié pour les doubles emplois, c'est énorme; la moyenne des propriétés n'atteint pas quatre hectares, et le morcellement parcellaire est pire encore, puisque le

Bas-Rhin compte à lui seul plus de 2 millions de parcelles, et le nombre s'en accroît tous les jours avec une effrayante rapidité. La terre est littéralement découpée en lanières, qui se vendent des prix fous. Il y a en Alsace une sorte d'ennemi commun que tout le monde accuse : les juifs y sont, en effet, nombreux et habiles ; mais, en admettant qu'ils aggravent les embarras de la population, ils ne les créent pas ; la cause première de ces embarras est dans la fureur de la propriété et dans l'insuffisance de la production par rapport aux bras qu'elle emploie.

Cette extrême division a inspiré, dans ces derniers temps, plus d'un cri de détresse. Le préfet du Bas-Rhin a adressé au Conseil général, en 1857, un rapport approfondi, où il insiste avec force sur les dangers qu'elle présente. En 1858, la Société d'agriculture du même département ayant mis au concours la question de savoir quels avaient été les progrès accomplis en Alsace depuis 1789, le concurrent couronné, M. Oppermann, n'a pas craint de répondre que la situation générale des cultivateurs était devenue *moins prospère*, en ce sens que la population s'était accrue plus vite que la production. Cette assertion est probablement exagérée, mais comme elle émane d'un observateur compétent et bien placé, elle mérite de fixer l'attention. D'après les dénombrements, et en négligeant la petite république de Mulhouse, réunie seulement en 1798, la population s'est accrue, dans les deux départements alsaciens, de 400,000 âmes ; il se peut, à la rigueur, que la production agricole n'ait pas monté exactement dans la même proportion. L'agriculture était déjà très-prospère en Alsace en 1789. Arthur Young estime à 5,000 livres par hectare le prix moyen des bonnes terres. Dans la plaine, la jachère avait déjà disparu. La garance était connue et cultivée dès le seizième siècle; le tabac, dès le dix-septième. Le trèfle, le chanvre, les choux, les pommes de terre, les fèves, les pois, l'enfouissement des récoltes vertes pour engrais, la culture des navets en récolte dérobée, rien n'est nouveau, excepté peut-être le houblon.

C'est un fâcheux témoignage pour l'ancien gouvernement monarchique que les provinces les moins anciennement réunies fussent les plus riches. Il en était de l'Alsace comme de la Flandre, de l'Artois, de la Lorraine et de la Franche-Comté. « L'Alsace, dit Necker, contient près de deux cent mille habitants de moins que la généralité de Soissons, et elle paye entre le quart et le cinquième de moins; c'est qu'indépendamment de ses franchises pour le sel, le tabac et les aides, elle est abonnée pour les vingtièmes, en sorte que cet impôt s'y élève moins haut. Cette province communique librement avec l'étranger, et il s'y fait un commerce étendu de ses productions. » La moyenne des impôts n'y atteignait que 14 livres par tête, tandis que, dans la généralité d'Amiens, elle dépassait 28 livres.

La plus grande partie des terres appartenait à l'Église, à la noblesse, à la ville de Strasbourg et aux autres communes. Parmi les formes de baux en usage, on remarquait le bail à rente perpétuelle, le bail héréditaire, et ce qu'on appelait le bail *colonger*, qui consistait à louer un seul corps de bien à plusieurs preneurs. Cette situation de la propriété et de la culture avait, selon M. Oppermann, l'avantage de ne pas trop multiplier le nombre des petits fermiers, et surtout des fermiers à terme. Les propriétés possédées par les paysans étaient déjà divisées à l'excès, et quand sont venues les lois révolutionnaires, le morcellement a tout envahi. Personne n'a plus voulu être journalier : tout le monde a aspiré à devenir propriétaire, ou tout au moins fermier. Le célèbre agronome Schwertz, qui visitait l'Alsace en 1815, considérait cette tendance comme un rude coup porté à l'agriculture *et dont elle ne se relèverait jamais*. Le mot a paru fort à M. Oppermann lui-même, mais il contient évidemment une portion de vérité. L'étendue cultivée s'est agrandie par des défrichements, le rendement moyen n'a pas changé : il était alors, comme aujourd'hui, de 19 à 20 hectolitres de blé par hectare. Le revenu moyen a plutôt baissé que monté. En un mot, il faut revenir sur ses pas, ce qui n'est pas aisé.

Un autre écrit qui a paru à peu près en même temps, par M. Pariset, membre du comice agricole de Lunéville, donne des détails encore plus tristes sur la partie de la Lorraine qui touche à l'Alsace. « Le morcellement dans ce département, dit M. Pariset, a été poussé à ce point que beaucoup de parcelles n'ont que 4, 3, 2 ares, et moins encore. L'antique assolement triennal, poussé à outrance, a épuisé le sol. L'étendue des prés et pacages a diminué; celle des terres arables s'est accrue, sans que les cultures fourragères aient pris une extension correspondante; les moutons disparaissent, le gros bétail n'augmente pas, *et le rendement moyen en blé s'est abaissé.* » A l'appui de ses propres observations, M. Pariset cite le passage suivant du rapport fait par le président de la Société d'agriculture de Nancy sur le concours de 1856 : « A part les environs de Nancy, *dix années ont passé sur le département sans qu'on puisse indiquer des changements notables.* »

Le morcellement parcellaire est la cause principale de ces plaintes. « Le système actuel est à bout, dit M. Pariset, il conduit à une situation que les années calamiteuses ont révélée, mais non créée. Nos cultivateurs s'endettent, tout en s'exténuant le corps et l'âme. Toute modification à l'assolement sera impossible tant que les cultures resteront enchevêtrées comme elles le sont. Comment faire des prairies artificielles dans l'intérieur de ces parcelles dépourvues de sortie? Peut-on mettre autre chose que du blé ou de l'avoine dans la sole affectée à ces céréales? Est-ce qu'on peut passer sur des terres chargées de récoltes? L'état du sol trace la seule ornière où il soit permis de marcher. »

Parmi les remèdes proposés pour atténuer le mal, le premier est le retour à la loi du 16 juin 1824, qui ne soumettait les échanges de parcelles qu'au droit fixe de 1 fr., lorsque l'une des parcelles échangées venait se réunir à une propriété contiguë. Cette loi avait été révoquée en 1834 à cause des fraudes qu'elle avait provoquées. Tout le monde à peu près est d'accord aujourd'hui pour la rétablir, en adoptant un maximum de contenance pour les parcelles échangées, afin de couper court à tous les abus. On a d'ailleurs constaté que, dans les dix ans écoulés sous l'empire de la loi de 1824, la perte annuelle pour le trésor n'avait pas excédé 400,000 fr. Ce n'est pas une pareille différence dans les recettes publiques qui peut causer la moindre hésitation.

Un moyen plus radical et plus efficace serait celui des *réunions territoriales*, recommandé par François de Neufchâteau et Mathieu de Dombasle. Dans ce système, toutes les fois que la majorité des propriétaires d'une commune ou section de commune demanderait la réunion, une commission serait chargée de former un seul bloc des propriétés morcelées et de les répartir ensuite entre les propriétaires en lots aussi peu nombreux que le permettraient les droits de chacun. Ces sortes d'opérations ne seraient pas nouvelles, elles ont été faites plusieurs fois avec succès sous l'ancien régime. On cite entre autres la commune de Rouvres, près Dijon, en 1705; celles de Neuvillers et de Rovilie en Lorraine, en 1771. En Allemagne, elles sont devenues très-nombreuses de nos jours; les lois qui les autorisent ont été rendues dans le duché de Nassau en 1812, en Prusse en 1821, en Saxe en 1834, en Hanovre en 1842, en Bavière en 1856. Dans son rapport au conseil général, le préfet du Bas-Rhin assure que 1,600,000 propriétaires avaient déjà pris part, en Prusse, à ces réunions qui avaient embrassé 50 millions de journaux de terre.

Voilà pour le morcellement parcellaire. Quant à la division même de la propriété, elle soulève des questions plus délicates encore. Il ne saurait être question de toucher au principe du partage égal dans les successions; mais on pourrait, dans l'intérêt même de la petite propriété, atténuer quelques-uns de ses plus extrêmes effets. Le conseil général du Bas-Rhin a émis le vœu que la loi fixât un *minimum* de contenance qu'il serait interdit de subdiviser. Cette proposition paraît peu admissible, la fixation du *minimum* présentant une grande difficulté; car, si l'on descendait trop bas, l'effet deviendrait insignifiant, et si on s'élevait trop haut, on mettrait obstacle à la liberté des transactions. Le plus sûr remède est encore dans le bon sens des familles, qui devraient s'arrêter dès qu'elles touchent l'extrême division. C'est à ce bon sens qu'il faut faire appel.

Dans la pratique, il existe encore quelques moyens de se tirer d'affaire. Des associations volontaires de petits propriétaires se sont formées depuis quelques années pour des travaux collectifs. Tel est le syndicat fondé pour l'assainissement d'une plaine marécageuse dans les environs de Bischwiller, dont le périmètre embrasse un peu plus de 5,000 hectares appartenant à 3,000 propriétaires différents. Tous les frais sont faits par les intéressés et sans subvention du gouvernement. Les travaux, commencés en 1853, ont donné des résultats sensibles; le sol assaini a acquis une plus-value qui dépasse beaucoup la dépense. Cet exemple, si remarquable au centre du morcellement le plus excessif, a été suivi de quelques autres. Les maires des communes rurales se mettent volontiers à la tête de ces utiles entreprises, qui seraient désirables ailleurs qu'en Alsace. Il ne serait même pas impossible de s'entendre pour changer ensemble l'assolement, ce qui est toujours la grande difficulté.

Quelques terres plus considérables donnent l'exemple d'une culture mieux entendue. Telle est celle de Bechelbronn, près Soultz-sous-Forêts, dans l'arrondissement de Wissembourg ; cette ferme marquera au moins autant que Roville dans l'histoire de l'agriculture française. M. Boussingault y a fait les expériences célèbres qui sont devenues le point de départ de la science agricole. Ses découvertes chimiques sur la composition des végétaux ont donné des bases positives à ce qui n'était avant lui qu'un douteux empirisme. Il a consigné ses résultats dans un traité d'*économie rurale*. Ce titre étonne d'abord pour un livre de chimie ; mais quand on y regarde de près, on voit qu'il ne s'éloigne pas beaucoup de la vérité. Tout s'éclaire à la même lumière, les questions de l'ordre social, travail, population, capitaux, débouchés, aussi bien que celles de la pratique agricole, et une admirable harmonie, œuvre de la sagesse divine, se révèle entre les lois qui président à la chimie organique et celles qui doivent gouverner la liberté de l'homme, s'il ne veut pas troubler l'ordre universel des choses.

Fondées sur l'observation la plus attentive, ces recherches ont pour but de suivre le principe de la vie, l'azote, dans ses innombrables transformations ; elles le saisissent tour à tour dans l'air, dans l'eau, dans la terre, dans les plantes, dans les animaux ; elles démontrent que tout l'art de la culture consiste à en fournir le plus possible à la consommation humaine, et par conséquent, à remplir sans fin les réservoirs où nous le puisons. De là aux applications économiques il n'y a qu'un pas. En dosant la quantité d'azote que dépense une culture donnée, on sait si elle épuise le sol ou si elle l'enrichit ; on peut en même temps en conclure ce qu'elle peut nourrir d'être humains.

Entre cette plaine si populeuse et la montagne qui la borne, le contraste est grand. On se plaint souvent, et non sans raison, que la France soit déboisée ; ces plaintes ne sont pas fondées pour la chaîne des Vosges. Sur les deux versants qui séparent la Lorraine de l'Alsace, s'étend une forêt presque continue de 500,000 hectares, dont quelques parties sont encore à peu près inexploitées. Le génie militaire, chargé de la défense du territoire, s'est toujours opposé à l'ouverture de routes dans ces immenses massifs. Les spectacles qu'ils présentent ne sont guère connus que des chasseurs de ces régions. On s'y croirait à mille lieues du monde civilisé. Des arbres gigantesques y périssent sur pied, comme dans les déserts de l'Amérique. De toutes parts s'ouvrent des profondeurs sans bornes, où le coq de bruyère trouve son dernier refuge, et le silence qui y règne n'est interrompu que par le bruit des torrents. Depuis quelques années, l'administration des forêts, héritière des anciens seigneurs, essaie de se délivrer des droits d'usage par le cantonnement, et le génie militaire paraît se relâcher de ses exigences pour permettre des chemins d'exploitation. Celles des forêts qui se trouvaient les plus voisines des débouchés donnent déjà des produits hors de proportion avec ceux du passé. La ville de Haguenau, co-propriétaire de 15,000 hectares de bois, en retirait, à la fin du dernier siècle, 20,000 fr. au plus; ce revenu atteint aujourd'hui 300,000 fr.

Une question délicate se débat entre les populations voisines et l'administration des forêts. Il s'agit de l'enlèvement des feuilles mortes pour servir d'engrais aux terres arables. Les forestiers disent avec raison que cet usage nuit au bois en appauvrissant le sol; les cultivateurs répondent par leurs traditions et par leurs besoins. Si intéressants qu'ils soient, ceux-ci succomberont probablement, car la culture qui a besoin de feuilles pour engrais ne peut être qu'imparfaite, et l'intérêt du sol boisé l'emporte ici, comme plus naturel. Cette question s'est présentée aussi en Allemagne, où elle a fait l'objet d'études spéciales de la part des plus habiles forestiers. On recherche avec raison des moyens de conciliation, mais il sera difficile d'échapper tôt ou tard à la conclusion qui sort de la nature des choses.

De grands châteaux ruinés, qui s'élèvent sur les pointes les plus isolées des Vosges, dominent à la fois les montagnes boisées et la plaine du Rhin, et ajoutent à la fière beauté du paysage.

## VI.

En résumé, le produit agricole doit avoir doublé depuis le temps où Arthur Young parcourait ces provinces, au milieu des troubles populaires. La richesse et la population y sont conformes à la moyenne nationale, et d'après la nature du sol, elles devraient être au-dessous. Les landes crayeuses de la Champagne, les roches granitiques de la Bourgogne, les plateaux arides des Ardennes, les cimes élevées du Jura et des Vosges, n'étaient guère propres à la culture : les vallées fertiles n'occupent relativement que bien peu de place. Les plus mauvaises parties ont trouvé dans le vin une source de richesses. La fabrication du fromage utilise une partie des montagnes ; les autres portent de belles forêts. Le métayage est généralement inconnu. Dans quelques parties de la Lorraine, la rente se paye moitié en argent, moitié en nature, quelquefois même tout à fait en nature ; mais ce n'est pas le métayage proprement dit.

Le fait dominant est la petite propriété et la petite culture, poussées quelquefois jusqu'à l'infini. Les causes de ce fait sont multiples ; quelques-unes tiennent à la configuration du sol, les autres ont une origine historique. A droite et à gauche du Rhin, la France et l'Allemagne offrent à peu près les mêmes caractères. On peut dire que la moyenne propriété rurale y existe à peine. Les plaines, divisées en millions de parcelles, appartiennent aux cultivateurs ; les forêts des montagnes sont la propriété de l'État, des communes et d'un petit nombre de familles ; il n'y a vraiment de bourgeoisie que dans les villes. On reconnaît dans cette organisation l'influence de l'ancien droit germanique, plus favorable qu'aucun autre à la conservation de l'état agricole et social du moyen âge. La féodalité politique et religieuse d'une part, de l'autre la communauté rurale, ces deux grands éléments du passé, s'y étaient maintenus presque sans changement jusqu'en 1789.

L'église possédait au moins autant de domaines dans cette région que dans la première. En évaluant à trois milliards les propriétés ecclésiastiques en 1789, on doit en attribuer la plus grande partie à ces deux régions, quoiqu'elles ne forment ensemble qu'un tiers du territoire. On a déjà vu ce qui en était en Champagne et en Bourgogne. A leur tour, les anciens évêques souverains de Strasbourg, ceux de Metz, Toul et Verdun, ceux de Besancon, Nancy, Saint-Claude, Saint-Dié, avaient conservé des possessions magnifiques; ils appartenaient à ce qu'on appelait le *clergé étranger*, pour le distinguer du *clergé de France*. D'autres princes du saint-empire avaient dans ces provinces des droits étendus de suzeraineté. Tout cet édifice séculaire a disparu; c'est la partie de la France où la révolution avait le plus à détruire et où elle a le plus détruit. La transformation ne s'est pas opérée sans efforts, car c'est pour défendre les droits des princes *possessionnés* en Alsace, en Lorraine, en Franche-Comté, que l'empereur d'Allemagne s'est cru obligé de faire la guerre en 1792.

L'Etat s'est emparé d'une partie de ces grandes propriétés, le reste s'est dissous. On peut mesurer aujourd'hui par le nombre des fortes cotes la portée de cette division. Pendant que le nord-ouest contient 16,000 cotes de 500 fr. à 1,000 fr., et 8,000 de 1,000 fr. et au-dessus, le nord-est ne contient que 4,000 des premières et moins de 2,000 des secondes, c'est-à-dire à peine le quart.

A chaque pas qu'on fait sur le sol français, on trouve, en quelque sorte, une cause différente et un effet différent de la révolution. Cette région a, comme la première, pris une part ardente au mouvement révolutionnaire; mais ce qui domine dans le nord-ouest, c'est le triomphe du tiers état, déjà puissant et riche avant 1789; ici, au contraire, ce qui domine, faute d'un tiers état déjà organisé avant la révolution, c'est l'émancipation du peuple des campagnes; les paysans cultivateurs sont devenus plus généralement propriétaires. De ces deux effets, le premier paraît le plus fécond, puisque les progrès du nord-ouest ont été bien plus grands; mais il faut tenir compte de plusieurs autres causes, et notamment de l'action puissante de la centralisation.

Remarquons aussi que le nord-est étant placé plus près de la frontière la plus menacée, et la révolution y ayant pris un caractère plus populaire, le tribut en hommes payé aux guerres de la république et de l'empire a été énorme. Nulle part les enrôlements volontaires n'ont eu plus d'élan; la plupart des généraux qui ont joué un grand rôle dans nos guerres, Ney, Kléber, Kellermann, Lefebvre, Victor, Davoust, Duroc, Oudinot, Macdonald; Marmont, Junot, Moncey, Molitor, Gérard, etc., sont sortis de là. 500,000 hommes au moins, formant la moitié de la population virile, y ont payé de leur sang la rançon du sol, de 1792 à 1815. Après une si gigantesque saignée, l'accroissement de population ne pouvait être que faible comparativement.

| DÉPARTEMENTS. | POPULATION en 1790. | POPULATION en 1856. | AUGMENTA- TION. | DIMINU- TION. |
|---|---|---|---|---|
| Ardennes....... | 175,300 | 322,138 | 146,778 | » |
| Aube.......... | 197,355 | 261,673 | 64,318 | » |
| Marne......... | 282,666 | 372,050 | 89,384 | » |
| Haute-Marne.... | 213,393 | 256,512 | 43,119 | » |
| Yonne......... | 439,466 | 368,901 | » | 70,565 |
| Côte-d'Or...... | 427,333 | 385,131 | » | 42,202 |
| Doubs......... | 224,000 | 286,888 | 62,888 | » |
| Jura........... | 249,600 | 296,701 | 47,101 | » |
| Haute-Saône.... | 250,666 | 312,397 | 61,731 | » |
| Meuse......... | 252,266 | 305,727 | 53,461 | » |
| Moselle........ | 290,133 | 451,152 | 161,019 | » |
| Meurthe....... | 380,266 | 424,373 | 44,107 | » |
| Vosges........ | 320,000 | 405,708 | 85,708 | » |
| Haut-Rhin..... | 306,133 | 499,442 | 193,309 | » |
| Bas-Rhin...... | 362,866 | 563,855 | 200,989 | » |
| Totaux....... | 4,371,503 | 5,512,648 | 1,253,912 | 112,767 |
| A déduire..................... | | | 112,767 | » |
| Augmentation effective............ | | | 1,141,145 | » |

1,140,000 âmes d'augmentation seulement en soixante-dix ans, quand le nord-ouest a gagné dans le même laps de temps plus de 3 millions d'habitants. L'augmentation s'est à peu près concentrée dans les Haut-et-Bas-Rhin, la Moselle et les Ardennes.

Au premier abord, cette région contraste avec l'autre pour les biens communaux, puisqu'elle contient environ le tiers de l'étendue totale de ces biens, tandis que le nord-ouest n'en a presque plus; mais les propriétés communales y sont d'une nature particulière, les bois en forment la plus grande partie, le reste se compose de pâturages de montagnes qui ne peuvent être utilisés autrement. Les terres incultes et susceptibles de culture y sont en réalité tout aussi rares que dans la première région. S'il y a quelque chose à redire à son économie rurale, ce n'est pas qu'on n'y cultive pas assez, c'est plutôt qu'on y cultive trop. Déduction faite des forêts et des montagnes pastorales, le domaine agricole proprement dit ne comprend que 6 millions d'hectares, tandis qu'il en comprend 7 dans le nord-ouest, différence essentielle, qui s'accroît encore par l'infériorité du sol et du climat. Somme toute, on ne peut guère évaluer la production agricole à plus de 800 millions par an, ou moitié environ de ce que porte le nord-ouest. La répartition de ce produit donne 90 fr. par hectare de superficie, et 120 fr. par hectare en culture. On peut évaluer les céréales à 250 millions, les produits animaux à 250 millions, les autres denrées à 300 millions, dont le vin et le bois forment la plus grande partie.

L'infériorité doit être encore plus sensible pour la richesse industrielle et commerciale, puisque la richesse totale, telle du moins qu'elle se révèle par le produit des impôts, n'est que le tiers de celle du nord-ouest. La plupart de nos grandes industries se concentrent dans la première région ; la seconde, étant éloignée de la mer, n'a point de navigation maritime ; elle sent de plus loin les palpitations du grand centre national, et, quoique placée par sa position en rapport avec l'Europe continentale, le mouvement commercial est loin d'y avoir pris la même activité.

Voici quelle est l'étendue actuelle des voies de communication par terre :

| DÉPARTEMENTS. | ROUTES impériales | ROUTES départementales | CHEMINS vicinaux de grande communication. | CHEMINS vicinaux de moyenne communication. | TOTAL. |
|---|---|---|---|---|---|
| | kilom. | kilom. | kilom. | kilom. | kilom. |
| Ardennes..... | 382 | 192 | 590 | 694 | 1,858 |
| Aube......... | 379 | 302 | 432 | 285 | 1,398 |
| Marne........ | 588 | 538 | 648 | 374 | 2,148 |
| Haute-Marne.. | 408 | 173 | 679 | 562 | 1,822 |
| Meuse........ | 508 | 423 | 595 | 128 | 1,654 |
| Moselle....... | 467 | 354 | 709 | 736 | 2,266 |
| Meurthe...... | 424 | 458 | 642 | 328 | 1,852 |
| Vosges....... | 291 | 438 | 761 | 167 | 1,657 |
| Yonne........ | 531 | 791 | 814 | 617 | 2,753 |
| Côte-d'Or..... | 713 | 695 | 512 | 165 | 2,085 |
| Doubs........ | 302 | 310 | 777 | 90 | 1,479 |
| Jura.......... | 340 | 324 | 619 | 53 | 1,336 |
| Haute-Saône... | 293 | 444 | 593 | 115 | 1,445 |
| Haut-Rhin..... | 347 | 408 | 443 | 186 | 1,384 |
| Bas-Rhin,.... | 332 | 643 | 333 | 738 | 2,046 |
| Totaux...... | 6,305 | 6,493 | 9,147 | 5,238 | 27,183 |

Ainsi, quand le nord-ouest a 40,000 kilomètres de chemins de toute sorte, le nord-est n'en a pas plus des deux tiers, sur une étendue un peu plus grande. Peu sensible pour les routes nationales et départementales, cette infériorité porte principalement sur les chemins vicinaux. Quand la première région a 23,000 kilomètres de chemins vicinaux à l'état d'entretien, la seconde n'en a que

14,000. Les départements du Jura, de l'Aube, du Haut-Rhin, de la Haute-Saône, du Doubs, de la Meuse, des Vosges, sont ceux qui en ont le moins. La différence n'est pas aussi marquée pour les voies navigables, tant naturelles qu'artificielles, et pour les chemins de fer, qui ont pris un assez grand développement :

|  | Voies navigables. | Chemins de fer. |
|---|---|---|
| Ardennes............ | 284,685 mètres. | 85,235 mètres. |
| Aube............... | 97,879 | 130,574 |
| Marne.............. | 356,093 | 223,988 |
| Haute-Marne........ | 12,400 | 181,626 |
| Côte-d'Or........... | 245,008 | 190,668 |
| Yonne.............. | 253,298 | 166,462 |
| Doubs.............. | 134,885 | 106,241 |
| Jura............... | 133,641 | 68,438 |
| Haute-Saône........ | 63,000 | 148,054 |
| Meuse.............. | 183,240 | 79,804 |
| Moselle............ | 80,060 | 120,046 |
| Meurthe............ | 192,502 | 197,334 |
| Vosges............. | » | 29,105 |
| Haut-Rhin.......... | 200,130 | 168,191 |
| Bas-Rhin........... | 360,603 | 154,519 |
|  | 2,599,424 | 2,049,285 |

La première région ayant en tout 3,000 kilomètres de voies navigables et 2,500 de chemins de fer, la seconde s'en rapproche beaucoup. Les départements du Bas-Rhin, de la Marne, des Ardennes, de la Côte-d'Or, du Haut-Rhin, comptent parmi les mieux dotés en voies navigables, la plupart artificielles; on retrouve à peu près les mêmes départements parmi les mieux pourvus de chemins de fer. Le moins bien traité est celui des Vosges, qui n'a pas du tout de voies navigables, et qui n'a, pour le moment du moins (fin de 1859), que 29 kilomètres de voies ferrées.

Un fait étrange et imprévu a été mis en lumière par le dénombrement de 1856. Pendant que le département de la Seine s'accroissait de 305,000 âmes en cinq ans, la région du nord-est perdait dans son ensemble 212,000 habitants; la diminution s'est répartie ainsi entre 12 départements :

| | |
|---|---:|
| Haute-Saône............ | 35,072 |
| Meurthe................ | 26,050 |
| Bas-Rhin............... | 23,579 |
| Meuse.................. | 22,930 |
| Vosges................. | 21,701 |
| Jura................... | 16,508 |
| Côte-d'Or.............. | 15,166 |
| Yonne.................. | 12,232 |
| Haute-Marne............ | 11,886 |
| Doubs.................. | 9,794 |
| Ardennes............... | 9,158 |
| Moselle................ | 8,532 |
| Total.................. | 212,695 |

Ces faits s'expliquent en partie par les ravages du choléra de 1854 et par les pertes d'hommes de la guerre de Crimée ; mais il faut qu'une cause particulière ait agi dans cette région pour y amener une déperdition pareille. Si la France entière avait également souffert, elle aurait perdu dans ces cinq ans 1,200,000 âmes, au lieu d'une augmentation, faible sans doute, mais effective. L'excédant des décès sur les naissances rend compte d'un quart environ du déficit; le reste ne peut provenir que du déplacement. Les habitants du nord-est figurent probablement pour une forte part dans les émigrants dont s'est enrichi le département de la Seine. D'où vient ce phénomène à peu près nouveau, car rien de pareil ne s'était produit depuis 1815 ?

Si cette partie du territoire a répondu plus que toute autre à la puissante aspiration que Paris a exercée durant cette période, c'est sans doute parce qu'elle en est plus rapprochée et par des moyens de communication plus perfectionnés; mais ces circonstances ne suffisent pas, puisque d'autres parties plus rapprochées encore ont eu beaucoup moins d'émigrants. Il faut que la condition de ces populations pèche par quelque côté pour qu'elles aient fourni un si fort contingent, et il est difficile de ne pas attribuer à l'excès du morcellement une action quelconque sur ce fait. Assurément l'agriculture du nord-est ne serait pas ce qu'elle est sans la petite propriété; pendant un demi-siècle, elle a dû à la division ses principaux progrès; mais depuis quinze ans environ, ce qui avait été jusqu'alors un stimulant est devenu un obstacle.

Cette émigration elle-même n'a pas partout les mêmes caractères. Heureuse et naturelle dans les parties les plus montagneuses des Vosges et du Jura, comme dans les parties les plus populeuses de la Moselle et du Bas-Rhin, elle devient artificielle et nuisible partout où ne se rencontrent ni l'extrême stérilité des unes ni l'extrême population des autres. Les trois quarts du sol peuvent nourrir plus d'habitants qu'ils n'en ont, même sans faire des progrès bien extraordinaires. Pour ceux-là, l'émigration est un mal dont on ne saurait trop rechercher et condamner les causes. Les intéressés s'en prennent quelquefois à l'industrie, qu'ils accusent d'enlever les bras à l'agriculture; mais, ici du moins, ce n'est pas le cas; l'industrie n'a pas gagné ce qu'a perdu l'agriculture, puisque l'ensemble de la population a diminué.

Le salaire moyen, qui atteint 2 fr. dans le nord-ouest, et qui monte même plus haut, n'arrive, dans le nord-est, qu'à 1 fr. 50 c., et tombe quelquefois au-dessous La différence s'accroît pour la rente des terres, qui n'est, en moyenne, que la moitié de ce qu'elle est dans le nord-ouest, ou 30 fr. par hectare au lieu de 60.

Les plus riches de ces départements empruntent une partie de leur aisance aux grands établissements militaires que l'État y a toujours entretenus pour la défense du territoire; cette frontière est abondamment garnie de troupes, qui donnent un large débouché aux produits du sol, et il en était ainsi avant 1789. « Le grand corps de troupes qu'on entretient en Alsace, dit Necker, est très-utile à la circulation de l'argent dans cette province, et à la consommation des fourrages. » Arthur Young fait la même observation à propos de la Lorraine.

# TROISIÈME RÉGION.

## L'OUEST.

### I

Quand on jette les yeux sur une carte de France, on voit, entre la Normandie au nord et l'embouchure de la Gironde au midi, s'avancer dans l'Océan une longue presqu'île qui finit au cap Finistère : c'est la région de l'ouest. Elle comprend les anciennes provinces de Touraine, Maine, Anjou, Bretagne, Poitou, Saintonge et Angoumois. Avant la révolution de 1789, elle était la seconde en richesse ; elle n'occupe aujourd'hui que le troisième rang, les progrès du nord-est ayant été quelque temps plus rapides ; mais, depuis vingt ans environ, les rôles changent, et l'on peut affirmer que dans peu d'années, elle aura repris son ancienne place. Aucune partie de la France ne présente un plus grand spectacle d'activité industrieuse et de prospérité croissante. Le nord-ouest lui-même, la région privilégiée, ne va pas plus vite : on y a atteint le point où chaque nouveau pas devient plus difficile, tandis que l'ouest, moins riche des deux tiers, est plein de jeunesse et d'avenir.

| DÉPARTEMENTS. | ÉTENDUE en hectares. | POPULATION en 1856. | HABITANTS par 100 hect. |
|---|---|---|---|
| Indre-et-Loire.... | 611,370 | 318,442 | 52,09 |
| Mayenne......... | 517,063 | 373,841 | 72,30 |
| Sarthe........... | 620,668 | 467,193 | 75,27 |
| Maine-et-Loire.... | 712,093 | 524,387 | 73,64 |
| Ille-et-Vilaine..... | 672,583 | 580,898 | 86,37 |
| Côtes-du-Nord.... | 688,562 | 621,573 | 90,27 |
| Finistère......... | 672,112 | 606,552 | 90,25 |
| Morbihan......... | 679,781 | 473,932 | 69,72 |
| Loire-Inférieure... | 687,456 | 555,996 | 80,88 |
| Vendée........... | 670,350 | 389,683 | 58,13 |
| Deux-Sèvres...... | 599,988 | 327,846 | 54,64 |
| Vienne........... | 697,037 | 322,585 | 46,28 |
| Charente......... | 594,238 | 378,721 | 63,73 |
| Charente-Infér.... | 682,569 | 474,828 | 69,56 |
|  | 9,105,870 | 6,416,477 | 70 |

Il n'y a presque pas d'hiver dans l'ouest; les courants d'eau chaude qui viennent des tropiques à travers l'Océan font le tour de la péninsule et y entretiennent une température toujours douce qui, combinée avec l'humidité inséparable de ce voisinage, favorise la végétation. Toute la moitié méridionale de la région se prête admirablement à la culture de la vigne. S'il ne s'y trouve pas beaucoup de plaines proprement dites, on n'y voit pas non plus de ces chaînes de montagnes qui couvrent le nord-est; la surface du sol est entrecoupée de coteaux peu élevés et de vallées peu profondes, disposition qui, en multipliant les abris, en variant les expositions et en facilitant la distribution des eaux, a bien ses mérites pour la culture. La multiplicité des petites vallées y met de sérieux obstacles à la facilité des communications ; mais le littoral offre un immense développement de côtes dentelées où abondent les anses, et le fleuve français par excellence, la Loire, y forme avec ses affluents un vaste système de navigation intérieure, que quelques canaux ont pu facilement compléter.

Les causes qui ont arrêté, pendant un demi-siècle, les développements d'une contrée si bien constituée, sont toutes politiques. Précisément parce qu'elle était une des plus heureuses avant 1789, elle a été une des plus contraires à la révolution. L'ancien régime, si exécré dans les parties de la France où survivaient le plus les abus de la féodalité, avait là un caractère particulier de douceur. La population presque tout entière a résisté aux innovations; la guerre la plus acharnée a dévasté le pays pendant plusieurs années, et, même après la pacification apparente, une sourde antipathie a survécu. Une autre cause non moins puissante a agi en même temps, la ruine complète de la marine française pendant les guerres de la république et de l'empire ; aucune partie du territoire ne pouvait en sentir plus rudement les effets. Après 1815, un heureux retour a commencé, mais lentement, tant les plaies à guérir étaient profondes; le mouvement n'est devenu sensible que vers 1835, et il n'a cessé de grandir depuis, même au milieu des crises de ces dernières années.

Cette région est un peu plus peuplée que la précédente,

puisqu'elle compte 70 habitants par 100 hectares, au lieu de 61 ; mais, à en juger par le produit des contributions, elle est un peu moins riche :

| DÉPARTEMENTS. | RECETTES PUBLIQUES EN 1857. | | |
|---|---|---|---|
| | TOTAL. | PAR HECTARE. | PAR HABITANT. |
| Indre-et-Loire..... | 11,862,378 | 19 40 | 37 25 |
| Mayenne.......... | 10,595,920 | 20 16 | 31 71 |
| Sarthe........... | 14,403,075 | 23 20 | 30 82 |
| Maine-et-Loire..... | 17,002,496 | 23 88 | 32 42 |
| Ille-et-Vilaine..... | 16,265,925 | 24 18 | 28 00 |
| Côtes-du-Nord..... | 13,066,735 | 18 98 | 21 02 |
| Finistère......... | 16,177,210 | 24 07 | 26 67 |
| Morbihan......... | 11,048,732 | 16 25 | 23 31 |
| Loire-Infér. (1).... | 48,533,583 | 70 50 | 87 29 |
| Vendée........... | 9,887,813 | 14 75 | 25 37 |
| Deux-Sèvres...... | 8,333,005 | 13 89 | 25 41 |
| Vienne........... | 9,014,444 | 12 93 | 27 94 |
| Charente......... | 11,261,808 | 18 95 | 29 73 |
| Charente-Infér.... | 17,177,765 | 25 17 | 36 17 |
| Total.......... | 214,630,889 | 23 50 | 33 50 |

Le nord-est payant en tout 219 millions, la différence est bien peu de chose.

La vallée de la Loire passe avec raison pour un des plus beaux pays de l'Europe. D'Orléans à la mer, sur une longueur d'environ 100 lieues, s'étend une longue plaine de terres d'alluvion, conquises sur les eaux par la main de l'homme, et que les eaux essayent souvent de recon-

(1) Y compris 31 millions pour les douanes.

quérir. Ces terres, d'une fertilité extraordinaire, sont envahies, comme toutes celles du même genre, par la petite propriété; de plus en plus découpées en étroites parcelles, elles se vendent jusqu'à 10,000 francs l'hectare, et présentent le spectacle de la culture la plus jardinière. Tout un peuple de petits cultivateurs, qui trouve dans les villes riveraines un débouché pour ses produits, habite une foule de villages et de hameaux situés sur les pentes de la vallée et quelquefois jusqu'aux bords du fleuve, sous la protection des levées séculaires qui remontent à Charlemagne. Le plus souvent, la Loire traîne ses eaux paresseuses sur le sable, ou respecte dans ses crues les digues qui la bordent; de temps en temps, elle s'enfle démesurément, dépasse ou crève les chaussées et se répand de toutes parts, entraînant récoltes et habitations; mais le sol est si productif et le climat si doux, la petite propriété si tenace et le débouché si assuré, qu'à peine les flots écoulés, les malheureux inondés se remettent à l'œuvre, et bientôt il n'y paraît plus.

Si la plaine de la Loire présente ce bel ensemble de culture, les coteaux crayeux qui la bordent se couvrent de vignes. Le vignoble de la Loire n'a pas moins de 100,000 hectares, qui se divisent à peu près également entre les deux rives. Rabelais, qui était tourangeau, a vanté les vins légers de son pays natal. La récolte s'élève annuellement à 2 millions d'hectolitres, consommés pour la plupart dans le pays; une partie sert à faire d'excellents vinaigres qui s'expédient au dehors. Comme la plaine, le vignoble est divisé à l'infini; les vignerons

11.

creusent leurs maisons et leurs chais dans le roc tendre qui porte leurs vignes, et quand la vinée est abondante et de bonne qualité, on vit heureux dans ces modestes tanières. Un écrivain politique qui a fait quelque bruit, Paul-Louis Courier, était né au milieu d'eux et prenait dans ses pamphlets le titre de vigneron ; ce nom désigne en effet une des portions les plus démocratiques de la population française. Bien peu de terre plantée en vignes suffit au travail et à l'aisance d'une famille.

Joignez à cette multitude de vignerons et de jardiniers qui s'agitent sur ses bords, le mouvement du fleuve lui-même, les barques nombreuses qui vont et viennent, soit à la voile, soit à la rame ; ouvrez de toutes parts les longs horizons de la plus large vallée que renferme la France, avec sa belle nappe d'eau, ses groupes d'îles, ses massifs d'arbres verdoyants ; suivez sur la chaussée cette route célèbre que toute l'Europe a admirée si longtemps et qui n'a perdu une partie de son mouvement que depuis la concurrence du chemin de fer ; jetez sur cet ensemble si gracieux et si grand, si vivant et si calme, un ciel voilé, une lumière sereine, un air tiède, et vous comprendrez que ce pays, si bien fait pour l'habitation des hommes, ait reçu l'heureux nom de jardin de la France. 500,000 âmes y vivent rassemblées sur une étendue d'environ 200,000 hectares et se partagent à peu près également entre les villes et les campagnes.

Quelque riche qu'elle soit aujourd'hui, la vallée de la Loire a connu des jours plus brillants. Quand la royauté française eut à lutter, au commencement du quinzième siècle, contre les invasions des Anglais, elle se réfugia près de ces rives. Charles VII habita les châteaux de Chinon et de Loches; c'est là que Jeanne d'Arc vint le chercher pour le conduire à Reims. Soit reconnaissance, soit politique, soit entraînement pour les charmes naturels de la contrée, ses successeurs s'y attachèrent pendant près de deux siècles. Son fils Louis XI naquit à Bourges et passa la plus grande partie de sa vie au Plessis, près de Tours; Charles VIII est né et mort à Amboise; Louis XII résidait à Blois; François I$^{er}$ et les derniers Valois y tinrent habituellement leur cour; les plus grands événements historiques de ces temps agités s'y sont accomplis, les états-généraux du royaume s'y sont tenus plusieurs fois. Ce n'est qu'à partir de Henri IV que les rois s'éloignent de la Loire et n'y reviennent qu'à de longs intervalles.

Ce séjour prolongé de la monarchie, au moment où l'autorité royale prenait le plus de force, a eu ses conséquences naturelles. Tout prospérait sous cette influence, le commerce, les manufactures, l'agriculture, les arts. Tours comptait alors, dit-on, deux fois plus d'habitants qu'aujourd'hui. Cette ville a pu rêver un moment de devenir la capitale de la France. Plus centrale que Paris, elle avait de plus la Loire, qui vaut mieux que la Seine pour la navigation, et qui plonge plus profondément ses racines dans le cœur du territoire. Cette splendeur s'est évanouie quand les rois sont partis. La révocation de l'édit de Nantes, en chassant la plus grande partie de sa population industrieuse, lui a porté plus tard un nouveau coup ; mais le passage d'une cour galante et polie a laissé des traces que le temps n'a pu détruire.

De l'époque des Valois date la renaissance des arts en France. Des princesses italiennes, Valentine de Milan et Catherine de Médicis, avaient attiré des artistes de leur pays, qui, retrouvant dans la patrie d'Agnès Sorel des mœurs voluptueuses et faciles, aimèrent à y vivre et à l'embellir. La Touraine était devenue célèbre même en Italie; le Tasse a exprimé en vers charmants l'admiration de ses contemporains. « Rien, dit-il, n'y sent l'effort et la fatigue; la terre, pleine de mollesse, de joie et de délices, produit des habitants qui lui ressemblent. » Au milieu des plaisirs et des fêtes, une architecture nouvelle, qui marque une période de l'histoire de l'art, prit naissance : le vieux manoir gothique conserva ses tours et ses fossés, mais un génie délicat les couvrit d'ornements; des chiffres amoureux furent sculptés sur la pierre, des arabesques s'enroulèrent jusqu'autour des créneaux.

A l'exemple des princes, les seigneurs et les riches bourgeois voulurent avoir de somptueuses demeures; de tous côtés, on en vit s'élever, rivalisant d'élégance et de fantaisie, les unes perçant la cime des hautes forêts, les autres dominant les rives du fleuve, d'autres, enfin, assises sur les paisibles rivières qui lui portent leurs eaux. Sur un pont du Cher, le caprice de Thomas Bohier jeta la gracieuse merveille de Chenonceaux ; un autre caprice d'un maire de Tours, Gilles Berthelot, choisit une île de l'Indre pour y cacher dans les peupliers et les saules les tourelles fleuronnées d'Azay-le-Rideau. Tout favorisait ces constructions, dont le nombre et la richesse nous étonnent; les forêts séculaires qui couvraient le pays fournissaient en abondance des bois de charpente, et les carrières des bords de la Loire une pierre blanche et molle, facile à travailler.

Dès le siècle suivant, la décadence devient sensible; non-seulement on ne bâtit plus, mais on habite et on entretient à peine. Louis XIV reparaît un moment à Chambord, avant de le quitter tout à fait. Sous Louis XV, les bords de la Loire reprennent un peu d'éclat par le séjour du duc de Choiseul à Chanteloup; l'opposition du temps vient y visiter à grand bruit le ministre disgracié. La révolution venue, tout disparaît, les châteaux déserts tombent en ruines, la bande noire s'en empare et en démolit plusieurs. Le réveil ne commence qu'en 1824, par l'heureuse idée qui sauve Chambord en le donnant à l'héritier du trône. Peu à peu l'attention revient sur ces monuments oubliés; les restaurations que le roi Louis-Philippe fait exécuter à Fontainebleau et à Blois ramènent le génie national vers ses origines. Aujourd'hui les châteaux de la Loire, réparés et entretenus avec un soin religieux, n'ont rien à regretter de leur splendeur passée. Une école nouvelle d'architectes, de peintres, de sculpteurs, héritiers des traditions de la renaissance, s'est formée sur place. On ne se contente pas de rétablir à grands frais les vieux manoirs, on en bâtit de nouveaux dans le même style, et, jusque dans les plus modestes constructions, on sent l'influence de ce goût universel.

Grâce à ces souvenirs, la Touraine est la partie de la

France où l'on mène le plus brillamment la vie de château. L'Angleterre n'a rien de plus magnifique, car aucune des splendides habitations de l'aristocratie britannique ne vaut, sous le rapport de l'art, ces créations d'un temps privilégié. Suivant notre habitude en toute chose, on y tombe déjà dans l'excès ; soit dans les restaurations, soit dans les bâtiments nouveaux, soit surtout dans les ameublements et les décorations intérieures, on exagère encore la richesse et l'élégance de l'art le plus riche et le plus élégant qui fût jamais. La moindre châtelaine veut être logée comme Catherine de Médicis ; et aux boiseries dorées, aux fastueuses tentures des appartements, au luxe des domestiques, des chevaux et des voitures, on veut ajouter les larges allées sablées, les massifs d'arbres et de fleurs rares, toutes ces recherches des parcs modernes que les reines du seizième siècle ne connurent pas : association charmante, sans doute, mais qui n'est permise sans folie qu'aux plus heureux favoris de la fortune. Ce n'est pas dans ces conditions que la vie rurale peut beaucoup s'étendre ; il serait fâcheux qu'on s'habituât à les considérer comme nécessaires.

En Angleterre, la pompe de l'habitation seigneuriale est justifiée par l'étendue et le bon état des domaines ; les champs portent de riches moissons, les étables sont pleines d'animaux de prix. Il n'en est pas toujours de même en Touraine. Le nom de cette province se confond d'ordinaire avec la vallée de la Loire, mais cette vallée n'en occupe que la dixième partie. Le reste est bien loin d'avoir le même développement agricole ; un quart environ de cette superficie est en terres incultes et en bois, les trois autres ne portent que de maigres récoltes. La rente moyenne des terres, abstraction faite de la vallée et du vignoble, ne dépasse pas 20 francs par hectare. L'arrondissement de Loches, qui touche au département de l'Indre, a l'aspect désert et abandonné du centre de la France. Le sol aride et sablonneux des plateaux explique cette infertilité. Si l'extrême division du sol caractérise la vallée de la Loire, ici c'est, au contraire, la grande et même la très-grande propriété qui domine; les terres de mille et deux mille hectares sont assez communes.

Il y a peu d'aussi beaux théâtres pour les conquêtes de la grande culture. Depuis plusieurs années, et surtout depuis le passage du chemin de fer, de riches Parisiens ont acheté des terres dans cette partie disgraciée de la Touraine, et s'efforcent de les mettre en valeur; mais on en est encore aux essais, et il n'est guère possible de signaler que des intentions et des succès partiels.

## II.

Le Maine et l'Anjou ont les devants sur la Touraine pour la culture, et peuvent lui donner d'utiles leçons. Le haut Maine, qui forme aujourd'hui le département de la Sarthe, avait atteint, dès 1789, une assez grande prospérité. Le Mans n'étant qu'à cinquante lieues de Paris, l'influence de ce vaste marché arrivait jusque-là, bien qu'affaiblie par la distance. Cette action n'a fait que s'accroître à mesure que les communications se sont persectionnées, et la richesse agricole a grandi avec elle. La qualité du sol est d'ailleurs excellente; la moitié environ du territoire appartient au calcaire jurassique, le plus riche peut-être des terrains. Cette fécondité se révèle au premier coup d'œil par la nature des produits. La Sarthe occupe le premier rang parmi nos départements pour la production du chanvre, qui alimente une grande fabrique de toiles. L'exportation des volailles, des légumes et des fruits pour Paris constitue une industrie ancienne et fructueuse, ainsi que la vente de nombreux bestiaux qui vont achever de s'engraisser dans les herbages de l'Orne et du Calvados. En somme, la Sarthe n'est inférieure à la Normandie que parce qu'elle est un peu plus éloignée du marché commun.

Le bas Maine, ou département de la Mayenne, et l'Anjou, ou département de Maine-et-Loire, n'offrent pas des conditions aussi favorables. Le sol y est généralement moins bon, la distance de Paris plus grande. Ces deux départements sont cependant de ceux qui ont fait, depuis quelque temps, les progrès les plus frappants. La valeur moyenne du sol y a doublé depuis vingt ans. Arthur Young a vu, en 1788, bien des landes et des marécages qu'il n'y verrait plus aujourd'hui. Cette heureuse révolution est due à une cause principale, l'ouverture de communications plus nombreuses que sur aucun autre point; le moyen consiste surtout dans un large emploi de la chaux comme amendement.

Comme caractère général, l'Anjou ressemble beaucoup à la portion de la Vendée qui le touche, et qui a reçu le nom pittoresque de *Bocage*. On y trouve le même enchevêtrement de vallons étroits, arrosés d'innombrables ruisseaux. Les champs y sont bordés de grandes haies, pleines de toute sorte d'arbres ; l'intérieur de ces enclos est, le plus souvent, complanté de pommiers et de poiriers à cidre, ce qui donne à l'ensemble l'aspect d'une immense forêt. Les exploitations ont en moyenne une étendue de 30 à 40 hectares ; il en est de beaucoup plus petites, de 10 à 12 hectares seulement, qu'on appelle des *closeries*, parce qu'elles se forment quelquefois d'un seul clos. La petite et la grande propriété sont peu répandues ; c'est la moyenne qui domine. Beaucoup de cultivateurs sont des métayers, travaillant à moitié fruit, et quand le contrat prend la forme d'un bail à ferme, la rente se paye assez souvent en denrées et non en argent. Telle était l'organisation traditionnelle avant 1789, telle elle se trouve aujourd'hui sur beaucoup de points, malgré les progrès du bail à ferme.

Comme il n'y avait guère d'autres chemins que les ornières creusées par les roues des chars rustiques le long des pentes escarpées ou dans les fondrières des bas-fonds, les relations manquaient autrefois presque complétement. Les propriétaires, la plupart gentilshommes, n'ayant pas assez de revenus pour vivre à la cour, résidaient sur leurs domaines et y menaient un genre de vie très-conforme à celui de leurs paysans. Les denrées se partageaient de bonne amitié entre le cultivateur et le maître, et comme la population n'était pas nombreuse, l'abondance régnait sans beaucoup d'effort. Les besoins des uns et des autres une fois satisfaits, nul n'avait intérêt à augmenter sa part, puisque les denrées n'avaient aucune valeur. Le climat étant d'ailleurs sain et tempéré, le paysage agréable et gai, le gibier, cette pomme de discorde, assez abondant pour suffire à tous, la vie coulait, heureuse et facile. Retiré sous la protection de ses haies, chaque chef de famille jouissait d'une indépendance absolue. L'action du pouvoir central arrivait à peine jusque-là, et les villes, pauvres et rares, n'exerçaient ni influence ni attrait.

Quand la révolution vint troubler ce repos, elle dut être fort mal reçue. Les premiers événements, ayant Paris pour théâtre, et n'étant connus que par de sourdes rumeurs, n'eurent qu'un faible retentissement; mais la mort du roi et la persécution des prêtres soulevèrent tout le pays d'indignation, et quand on voulut le soumettre à la conscription, il s'insurgea. La fameuse guerre de la Vendée a commencé dans l'Anjou, avant de se répandre comme une traînée de poudre dans trois départements; c'est là que des conscrits réfractaires ont pris les armes pour la première fois. Je n'ai pas à raconter les douloureux épisodes de cette horrible lutte, je dois seulement constater qu'elle a ravagé toute une contrée sans la modifier sensiblement: les triomphes sanglants de la force ne sont pas toujours décisifs. Après le passage du fer et du feu, la population était réduite de moitié, la constitution sociale et agricole restait la même. Très-peu de propriétés avaient changé de mains, l'esprit du passé survivait toujours; et quand la vieille monarchie a été rétablie en 1815, elle n'a eu qu'à relever quelques ruines pour remettre les choses à peu près sur l'ancien pied,

Alors seulement sont arrivés, avec la paix, les véritables agents des transformations utiles. A mesure que les premiers chemins se sont percés, le commerce et l'industrie, ces puissances de la société moderne, ont commencé à pénétrer dans le fourré; les villes ont pris une importance croissante. Une seconde insurrection ayant éclaté en 1832, réminiscence affaiblie de la première, on a eu recours, pour la vaincre, à de plus sûrs moyens que les armes : l'ouverture d'une nouvelle catégorie de routes, qu'on a appelées *stratégiques*, et qui mériteraient beaucoup plus le nom de pacifiques. Dès ce moment, tout a été dit. Des marchés inconnus jusqu'alors se sont ouverts, les denrées agricoles ont pris une valeur qu'elles n'avaient pas. En cherchant de nouveaux moyens de produire, on a trouvé la chaux, dont l'usage a été décisif. Le froment s'est substitué au seigle dont se contentaient autrefois les consommateurs locaux, l'antique assolement s'est modifié, les prairies artificielles se sont multipliées. La race anglaise des bœufs de boucherie, dits de *durham*, qui n'a pu jusqu'ici s'importer avec succès dans aucune autre partie de la France, s'est tout à fait naturalisée sur ce point, et donne des produits lucratifs.

Quand on parcourt aujourd'hui ces provinces, on voit dans tous les champs des tas énormes de chaux mêlée de terre; on admire à chaque pas quelques-unes de ces cultures fourragères qui sont le signe distinctif du progrès agricole; on reconnaît dans quelques-uns des bestiaux qui peuplent les pâturages des traces sensibles du sang durham. La Mayenne doit à la chaux un supplément de production d'un million d'hectolitres de froment par an, et le département de Maine-et-Loire est, après le Calvados, celui qui envoie à Paris le plus de bœufs gras.

Loin de nuire à ce second mouvement, la constitution de la propriété et de la culture y a servi. Comme autrefois, les propriétaires manceaux et angevins résident presque tous sur leurs terres; outre les traditions qui les y attachent, ils y sont retenus par la modicité générale des fortunes et par le sentiment d'un bien-être qu'ils ne trouveraient pas ailleurs; ils mettent donc leur intérêt comme leur honneur à s'occuper de gestion rurale, et consacrent volontiers à des améliorations foncières une partie de leurs revenus. Comme autrefois, les cultivateurs sont unis à eux par des liens héréditaires, et s'ils ne partagent plus autant les denrées en nature, ils partagent les profits, ce qui vaut mieux. Le métayage a une très-mauvaise réputation; nous le verrons en effet, sur d'autres points de la France, coïncider avec une extrême pauvreté rurale : ici, c'est le contraire qui arrive; le bail à moitié fruit est une association véritable, une harmonie vivante, qui, réunissant l'intelligence et le capital du maître avec l'expérience et le travail de l'ouvrier, amène des résultats de plus en plus profitables pour tous deux, et entretient, par la solidarité des intérêts, l'affection et la confiance réciproques.

Il est très-difficile, sinon impossible, de trouver en économie rurale un modèle à recommander partout, à cause de l'extrême diversité des circonstances; s'il y a cependant quelque part une organisation qui puisse être citée comme un type réalisable en France dans le plus grand nombre de cas, c'est celle-là. La petite propriété ne réussit que dans des conditions déterminées, la très-grande aboutit presque toujours au luxe et à l'absentéisme qui la dévorent, la moyenne présente à la fois plus de ressources que la première et moins d'entraînements que la seconde. C'est dans les familles qui jouissent de 5,000 à 10,000 francs de revenu qu'il faut chercher le véritable *country-gentleman* français, si toutefois cet être précieux et rare doit un jour se généraliser. Pour le moment, il se rencontre surtout en Anjou et dans tout l'ouest. La vie rurale s'y présente à la fois dans des conditions les plus accessibles et les plus utiles. La culture y prend les proportions qui paraissent les plus appropriées au génie national : point de grands entrepreneurs, de fermiers capitalistes, mais aussi peu ou point de journaliers vivant uniquement de salaires; des exploitations limitées par l'étendue que peut cultiver une famille; le cultivateur associé aux bonnes chances et défendu autant que possible contre les mauvaises par la nature de son contrat, qui l'identifie en quelque sorte avec la propriété elle-même. Ce mécanisme, qui est ici le produit naturel des circonstances, peut se reproduire à peu près partout; il n'exige, pour prospérer, que la condition première de toute richesse rurale, un large débouché, et c'est en même temps, de tous les systèmes, celui qui s'en passe le plus.

Dans peu d'années, si les choses marchent toujours du même pas, le Maine et l'Anjou seront au premier rang de l'agriculture nationale. On y bâtit, comme en Touraine, beaucoup de nouvelles résidences rurales, qui se donnent aussi des airs de château, mais qui conservent heureusement des proportions plus modestes. Dans cette mesure, on ne peut qu'y applaudir. Tout ce qui ajoute à l'agrément de la vie rurale, sans détourner trop de capitaux vers les emplois improductifs, est une garantie pour l'avenir en même temps qu'un signe de richesse. Ces châteaux ont leur accompagnement ordinaire de parcs et de jardins, où le peu de rigueur des hivers favorise la multiplication des fleurs et des fruits. Pour répondre à ces besoins, il s'est établi à Angers des pépinières qui couvrent des centaines d'hectares; le magnolier et l'arbousier y fleurissent en pleine terre; parmi les fruits, les poires surtout ont un renom mérité. La réputation de ces pépinières s'est étendue à l'étranger; elles font des envois jusqu'en Amérique.

Ainsi cette province qui, comme la Normandie, a donné des rois en Angleterre, qui a longtemps appartenu à la même couronne et qui offre des analogies de sol et d'aspect avec la campagne anglaise, présente aussi, dans son économie rurale, les mêmes caractères. Un gentilhomme campagnard du Yorkshire ne s'y trouverait pas sensiblement dépaysé. Cette activité des campagnes réagit sur les villes : le Mans, Laval, Angers, ont doublé depuis trente ans; des quartiers neufs, bien bâtis et bien aérés, enserrent ou remplacent les masures sales et pauvres d'autrefois; un luxe de bon aloi, qui n'a rien d'artificiel et d'exagéré, s'y déploie. L'ancien régime et le nouveau s'y associent au lieu de s'exclure, mettant en commun ce qu'ils ont de bon : d'un côté, la foi religieuse, le respect de la tradition, l'amour du sol ; de l'autre, le génie industrieux, le travail libre, le droit égal.

Le poëte français qui a le mieux chanté la vie champêtre, Racan, était né sur les limites de la Touraine et de l'Anjou. Après avoir passé ses jeunes années à la cour de Henri IV, il s'était retiré volontairement dans son domaine natal, et y vécut jusqu'à près de quatre-vingts ans, partageant son temps entre l'agriculture et la poésie. En quittant le théâtre agité du monde où il avait figuré avec éclat, il exprima lui-même sa résolution dans des vers exquis, dont pas un mot, pas un tour n'a vieilli, tant l'uniformité des destinées humaines rend éternellement nouvelle la plainte des âmes fatiguées. Mêlant avec bonheur les réminiscences antiques et les sentiments personnels, il peint comme Horace les plaisirs des champs, en les opposant à l'écho lointain des tempêtes humaines. Cette voix, qui nous charme encore, devait sortir de ce riant pays.

Plus d'un siècle après Racan, au moment où les idées de régénération agricole commençaient à reprendre faveur, après une longue décadence, l'Anjou a encore donné naissance à l'un des plus fameux agronomes du temps, le marquis de Turbilly. Cet ancien officier des armées de Louis XV, retiré dans ses terres, près de la Flèche, avait entrepris des défrichements considérables, et en rendit compte dans un mémoire qui eut alors beaucoup de retentissement. Par malheur, il ne se borna pas à des entreprises agricoles, son imagination ardente et mobile le porta vers d'autres qui réussirent moins, et il mourut insolvable. « Un jour, dit Arthur Young, en creusant pour trouver de la marne, la mauvaise étoile du marquis lui fit rencontrer une veine de terre parfaitement blanche; il s'imagina qu'elle était bonne à faire de la porcelaine, éleva des bâtiments, fut trompé par ses agents et ses ouvriers, et finalement ruiné. » A quoi Young ajoute cette réflexion sensée : « Il semble qu'il y ait une fatalité pour les gentilshommes quand ils veulent entreprendre le commerce et les manufactures; l'agriculture devrait borner la sphère de leur industrie, car quoique l'ignorance en rende quelquefois la pratique dangereuse, ils ne peuvent tenter autre chose avec quelque sûreté. »

Dans le voisinage même de Turbilly, au Lude, une grande entreprise agricole s'exécute de nos jours. M. le marquis de Talhouet transforme, par d'immenses travaux, une terre de plus de 4,000 hectares. Le château, bâti au seizième siècle par le fils d'un sénéchal d'Anjou, dans le style élégant de la renaissance, a été restauré avec soin; en même temps, plus de 1,200 hectares de terres stériles ont été plantés en pins maritimes, et 165 hectares de prairies sont en voie de création au moyen d'une dérivation du Loir. Il y a peu d'exemples en France d'une pareille entreprise menée à bien par un seul propriétaire. La grande propriété anglaise ne fait pas mieux. La société centrale d'agriculture a décerné, en 1857, une médaille d'or à M. le marquis de Talhouet, pour ces améliorations.

Cette même année, la prime d'honneur de la Sarthe

a été remportée par M. le vicomte de Charnacé, pour un domaine qu'il exploite lui-même dans cet arrondissement de La Flèche, jadis si délaissé. En Maine-et-Loire, M. le comte de Falloux obtient tous les premiers prix dans les concours, pour les plus beaux animaux reproducteurs. Dans le nord, le progrès agricole s'accomplit surtout par des fermiers; ici, c'est par des propriétaires, et les plus considérables se montrent les plus dévoués.

### III.

L'ancien Poitou forme un groupe de trois départements, la Vendée, les Deux-Sèvres et la Vienne. La richesse y est sensiblement moindre qu'en Anjou, surtout dans les parties qui n'appartiennent qu'à peine à la région de l'ouest et se rapprochent plutôt du centre. Là se trouvent encore de grandes étendues de terres incultes; mais le mouvement général y a pénétré, et tout change rapidement. Les landes couvraient, il y a vingt-cinq ans, la moitié au moins de l'arrondissement de Montmorillon; elles reculent aujourd'hui de toutes parts. C'est toujours le même moyen, l'emploi de la chaux ou de la marne pour l'agriculture, qui transforme à ce point ce pays reculé; c'est toujours la même cause, l'ouverture de nombreux chemins, qui a donné l'impulsion première.

La plus grande partie du haut Poitou, aujourd'hui département de la Vienne, assez éloignée de Paris et de la mer, et manquant de rivières navigables, était autrefois inabordable ; une population clair-semée y vivait séparée du monde. Le bas Poitou, qui compose les deux autres départements, n'avait pas beaucoup plus de débouchés, quoique plus près de la mer, parce que les ports manquaient sur cette côte fangeuse. Il n'était donc pas plus avancé en 1789; il l'est aujourd'hui davantage, bien qu'il ait eu beaucoup à souffrir de la guerre civile. C'est que cette guerre même a appelé sur lui l'attention des gouvernements qui ont succédé à la révolution; la ville de Napoléon-Vendée a été créée, les petits ports de la côte ont été améliorés par des travaux successifs. Les localités elles-mêmes ont fait de grands efforts. Les deux départements de la Vendée et de la Vienne viennent immédiatement après la Seine-Inférieure et le Pas-de-Calais pour l'étendue de leurs chemins vicinaux ; celui des Deux-Sèvres, un peu moins avancé, est encore au-dessus de la moyenne.

Le bas Poitou se divise en trois parties distinctes : la plaine, le bocage et le marais ; la plaine fournit principalement des céréales, le bocage et le marais élèvent surtout du bétail. Les trois départements poitevins produisent aujourd'hui deux fois plus de céréales qu'il n'en faut pour leur population ; une moyenne de trois millions d'hectolitres reste disponible pour l'exportation. C'est le point de la France qui en offre le plus ; c'est aussi celui où le prix du froment est généralement le plus bas, conséquence naturelle de cette abondance. On comprend ce qu'une pareille vente annuelle, qui devient de jour en jour plus facile, apporte de capitaux, et la production est en train de doubler encore, à mesure que l'usage de la chaux se généralise. Sur toutes les routes qui conduisent à la côte, on rencontre à chaque pas de lourdes charrettes chargées de grains et attelées de trois paires de bœufs. L'ancienne ville épiscopale de Luçon, qui communique avec la mer par un canal navigable ouvert au milieu des marais, et le petit port de Marans sur la frontière de la Saintonge, sont les principaux entrepôts de ce commerce. Ces grains s'acheminent, en temps de disette, vers les parties de la France qui en manquent, et s'écoulent, dans les bonnes années, vers l'Angleterre.

L'île de Noirmoutiers, à peine séparée du continent par un étroit goulet qu'on passe à pied sec à marée basse, mérite une mention particulière. Sur une étendue totale de 4,500 hectares, elle compte près de 9,000 âmes, ou proportionnellement autant que la Flandre elle-même. Entièrement dépouillée de bois, à l'exception d'un beau massif de chênes verts, elle porte du froment en si grande quantité que, malgré le nombre de ses habitants, il en reste un excédant notable qui s'exporte par le petit port de Noirmoutiers. La population, enrichie par la vente de ses grains, la pêche maritime, le cabotage et le commerce de sel, y met la terre à l'encan; l'hectare se vend en moyenne de 4,000 à 5,000 francs. Sous l'influence de ces hauts prix, qui représentent bien au delà de la valeur locative, les domaines de quelque étendue se dépècent et se vendent par lots. Avant peu, l'île appartiendra tout entière à ses laborieux habitants. Telle est, en France, l'histoire de tous les coins de terre où une fertilité exceptionnelle s'unit à un débouché certain.

Dans cette immense diversité qui caractérise le territoire national, le marais vendéen se distingue comme une des fractions les plus originales et les plus tranchées. Il s'étend le long de la côte, sur des terres basses à demi noyées. L'Océan qui, sur la côte de Gascogne, pousse constamment vers le rivage des sables stériles, ici dépose, au contraire, des vases argileuses enrichies de débris d'animaux. Le desséchement de ces alluvions marines a commencé, sous Henri IV, par des Hollandais que le roi avait fait venir, et s'est lentement poursuivi depuis; la contrée entière forme une immense prairie, coupée d'innombrables canaux. Henri IV lui-même l'a décrite dans une lettre à la belle Corisande : « Ce sont, dit-il, des îles renfermées de marais bocageux où, de cent en cent pas, il y a des canaux pour aller chercher le bois par bateau; l'eau claire peu courante, les canaux de toutes largeurs; peu de maison qui n'entre par la porte dans son petit bateau. » L'aspect est resté le même, sauf les bois qui ont disparu; le manque de combustible est tel qu'on n'y peut faire de feu qu'avec du fumier desséché.

Ce pays, triste et malsain, a été longtemps improductif et peu habité; depuis que les débouchés se sont ouverts, il se peuple, s'assainit et s'enrichit. Les bestiaux du marais, fort connus et fort appréciés dans tout l'ouest, s'élèvent aisément et se vendent bien; il n'y a pas jusqu'aux canards qui ne soient devenus l'objet d'un commerce actif, dont la petite ville de Challans est le centre. Le paysan, civilisé par le gain, n'a plus cet air fiévreux et sauvage qu'il avait autrefois.

Le bocage vient finir dans la Loire-Inférieure, au pied des antiques tours du château de Clisson ; voilà la vraie Vendée, la forteresse de l'insurrection. Aujourd'hui encore, on n'y compte que 250,000 habitants sur une étendue totale de 500,000 hectares, et il s'en trouvait encore moins autrefois, car la population a, depuis la paix, plus que réparé ses pertes. C'est cette poignée d'hommes qui, servie par les accidents du sol, a tenu en échec les armées républicaines. Les fils de ces soldats en sabots, qui se glissaient comme des animaux dans l'inextricable dédale de leurs halliers, fusillant sans pitié les *bleus*, ou tombant sans se plaindre fusillés par eux, sont aujourd'hui de paisibles laboureurs, mais le fond de leur caractère est resté le même ; il n'y a pas de pays où le vrai peuple se montre plus à nu, avec ses défauts et ses qualités. Le commerce et l'industrie font peu de progrès, les villes ont peu d'importance ; tout le monde, à peu près, vit de l'agriculture.

A chaque pas on rencontre quelque souvenir des combats acharnés qui s'y sont livrés. Les décrets de l'impitoyable convention avaient ordonné une guerre d'extermination. Prêtres et nobles étaient punis de mort pour le seul fait de leur présence. L'armée révolutionnaire apportait avec elle des matières combustibles pour incendier les bois et les genêts. « Les forêts, portait un décret du 1er août 1793, seront abattues, les repaires des rebelles détruits, les récoltes coupées par des compagnies d'ouvriers, les bestiaux saisis, et le tout sera transporté hors du pays. Les femmes, les enfants, les vieillards, seront conduits hors de la contrée, et il sera pourvu à leur subsistance avec les égards dus à l'humanité. » Ces prescriptions sauvages, que rend encore plus odieuses l'ironique hypocrisie qui les termine, n'étaient que trop bien exécutées. Quand le premier préfet du département des Deux-Sèvres, M. Dupin, arriva en 1802, il le trouva dans un état épouvantable (1). Partout des ruines fumantes et ensanglantées, partout la solitude et la dévastation.

La bienfaisante charrue a tout effacé. Rendu à lui-même, cet excellent peuple a repris ses travaux, et le sol s'est transformé sous ses mains. Un des écrivains qui ont le plus contribué à répandre, de nos jours, dans le peuple, la connaissance des bons procédés agricoles, Jacques Bujault, était né au milieu du bocage; ses livres ont quelque chose de ceux de Francklin, et ses maximes, érigées en proverbes, ont pénétré dans ces esprits lents, et s'y sont fortement gravées. Parmi les cultures qui fécondent le sol, il en est une toute spéciale, celle des choux à vaches, dits de Poitou. Cette variété, qui donne en abondance, en plein hiver, de larges feuilles vertes recherchées par le bétail, est un des plus beaux dons de ce climat humide et sans gelées; elle se propage aujourd'hui partout.

La partie la plus montagneuse du bocage, qui forme l'arrondissement de Parthenay, porte le nom particulier de *Gâtine*. C'est un massif granitique qui se détache sur le fond généralement calcaire du pays. Comme dans tou-

---

(1) *Statistique des Deux-Sèvres*, publiée en 1804, la meilleure des statistiques départementales entreprises à cette époque par ordre de Chaptal, ministre de l'intérieur.

tes les terres du même genre, la culture des céréales y donne peu de produits, mais ce défaut est racheté par le nombre et l'excellence des prairies naturelles, et par l'extension qu'a prise la culture des prairies artificielles et des racines. Le nombre des bestiaux y a doublé depuis vingt ans. On y produit une race particulière de bêtes à cornes qui obtient sur tous les marchés environnants une légitime faveur, pour son aptitude à l'engraissement et l'excellence de sa viande. La ville de Paris consomme tous les ans un grand nombre de ces bœufs; ils sont connus sous le nom de Chollet, parce que cette petite ville, située sur la frontière de la Vendée et de l'Anjou, est le marché principal où ils se vendent gras; mais ils naissent et s'élèvent dans les environs de Parthenay, à cent lieues environ de la capitale où ils doivent mourir.

Les arrondissements de Melle et de Niort sont le siége principal d'une autre industrie qui attire aussi beaucoup d'argent : la production des chevaux et surtout des mulets. Les chevaux poitevins, gros et paisibles, sont recherchés pour les travaux aratoires et les lourds transports; les juments sont considérées comme les meilleures du monde pour l'enfantement des mulets. On a donné à ce fait singulier une explication physiologique qui paraît vraie : le tempérament mou et lymphatique de cette race fait, dit-on, qu'elle résiste moins à l'accouplement avec une espèce différente, qui est toujours une violence contre la nature. Ces juments, livrées au baudet, retiennent plus sûrement que d'autres, et comme les produits qu'elles portent dans leurs larges flancs y prennent une forte taille, les mulets du Poitou sont les plus recherchés dans le midi de la France et en Espagne, où l'on se sert de ces animaux pour le travail. On a formé à la longue, pour les produire, une race particulière de baudets qui ne ressemblent guère à l'âne paisible et rabougri que tout le monde connaît; velus comme des ours, ardents, vigoureux, presque sauvages, les plus beaux de ces baudets valent jusqu'à 6,000 francs.

Bien que limitrophe de la Touraine, le Poitou renferme beaucoup moins de vieux châteaux; la vie y était trop sévère, la richesse trop rare. Richelieu, né sur les confins des deux provinces, a voulu y élever un monument éternel de sa puissance. L'humble village, seigneurie de sa famille, agrandi et rebâti par lui, était devenu une véritable ville, et cette ville elle-même n'était qu'une dépendance du château vraiment royal qui avait remplacé le manoir des Duplessis. Le somptueux édifice était à peine achevé, quand l'orgueilleux cardinal mourut. La solitude revint bien vite s'emparer de son palais. La Fontaine, qui l'a visité, le décrit avec une bonhommie narquoise : « Il y a tant d'or, dit-il, que je m'en ennuyai. » Cette magnificence, qui ne pouvait se maintenir que par le séjour continu des propriétaires, n'a pas même duré jusqu'à la révolution ; le château de Richelieu était démoli, cent cinquante ans après sa construction, par les héritiers mêmes du cardinal, et les admirables collections de tableaux et de statues qu'il y avait réunies étaient dispersées. Ainsi ont fini en France bien des châteaux et des plus magnifiques.

## IV.

La Bretagne est depuis longtemps connue pour celle de nos provinces qui a le plus conservé sa nationalité distincte. Elle le doit à sa disposition péninsulaire, à son étendue, à la rudesse d'une partie de son sol, au génie libre et fier de ses habitants. Réunie à la couronne par mariage et non par conquête, à la fin du quinzième siècle, elle avait gardé jusqu'en 1789 ses états particuliers. Après avoir échappé autant que possible à l'esprit centralisateur de l'ancienne monarchie, elle a résisté plus qu'aucune autre au redoublement d'absorption qui a suivi l'établissement des institutions nouvelles; mais ces deux périodes de lutte ont eu des conséquences bien différentes. La première lui a réussi; c'était la partie de la France qui payait le moins d'impôts avant 1789, et, dès cette époque, elle dépassait en population la Normandie; la seconde n'a pas eu le même succès, une décadence marquée a commencé pour elle avec la révolution, comme pour les provinces voisines, et a duré jusqu'aux premières années de la restauration. Aujourd'hui elle est en train de regagner ce qu'elle avait perdu en près d'un demi-siècle de souffrance et d'immobilité.

L'étendue de la Bretagne est d'un peu plus de 3 millions d'hectares; elle se divise en deux parties à peu près égales : la haute et la basse.

La ville de Nantes a exercé de bonne heure, autour d'elle, l'influence ordinaire des grands centres de consommation. Enrichie par la navigation coloniale et malheureusement aussi par la traite des noirs, cette ville avait atteint, à la fin du siècle dernier, l'apogée de sa prospérité. Elle a été en grande partie reconstruite peu d'années avant la révolution ; Arthur Young, qui la visitait alors, admirait la beauté de ses nouveaux édifices. Les violences sanguinaires de 1793 et la ruine des colonies l'avaient fait rapidement déchoir : depuis la paix elle s'est relevée, et compte aujourd'hui 100,000 habitants. Près d'un pareil débouché, l'agriculture ne peut que prospérer. Deux établissements voisins ont favorisé ce développement : l'école régionale d'agriculture de Grandjouan, et le couvent des trappistes de la Meilleraie, où les religieux, renouvelant la tradition des anciens monastères, s'adonnent à la culture et à l'élève du bétail.

Avec les arrondissements de Savenay et de Châteaubriand commence la région granitique ; le département d'Ille-et-Vilaine lui appartient presque tout entier. Rennes était autrefois la capitale de la province, le siége des états et du parlement ; elle se console aujourd'hui, par les nombreux établissements publics qu'elle renferme, de n'être plus une capitale. La seconde cité du département, Saint-Malo, a jeté encore plus d'éclat par ses entreprises maritimes ; tombée ensuite en pleine décadence, elle n'a pas revu les beaux jours où elle régnait sur toutes les mers ; mais l'infatigable industrie de ses marins rétablit peu à peu son ancienne activité. L'agriculture ne reste pas en arrière. Les prairies naturelles, qui couvrent environ un dixième du sol, ont permis de tout temps d'entretenir beaucoup de bétail ; le beurre de la Prévalaye a une ancienne célébrité. Ce département possède aujourd'hui la meilleure peut-être des fermes-écoles, parfaitement dirigée par M. Bodin, qui y a joint une excellente fabrique d'instruments aratoires; l'application des sciences chimiques à l'agriculture a trouvé dans M. Malaguti, doyen de la faculté des sciences de Rennes, un habile et persévérant interprète ; et, ce qui vaut mieux encore, s'il est possible, la plupart des propriétaires résident et n'ont jamais cessé de résider.

Près de l'ancienne ville de Vitré, et sur la frontière de l'Anjou, comme si tout ce qui peut glorifier chez nous la vie rurale devait appartenir plus ou moins à cette province, le souvenir de madame de Sévigné vit encore dans l'ancien manoir des Rochers. C'est là qu'elle aimait à vivre, même en hiver, et à se promener solitairement au milieu de ses bois ; de là sont datées beaucoup de ces lettres charmantes qui ont doté la France d'un genre de littérature original. Les Rochers y jouent un grand rôle ; nous connaissons tous le jardinier Pilois, le mail, les allées, le labyrinthe, et les arbres qu'elle avait vus tout petits, *comme disait M. de Montbazon de ses enfants*, et qui étaient devenus grands et droits en perfection. Ce goût, si rare alors chez une marquise, s'explique par une naturelle indépendance d'esprit, qui cédait quelquefois au prestige de Louis XIV, mais qui reprenait bientôt son penchant ; elle a dit quelque part de M. de Lavardin ce mot qui la trahit : *C'est le moins lâche et le moins bas courtisan que j'aie jamais vu.*

La noblesse bretonne, à qui madame de Sévigné n'appartenait que par son mari, avait encore plus qu'elle cette fierté sévère. Boulainvilliers remarque, vers 1700, que les familles nobles de la Bretagne sortaient peu de leurs domaines. Cet attachement au sol s'est conservé parmi leurs successeurs. Depuis 1843 surtout, époque où s'est formée une association libre de propriétaires, qui embrassait les cinq départements, et tenait tous les ans un congrès sur un point différent, on a pu toucher en quelque sorte du doigt le progrès agricole : animaux, instruments, produits, tout se multiplie et se perfectionne. Les concours que l'État défraye sont loin de donner les mêmes résultats que ceux qui sortent ainsi de l'initiative locale et n'obéissent à aucun mot d'ordre administratif. Outre sa section d'agriculture, l'association bretonne avait une section d'archéologie qui redoublait l'attachement au sol par l'étude des souvenirs et des monuments. Cette association si utile a été malheureusement dissoute par arrêté ministériel en avril 1859.

La constitution de la propriété et de la culture est à peu près la même qu'en Anjou : peu ou point de grandes propriétés, peu ou point de grandes fermes ; la Bretagne entière n'a pas 300 cotes de 1,000 francs et au-dessus, et l'étendue moyenne des exploitations ne dépasse pas 25 hectares. Seulement, ce ne sont plus des métayers qui cultivent, mais des fermiers à prix d'argent. Cette différence entre deux pays qui se touchent date de loin ; la population maritime a présenté de tout temps en Bretagne un débouché suffisant pour donner un prix courant aux produits du sol, ce qui a manqué en Anjou; mais si la forme habituelle du contrat diffère, l'esprit n'est pas changé. La même harmonie règne entre le propriétaire et le cultivateur; ils se connaissent, s'estiment de longue main, malgré les révolutions qui ont à peine effleuré cette vieille terre, et s'appuient avec confiance l'un sur l'autre, parce qu'ils appartiennent à la même race et se voient familièrement tous les jours. On essaye même depuis quelque temps de répandre le bail à moitié fruit, qui est considéré comme un progrès sur le bail à ferme et qui l'est en effet dans ces conditions.

La prime d'honneur de la Loire-Inférieure, en 1859, a été décernée pour des résultats qu'on aurait peine à croire s'ils n'étaient attestés par les meilleurs témoignages, et qui ont été précisément obtenus avec des métayers. Un normand du Calvados, M. Liazard, a acheté, en 1851, près de Redon, 300 hectares de mauvaises terres qui lui ont coûté 190,000 fr. Dans les huit ans écoulés depuis l'acquisition, il a si bien transformé cette ingrate propriété qu'elle vaut aujourd'hui, dit-on, près du double; les fonds engagés en sus du prix et qui s'élèvent à une somme équivalente, rapportent un intérêt annuel de 9 à 10 pour cent. Ce qui a surtout enlevé les suffrages, c'est ce qui s'est passé dans deux métairies, de 30 hectares chacune, qui rendaient ensemble au maître 1,392 fr. en 1852, et qui, entre les mains des mêmes colons, lui auraient rendu 11,000 fr. en 1856. La part des métayers étant nécessairement égale, on voit combien leur sort a dû changer en quatre ans.

La basse Bretagne a une réputation de pauvreté et de barbarie qu'elle ne mérite qu'à moitié ; il faut y distinguer soigneusement le littoral de l'intérieur. D'immenses étendues de terres incultes occupent le centre ; mais la côte est bien différente. Là se trouvent des villes comme Brest qui a 60,000 âmes, Lorient qui en a 30,000, Vannes, Saint-Brieuc, Morlaix, Quimper ; peu de pays sont aussi peuplés. L'Océan entre de toutes parts dans les terres, et y forme de larges baies que bordent de nombreux ports ; la pêche de la sardine, cette manne marine, occupe une foule de matelots. Chacune, pour ainsi dire, de ces barques de pêche appartient à un seul homme et à une seule famille, c'est la petite propriété maritime.

Quelques-uns de ces rivages ont un aspect triste et morne, qui trompe sur leur véritable richesse ; tel est, par exemple, le pays de Vannes. Là subsistent le plus de ces monuments étranges qu'à laissés derrière elle l'époque celtique. Les pierres levées, les tables de granit, les cercles mystérieux de blocs grossiers, les monticules de cailloux, aux noms armoricains aussi barbares que leur forme, s'élèvent dans des sites déserts et stériles, où les rochers qui les ont fournis se montrent à nu, et qu'une malédiction séculaire semble avoir frappés. Un ciel toujours chargé de nuages, une côte basse où le flot, en se retirant, laisse à découvert de vastes espaces, un sol dépouillé d'arbres par le vent de mer, ajoutent à cette physionomie désolée. Les habitations de quelque élégance manquent complétement ; on ne rencontre que quelques pauvres villages dont les habitants parlent à peine français. Une aisance réelle se cache pourtant sous ces sordides apparences. Le paysan breton vit avec une extrême économie; il ne dépense rien pour lui-même, mais il a de l'argent dans son bahut. Quand on a démonétisé les vieilles monnaies, la basse Bretagne est le pays qui en a fourni le plus; elles dormaient dans des retraites cachées, où les pièces neuves sont venues les remplacer.

Plus attaché qu'aucun autre à ses habitudes, le paysan bas-breton a, sur beaucoup de points, conservé son ancien costume, ce qui ne se voit guère plus nulle part, et quelques-uns de ces costumes, qui varient de paroisse à paroisse, sont élégants et caractéristiques.

Sur d'autres points du littoral, la richesse devient plus visible. La Cornouailles contient de gracieux paysages; les bords pittoresques du Blavet sont couverts d'habitations charmantes; la route d'Hennebon à Lorient traverse une contrée vivante et ornée; l'immense et magnifique baie de Brest, dont les eaux bleues rappellent les mers d'Italie, présente dans ses contours abrités une végétation toute méridionale; mais ce qui mérite surtout l'attention, c'est l'ancien Léonais, qui forme aujourd'hui un des cantons de l'arrondissement de Morlaix.

La petite ville de Saint-Pol-de-Léon était le siège d'un évêché qu'on a eu le tort de supprimer; les plus saintes traditions de la Bretagne s'y rattachent. Situé sur une langue étroite de terre isolée et comme perdue dans la mer, ce canton semblait ruiné par la chute de ses établissements religieux; il s'est relevé par son agriculture. Deux de ses communes se distinguent par le développement extraordinaire de leur population : la petite île de Batz, qu'une demi-lieue seulement sépare de la terre, et qui n'a pas moins de 1,200 âmes sur 300 hectares, et le port de Roscoff, qui fait face à l'île, et qui a 3,600 habitants sur moins de 800 hectares. Cette agglomération vient de la navigation et du jardinage, car on ne peut appeler autrement la culture. Grâce à l'extrême douceur de sa température hivernale, Roscoff produit des artichauts et des choux-fleurs de primeur qui s'expédient par mer à Paris et en Angleterre, malgré la distance.

On est dans l'usage, dans tout le Léonais, d'entourer chaque champ d'une clôture hermétique, composée d'un petit mur que surmonte un large épaulement de terre planté de grands ajoncs; on dirait une fortification véritable. Vu d'une hauteur, le pays ressemble à un casier divisé en innombrables compartiments. Le soin qu'on apporte à ces clôtures est déjà un bon signe; on ne défend ainsi qu'un sol qui a acquis une grande valeur. Peu de fermes ont jusqu'à dix hectares, les jardins de Roscoff en ont beaucoup moins. Les maisons des cultivateurs se touchent, et tous paraissent contents de leur sort. Cette grande aisance date surtout de 1840, c'est-à-dire du moment où se sont établis des services réguliers de bateaux à vapeur entre Morlaix et le Havre.

Outre les avantages de climat et de débouché que lui donne sa position, le littoral breton doit sa prospérité agricole aux engrais de mer. L'Océan est un bon voisin; en même temps qu'il ouvre son vaste sein au commerce et à la pêche, il jette sur ses rives d'inépuisables trésors, que la main de l'homme n'a qu'à recueillir. La tangue surtout, formée de coquillages réduits en poudre par le choc des vagues, communique à la végétation une puissance merveilleuse. La conquête de ce qu'on appelle les *lais de mer*, est également une opération des plus profitables. Dans ces golfes vaseux comme le Morbihan, où la terre et l'eau se confondent, on a déjà gagné à la culture beaucoup de terrains autrefois submergés; on peut en gagner davantage encore, au grand profit de la navigation elle-même, qui devient plus facile et plus sûre, à mesure que les passages s'approfondissent en se rétrécissant, et que les écueils se dégagent pour se transformer en champs et en prairies.

Même dans la région des bruyères, des signes évidents d'amélioration se manifestent. Ces landes ne sont pas par elles-mêmes tout à fait improductives ; elles forment des pâturages meilleurs qu'ils n'en ont l'air, et parmi les plantes sauvages qui les composent, il en est une, l'ajonc, qui prend rang, depuis qu'elle est bien connue, parmi les richesses naturelles. L'ajonc peut recevoir quatre destinations différentes, qui répondent à autant de besoins ; il forme des clôtures que la force de ses jets et de ses épines rend bientôt impénétrables; il donne en abondance des fagots pour le chauffage, dans un pays qui manque de bois ; il fournit des litières qui repoussent à mesure qu'on les coupe; et, ce qui achève de le rendre précieux, il devient, quand il est haché ou écrasé, une excellente nourriture pour les animaux, et surtout pour les chevaux. On ne se contente plus de celui qui pousse naturellement, on en sème. Un champ de cet ajonc cultivé dure de vingt à trente ans ; on le considère comme l'équivalent d'un bon pré. A mesure que la culture le modifie, il devient plus tendre, et on ne désespère pas de le dépouiller de ses piquants. C'est la luzerne de la Bretagne.

La cause principale de cet état d'abandon cesse d'ailleurs peu à peu. Les pays granitiques, généralement montagneux et âpres, sont des derniers à se couvrir de routes, et ce sont en même temps ceux qui peuvent le moins s'en passer. Tant qu'il n'a pas reçu l'amendement calcaire, le granit ne peut produire qu'imparfaitement la nourriture de l'homme. La culture s'est en quelque sorte arrêtée en Bretagne au point où pouvaient arriver les engrais de mer. Cette zone, autrefois bornée au littoral proprement dit, s'élargit à mesure que les communications se perfectionnent. La tangue et le goëmon ne seront plus désormais l'apanage exclusif des côtes; on parle de moyens ingénieux pour les transporter à peu de frais à de grandes distances. La chaux des bords de la Loire pénètre déjà dans l'intérieur par des canaux. Un engrais nouveau, le noir animal, dont l'action sur les défrichements des bruyères est immédiate, arrive en même temps des raffineries de sucre de France et de l'étranger : on en emploie aujourd'hui pour plusieurs millions par an.

Un dernier obstacle s'opposait à l'exploitation d'une partie de ces landes, l'état de la propriété; une législation spéciale, survenue en 1850, en a facilité la division. A la faveur de ces circonstances, on peut presque marquer d'avance le moment où elles auront disparu. D'après la statistique officielle de 1840, les cinq départements bretons avaient alors 900,000 hectares de terres incultes ; le tiers environ de cette immense superficie a été depuis plus ou moins ouvert.

Il existait autrefois en basse Bretagne un mode particulier de fermage généralement répandu, c'est ce qu'on appelle le *domaine congéable*. Par cette nature de contrat, qui n'est pas sans analogie dans d'autres parties de l'Europe, tous les édifices élevés par le fermier pour l'exploitation du sol sont sa propriété personnelle ; mais le bailleur peut les reprendre à son gré, en donnant congé et en remboursant la valeur. On comprend aisément dans quelles occasions une telle convention a dû prendre naissance ; comme les baux perpétuels, les emphytéoses et autres combinaisons du même genre, elle suppose le cas où le propriétaire d'un sol inculte manque des capitaux nécessaires pour le mettre en valeur, et cherche un fermier qui le remplace ; ce cas s'est présenté souvent, à ce qu'il paraît, dans l'ancienne Bretagne. L'institution du domaine congéable aura certainement contribué à y appeler la culture ; mais le temps, en s'écoulant, a révélé dans ce mode de fermage de sérieux inconvénients. S'il a pu être utile à l'origine, il a mis plus tard des obstacles à tout progrès, soit de la part des propriétaires, soit de la part des fermiers, en gênant leur liberté. Il a été question de l'abolir pendant la révolution, comme entaché de féodalité, mais il a échappé ; et ce qui prouve que les violences ne sont jamais nécessaires, la transformation s'est accomplie depuis, librement, insensiblement, par la seule volonté des parties, et dans les limites de sa véritable utilité.

Dans le plus grand nombre des cas, le propriétaire a eu les moyens de donner congé, et il l'a donné; il est ainsi rentré en possession de son droit tout entier, et, en traitant avec un nouveau fermier qui n'avait plus aucun titre de co-propriété, il a généralement doublé son revenu. La rente de ces domaines engagés était en effet insignifiante, puisqu'elle ne représentait que la valeur du sol nu; la valeur utile était celle des édifices, on les a rachetés sur le pied d'un intérêt très-élevé. De son côté, le fermier congédié a touché une somme en argent comptant, dont il a pu faire usage à son gré. Dans d'autres cas, quand le propriétaire n'avait pas les capitaux suffisants, il s'est formé une classe particulière de spéculateurs pour opérer le rachat à sa place. Dans d'autres, il s'est trouvé des fermiers qui se sont congédiés les uns les autres, en se remboursant successivement. Les mille combinaisons de l'intérêt privé, se diversifiant à l'infini suivant les circonstances, ont mieux satisfait à tous les besoins qu'un principe absolu; et cette révolution, qui aurait pu mettre en jeu tant de passions, ne cause que la somme d'embarras absolument inévitable.

De toutes nos grandes provinces, sans en excepter la Normandie, la Bretagne est celle qui, proportionnellement à sa surface, a le plus de gros bétail, signe certain de son véritable rang dans l'échelle rurale. Les cinq départements comptent ensemble près de 1,500,000 têtes; l'Angleterre elle-même n'en a pas autant en proportion. Ce bétail est de petite taille, mais il rachète par le nombre ce qui lui manque pour le volume. La race du Morbihan, la plus estimée, a un pelage bariolé de blanc et de noir, une tête fine et gracieuse, des cornes courtes, des pieds délicats, une peau souple, une allure élégante et légère ; l'air vivifiant des bords de la mer et la nourriture peu abondante mais substantielle qu'elle prend dans ses bruyères natales, l'ont douée d'un tempérament vigoureux. Les vaches n'ont guère plus d'un mètre de haut, mais elles sont excellentes laitières pour ce qu'elles consomment, et leur lait étant essentiellement butyreux, on en a fait de tout temps de si énormes quantités de beurre, qu'on a dû prendre l'habitude de le saler pour le conserver. Tout le monde, en Bretagne, mange du beurre salé ; c'est l'aliment universel. Les bœufs soumis au travail suppléent, par la vivacité et l'énergie, à la force qu'ils n'ont pas ; prompts et faciles à engraisser, ils donnent une excellente viande, fort recherchée par les connaisseurs anglais.

Jusqu'à ces derniers temps, cette race précieuse n'était guère sortie de son berceau ; elle donne lieu maintenant à une exportation considérable, si bien que le prix des vaches a doublé. Des agronomes distingués se font un point d'honneur de la perfectionner par elle-même, en lui donnant des soins qu'elle n'avait jamais reçus ; d'autres ont essayé avec succès des croisements avec les races anglaises d'Ayr, de Jersey et de Durham.

La Bretagne est également au premier rang pour sa population chevaline ; elle en a plus qu'aucune autre partie de la France, et cette production fait toujours des progrès, soit comme quantité, soit comme qualité. Beaucoup de chevaux qui passent pour normands ou percherons sur les marchés du Nord sont des bretons venus de proche en proche et de foire en foire. Ces chevaux, sobres et infatigables, étaient pour la plupart de petite taille ; ils ont conservé leurs qualités, tout en grandissant sous l'influence d'une alimentation plus abondante et d'un meilleur choix de reproducteurs. Les porcs sont nombreux, surtout vers la côte. La seule espèce de bétail qui ait manqué jusqu'ici à la Bretagne, comme à tout l'ouest, c'est le mouton. Ce n'est pas que cet animal n'eût pu multiplier dans ces landes, et sous ce climat qui, comme en Angleterre, permet le pâturage en toute saison ; mais on lui a préféré les vaches de la petite espèce, comme n'étant pas plus difficiles à nourrir. On s'occupe de remplir cette lacune, et tout annonce qu'on y réussira.

La Bretagne récolte beaucoup de froment et en consomme fort peu ; elle aime mieux le vendre et se nourrir de seigle et de blé noir. On vante avec raison le maïs du midi de la France ; le blé noir vaut au moins le maïs. Il l'égale pour la fécondité, puisqu'il reproduit cinquante fois la semence et au delà ; il n'occupe pas la terre plus longtemps, et il est loin d'avoir les mêmes exigences. Il n'a d'autre défaut que d'être extrêmement sensible aux variations de température ; c'est pourquoi ce pays, où les extrêmes de la chaleur et du froid sont inconnus, lui convient si parfaitement. Il vient dans tous les terrains, même les plus ingrats, et se plaît surtout dans les sols granitiques, si rebelles en général aux plantes alimentaires. La Bretagne est la province qui en cultive le plus; elle lui doit la plus grande partie de sa population.

La nature du sol et du climat n'est pas moins favorable à la culture du lin et du chanvre, une des plus riches qui existent. Les toiles de Bretagne ont joui longtemps d'une réputation universelle; cette industrie, autrefois florissante, avait beaucoup perdu par l'obstination des populations bretonnes à conserver leurs anciens procédés de fabrication domestique, tandis que les inventions de la mécanique leur créaient des concurrences mortelles, tant en France qu'à l'étranger; aujourd'hui elle tend à renaître par l'importation des méthodes perfectionnées. Comme les tissus de laine, les tissus de chanvre et de lin paraissent destinés à un immense avenir, depuis que des doutes sérieux s'élèvent sur l'approvisionnement futur de l'Europe en coton.

Signe remarquable de prudence et de calcul, la dette hypothécaire n'est nulle part moins élevée qu'en Bretagne; elle n'atteint que 8 pour 100 de la valeur totale des propriétés, tandis que la moyenne de la France entière est de 16, et que, sur quelques points, elle monte jusqu'à 80 pour 100.

## V

De la Bretagne à la Saintonge, la transition est un peu brusque; la péninsule occidentale a tant d'étendue que, de l'extrémité du Finistère à l'embouchure de la Gironde, il y a plus de cent lieues. Une pareille distance suffit pour amener de grandes différences. La Saintonge termine vers le sud la région de l'ouest, et en forme une des plus belles parties. Elle a sur l'Océan une large côte avec de nombreux ports, et un fleuve navigable, la Charente. L'ancien Angoumois, qui la prolonge vers l'intérieur, est beaucoup moins prospère, surtout dans la portion la plus voisine du centre; mais, en se rapprochant de la côte et du fleuve, la richesse grandit : l'arrondissement de Cognac, dans la Charente, et le département de la Charente-Inférieure presque tout entier comptent parmi les plus riches et les mieux cultivés.

La cause principale de cette prospérité n'est pas difficile à trouver, c'est la production de l'eau-de-vie. Les vignes couvrent environ 200,000 hectares, qui donnent en temps ordinaire pour 75 millions de produits. L'eau-de-vie de Saintonge, dont la qualité supérieure paraît due à des couches crayeuses, car nos meilleurs vignobles reposent sur la craie, ne se consomme presque pas et ne s'est jamais, à vrai dire, consommée en France, elle s'écoulait en grande quantité vers l'Angleterre bien avant 1789. Ce débouché remonte probablement à la domination anglaise du quatorzième siècle. La révolution et l'empire ont suspendu ces envois, mais ils ont repris à la paix, et de nouveaux marchés s'étant ouverts en Amérique et en Australie, ils ont plus que triplé depuis 1815. L'exportation se fait par la Charente, qu'Henri IV appelait *le plus beau fossé de son royaume*, parce que son lit étroit et profond facilite singulièrement la navigation.

Ces vignes si productives sont divisées en innombrables parcelles ; c'est, avec la plaine du Rhin, le pays le plus morcelé de France. Les vignerons se disputent le sol à prix d'or, même depuis la maladie de la vigne, qui n'a eu pour eux d'autre effet que d'augmenter leurs profits en élevant les prix. La valeur moyenne des vignobles a triplé depuis 1815, comme la quantité des produits ; ils valent aujourd'hui de 3,000 à 10,000 francs l'hectare. Cette richesse se partage entre un grand nombre de propriétaires aisés, car les cotes de 30 à 300 fr. ne sont nulle part aussi nombreuses, et la division n'y a pas les mêmes inconvénients qu'en Alsace, parce que la population est bien moins pressée ; les cantons les plus populeux n'ont que 100 habitants par 100 hectares, tandis que la plaine du Rhin en a le double.

Malheureusement le débouché indéfini que les eaux-de-vie trouvent à l'étranger, le haut prix qu'on en donne, les bénéfices énormes réalisés par les commerçants, ont amené dans ces derniers temps des fraudes coupables. Des spiritueux de qualité inférieure, comme les alcools de betterave, ont servi à des coupages clandestins qui pouvaient nuire à la réputation, et par conséquent eu prix élevé des eaux-de-vie de Cognac. Cette fraude, énergiquement dénoncée par des propriétaires du pays, jaloux de la valeur de leurs produits, devient aujourd'hui plus difficile. L'eau-de-vie de première qualité se vend jusqu'à 500 fr. l'hectolitre ; un pareil prix mérite assurément d'être défendu contre toute atteinte.

La Saintonge possède en outre 80,000 hectares de prairies naturelles, conquises, pour la plupart, sur d'anciens marais. Elle cultive du froment en quantité à peu près suffisante pour sa consommation ; mais cette culture se restreint de jour en jour, et la vigne s'étend à la place, comme donnant de plus grands produits ; un jour viendra, selon toute apparence, où la Saintonge ne produira presque plus que du vin et du bétail, et achètera aux contrées voisines les céréales nécessaires à sa consommation. A ces deux sources de richesse, elle en joint une toute particulière, ses marais salants, qui fournissaient autrefois le sel le plus estimé du monde, et qui occupent encore un des premiers rangs pour l'abondance et la qualité de leurs produits.

Cette province s'est toujours distinguée par un esprit d'indépendance qui lui a attiré de nombreux malheurs. Pendant les guerres contre les Anglais, les deux nations se sont disputé cette belle possession. Vers le milieu du seizième siècle, une insurrection formidable y éclata contre l'impôt de la gabelle, et ne put être étouffée que dans le sang. Plus tard, les guerres de religion y ont eu un caractère particulier d'acharnement ; il suffit de citer les noms de Jarnac et de Coutras, pour rappeler les plus sanglantes batailles de ce temps. La Rochelle personnifie en quelque sorte cette destinée brillante et tragique. Admirablement placée à l'extrémité d'une rade qu'abritent au nord et au midi les deux grandes îles de Rhé et d'Oleron, cette ville a presque atteint au seizième siècle le libre essor de Gênes, de Venise et des républiques anséatiques. Il a fallu les deux sièges les plus terribles de notre histoire pour détruire son indépendance. *Nous serons assez fous pour prendre La Rochelle*, disaient les gentilshommes de l'armée royale, avec un juste sentiment de la faute qu'ils commettaient en aidant eux-mêmes le pouvoir central à étouffer tout foyer de résistance. La malheureuse cité commençait à sortir de ses débris quand la révocation de l'édit de Nantes est venue la dépeupler de nouveau; la révolution l'a achevée, en rendant impossible toute navigation maritime. Depuis la paix, la concurrence du Havre, qui absorbe presque tout le commerce de l'Océan, a encore pesé sur elle; mais l'ouverture récente d'un chemin de fer lui ayant apporté de nouveaux débouchés, nul doute qu'elle ne reprenne bientôt une nouvelle vie.

Sans les cruels effets de ses anciennes luttes et l'interruption des rapports commerciaux pendant la révolution, la Saintonge serait aujourd'hui bien plus prospère. Une partie de la côte, naturellement marécageuse et insalubre, n'est pas encore assainie. La Charente-Inférieure est, sans comparaison, celui de tous nos départements qui a le plus de marais; ils s'étendent sur 30,000 hectares, ou le quart environ de ce qu'en contient la France entière. Les côtes de Normandie, aujourd'hui si belles, en contenaient tout autant; d'immenses travaux d'assainissement ont pu, seuls, rendre le Havre habitable et transformer en précieux herbages les flaques marécageuses des vallées voisines. Il en doit être de même un jour à l'embouchure de la Charente. Les travaux du port militaire de Rochefort y attirent un courant de dépenses de la part de l'État, qui ne peut que profiter au pays environnant;

ce port est une des meilleures créations de Louis XIV, qui a fait tant de mal et si peu de bien.

De son côté, l'ancien Angoumois contient encore un dixième de terres incultes, spectacle d'autant plus pénible qu'il n'est peut-être pas de contrée mieux douée pour la culture. On y jouit du plus charmant climat de France et peut-être d'Europe, et la fertilité naturelle du sol, formé en grande partie de terrains jurassiques, égale les plus privilégiés. Tous les produits y viennent aisément et de bonne qualité : le blé, le vin, les légumes, les fruits, même les truffes et les champignons; le gibier, la volaille et le poisson y sont abondants et excellents, et toute cette contrée passait autrefois pour le pays de la bonne chère par excellence. François I$^{er}$, qui était né à Cognac, et qui porta longtemps le titre de comte d'Angoulême, aimait à y revenir, et plus d'un poëte de ce temps a chanté les charmes naturels de ce séjour :

> Adieu Cognac, le second paradis,
> Château assis sur fleuve de Charente (1).

Le château de la Rochefoucauld, en Angoumois, était digne, par sa masse et sa beauté, de l'illustre maison de ce nom; depuis longtemps inhabité, ce noble manoir tombe en ruines. Il ne faut pas dire de mal de la maison de la Rochefoucauld, elle a fait ce qu'elle a pu. Pendant la Fronde, l'auteur des *Maximes* a lutté un des derniers contre les envahissements du pouvoir absolu, et

(1) Octavien de Saint-Gelais, né lui-même à Cognac, en 1465.

l'amertume de la défaite n'est pas étrangère à ses tristes jugements sur les mobiles des actions humaines. Après lui, son arrière-petit-fils, le duc de la Rochefoucauld, a pris une part active au glorieux mouvement de 1789, et s'il n'a pu fonder en France la liberté politique, ce n'est pas sa faute; il a été assassiné par des septembriseurs.

Quand Arthur Young vint en France pour la première fois, en 1787, il y fut reçu à bras ouverts par ce grand citoyen. En traversant l'Angoumois, le fermier anglais ne s'arrête pas précisément au château de la Rochefoucauld; il va un peu plus loin, au château de Verteuil, qui appartenait à la mère du duc. « Ce château, dit-il, a été bâti en 1559; nous y trouvâmes tout ce qu'un voyageur peut désirer en fait d'hospitalité. L'empereur Charles-Quint y a été reçu par Anne de Polignac, veuve du comte de la Rochefoucauld, et ce prince déclara tout haut « *n'avoir jamais été en maison qui sentit mieux sa* « *grandeur, honnêteté et seigneurie que celle-là.* » Il est parfaitement tenu, complétement réparé, entièrement meublé; ce qui mérite des éloges, quand on songe que la famille passe rarement ici plus de quelques jours chaque année. Si ces égards étaient plus communs en France, nous n'aurions pas le triste spectacle de tant de manoirs ruinés. La galerie des portraits remonte au dixième siècle. Le parc, la forêt et la Charente forment un délicieux ensemble. Cette rivière abonde en poisson; on nous servit les meilleures carpes que j'aie jamais goûtées. »

Au moment du passage de notre voyageur, le duc de la Rochefoucauld venait lui-même d'arriver pour présider l'assemblée provinciale, nouvellement instituée par Louis XVI. On se demande ce que cette province serait devenue sous les auspices de cet homme éminent et vertueux, ami d'Adam Smith et de Turgot, de Franklin et de Malesherbes, d'Arthur Young et de Lavoisier, si la révolution lui avait permis de continuer son œuvre. Les progrès que le pays a faits depuis quarante ans montrent ceux qu'il aurait pu faire dans les trente ans qu'il a perdus. Non loin de là, la seigneurie de Ruffec appartenait à la maison de Broglie, qui a fourni aussi un champion dévoué aux libertés publiques, en 1789, et quatre ans après, une noble victime à la révolution.

## VI

Considérée dans son ensemble, la région de l'ouest doit donner autant de produits agricoles que la précédente, ou 800 millions environ. Son étendue totale étant un peu plus grande, la répartition par hectare ne serait pas exactement la même, mais la différence est si faible, qu'on peut la négliger; le produit brut ressort donc encore à 90 francs par hectare de superficie.

Les bois occupent ici beaucoup moins de place que dans le nord-est; en revanche, on y trouve beaucoup plus de terres incultes, la plupart en Bretagne. Somme toute, l'étendue cultivée doit être supérieure : 6,500,000 hectares au lieu de 6,000,000; le produit brut par hectare en culture baisse donc un peu. Les prairies artificielles ont un peu plus d'étendue, mais il reste plus de

## TROISIÈME RÉGION. — OUEST.

jachères; le rendement moyen se ressemble beaucoup. Ces chiffres n'ont et ne peuvent avoir qu'un caractère approximatif; mais ils n'ont été obtenus qu'après de longues recherches, et on peut les considérer comme suffisamment près de la vérité. La proportion entre les divers produits doit être différente : 300 millions pour les céréales, 300 millions pour le bétail, 200 millions pour le reste, en accordant une aussi grande part au vin et une moindre au bois.

La population a marché plus vite depuis 1789, mais sans faire encore de bien grands pas :

| DÉPARTEMENTS. | POPULATION en 1790. | POPULATION en 1856. | AUGMENTA- TION. | DIMINU- TION. |
|---|---|---|---|---|
| Indre-et-Loire... | 349,866 | 318,412 | » | 31,424 |
| Mayenne......... | 322,133 | 373,841 | 51,708 | » |
| Sarthe.......... | 362,666 | 467,193 | 104,527 | » |
| Maine-et-Loire... | 294,666 | 524,387 | 229,721 | » |
| Ille-et-Vilaine.... | 490,666 | 580,898 | 90,232 | » |
| Côtes-du-Nord... | 468,666 | 621,573 | 152,907 | » |
| Finistère........ | 480,000 | 606,552 | 126,552 | » |
| Morbihan........ | 490,666 | 473,932 | » | 16,734 |
| Loire-Inférieure.. | 507,733 | 555,996 | 48,263 | » |
| Vendée.......... | 226,133 | 389,683 | 163,550 | » |
| Deux-Sèvres..... | 213,333 | 327,846 | 114,513 | » |
| Vienne.......... | 281,600 | 322,585 | 40,985 | » |
| Charente........ | 268,160 | 378,721 | 110,561 | » |
| Charente-Infér... | 368,426 | 474,828 | 106,402 | » |
| Totaux........ | 5,124,714 | 6,416,477 | 1,339,921 | 48,158 |
| A déduire......... | | | 48,158 | » |
| Augmentation effective............ | | | 1,291,763 | » |

1,292,000 âmes d'augmentation, au lieu de 1,140,000,

la différence paraît assez forte; mais il faut tenir compte des deux points de départ, le nord-est n'avait que 4,371,000 âmes en 1790, tandis que l'ouest en avait déjà 5,125,000; de part et d'autre, le gain proportionnel se rapproche beaucoup. L'augmentation obtenue dans l'ouest s'est répartie très-inégalement, du moins d'après les recensements; les départements qui paraissent avoir le plus gagné sont ceux qu'avait dévastés la guerre civile, Maine-et-Loire et Vendée. Ce fait est-il certain, et alors, comment l'expliquer? D'un autre côté, on comprend que le Morbihan, contrée rude et sévère, ait perdu de ses habitants, mais pourquoi la Touraine en aurait-elle perdu plus encore? Ces problèmes ne peuvent être bien étudiés que sur les lieux mêmes.

Ce qu'il y a de sûr, c'est que, dans la dernière période quinquennale qui a été si peu profitable au nord-est, l'ouest n'a pas souffert également. Sur quelques points de la Basse-Bretagne, la population a diminué, parce qu'elle était en effet trop condensée pour le produit obtenu, mais le reste de la région n'a pas cessé d'être en progrès sous ce rapport comme sous tous les autres. Les années de cherté qui viennent de nous éprouver si cruellement y ont eu la plus heureuse influence. Comme cette partie du territoire est celle qui exporte le plus de produits agricoles, les hauts prix lui sont très-favorables; et par une circonstance particulièrement avantageuse, pendant que la récolte diminuait partout d'un quart ou de moitié, elle s'y maintenait au niveau normal. L'argent afflue donc chez les paysans de l'ouest pendant qu'il disparaît ailleurs; aussi sont-ils moins portés que d'autres à l'émigration, et la perturbation qui se manifeste de plus en plus dans l'économie de la population nationale ne les a pas gagnés.

La moyenne des salaires n'est pourtant pas plus élevée que dans le nord-est, elle est plutôt plus basse, surtout en Bretagne; on peut l'évaluer en moyenne à 1 fr. 25 c., et dans les parties les plus reculées de la Bretagne à 1 fr. et même au-dessous. Ce fait tient à deux causes : la surabondance de la population rurale, qui atteint environ 50 habitants par 100 hectares, tandis qu'elle n'est, dans les deux régions précédentes, à l'exception de la Flandre et de l'Alsace, que de 40, et le bas prix relatif des denrées. L'exportation devenant de plus en plus active, soit pour l'intérieur, soit pour l'extérieur, tout tend à monter. Le rayon d'approvisionnement de Paris, qui arrivait autrefois à cinquante lieues tout au plus, a doublé aujourd'hui; et l'action non moins puissante du marché anglais se fait sentir sur toute la côte, quand on n'y est pas trop gêné par les lois de douanes.

Il n'existe aucune raison essentielle pour que cette région soit moins prospère que la première; on peut même la considérer comme supérieure en ressources naturelles. Entre ses parties les plus avancées et les parties limitrophes du nord-ouest, la différence est déjà nulle; le reste suit et rejoindra bientôt.

Le tableau suivant résume ce qu'on a fait pour améliorer les voies de communication :

| DÉPARTEMENTS. | ROUTES impériales (1). | ROUTES départementales | CHEMINS vicinaux de grande communication. | CHEMINS vicinaux de moyenne communication. | TOTAL. |
|---|---|---|---|---|---|
| | kilom. | kilom. | kilom. | kilom. | kilom. |
| Indre-et-Loire. | 311 | 1,190 | 469 | 842 | 2,812 |
| Mayenne. | 616 | 398 | 671 | 42 | 1,727 |
| Sarthe | 410 | 495 | 697 | 915 | 2,517 |
| Maine-et-Loire. | 675 | 663 | 821 | 380 | 2,539 |
| Ille-et-Vilaine. | 730 | 470 | 743 | 135 | 2,078 |
| Côtes-du-Nord. | 479 | 220 | 806 | 193 | 1,698 |
| Finistère | 415 | 489 | 448 | 178 | 1,530 |
| Morbihan. | 577 | 164 | 782 | 04 | 1,527 |
| Loire-Infér. | 632 | 438 | 1,217 | » | 2,287 |
| Vendée. | 675 | 232 | 1,789 | » | 2,696 |
| Deux-Sèvres. | 554 | 234 | 895 | 124 | 1,807 |
| Vienne. | 353 | 470 | 1,130 | 639 | 2,592 |
| Charente. | 350 | 257 | 1,281 | 327 | 2,215 |
| Charente-Infér. | 432 | 462 | 1,005 | 457 | 2,356 |
| Totaux | 7,209 | 6,182 | 12,754 | 4,236 | 30,381 |

La comparaison de ce tableau avec celui de la région précédente donne à l'ouest une légère supériorité pour les routes de terre, 30,000 kilomètres au lieu de 27,000. Les chemins vicinaux l'emportent surtout, puisqu'ils comptent pour 17,000 kilomètres au lieu de 14,000. A quoi il faut ajouter, suivant notre usage, le tableau des voies navigables et des chemins de fer :

(1) Y compris 1,800 kilomètres de routes stratégiques situées principalement dans les départements de la Mayenne, la Vendée, Maine-et-Loire, les Deux-Sèvres et la Loire-Inférieure.

|  | Voies navigables. | Chemins de fer. |
|---|---|---|
| Indre-et-Loire | 196,692 mètres. | 169,418 mètres. |
| Mayenne | 84,721 | 67,702 |
| Sarthe | 145,348 | 200,417 |
| Maine-et-Loire | 380,193 | 89,772 |
| Ille-et-Vilaine | 236,644 | 49,533 |
| Côtes-du-Nord | 152,082 | » |
| Finistère | 196,317 | » |
| Morbihan | 313,228 | » |
| Loire-Inférieure | 353,727 | 117,143 |
| Vendée | 132,083 | » |
| Deux-Sèvres | 83,228 | 66,154 |
| Vienne | 50,500 | 114,264 |
| Charente | 92,500 | 114,498 |
| Charente-Inférieure | 276,517 | 65,114 |
|  | 2,695,783 | 1,084,015 |

L'étendue des voies navigables est à peu près la même que dans le sud-est; mais l'infériorité devient frappante pour les chemins de fer, 1,000 kilomètres seulement au lieu de 2,000. Quatre des départements de l'ouest n'ont pas encore un seul chemin de fer, les Côtes-du-Nord, le Finistère, le Morbihan et la Vendée; les départements de la Sarthe et d'Indre-et-Loire sont les seuls qui en possèdent un contingent suffisant. On comprend difficilement les causes de cette inégalité, la région de l'ouest étant, en définitive, aussi riche et plus peuplée que l'autre. La forme péninsulaire de la région, en facilitant un cabotage actif, supplée en partie à ce qui lui manque sous ce rapport; mais il faut espérer qu'avant peu cette lacune sera comblée. Les considérations stratégiques, toujours puissantes en France, ne l'exigent pas moins que l'intérêt agricole, industriel et commercial.

Comme dans le nord-est, le produit agricole doit avoir à peu près doublé depuis 1789. Les deux régions ont marché, après tout, du même pas : celle qui a violemment embrassé la révolution comme celle qui l'a repoussée. On peut remarquer que les pays de baux à ferme se sont montrés plus révolutionnaires que les pays à métayage. C'est qu'en effet le bail à ferme, quels que soient ses avantages pour l'exploitation, a l'inconvénient d'établir une sorte d'antagonisme, au moins apparent, entre les intérêts du fermier et ceux du propriétaire; il suppose l'absence des maîtres du sol et montre dans toute sa nudité, sans explication visible, le phénomène de la rente. Le métayage n'a pas les mêmes défauts. « Il n'y a, dit Montesquieu, qu'une société de perte et de gain qui puisse réconcilier ceux qui sont destinés à travailler avec ceux qui sont destinés à jouir (1). »

Arthur Young, que l'aspect sauvage de la Bretagne avait trompé sur sa véritable richesse, fait une énumération effrayante des droits féodaux qu'avaient à supporter les paysans de cette province; il ne faut pourtant pas que ces droits fussent bien lourds, puisque le peuple des campagnes a si mal reçu la révolution. En réalité, les seigneurs n'étaient pas beaucoup plus riches que leurs vassaux. Encore aujourd'hui, les cotes de 1,000 fr. et au-dessus sont moins nombreuses que dans le nord-est; celles de 500 à 1,000 fr. le sont davantage, et celles-là sont les meilleures au point de vue agricole.

(1) *Esprit des lois*, livre XIII, chap. 3, *Des pays où une partie du peuple est esclave de la glèbe.*

Cette région possède un millier de châteaux, c'est la partie de la France qui en a le plus avec le nord-ouest. Bon nombre de ces élégantes habitations ont une origine historique ; les plus belles remontent jusqu'au seizième siècle. On restaure les anciennes avec goût, et on en bâtit tous les jours de nouvelles. Ce fait seul suffirait pour attester le progrès rural. La valeur de la terre étant la moitié de ce qu'elle est dans la première région, une cote de 500 fr. y représente en moyenne une propriété de même étendue qu'une cote de 1,000 fr. en Normandie ou en Picardie, avec une certitude à peu près complète d'en voir doubler, en vingt-cinq ans, la valeur et le revenu. Que pouvait valoir la même étendue en 1789 ? le tiers peut-être de ce qu'elle vaut aujourd'hui, et beaucoup de ces propriétés appartenaient déjà à d'autres que des nobles. D'après un usage généralement répandu dans l'ancien régime, les familles aisées du tiers-état ajoutaient à leur nom celui de leur terre. Cet usage n'avait rien de commun avec la noblesse proprement dite, puisqu'il ne conférait aucun privilége ; il n'a donc fait de mal à personne, et il a certainement contribué à accroître le goût de la résidence, car on s'attache d'autant plus au domaine natal qu'on en porte le nom.

Le clergé n'avait pas non plus de bien grands revenus. Les neuf évêques de la Bretagne, ceux du Mans, d'Angers, de Poitiers, de Luçon, de Saintes, d'Angoulême, jouissaient en moyenne de 20 à 30,000 livres de rentes ; seuls, l'archevêque de Reims en avait 80,000, l'évêque de La Rochelle 60,000. Les 42 abbés qui siégeaient aux états de Bretagne n'avaient en moyenne que 5 ou 6,000 livres de revenu; les plus riches, 10 ou 12,000. Ceux d'Anjou, de Poitou et de Saintonge étaient un peu mieux partagés. La plus riche abbaye de femmes de France, Fontevrault, se trouvait dans le diocèse de Poitiers. Le nombre des petits bénéfices était considérable, mais d'une faible valeur. Les curés étaient des plus pauvres. En somme, les revenus ecclésiastiques, tant en dîmes qu'en propriétés, n'excédaient pas beaucoup ce que coûtent aujourd'hui les frais du culte.

A part un très-petit nombre de grandes terres qui se sont dépecées et vendus par lots, la division du sol n'a fait que suivre le mouvement naturel de la population et de la richesse; elle n'est probablement pas plus grande aujourd'hui qu'elle ne serait sans la révolution, l'effet des lois révolutionnaires ayant été bien moins sensible que dans la première et surtout dans la seconde région.

# QUATRIÈME RÉGION.

## LE SUD-EST.

### I

Entre la région de l'ouest et celle du sud-est, l'une qui termine la première moitié de la France, l'autre qui commence la seconde, la différence de richesse rurale est sensible. Toutes deux servent de transition entre les plus heureuses parties du territoire et les plus maltraitées. Il n'en était pas précisément de même en 1789. L'ouest était, à cette époque, une des plus florissantes; le sud-est, une des plus arriérées. En prenant pour base la population, qui donne une mesure assez exacte de la prospérité, l'ouest avait 56 habitants par 100 hectares, et le sud-est 42 seulement; aujourd'hui, le premier en a 70 et le second 64; l'un s'est accru de 25 pour 100 et l'autre de 50 pour 100. Cette région est donc, après la première, celle qui a fait le plus de progrès depuis 1789. Elle comprend une partie de la Bourgogne, le Lyonnais, le Forez, le Dauphiné, le Vivarais, le comtat d'Avignon, le bas Languedoc et la Provence.

| DÉPARTEMENTS. | ÉTENDUE en hectares. | POPULATION en 1856. | HABITANTS par 100 hect. |
|---|---|---|---|
| Saône-et-Loire.... | 855,174 | 575,018 | 67,24 |
| Ain............. | 579,897 | 370,919 | 63,96 |
| Rhône........... | 279,039 | 625,991 | 224,34 |
| Loire............ | 475,962 | 505,260 | 106,16 |
| Isère............ | 828,934 | 576,637 | 69,56 |
| Ardèche......... | 552,665 | 385,835 | 69,81 |
| Drôme........... | 652,155 | 324,760 | 49,80 |
| Hautes-Alpes..... | 558,961 | 129,556 | 23,18 |
| Vaucluse......... | 354,771 | 268,994 | 75,82 |
| Gard............ | 583,556 | 419,697 | 71,92 |
| Hérault.......... | 619,800 | 400,424 | 64,64 |
| Basses-Alpes...... | 695,419 | 149,670 | 21,52 |
| Bouches-du-Rhône. | 510,487 | 473,365 | 92,73 |
| Var............. | 722,610 | 371,820 | 51,46 |
| Corse............ | 874,741 | 240,183 | 27,46 |
|  | 9,144,171 | 5,818,129 | 64 |

Si le sud-est a un peu moins de population que l'ouest, en revanche il est plus riche. Le nord-ouest paye en tout 85 fr. d'impôts par hectare de superficie et 74 fr. par tête de population, le nord-est 24 fr. par hectare et 40 fr. par tête, l'ouest 23 fr. 50 par hectare et 33 fr. 50 par tête, le sud-est 27 fr. 50 par hectare et 44 fr. par tête. Il faut chercher la cause principale de cette richesse relative dans l'activité industrielle et commerciale ; l'agriculture ne vient qu'après. Cette région ne figure donc qu'au quatrième rang comme prospérité rurale, quoique, par l'ensemble de sa richesse, elle dût occuper le second. Elle contient les deux plus grandes villes de France après Paris, Lyon et Marseille, et, avec elles, Saint-Etienne, Nîmes, Montpellier, Avignon, Grenoble, et celui de nos ports militaires que les circonstances ont le plus favorisé depuis 1815, Toulon.

| DÉPARTEMENTS. | RECETTES PUBLIQUES EN 1857. | | |
|---|---|---|---|
| | TOTAL. | PAR HECTARE. | PAR HABITANT. |
| Saône-et-Loire..... | 17,815,852 | 20 83 | 30 98 |
| Ain............... | 9,919,560 | 17 11 | 26 74 |
| Rhône............ | 37,575,820 | 134 68 | 60 02 |
| Loire............. | 15,846,770 | 33 29 | 31 36 |
| Isère............. | 16,822,788 | 20 30 | 29 17 |
| Ardèche.......... | 7,431,934 | 13 45 | 19 26 |
| Drôme........... | 9,325,192 | 14 30 | 28 71 |
| Hautes-Alpes...... | 3,143,251 | 5 62 | 24 26 |
| Vaucluse......... | 8,753,974 | 24 67 | 32 54 |
| Gard............. | 16,040,709 | 27 49 | 38 21 |
| Hérault.......... | 18,259,297 | 29 46 | 45 59 |
| Basses-Alpes...... | 3,579,239 | 5 15 | 23 91 |
| Bouc.-du-Rhône (1) | 72,176,654 | 141 38 | 152 47 |
| Var.............. | 15,283,532 | 21 15 | 41 10 |
| Corse............ | 2,357,274 | 2 69 | 9 81 |
| Total.......... | 254,331,846 | 27 50 | 44 |

Le sud-est, encore plus que l'ouest, se compose d'une seule et immense vallée qui a ouvert de tout temps des communications avec l'intérieur. Depuis le point où la Saône sort de ses montagnes jusqu'à l'embouchure du Rhône

(1) Y compris 38 millions pour les douanes.

dans la Méditerranée, s'étend une ligne de navigation complétement droite qui n'a pas moins de 150 lieues de long; dès les temps les plus reculés, le commerce a remonté par cette fente gigantesque jusqu'aux Vosges; comme grand chemin naturel, le Rhône vaut bien la Loire. Dans une moitié environ de la région, le climat oppose au développement agricole des difficultés particulières; mais si ce climat a ses inconvénients, il a aussi ses avantages.

En coulant vers Lyon, la Saône a sur sa rive droite le département de Saône-et-Loire, et sur sa gauche celui de l'Ain, qui appartenaient tous deux autrefois à la province de Bourgogne.

Si la France est l'abrégé de l'Europe, le département de Saône-et-Loire peut être considéré comme l'abrégé de la France. Placé entre deux fleuves qui s'échappent en sens opposé, la Loire et le Rhône, il est partagé en deux versants, l'un qui regarde le nord, et l'autre le sud. L'arrondissement d'Autun, sur le versant de la Loire, fait partie de la région montagneuse et granitique du centre de la France; humide et froid, formant par sa configuration une de ces forteresses naturelles que recherchaient les Gaulois, il garde encore son aspect sauvage et ne produit naturellement que du seigle, des pâturages et du bois; l'usage de la chaux y propage depuis quelques années la culture du froment. Le Charolais, qui le continue vers le sud, a déjà un meilleur sol; il possède d'excellents herbages, d'où est sortie une de nos races bovines les plus estimées, qui a couvert de ses élèves tous les pays environnants. Le versant de la Saône, de Châlons à Mâcon, exposé aux rayons d'un soleil plus chaud les eaux vignobles et de grasses plaines à froment et à maïs. D'un côté, la terre tombe à 500 fr. l'hectare; de l'autre, elle monte à 5,000; ici la propriété est peu divisée, là elle se divise à l'infini.

A mesure qu'on se rapproche de Lyon, la richesse s'accroît; c'est ce qu'on appelle le Beaujolais. *Entre Villefranche et Anse*, dit un proverbe local, *la meilleure lieue de France*. L'histoire de ces heureuses contrées montre que leur prospérité date de loin. Séjour primitif d'une puissante tribu gauloise, les Romains y ont fait à leur tour de nombreux établissements; plus tard, Châlon a été un moment la capitale d'un royaume, le Charolais a donné son nom aux héritiers du duché de Bourgogne, et la seigneurie de Beaujeu a été puissante au moyen âge. L'opulente abbaye de Cluny, déjà si célèbre au onzième siècle, et qui a reçu somptueusement des rois, des papes et des empereurs, a couvert de bonne heure une vallée du Mâconnais de ses superbes édifices, alors sans rivaux dans le monde entier.

Le département de l'Ain, situé au pied du Jura, se compose de plusieurs petits pays différents, qui n'ont été réunis à la France que sous Henri IV. La rive droite de la Saône peut seule rivaliser, pour l'agrément et la fertilité, avec les riants paysages de l'ancienne Bresse, qui lui font face sur l'autre bord. On y cultive le froment, la vigne et le maïs, et il s'y trouve en même temps d'immenses étendues de prairies, réunion aussi heureuse que rare, due à un climat à la fois humide et chaud, et à l'ex-

dans la nature du sol, qui appartient au calcaire jurassique. Une des principales industries rurales est l'engraissement des volailles, ce qui tient au rapprochement peut-être unique des deux cultures les plus propres à cette destination, le maïs et le sarrasin. La propriété y est divisée, mais sans excès, et le nombre des propriétaires aisés très-considérable. Les habitants, uniquement adonnés à l'agriculture, jouissent d'un bien-être qui se manifeste par la douceur de leurs mœurs ; ils sont du petit nombre de ceux qui ont conservé leurs anciens costumes, signe traditionnel d'attachement au sol natal.

Cette province était autrefois la favorite des ducs de Savoie, qui ont laissé un précieux souvenir de leur domination dans l'église de Brou, bâtie au seizième siècle par Marguerite d'Autriche, tante de Charles-Quint. Les sculptures de marbre et d'albâtre, les vitraux couverts des écussons des premières familles souveraines de l'Europe, tout, dans ce gracieux monument, chef-d'œuvre d'artistes inconnus, atteste la richesse non moins que le goût ; on y sent doublement le voisinage de l'Italie, et par l'élégante perfection des détails, et par la magnificence qu'y a déployée une simple maison ducale.

L'ancienne principauté de Dombes, qui forme aujourd'hui l'arrondissement de Trévoux, a un tout autre caractère. Le sol y est formé d'une argile compacte, impénétrable à l'eau. Cette circonstance y rendait la culture extrêmement difficile dans un temps où les moyens modernes d'assainissement étaient inconnus. On a eu recours alors à un mode d'exploitation spécial et ingénieux.

On a couvert le pays de chaussées pour retenir les eaux dans des étangs ; ces étangs remplissent un double office, ils donnent par eux-mêmes un produit assez considérable en poisson, et ils fertilisent le sol par leur séjour ; un an sur trois, l'eau est vidée, le poisson pêché et le sol soumis à la culture, pour être de nouveau couvert d'eau l'année suivante. Cette singulière alternative est réglée par une coutume locale très-compliquée : on appelle *évolage* le produit de l'étang, et *assec* celui de la culture. Il faut que cette méthode ait joui dans son temps d'une grande faveur, car ces étangs, au nombre de 1,600, ne couvraient pas moins de 20,000 hectares. Les idées ont changé aujourd'hui, à cause de l'extrême insalubrité que ce mode de culture développe, et on cherche à ramener la Dombes aux conditions ordinaires ; mais on rencontre de grandes difficultés. L'école régionale d'agriculture de la Saulsaie, fondée tout près de la Dombes, vient en aide à cette transformation.

La rivière de l'Ain sépare la Bresse du Bugey, cette moitié française de la Savoie ; rien ne manque au Bugey pour que l'analogie des deux moitiés soit complète, ni les accidents pittoresques des montagnes, ni l'émigration périodique d'une partie des habitants. A son tour, le pays de Gex appartient beaucoup plus à la Suisse qu'à la France : il s'étend sur le versant oriental du Jura qui regarde le lac de Genève et les Alpes ; mais, tout petit et tout isolé qu'il est au delà de notre frontière naturelle, il a joué un jour un grand rôle dans l'histoire de la France et de l'esprit humain. Voltaire l'avait choisi pour sa retraite et y a passé les vingt-cinq dernières années de sa vie ; lui-même a peint en vers bien connus le sentiment qui l'avait attiré à Ferney :

> C'est la cour qu'on doit fuir, c'est aux champs qu'il faut vivre ;
> Dieu du jour, dieu des vers, j'ai ton exemple à suivre ;
> Tu gardas les troupeaux, mais c'étaient ceux d'un roi ;
> Je n'aime les moutons que quand ils sont à moi.

« Mais surtout, a-t-il soin d'ajouter, n'abandonnons pas au milieu des occupations rurales la culture de l'esprit et la pratique des beaux-arts ; *il est du temps pour tout.* » Et ce qu'il disait, il l'a su faire. Dans le cours de ces vingt-cinq ans, on a vu partir de Ferney une foule d'écrits en vers et en prose qui se répandaient dans toute l'Europe, pendant que leur auteur bâtissait un village qu'il remplissait d'habitants industrieux, poursuivait l'affranchissement des serfs de Saint-Claude, disputait son pays d'adoption aux exactions des fermiers généraux et se livrait avec passion à l'agriculture. « Si les habitants voluptueux des villes, dit-il dans le *Dictionnaire philosophique*, savaient ce qu'il en coûte pour leur procurer leur pain, ils en seraient effrayés. Heureux Parisiens, jouissez de nos travaux et jugez de l'Opéra-Comique. »

Vers le commencement de ce siècle, le pays de Gex a été le théâtre d'une création agricole qui a eu, dans son temps, une grande réputation, et dont on ne parle pas assez aujourd'hui, la race des moutons à laine superfine de Naz. Les fondateurs de cet admirable troupeau, MM. Girod (de l'Ain) et Perrault de Jotemps, ont été des premiers à appliquer en France les savants procédés de la zootechnie ; ils ont obtenu pleinement, à force de soin et de persévérance, la fixité du sang, qui est le caractère des races constituées. Ce n'est pas leur faute si d'autres besoins se sont développés plus tard et ont tourné les esprits d'un autre côté ; on voulait alors des laines de première finesse, et il n'en est pas, même en Saxe, de plus belles que celles de Naz.

## II

En descendant toujours la Saône, on arrive au point où elle se jette dans le Rhône ; là se trouve Lyon, l'immense cité. L'industrie domine ici l'agriculture, mais son développement n'a été possible à ce point que par suite de circonstances particulières, la plupart agricoles. Si la fabrication des étoffes de soie, d'abord importée à Tours par Louis XI, a fini par se fixer à Lyon et par y prendre un si magnifique essor, c'est que cette ville avoisine la région où s'est concentrée la production de la soie. Si la population a pu s'y accroître ainsi, c'est que les approvisionnements y arrivent facilement par ses riches vallées. Telle est la puissance de cette situation privilégiée qu'elle a triomphé de bien des malheurs ; le sol de Lyon a dû être conquis presque tout entier sur les deux rivières qui le disputent encore de temps en temps par de formidables inondations ; et comme si ce n'était pas assez de ces désastres périodiques, les hommes y ont joint à plusieurs reprises leurs fureurs. La Convention avait voulu effacer

Lyon de la carte de la France, parce que sa population avait essayé de résister aux criminelles folies de la révolution; plus tard, la guerre civile y a élevé son noir drapeau. Les arts de la paix ont toujours réparé ces ravages. Au sortir des mains terribles de la Convention, Lyon n'avait pas plus de 80,000 âmes; on en compte 300,000 aujourd'hui.

La fabrique de Lyon produit environ pour 300 millions de soieries par an, ce qui suppose une énorme quantité de salaires à répartir entre la population laborieuse de la ville et des environs. L'Etat y ajoute une trentaine de millions par an pour entretenir une véritable armée. Cet immense débouché réagit sur toute la région environnante. Le rayon d'approvisionnement de Lyon s'étend à vingt lieues de circuit au moins. Parmi les industries rurales que le voisinage d'un pareil centre de consommation a provoquées, une des plus originales est celle des fromages du Mont-d'Or, aux portes de Lyon; dix ou douze mille chèvres y vivent toujours à l'étable, abondamment nourries d'herbes, de feuilles d'arbres, de racines, de son, de tourteaux, et donnent par la quantité de leur lait des profits extraordinaires.

L'annexe de Lyon, Saint-Etienne, est devenue, à son tour, une puissante cité qui grandit tous les jours. Le premier chemin de fer fait en France a été établi entre ces deux villes, comme le premier chemin de fer anglais entre Liverpool et Manchester. Il y a, en effet, plus d'une analogie entre ce coin de terre et le comté de Lancastre. La houille y sort également des profondeurs du sol, le jour y est également obscurci par d'épais tourbillons de fumée, la chaude haleine de la vapeur y met également en mouvement les machines inventées de nos jours par le génie de l'homme. La seule différence est dans la proportion ; en joignant à l'arrondissement de Lyon celui de Saint-Étienne, on trouve une surface totale de 255,000 hectares, habités par une population de 700,000 âmes ; le comté de Lancastre a deux fois plus d'étendue et trois fois plus d'habitants.

Les montagnes du Forez, qui entourent Saint-Étienne, ne paraissaient pas destinées par la nature à cette industrieuse activité. Avant que la houille fût découverte, c'était un pays tout pastoral, entrecoupé de bois et de prairies, arrosé de mille ruisseaux. Encore aujourd'hui, on voit de toutes parts les verts pâturages se mêler aux sombres usines, et des troupeaux de vaches paître paisiblement au bruit des ateliers, contraste charmant qui repose l'œil et l'esprit. C'est un trait de ressemblance de plus avec les régions industrielles de l'Angleterre, qui ne cessent jamais d'être agricoles et d'entretenir un nombreux bétail. Pour nourrir ces populations pressées qui battent le fer et ourdissent les tissus, il faut beaucoup de produits alimentaires ; le blé peut leur venir d'ailleurs, mais la viande et le lait doivent surtout se produire sur place.

Honoré d'Urfé, issu d'une des plus puissantes familles du Forez, y a placé la scène du fameux roman de l'*Astrée*. Voici comment il décrit lui-même, au début de son roman, la contrée qu'il a choisie : « Auprès de l'ancienne ville de Lyon, du côté du soleil couchant, il y a un pays nommé Forests, qui, en sa petitesse, contient ce qui est de plus rare au reste des Gaules ; car, étant divisé en plaines et en montagnes, les unes et les autres sont si fertiles et situées en un air si tempéré, que la terre y est capable de tout ce que peut désirer le laboureur. Au cœur du pays est le plus beau de la plaine, ceinte, comme d'une forte muraille, de monts assez voisins, et arrosée du fleuve de Loire, qui, puisant sa source assez près de là, passe presque par le milieu, non point encore enflé et orgueilleux, mais doux et paisible. Plusieurs autres ruisseaux, en divers lieux, le vont baignant de leurs claires ondes ; mais l'un des plus beaux est Lignon, qui, vagabond en son cours aussi bien que douteux en sa source, va serpentant par cette plaine jusqu'à Feurs, où Loire, le recevant et lui faisant perdre son nom propre, l'emporte pour tribut à l'Océan. »

Près de cette ancienne ville de Feurs, maintenant une des stations du chemin de fer, s'élève, sur les bords du Lignon, le château de La Bâtie, où d'Urfé a écrit l'*Astrée*. La fraîche rivière, dont le nom rappelle ces gracieuses rêveries, coule toujours parmi les aulnes ; l'imagination peut y chercher la place où Céladon, désespéré des rigueurs de sa maîtresse, se jeta à l'eau et fut recueilli, à demi-noyé, par trois nymphes qu'un vieux druide avait prévenues. Ces lieux, consacrés par un des plus curieux monuments de notre histoire littéraire, sont aujourd'hui bien abandonnés. Les grands bois qui couvraient les bords du Lignon ont disparu ; les bergers ne pourraient plus graver leurs tendres devises sur l'écorce des chênes. Le château a survécu, mais désert ; une admirable chapelle, bâtie par Claude d'Urfé, a conservé ses précieuses mosaïques de bois ; le reste est fort délabré : on y cherche en vain les tapisseries à personnages, les portraits authentiques, les meubles du temps, qui abondent en Angleterre dans des manoirs moins historiques. Claude d'Urfé, grand père d'Honoré, y avait rassemblé une magnifique bibliothèque, d'où sont sortis les plus beaux manuscrits que possède aujourd'hui la grande bibliothèque nationale.

La plaine du Forez, que d'Urfé vante en si beaux termes, ne mérite pas tout à fait cet éloge ; non que le sol n'en soit naturellement fertile et l'air tempéré, comme il le dit, mais un défaut capital neutralise ces avantages. Le manque de pente et la nature argileuse du sous-sol n'y permettent pas l'écoulement des eaux ; cette vaste plaine, qui pourrait être si riche, est marécageuse et insalubre. On a fait souvent des projets pour l'assainir ; mais la grandeur de l'entreprise a toujours fait reculer les capitaux ; si près de Lyon et de Saint-Étienne, un pareil abandon ne peut durer. De tout temps, on a essayé de tirer parti de cette humidité naturelle, en y élevant beaucoup d'oies : « Allons plumer les oisons du Forez, » disaient les bandes pillardes des guerres de religion. De son côté, la Loire ne mérite pas beaucoup plus ce qu'en dit d'Urfé ; ce n'est pas toujours ce fleuve *doux et paisible* que nous dépeint l'imagination du romancier, mais trop souvent un torrent *enflé et orgueilleux* qui dépasse ses rives et y porte la désolation. Un des plus beaux travaux qu'on ait jamais faits pour atténuer les ravages des inondations, la fameuse digue de Pinay, construite sous Louis XIV, se trouve dans le voisinage ; on y retient artificiellement une masse d'eau considérable.

Avec le Forez finit le premier tiers de la région du sud-est, la partie intermédiaire entre le nord et le midi proprement dit. Les bords de la Saône ne diffèrent pas sensiblement, pour le climat, de ceux de la Loire et de la Charente. Dès qu'on arrive à Vienne, l'antique métropole de la Gaule romaine, un autre monde commence. Le Rhône s'enfonce entre deux rangs de montagnes arides, qu'illumine un soleil brûlant. Les prairies disparaissent, et avec elles le gros bétail ; les neuf départements riverains du fleuve n'ont pas ensemble la moitié du bétail que possède le seul département de Saône-et-Loire. Les pluies d'été manquent absolument. Le froment perd en quantité ce qu'il gagne en qualité ; il ne talle plus, comme dans le nord, faute d'une humidité suffisante ; la population ne récolte plus de quoi se nourrir et se voit régulièrement forcée de faire venir du dehors un supplément de grains. En revanche, les cultures arbustives, qui bravent la sécheresse par la profondeur de leurs racines, se multiplient ; la vigne d'abord, qui donne des produits de plus en plus généreux, puis le mûrier et l'olivier.

Au moment où nous mettons le pied sur le véritable sol du midi, un fait historique nous frappe, que nous avions déjà vu poindre, à latitude égale, vers l'ouest, et qui va prendre désormais des proportions plus générales. Le midi a été le principal et presque l'unique théâtre de ces luttes terribles des seizième et dix-septième siècles, qui avaient pour drapeau la réforme religieuse. L'autre moitié du territoire y a pris beaucoup moins de part. D'où vient cette préférence de la guerre civile? Sans doute le génie plus ardent des populations méridionales y est pour quelque chose; tout sentiment s'exalte, toute idée se passionne, en passant par ces vives imaginations; mais cette différence dans les mœurs ne suffit pas pour expliquer un contraste si marqué, il faut y voir en même temps une lutte cachée de nationalité. Ces provinces ont eu longtemps une existence indépendante, et n'avaient accepté qu'avec peine leur réunion à la France; de son côté, l'ancienne monarchie les a toujours traitées plus ou moins en pays conquis.

Les institutions modernes ont eu cet inconvénient, pour les parties du territoire les plus éloignées de Paris, qu'elles ont encore resserré les liens de la centralisation administrative, fondée par la vieille royauté; mais il y a dans ces institutions un principe de liberté civile et politique, qui manquait à l'ancien régime, et qui, aidé par trente ans de paix, a neutralisé en partie les mauvais effets de l'excès de centralisation. Les populations du sud-est ne s'y sont pas trompées; elles ont accueilli avec joie la révolution, comme elles avaient accueilli la réforme. Après bien des combats, la réforme a été vaincue, et le joug qu'elles avaient essayé de briser n'a retombé sur elles qu'avec plus de poids; le despotisme de Richelieu et de Louis XIV n'a été nulle part plus écrasant. La révolution, plus heureuse, a triomphé, au moins dans ce qu'elle avait de légitime, et ce que ces contrées avaient voulu obtenir par la réforme religieuse, elles l'ont obtenu par le régime constitutionnel : de là leurs rapides progrès depuis 1815, qui ont coupé court à toute idée de séparation.

Le Dauphiné avait autrefois la prétention de former un État à part, annexé et non réuni à la couronne ; tel était du moins l'esprit du traité de cession fait en 1340 par le dernier dauphin. De fréquents empiétements de l'autorité royale ayant porté atteinte au contrat, le mécontentement se manifestait de temps en temps par de sourdes résistances. Quand la réforme vint, l'esprit d'opposition prit ce prétexte, et une véritable révolte éclata. Au fond, il s'agissait moins de religion que de politique, et, à la faveur des luttes de parti, les hommes de désordre, de pillage et de sang se donnaient pleine carrière. La province fut ravagée sans relâche pendant cinquante ans ; elle ne respira un peu que sous Henri IV, quand le connétable de Lesdiguières, que l'orgueil local aimait à appeler *le roi du Dauphiné*, s'y fut créé une sorte de principauté indépendante. Après Lesdiguières, le pouvoir royal s'appesantit de nouveau. La province avait conservé ses anciens états : Louis XIII les suspendit, Louis XIV n'était pas homme à les lui rendre, et, jusqu'à la veille de 1789, elle gémit sous une administration qu'elle regardait comme illégale (1).

L'injustice finit toujours par porter ses fruits ; les rois n'avaient pas respecté leurs engagements avec le Dau-

(1) Il n'y a pas jusqu'à Mandrin, le contrebandier, l'ennemi de la maréchaussée, qui n'ait été dans son genre une protestation contre l'administration royale.

phiné, ce fut de ce pays que partit le signal de la révolution. Il faut rendre cette justice aux principaux membres des fameux états de Vizille, que, tout en insistant sur les griefs particuliers de la province, ils n'avaient pas entendu séparer leur cause de la cause générale. L'inspirateur de cette réunion, Mounier, devint bientôt après le président de l'Assemblée nationale et s'y montra aussi bon Français que bon Dauphinois. Quand le mouvement constitutionnel de 1789, violemment détourné de son cours par le triomphe de l'insurrection, revint en 1815 à son point de départ, le Dauphiné profita, comme le reste de la nation, du retour de la paix et des institutions libres ; il ne demanda rien de plus. Les deux départements de l'Isère et de la Drôme avaient 500,000 habitants en 1790, ils en ont 900,000 aujourd'hui.

La vallée de l'Isère est d'une grande richesse agricole, surtout dans sa partie supérieure, bien connue sous le nom de Graisivaudan. Située au pied des Alpes, qui élèvent de toutes parts leurs sommets neigeux, cette vallée présente un contraste qui, pour être devenu banal, n'a pas cessé d'être vrai, celui d'un éternel printemps en face d'un éternel hiver. On peut même dire qu'on y abuse de la fertilité du sol et de la douceur du climat. On ne se contente pas d'une seule récolte, on en veut plusieurs à la fois. Les champs sont complantés d'érables, de mûriers, de cerisiers, que la vigne entoure de ses tiges flexibles ; c'est ce qu'on appelle des *haùtins*. Sous cet ombrage, on cultive le froment, l'orge, le maïs, les pommes de terre, le chanvre, le colza, le trèfle, la luzerne, le sarrasin, les légumes, et on assure que tous ces produits s'associent sans se nuire. Il n'y a pas de spectacle plus frappant et qui donne plus l'idée de l'opulence ; une récolte commence à naître quand l'autre mûrit sur le même sol. Je n'ai pas besoin d'ajouter que c'est uniquement de la petite culture : elle seule peut entreprendre et réaliser de pareils tours de force. On y fait un grand usage de l'engrais humain, le seul qu'il soit possible de recueillir avec une culture si intensive. Les hautins donnent un vin abondant, mais médiocre ; sur les bords du Rhône, de véritables vignobles portent des vins renommés.

La moitié du Dauphiné est couverte de montagnes ; il s'y trouve encore de belles forêts et de bons pâturages. Dans un de ses sites les plus imposants et les plus sévères, s'élève le monastère de la grande Chartreuse, fondé sur la fin du onzième siècle par saint Bruno. Les religieux qui vivent dans ce désert, enfoui sous la neige six mois de l'année, s'occupent avec succès de l'élève du bétail. Ils fabriquent en outre, de temps immémorial, avec des plantes aromatiques, une liqueur bien connue dont ils font un grand débit.

## III

Le Vivarais, qui fait face au Dauphiné, sur la rive droite du Rhône, a eu une destinée analogue. La réforme, accueillie avec la même faveur dès le commencement du seizième siècle, y avait donné lieu aux mêmes luttes ; à l'avénement de Henri IV, on y crut comme partout à la pacification définitive, et on s'empressa d'en tirer parti. Olivier de Serres, le premier et le plus illustre agronome qu'ait eu la France, était du Vivarais ; il habitait sa terre du Pradel, près de Villeneuve-de-Berg. Voisin et contemporain de d'Urfé, il célébra comme lui la vie rurale, mais en la prenant par son côté sérieux et pratique. Le *Théâtre d'agriculture* et l'*Astrée* parurent à dix ans d'intervalle ; ils furent tous deux dédiés à Henri IV et presque dans les mêmes termes. Produits d'un seul temps et d'une seule pensée, ces deux livres, nés si près l'un de l'autre, montrent sous des formes diverses l'état heureux des esprits, en ce moment où la France, sortie des guerres civiles, jouissait avec délices des bienfaits de la paix et cherchait à la fois dans l'agriculture l'utile et l'idéal.

Cette douce illusion devait passer bien vite. Henri IV à peine mort, la guerre recommence avec plus de fureur. Louis XIII lui-même vient à la tête d'une armée pour réduire les huguenots du Vivarais; la ville de Privas essaye de résister : elle est prise, brûlée, saccagée de fond en comble, tous ses habitants sont massacrés ou dispersés, et le roi, dans sa colère, rend un édit terrible qui défend à qui que ce soit d'y résider désormais. Le temps n'était plus où Henri IV aimait à se faire lire tous les jours quelques pages du *Théâtre d'agriculture*, et appelait l'auteur auprès de lui. Olivier de Serres était protestant ; son œuvre et sa mémoire périrent dans le naufrage universel de sa croyance. Sous le règne de Louis XIV, le Vivarais palpitait encore ; la révocation de l'édit de Nantes et les dragonnades achevèrent de l'étouffer.

Quand ce petit pays est devenu, en 1790, le département de l'Ardèche, il n'avait guère plus de 200,000 habitants; il en a près de 400,000 aujourd'hui. Quoiqu'il eût conservé un simulacre d'états particuliers où siégeaient, pour la forme, les représentants de douze baronnies et treize consuls ou députés des villes, il dépendait en réalité du Languedoc, dont l'administration lointaine et distraite ne s'occupait guère de lui. Coupé dans tous les sens par les ramifications des Cévennes, il manquait de routes, de ponts, de tout ce qui, dans un pays aussi montueux, est absolument nécessaire pour faciliter l'échange et la production. Des circonstances nouvelles ont amené un développement inconnu. La ville d'Annonay, voisine de Saint-Étienne, participe aujourd'hui de son activité industrielle. Les produits agricoles, dans l'Ardèche, ont un caractère tout spécial; sur ces monts escarpés, dans ces vallées étroites, les céréales réussissent difficilement, et une moitié environ du sol résiste à toute culture; mais les vignobles de cette rive du Rhône valent ceux de l'autre bord; on cultive le noyer pour en extraire de l'huile, le châtaignier qui donne des fruits d'une qualité supérieure bien connus sous le nom de marrons de Lyon, et on essaye d'utiliser les montagnes arides en y élevant une grande quantité de chèvres : c'est le département qui en a le plus, et qui vend pour la ganterie le plus de peaux de chevreau.

Le noyer est un arbre plus précieux qu'on ne croit : il fournit à lui seul le tiers de l'huile produite en France, et occupe une région intermédiaire entre l'olivier du Midi et les graines oléagineuses du Nord. Un hectare de bons noyers peut produire pour 500 francs de fruits tous les ans, et n'exige que les frais de cueillette. Malheureusement c'est un arbre qu'il faut attendre longtemps, on en arrache plus qu'on n'en plante ; la valeur vénale de son bois, qui sert à l'ébénisterie, est une cause puissante de destruction. Le châtaignier rend plus de services encore, car il crée, sur un sol infécond qui ne porterait sans lui que des fougères et des bruyères, une abondante nourriture pour l'homme.

Ces produits ne suffiraient cependant pas pour expliquer la richesse d'une partie du Vivarais, s'il ne s'y était joint une des plus belles industries rurales qui existent, la production de la soie. On a essayé presque partout en France de cultiver le mûrier et d'élever des vers à soie ; mais malgré les efforts faits sur d'autres points, l'entreprise n'a véritablement réussi que dans les Cévennes. Les deux arrondissements d'Alais et d'Uzès dans le Gard, ceux de l'Argentière et de Privas dans l'Ardèche, sont le siége principal de cette riche industrie, qui rayonne autour d'eux, mais sans s'éloigner beaucoup. Là se rencontrent, en effet, les circonstances les plus favorables, soit à la végétation de l'arbre, soit à l'éducation du ver, car cette double condition est nécessaire, et, quand l'une manque, l'autre ne suffit pas. Pour donner avec abondance des feuilles nutritives, le mûrier veut un sol frais sous un ciel lumineux ; pour vivre et travailler, le ver a besoin, aux mois de mai et de juin, d'une température chaude dans un air pur. L'arbre et l'animal exigent une foule de soins délicats et savants qui ne peuvent être obtenus que par la longue habitude d'une population livrée tout entière à ce travail. Telle est la valeur créée par la réunion de ces circonstances, qu'on a vu des plantations de mûriers valoir jusqu'à 40,000 francs l'hectare.

Il n'y a nulle part rien de plus admirable que cette culture. Les montagnards portent sur leur dos la terre et l'engrais dans des creux de rochers et retiennent, par des terrasses artistement construites, un sol toujours prêt à s'échapper. Ces travaux ingénieux, qui excitaient l'admiration d'Arthur Young, ont pris de nos jours un immense développement. En 1789, la France produisait 6 millions environ de kilogrammes de cocons, valant, à 2 fr. 50 c. le kilogramme, 15 millions; pendant la révolution, cette production est tombée de plus moitié; elle s'est un peu relevée sous l'empire, mais sans revenir tout à fait à ce qu'elle était en 1789; à partir de 1815, elle a fait des pas de géant jusqu'en 1853, époque où elle est parvenue à 25 millions de kilogrammes valant plus de 100 millions; elle a donc quintuplé en quantité et presque décuplé en valeur, car malgré le rapide accroissement de la production, la consommation a marché encore plus vite, et le prix des cocons a doublé.

Depuis la fin du quinzième siècle, époque présumée de l'importation du ver à soie en France, après la première guerre d'Italie, jusqu'à la révolution, c'est-à-dire en trois cents ans, la production de la soie n'avait pas fait plus de progrès qu'elle n'en a fait, depuis 1815, dans chaque période de dix années. Les Cévennes ont, grâce à ces magnifiques profits, largement réparé leurs pertes. Olivier de Serres, qui n'avait rien épargné pour propager autour de lui la culture du mûrier, et qui aurait réussi sans la guerre civile, verrait aujourd'hui avec un juste sentiment de joie et d'orgueil son arbre favori couvrir d'un manteau de verdure ses montagnes natales ; tout en regrettant le temps perdu, il rendrait hommage à l'activité du présent et en tirerait pour l'avenir un favorable augure, car la sériciculture n'a pas dit chez nous son dernier mot. La haute Italie produit trois fois plus de soie que nous, elle nous en vend tous les ans pour une centaine de millions, et nous en achetons encore au reste du monde ; nos producteurs ont devant eux un débouché indéfini.

Depuis 1854, ces progrès semblent arrêtés ; une maladie mystérieuse s'est déclarée sur le ver à soie et a emporté les trois quarts de la récolte en cocons ; ce n'est rien moins qu'une perte annuelle de 50 à 60 millions pour les éleveurs, car la hausse des prix n'a compensé qu'en partie le déficit de la matière, et pour l'ensemble de la nation une perte bien plus grande, puisqu'elle est sans compensation. Toutes les recherches de la science, comme toutes les ressources de l'industrie, ont été mises à contribution pour guérir le mal. Suivant toute apparence, sa cause première, comme pour les autres fléaux qui ont assailli les animaux et les végétaux, tient à l'humidité extraordinaire des printemps (1) ; espérons qu'il

(1) Cette opinion n'a pas été partagée par les savants observateurs envoyés sur les lieux par l'académie des sciences. Suivant eux, le mal est

disparaîtra avec tous les autres, depuis que les saisons paraissent reprendre leur cours régulier.

Cette crise de la soie deviendrait, en se prolongeant, d'une effrayante gravité pour les populations des Cévennes. C'est par tout pays un cruel moment à passer que la perte d'une culture florissante ; mais quand le sol au moins reste disponible, on peut chercher d'autres moyens d'existence. Cette dernière ressource manque dans ces montagnes. Si l'énorme valeur que ces milliers de parcelles, qui ressemblent plus à des pots de fleurs qu'à des champs cultivés, avaient acquise par la plantation des mûriers, venait à disparaître, la ruine du pays serait complète, car ce n'est pas la culture du froment, ni même celle de la vigne, qui pourraient y donner des résultats équivalents. Une grande partie de cette population laborieuse serait forcée d'émigrer.

Les plus belles vallées du Vivarais sont périodiquement ravagées par un autre fléau plus ancien et plus invétéré, l'inondation. Le nœud de montagnes qui s'élève sur les confins des deux départements de l'Ardèche et de la Haute-Loire, a, plus que tout autre, le triste privilége de ces condensations subites qui produisent de véritables déluges. Les nuages venus de la Méditerranée, en remontant la vallée du Rhône, vont se briser contre ce rempart, et les plus terribles inondations s'en échappent. La petite ville de Joyeuse, placée au centre du bassin de l'Ardèche, reçoit de temps en temps des trombes de pluie qui

---

dans le ver lui-même, et a tous les caractères d'une épidémie. —Voir le beau mémoire de M. de Quatrefages.

n'ont d'égales sur aucun autre point de la France et peut-être de l'Europe. Ce flot dévastateur roule dans la vallée comme un mur gigantesque qui s'avance en brisant tout sur son passage. Le revers opposé de la même chaîne donne également naissance aux deux rivières les plus redoutées pour leurs crues, la Loire et l'Allier.

Mais le Rhône nous entraîne sur ses eaux rapides, nous sortons de la longue vallée resserrée entre deux rangs de montagnes, la plaine s'élargit, la lumière prend plus d'éclat. Quelle est cette ville dont les vieilles murailles longent les bords du fleuve et que surmonte un immense château? C'est Avignon. La Méditerranée n'est pas loin.

Si d'autres points du sol français nous ont rappelé l'Angleterre, les Pays-Bas, l'Allemagne ou la Suisse, ici nous entrons en Italie. Tout devient italien, le climat, les productions, les souvenirs, les mœurs, presque la langue. Près de nous est Nîmes, cette Rome des Gaules, dont les monuments sont mieux conservés que ceux de Rome elle-même; devant nous Arles, qu'habita Constantin et où il faillit, dit-on, établir la capitale de son empire. Les immenses arènes, les théâtres antiques, les magnifiques aqueducs, attestent de toutes parts la puissance romaine. Si de l'antiquité nous passons au moyen âge, nous trouvons la plus grande institution de l'Italie et du monde, la papauté, et avant elle la cour de Provence servant de modèle pour la politesse aux cours d'Italie, les troubadours précédant et inspirant Dante et Pétarque.

La plus grande partie du département de Vaucluse a été terre papale jusqu'à la révolution. Sa prospérité agricole, car il égale les plus riches et occupe sans comparaison le premier rang dans le sud-est, s'explique par un seul mot, l'irrigation. On vante avec raison la Lombardie; la plaine du Comtat est aussi productive et par les mêmes moyens. L'administration pontificale y a de bonne heure introduit les usages qui président en Italie à la distribution des eaux. Une des rivières qui servent le plus à arroser la plaine par mille dérivations, la Sorgue, sort de la fontaine de Vaucluse, ce merveilleux réservoir naturel alimenté par des ruisseaux souterrains, que l'abondance et l'utilité de ses eaux auraient rendu célèbre à défaut de la poésie. D'autres canaux, ouverts depuis plus de six cents ans, fertilisent la plaine de Cavaillon, où l'on cultive en grand, de temps immémorial, les légumes et les fruits. Parmi les travaux plus modernes figure le canal en construction qui doit porter les eaux de la Durance à Carpentras, et qui s'exécute aux frais d'une association locale.

L'olivier commence à paraître vers Montélimart et se multiplie à mesure qu'on descend vers le midi. En revanche, le mûrier commence à devenir plus rare. La vigne continue à prospérer. Le froment se soutient, mais avec peine, dans les terres non arrosées, et grâce à l'excellence de ses produits. Une culture spéciale, la garance, prend une grande importance. Cette plante, dont la racine donne une belle couleur rouge, n'exige pas précisément un pays méridional; on la cultive en Flandre, en Alsace, en Allemagne; mais on n'en obtient nulle part d'aussi beaux produits que dans les environs d'Avignon. Le climat ne paraît pas étranger à ce succès, qu'on explique aussi par la nature extrêmement calcaire du sol. La garance demande de grandes avances en fumiers, défoncements, sarclages, buttages, frais d'arrachage et de dessiccation, et ne se récolte qu'au bout de dix-huit mois, quelquefois même de deux ou trois ans. C'est une des cultures les plus chères, c'est aussi une des plus lucratives, surtout entre les mains de la petite propriété, qui se montre ici hardie et patiente, parce qu'elle est sûre du profit. On en attribue l'importation à un Persan nommé Althen, en 1765 : le département reconnaissant a élevé une statue à ce bienfaiteur étranger, sur le sommet du rocher qui domine la ville, et d'où l'on embrasse un panorama sans rival.

Ce beau pays de culture a un défaut qu'il partage avec tous ses voisins, il manque d'engrais. On cultive avec des mules ou à la bêche ; on ne peut entretenir de bœufs, encore moins de vaches, faute de fourrages. Outre les engrais de ville, qu'on recueille avec soin, on n'a pour faire du fumier que quelques troupeaux de moutons ; lacune d'autant plus regrettable que la garance consomme beaucoup d'engrais, ce qui n'en laisse pas pour les autres cultures. Le sol peut à la rigueur s'en passer ; car c'est le propre des pays chauds que la terre y absorbe naturellement une partie des gaz fécondants répandus dans l'air ; mais quand on y joint la puissance de l'irrigation et celle de l'engrais, on arrive à des prodiges de végétation. Nulle part le fumier n'a plus de valeur et ne se paye plus cher. Quelque jour on se mettra en mesure d'en produire davantage, en donnant plus d'extension aux plantes fourragères, qui réussissent parfaitement quand elles sont arrosées ; on y trouve déjà des prairies qui valent les fameuses *marcites* de Milan, et qui, coupées quatre fois par an, se louent jusqu'à 800 francs.

Lors du dernier concours régional d'Avignon, en 1858, le jury a décerné la prime d'honneur à M. Valayer, qui a compris cette nécessité de créer de l'engrais. La moitié d'un domaine de 70 hectares est consacrée aux cultures fourragères, luzerne, trèfle et sainfoin, qui permettent de nourrir, en sus des moutons et des animaux de travail, 30 vaches laitières, toujours à l'étable ; le revenu du domaine, qui était il y a quinze ans de 6,500 fr., a doublé par cette méthode de culture. En même temps, on a accordé une médaille d'or à un autre propriétaire du pays, M. Thomas, pour de beaux travaux de colmatage. C'est, en effet, une des pratiques les plus profitables pour l'agriculture méridionale qu'un colmatage bien fait : la Toscane en donne de brillants exemples.

L'ancienne principauté d'Orange, qui fait aujourd'hui partie du département de Vaucluse, est la patrie du premier des agronomes français modernes, M. de Gasparin. Il est assurément à remarquer qu'Olivier de Serres et son principal héritier appartiennent tous deux à cette région : M. de Gasparin descend, dit-on, de l'historien Jean de Serres, frère d'Olivier ; qu'il soit ou non de la même famille, il est bien plein du même esprit. Ses écrits ont deux caractères distinctifs qui lui assignent une place à part parmi les agronomes de l'Europe : le premier, il a donné à l'agriculture une forme scientifique ; le premier aussi, il a nettement déterminé les lois spéciales de la région des oliviers, et, par suite, la délimitation des climats agricoles. Ses recherches sur la distribution des pluies, sur la quantité de chaleur solaire nécessaire à la fructification de chaque plante, sur les rapports généraux de la culture et de la météorologie, sont devenues classiques ; il y a joint des études non moins originales sur les questions économiques qui se rattachent à l'agriculture.

## IV

Au-dessous d'Avignon, le Rhône continue à servir de limite entre deux provinces : à droite, cette partie de l'ancien Languedoc qui forme les deux départements du Gard et de l'Hérault ; à gauche, la Provence.

Il est en France peu de contrées aussi productives que la plaine de Nîmes. La terre y vaut de 5,000 à 6,000 fr. l'hectare : on y suit un assolement spécial qui mérite d'être cité. La rotation commence par une luzerne largement fumée ; au bout de quatre ans, cette luzerne est retournée, et on fait du blé sans fumier, pendant quatre autres années de suite ; puis deux ans de sainfoin, suivis encore de deux ans de blé, en tout douze ans, dont six de blé, avec une seule fumure. La prairie artificielle prépare si bien le sol, et l'engrais s'y conserve si bien, qu'on obtient en moyenne, par ce procédé, plus de 20 hectolitres d'excellent blé à l'hectare. C'est une variante de l'assolement biennal, bien supérieure à l'assolement quadriennal des Anglais, puisque la céréale peut reparaître un an sur deux, mais qui n'est possible qu'avec un pareil sol et un pareil climat. La ville de Nîmes, qui a plus de 50,000 âmes, fournit une grande quantité d'engrais ; on obtient le reste avec des moutons. La race de moutons la plus estimée a été importée d'Afrique : on la nomme *barberine*; les brebis sont très-prolifiques : elles portent le plus souvent deux agneaux par an et donnent un lait précieux dans un pays qui manque de vaches.

En approchant de la mer, on rencontre de vastes marais, qui sont loin d'être improductifs : les roseaux qui y poussent en abondance sont vendus un prix élevé, parce qu'ils font un excellent engrais, surtout pour les vignes ; un hectare de ces roseaux rapporte, dit-on, autant qu'un champ cultivé. Au milieu de cette solitude marécageuse, où s'abattent tous les ans quelques volées de flamants roses venus d'Orient, s'élève une des villes les plus curieuses de l'Europe, Aigues-Mortes. Le souvenir de saint Louis, qui vint s'y embarquer pour la croisade, y est encore vivant comme au premier jour ; on la croirait endormie depuis cette époque, avec son enceinte fortifiée parfaitement intacte, qui rappelle les remparts de Damiette et ceux de Jérusalem. Sous Louis XIV, ces tours ont servi de prison aux familles des religionnaires, qu'on y envoyait mourir au milieu des marais.

Ce qu'a été la soie pour les montagnes des Cévennes et la garance pour les terres arrosées du Comtat, la vigne l'a été pour les terres sèches du bas Languedoc. L'arrondissement de Béziers en particulier a le tiers de sa surface planté en vignes. L'étendue totale de cette culture a doublé depuis quarante ans, et le produit moyen par hectare ayant doublé aussi par suite de soins mieux entendus, on peut dire que la récolte totale a quadruplé. Le département de l'Hérault est maintenant le plus vinicole de France ; il dépasse même la Gironde et la Charente-Inférieure. On peut mesurer ses progrès par ceux du port de Cette, qui sert à l'exportation de ses produits : ce port, qui n'avait aucune importance en 1815, est maintenant un des plus actifs et des plus prospères. Les vins du bas Languedoc, dont la production s'élève, en moyenne, à quatre millions d'hectolitres par an, servent en grande partie à faire de l'eau-de-vie ; d'autres sont habilement travaillés à Cette pour imiter les vins d'Espagne les plus estimés ; d'autres enfin sont consommés en nature et recherchés pour leur qualité. La rafle de raisin est utilisée pour engraisser des moutons.

On peut remarquer à ce sujet que la culture de la vigne a principalement prospéré jusqu'ici dans des contrées situées au bord de la mer, ou tout au moins de quelque fleuve ou de quelque canal qui facilite l'exportation des produits. Les plus grands vignobles de France s'étendent sur les rivages de l'Océan et de la Méditerranée, sur ceux de la Garonne, de la Loire, de la Saône et du Rhône. L'écoulement des vins de Bourgogne et de Champagne vers Paris a nécessité l'ouverture de voies artificielles de navigation. C'est qu'en effet il y a peu de denrées plus encombrantes et d'un transport plus coûteux que le vin. La production a rencontré d'étroites limites dans les terrains qui s'y prêtaient le plus par leur climat, mais qui manquaient de moyens de transport économiques. La création des chemins de fer va probablement étendre cette culture, en ouvrant de nouveaux débouchés.

Depuis quelques années, le terrible ennemi qui a dévoré tous les vignobles de l'Europe, l'oïdium, s'est abattu sur ceux de l'Hérault et du Gard et y a fait de grands ravages, surtout dans les plaines basses où les vignes avaient pris une extension peu conforme à leur nature ; mais, comme le prix du vin a quintuplé et que la récolte totale n'a pas diminué dans la même proportion, la crise a été, en définitive, plus avantageuse que nuisible au pays dans son ensemble. Certains crus, ceux de Lunel et de Frontignan, par exemple, ont presque complétement disparu ; dans d'autres, au contraire, mieux situés, le mal a été à peine sensible. On reconnaît bien vite les habitants des villages favorisés au luxe que déploient les femmes ; elles se couvrent de bijoux. Ces profits exceptionnels ont fait user largement du soufre pour combattre la maladie ; grâce à un propriétaire du pays, M. Marès, qui a popularisé cette pratique salutaire, on en emploie dans l'Hérault des quantités énormes.

Sur une étendue totale de 1,200,000 hectares, ces deux départements n'en peuvent consacrer, faute d'engrais, que 100,000 au froment. Aussi ne suffisent-ils pas à leur consommation ; un supplément considérable de grains leur vient de la vallée de la Garonne. Arthur Young, qui les visitait au mois de juillet, fait une description pittoresque du mode de dépiquage en plein air, sous les pieds des chevaux. » Les vendanges, dit-il, peuvent à peine égaler le mouvement universel du dépiquage dans tous les villages que j'ai traversés. Les gerbes sont empilées grossièrement autour d'une aire où un grand nombre de mules et de chevaux tournent en cercle; une femme tient les rênes; une ou deux petites filles activent la marche avec des fouets; les hommes alimentent l'aire et la nettoyent; d'autres vannent en jetant le grain en l'air. Personne ne reste inoccupé, chacun s'emploie de si bon cœur qu'on dirait les gens aussi joyeux de leurs travaux que le maître de ses tas de blé. Ce tableau est singulièrement animé. Je m'arrêtais souvent et descendais de cheval pour regarder les travailleurs; toujours on me reçut avec courtoisie. Je demandai si l'on n'était pas quelquefois surpris par la pluie; c'est bien rare, me dit-on, et alors, après une violente averse, vient un soleil ardent qui a bientôt fait de tout sécher. » Aujourd'hui cette méthode primitive recule devant l'emploi des machines à battre.

Ces deux départements, qui comptent maintenant 820,000 habitants, n'en avaient que 490,000 en 1790 : ils ont fait à peu près les mêmes progrès que le Vivarais et le Dauphiné. Leur constitution administrative était pourtant supérieure en apparence sous l'ancienne monarchie; plus heureuse que beaucoup d'autres, la province du Languedoc avait conservé ses états particuliers, et Montpellier étant le siége ordinaire de ces assemblées, le pays environnant devait être des moins négligés. Un assez grand nombre de canaux exécutés par ordre des états, pour organiser le long de la mer tout un système de navigation intérieure, atteste en effet une certaine activité; mais il ne paraît pas que ces travaux aient porté dans leur temps de grands fruits. Arthur Young admire beaucoup la largeur et la beauté des routes, tout en remarquant qu'il n'y passe personne. Quand Richelieu, vainqueur après la révolte et l'exécution du duc de Montmorency, avait respecté l'existence nominale des états, il avait eu soin de les réduire de fait à l'impuissance : les traces qu'ils ont laissées ne datent que des temps qui ont précédé immédiatement 1789, et ces efforts n'avaient pas suffi pour guérir les plaies de plusieurs siècles.

Le beau temps du Languedoc, comme de la Provence, a été le moyen âge. Tout annonce que sa richesse et sa population étaient, au treizième siècle, fort supérieures à ce qu'elles ont pu être plus tard. La civilisation gallo-romaine, facilement étouffée dans le nord, où elle avait poussé peu de racines, s'était conservée dans le midi. Les puissantes municipalités latines d'Arles, de Nîmes, de Narbonne, gardèrent longtemps le souffle qui les animait. Les premières principautés sorties du chaos des temps barbares se formèrent là : le Tasse était encore tout pénétré des traditions historiques quand il place au premier rang, parmi les chefs de la croisade, le comte de Toulouse, Raymond IV. Toute cette côte, aujourd'hui ensablée, était pleine de ports qui n'existent plus, comme Saint-Gilles et Maguelonne. Béziers, qui a tout au plus 20,000 âmes, devait en avoir beaucoup plus lors du siège de 1209, même en rabattant sur les exagérations des chroniqueurs, puisqu'ils ne lui en donnent pas moins de 100,000, dont les deux tiers furent égorgés. Dans le même temps, Montpellier entretenait un grand commerce avec l'Espagne, l'Italie et l'Orient, fondait ses fameuses écoles de droit et de médecine, et devenait le siége de la monarchie aragonaise, qui rappelle tant de souvenirs guerriers et romanesques.

La guerre contre les Albigeois fut une première tempête qui dévasta le Languedoc, la réforme fut la seconde; puis vinrent les guerres de Louis XIII et les persécutions de Louis XIV.,

La plaine de Pézénas, renommée par la beauté de son site, la douceur de son climat, la richesse et la variété de ses cultures, était encore, au commencement du dix-septième siècle, le séjour de prédilection des gouverneurs du Languedoc, qui y avaient fait construire une superbe maison de plaisance; ces grands officiers de la couronne avaient ainsi, dans presque toutes les provinces, de belles résidences rurales où ils tenaient une sorte de cour. Un peu plus tard, cette agréable contrée a donné naissance au père Vanière, auteur du meilleur poëme moderne sur l'agriculture. Dans ce poëme en vers latins, le *Prædium rusticum*, on sent comme un écho des *Géorgiques*; le pays natal de Vanière ressemble, en effet, beaucoup à celui de Virgile, et la culture y diffère fort peu de celle qu'a décrite en vers immortels le chantre harmonieux de l'antiquité.

Aujourd'hui ces deux départements reprennent rapidement leur rang parmi les plus riches. Quelle que soit l'étendue actuelle des vignes, on peut en planter beaucoup plus, car un tiers du sol est encore inculte. Les montagnes appartiennent à la région de la soie. Les autres branches de la culture font des progrès analogues. On y trouve des mines de houille et de grands établissements industriels qui prennent tous les jours plus d'importance. Un de nos premiers chemins de fer rattachait depuis longtemps le bas Languedoc à la vallée du Rhône, un autre l'a ouvert sur Toulouse et l'Océan, et voilà que, dans des projets gigantesques, on parle de conduire un bras du Rhône à Nîmes et à Montpellier.

La plupart des cultivateurs sont des métayers, dirigés par un corps considérable de bons propriétaires ruraux, qui, sans résider précisément dans les champs, habitent dans les villes voisines, et ne perdent jamais de vue leurs domaines. M. de Gasparin, qui a étudié mieux que personne les conditions de l'agriculture dans cette région, fait remarquer les conséquences économiques des vicissitudes du climat. « Dans le nord, dit-il, la régularité des résultats a fait naître le mode d'exploitation connu sous le nom de *fermage*. Dans le midi, le fermage est plus difficile, parce qu'il faut au fermier une grande prévoyance pour compenser par les bonnes années le déficit des mauvaises, ainsi qu'un capital assez fort pour résister à un revers survenu au commencement du bail. Dans la région des céréales, le nombre des intempéries est borné, l'ordre des assolements peut être régulier. De là cette agriculture à formules, qui plaît tant à l'esprit par son ordre immuable et par la presque certitude de ses résultats. L'esprit le plus ordinaire y suffit pour diriger une ferme. Ici, au contraire, l'irrégularité des saisons exige de la part du cultivateur une attention toujours éveillée pour réparer les intempéries. Quelquefois la surabondance de ses foins lui permettra d'augmenter le nombre de ses bestiaux; d'autres fois il faudra qu'il se hâte de les vendre, parce que les foins auront manqué. Une année il devra retarder la vente de son blé, parce qu'une récolte opulente en aura avili le prix; l'année suivante, la sécheresse du printemps amènera la disette. La règle serait sa perte; c'est une irrégularité d'accord avec celle de la nature qui le sauvera. » Ces circonstances rendent à peu près nécessaires l'intervention constante des propriétaires.

Parmi les cultures spéciales qu'autorise le climat, il faut citer l'amandier; l'imprudence proverbiale de cet arbre, qui ouvre ses fleurs avant la fin de l'hiver, n'a que peu de danger sur la côte de la Méditerranée, où les gelées sont rares; on en plante des champs entiers qui donnent jusqu'à 500 fr. de revenu par hectare.

## V

La Provence est la plus noble de nos provinces, celle qui peut montrer les titres les plus anciens et les plus illustrés. Elle tire son nom de son ancien éclat sous la domination romaine : *c'est moins une province*, disait Pline, *que l'Italie elle-même*. Érigée en royaume séparé après la mort de Charlemagne, elle était devenue le siége principal de la civilisation renaissante, et, au quinzième siècle, elle formait encore un état indépendant sous les rois de la maison d'Anjou. Le dernier de ses princes, le bon roi René, aimait la paix, l'agriculture, le commerce et les arts. Réunie à la France, en 1446, par le testament d'un dernier héritier, elle avait mis à son annexion, comme le Dauphiné, des conditions qui n'ont pas été beaucoup mieux remplies. Elle s'est vengée en nommant Sieyès et Mirabeau à l'Assemblée constituante de 1789, et en envoyant à Paris, trois ans après, la horde marseillaise du 10 août.

Dans les trois derniers siècles, l'attention de la France s'était peu portée sur la Méditerranée; les colonies d'Amérique, le commerce de l'Océan, la lutte contre l'Angleterre, avaient absorbé presque toute notre marine, soit commerciale, soit militaire. Depuis la perte de Saint-Domingue et le triomphe des Anglais sur l'Océan, la Méditerranée a pris plus de faveur; l'émancipation de la Grèce, la conquête d'Alger, la guerre d'Orient, tout a contribué à attirer de ce côté nos plus grands efforts. Marseille et Toulon y ont trouvé l'origine d'une prospérité rapide et inouïe; mais l'agriculture n'a pas marché aussi vite, et, dans l'ensemble, la population provençale s'est plutôt déplacée qu'accrue.

La Provence débute par deux régions étranges qui nous transportent au milieu des déserts. La Crau est une plaine couverte de cailloux, d'environ 12,000 hectares, sans arbres, sans habitations, sans cultures, d'une effroyable stérilité. Ce Sahara provençal manque d'eau; il devait s'étendre autrefois beaucoup plus, mais le célèbre canal de Craponne, exécuté sous Henri II, en a ouvert une partie à la population et à la culture. Ce canal est resté longtemps à peu près sans imitateurs; il ne peut manquer d'en avoir davantage, aujourd'hui que le chemin de fer de Paris à Marseille traverse ce pays désolé. Ce n'est pas précisément la nature du sol qui met obstacle à la production, les essais déjà faits prouvent le contraire; la vigne surtout y réussit très-suffisamment, mais il faut des bras pour cultiver, et c'est là la grande difficulté. Même en y portant de l'eau, on ne peut espérer d'y établir que peu à peu une population sédentaire.

La Crau est, d'ailleurs, dans son état actuel, le théâtre d'une exploitation qui n'est pas tout à fait à dédaigner. On a remarqué que, sous ces cailloux si secs et si brûlants en été, croissait en hiver une herbe fine et savoureuse. On y a mis de grands troupeaux de moutons qui s'y nourrissent pendant une partie de l'année, et qui vont passer l'autre dans les Alpes. Cette économie rurale a pour le moment cet avantage, qu'elle est ancienne, organisée, profondément entrée dans les habitudes, qu'elle utilise successivement dans leur saison les pâturages de la plaine et ceux de la montagne, et qu'elle n'exige qu'un petit nombre de bergers. Ces troupeaux partent d'Arles dans les premiers jours de juin et restent sur la montagne jusqu'aux premiers jours d'octobre; ils coûtent pour frais de garde et de pâture, pendant l'estivage, 2 fr. 50 c. par tête. On en évalue le nombre à 500,000 têtes qui ne viennent pas toutes de la Crau mais de divers points de la Provence; leur laine est loin d'être sans valeur et leur viande est excellente.

On a donné le nom de Camargue à l'immense delta que forme le Rhône en se divisant en deux bras avant son embouchure. Cette plaine, basse et marécageuse, n'est encore pour ainsi dire qu'une ébauche, une sorte d'intermédiaire entre le Rhône, la terre et la mer. Malsaine et inhabitée, elle se divise en grandes propriétés, dont la plus étendue n'a pas moins de 20,000 hectares. Elle ressemble à la campagne romaine et s'exploite à peu près dans le même système. Des bœufs et des chevaux à demi-sauvages y paissent en liberté. Les bœufs sont abattus pour les approvisionnements de la marine; les chevaux loués un assez bon prix pour servir au dépiquage des grains. Sur quelques points, on cultive le blé avec succès, et on entretient beaucoup de moutons. On a essayé d'introduire le riz, mais sans obtenir encore de résultats rémunérateurs. Comme dans la Crau, les bras manquent. On est obligé d'aller enrôler des ouvriers à Arles, sur une place qui a pris le nom de *place des Hommes;* ces ouvriers ne se louent qu'à la semaine, et exigent de forts salaires qui rendent impossibles les grands travaux.

Cette maremme française ne résistera pas toujours à la puissance des arts modernes, mais on ne saurait se trop mettre en garde contre les impatiences. S'il n'est pas de plus glorieuse conquête que celle d'un pays inculte et dépeuplé, il n'en est pas de plus difficile. L'imagination se figure aisément des hommes, des animaux, des récoltes florissantes, à la place de steppes ou de marais; la réalité ne peut pas aller aussi vite, quand il faut créer à la fois l'air, l'eau et le sol.

Le reste des Bouches-du-Rhône ne vaut guère mieux, à cause de son extrême aridité. Heureusement la nature a doté ces rochers d'un port magnifique, que les hommes exploitent depuis trois mille ans. La fondation de Marseille par les Phocéens remonte à six cents ans avant Jésus-Christ ; ils y trouvèrent une peuplade gauloise et probablement aussi les restes d'un comptoir phénicien. Après la chute de Carthage, cette ville était comme aujourd'hui la reine de la Méditerranée ; elle se soutint sous la domination romaine, tomba en décadence pendant la triste époque des invasions barbares et sarrasines, se releva, sous Charlemagne, par ses institutions municipales, et parvint de nouveau à une assez grande prospérité sous ses comtes. Après la réunion de la Provence à la France, elle perdit ses libertés et tomba dans un affaissement progressif, pendant que ses rivales, Gênes et Venise, constituées en républiques indépendantes, s'élevaient au faîte de la puissance et de la prospérité. Les incursions des Barbaresques, et les pestes terribles qui, dans ces temps d'incurie universelle, l'ont si souvent désolée, l'avaient réduite à 50,000 âmes vers le milieu du dernier siècle ; en 1815, elle n'en comptait encore que 100,000 ; elle en a 250,000 aujourd'hui, et son commerce a décuplé.

Les Bouches-du-Rhône ne cultivent en tout que 50,000 hectares en froment ; ce n'est pas la moitié de ce qui serait nécessaire pour la consommation. La position de Marseille la met en rapport avec les pays riverains de la Méditerranée qui exportent des céréales ; de là un immense trafic de grains qui, dans les années de disette, sert à l'approvisionnement de la nation entière. Même en admettant, ce qui paraît probable, que la France soit destinée à devenir un pays exportateur de céréales, sur la côte de l'Océan, il y aura toujours, suivant toute apparence, à Marseille et dans le bassin du Rhône, des besoins locaux qui ne pourront se satisfaire que par l'importation. L'agriculture provençale n'en a pas moins une plus grande place à prendre dans cet immense débouché : elle le peut par l'irrigation. Le ciel l'a douée d'un don naturel qui vaut dans son genre le port de Marseille : la Durance. Ce torrent gigantesque roule en abondance des eaux limoneuses, excellentes de tout point pour la fertilisation des terres, et qu'on n'a encore utilisées qu'en partie ; ce qui en reste porte le ravage sur ses bords. On disait autrefois :

> Le Parlement et la Durance
> Sont les fléaux de la Provence.

Je ne sais si le Parlement méritait cette mauvaise réputation ; dans tous les cas, la Durance ne la méritait que par la faute des hommes. L'industrie moderne a produit un de ses chefs-d'œuvre, par l'ouverture du canal qui conduit les eaux de cette rivière à Marseille. Depuis l'arrivée de ces flots merveilleux, la ville et les environs changent de face ; l'infection séculaire du port disparaît peu à peu, et sur les roches pelées qui l'entourent, on voit pour la première fois poindre des prairies et des arbres. On peut reproduire sur bien des points les mêmes miracles à moins de frais, car la dérivation entreprise aux dépens de l'opulente cité a été exécutée avec une magnificence qui n'est heureusement pas nécessaire.

La ville de Marseille peut fournir d'ailleurs d'immenses quantités d'engrais. Outre les immondices d'une si grande population qui se perdent aujourd'hui dans la mer et qu'on finira par recueillir quelque jour, elle commence à produire en abondance des engrais commerciaux. Une de ses principales industries étant la fabrication des huiles et des savons, on y importe annuellement 100,000 tonnes de graines oléagineuses, on va en chercher jusqu'en Chine; la trituration de ces graines donne pour résidus des tourteaux qui servent à l'amélioration des terres.

Le département du Var l'emporte, comme culture, sur les Bouches-du-Rhône. La richesse totale n'y est pas encore très-grande à cause des montagnes qui couvrent la moitié du sol, mais les vallées et la côte sont incomparables. On va chercher plus loin, à Nice, à Naples, en Sicile, un climat et des sites qui ne valent pas toujours ceux de cette région bienheureuse. Hyères et Cannes ont des palmiers et des orangers en pleine terre, aussi bien que Sorrente, et la mer étincelante qui s'étend à leurs pieds n'a pas moins de splendeur qu'à Palerme. Dans l'intérieur, le bassin de l'Argens et de ses affluents rivalise avec les plus beaux pays de la terre. La verdure y est éclatante et perpétuelle; les hauteurs couronnées de forêts de pins et de chênes verts, les versants chargés de vignes et d'oliviers, les bas-fonds où se succèdent les cultures les plus variées, tout est vert et riant sous un ciel de feu; c'est que l'eau y abonde naturellement et se prête à des irrigations faciles. Plus encore que dans le Graisivaudan, on y demande à la terre cinq ou six récoltes à la fois. Sur un espace de quelques mètres carrés, on voit en même temps des arbres fruitiers, des oliviers, des mûriers, des blés, des légumes, des vignes, des fleurs ; réunion qui devient nuisible quand elle est poussée à l'excès, mais qui, sous cet ardent climat, peut avoir souvent son utilité.

Comme il faut que chaque canton, pour ainsi dire, ait parmi nous son industrie rurale, celle de ce gracieux pays est la parfumerie. La ville de Grasse, agréablement située sur le penchant d'une montagne, est le centre de ce commerce, qui attire tous les ans plusieurs millions. On y compte cinquante établissements qui distillent en grand les fleurs ; les environs sont tout couvert d'orangers, de jasmins, de rosiers ; on y cultive des plantes spéciales, comme la cassie, dont le parfum pénétrant sert à fortifier les autres essences, et dont les produits atteignent sur un petit espace une énorme valeur (1).

Le Var occupe, avec l'arrondissement d'Aix, dans les Bouches-du-Rhône, le premier rang pour la culture de l'olivier. Cet arbre précieux y couvre environ 50,000 hectares dont la plupart seraient sans lui tout à fait improductifs, car il vient dans des terres arides, peu propres à toute autre végétation. On ne peut pas en estimer le produit brut à moins de 200 fr. par hectare. Les vignes y ont beaucoup d'étendue et donnent de bons vins. C'est le seul

(1) M. Dubreuil, professeur d'arboriculture, a calculé qu'un hectare cultivé en cassie donnerait un revenu brut de 25,000 francs par an.

point de notre sol où l'on puisse cultiver avec succès le jujubier et le câprier.

La culture des fruits a pris une véritable importance, surtout depuis l'ouverture des chemins de fer. Tout le monde connaît les excellentes prunes de Brignolles. Les figues sont si abondantes, qu'on s'en sert pour engraisser les porcs. La plupart de ces fruits se vendent secs ; mais on peut de plus en plus les expédier à l'état frais. Hyères exportait autrefois beaucoup d'oranges ; depuis une maladie qui a fait périr la plupart des orangers, on les remplace par des pêchers ; tel propriétaire vend aujourd'hui pour 25,000 fr. de pêches par an.

Il s'en faut cependant que ce coin de terre privilégié rapporte tout ce qu'il peut produire. L'engrais y manque comme dans toute la Provence ; on n'y connaît guère d'autre fumier que l'engrais humain, et il est tout à fait insuffisant, car la population est peu condensée. Les cultures fourragères y sont trop peu répandues, les irrigations trop rares. Le froment n'y donne en moyenne que cinq fois la semence. Les oliviers eux-mêmes ne portent pas, faute d'engrais, tout ce qu'ils devraient porter. La culture est faite par des métayers qui n'ont pas toujours l'intelligence et l'activité nécessaires ; elle est en même temps trop compliquée par la multiplicité des produits. Un seul homme peut difficilement tout savoir et tout faire ; sans une plus grande division du travail, la perfection de chaque culture est impossible.

La propriété forestière, qui devrait être une des plus importantes, ne donne dans le Var que des revenus insignifiants ; c'est en apparence le premier de nos départements forestiers, car il possède plus de 300,000 hectares de forêts, mais si mal peuplées, si dévastées par les abus et par les incendies, d'un accès si difficile, qu'elles ne rapportent guère plus d'un franc par hectare ; elles se composent pourtant d'excellentes essences, et une des plus utiles, le chêne-liége, y vient presque partout. Depuis quelques années, le prix croissant du liége, en donnant aux propriétaires de bois jadis sans valeur des revenus inespérés, a appelé l'attention sur cette culture, qui peut devenir pour le Var une source de richesses.

Toulon a fait dans son genre les mêmes progrès que Marseille ; de 30,000 âmes en 1815, la population s'est élevée à 80,000 en 1856. L'État y dépense, pour la marine, une vingtaine de millions par an et beaucoup plus dans les temps d'armements extraordinaires. Les autres ports de la côte, qui n'ont pas eu la même fortune, font des progrès moins rapides. Même sans parler de Fréjus, si déchu depuis les Romains, Saint-Tropez a été, dans d'autres temps, plus actif et plus peuplé qu'aujourd'hui. Cannes et Antibes, quoique plus florissants, sont encore loin d'avoir atteint l'importance qu'ils pourraient avoir. Relégués à l'une des extrémités du territoire et séparés de l'intérieur par les ramifications des Alpes, ces ports ne peuvent s'alimenter que par le commerce local, et ce commerce ne peut prendre de l'extension que par l'accroissement des produits agricoles.

Les deux départements des Hautes et Basses-Alpes, qui terminent la France de ce côté, présentent un triste contraste avec le reste de la région ; ils avaient ensemble, en 1790, 400,000 âmes de population, ils n'en ont plus aujourd'hui que 280,000, ils ont reculé au lieu d'avancer. C'est la partie la moins riche et la moins peuplée du territoire, elle ne contient que 22 habitants par cent hectares, tandis que la Corse elle-même en a 27.

Vers mille mètres d'élévation au-dessus du niveau de la mer, l'habitation permanente entraîne pour l'homme, même sous ces latitudes méridionales, tant de dangers et de privations, qu'il ne saurait mieux faire que de déguerpir. Or, il y a encore dans les Alpes françaises plus d'un point habité au delà de cette limite ; ce n'est pas la recherche du bien-être, c'est un intérêt de défense qui, dans les temps guerriers du passé, a porté ces populations à se loger si haut. Tel village s'élève jusqu'à 2,000 mètres ; un chef-lieu d'arrondissement, Briançon, est à plus de 1,300. La vie est déjà dure dans une ville à de telles hauteurs ; sous le chaume, elle doit être bien autrement rigoureuse. Les neiges, les avalanches, les gelées, les ouragans, y détruisent bien vite les fruits du plus pénible labeur, et menacent incessamment l'existence des pauvres montagnards. Il n'y a là de vraiment possible que des forêts et des pâturages ; à part quelques plateaux un peu plus susceptibles de culture, l'homme n'y devrait paraître que pendant les mois d'été.

Mais cette cause de dépeuplement n'est malheureusement pas la seule ; elle n'agit d'ailleurs que sur la partie la plus élevée, tandis que les vallées elles-mêmes se dépeuplent sur beaucoup de points. C'est le déboisement des

17

montagnes et des pentes escarpées qui frappe de stérilité le pays presque tout entier. Depuis plus d'un siècle, tous ceux qui connaissent les Alpes françaises annoncent la destruction de toute terre végétale par les ravages périodiques des torrents. Depuis cinquante ans surtout, les avertissements n'ont pas manqué, plusieurs voix éloquentes ont signalé les progrès du mal. Le remède cent fois indiqué consisterait à placer sous un régime spécial la zone à reboiser, à y interdire le défrichement et le pacage, et à faire des semis d'arbres appropriés à la nature du sol. La plus grande partie de cette zone appartenant à des communes misérables qui n'en tirent aucun profit, cette transformation n'exigerait qu'une faible dépense, et l'opération serait doublement profitable, en mettant des forêts à la place de rochers décharnés, en même temps qu'elle défendrait de la destruction les vallées et les plaines.

Auprès de pareils intérêts, qu'est-ce qu'un petit nombre de chèvres et de moutons dont on réduirait pour un temps les pâturages? L'usage des moutons transhumans est mauvais en soi ; ils dévorent tout, le long de leur route, et souffrent beaucoup eux-mêmes de la fatigue et de la chaleur. Cette *mesta* française qui, comme ses sœurs d'Espagne et de Naples, a eu dans son temps son utilité, est comme elles destinée à disparaître ; sans l'abolir tout à coup, on aurait grand profit à la réduire peu à peu. On ne peut songer à diminuer le nombre de ces troupeaux qui suffisent à peine déjà, soit pour la consommation de la viande, soit pour l'engrais du sol ; il s'agirait plutôt de l'accroître, et le meilleur moyen d'y parvenir serait de cultiver, pour les nourrir, des plantes spéciales, au lieu de livrer la moitié d'une province à une dévastation systématique. Un hectare cultivé peut nourrir autant de moutons que trente hectares incultes. Les chèvres se limitent encore plus elles-mêmes par le mal qu'elles font ; il serait regrettable de s'en priver, car cet animal est aussi productif que destructeur, mais il faut les enfermer, comme au Mont-d'Or. Malgré leur humeur vagabonde, elles s'accommodent de la stabulation la plus stricte.

Il ne peut d'ailleurs être question de reboiser la surface entière de ces pâturages. Ceux qui sont situés sur les plateaux des montagnes pastorales, c'est-à-dire les meilleurs ou plutôt les seuls bons, continueront toujours à subsister ; il ne s'agit que d'en détacher les pentes escarpées qui ne portent pas beaucoup plus d'herbe que de bois. Ces plateaux offrent en été un coup d'œil unique. L'herbe y pousse avec une force prodigieuse qui tient à la nature calcaire du sol, à l'abondance des eaux et à l'ardeur du soleil ; mille plantes aromatiques les émaillent de leurs fleurs et embaument l'air de leurs parfums. Des herboristes ambulants y viennent de tous côtés, distiller la mélisse et la lavande, et cueillir des simples pour les vulnéraires. Il serait grand dommage d'y toucher, pourvu cependant qu'on ne les surcharge pas trop d'animaux, car il en est beaucoup qui se détruisent par l'abus qu'on en fait.

Sur une étendue totale de 3,500,000 hectares, les quatre départements provençaux, en y comprenant celui des Hautes-Alpes, qui appartient au bassin de la Durance, n'en ont que 800,000 en culture; 500,000 peuvent être considérés comme en bois, 200,000 en bonnes pâtures. Le million d'hectares restant forme ce qu'on appelle des *garigues*, du nom d'une espèce particulière de chêne vert, qui les couvre de ses broussailles et qui nourrit l'insecte kermès, rival de la cochenille. L'aspect de ces immenses terrains arides, incultes, livrés à la dépaissance, a fait donner à la Provence le nom de *gueuse parfumée* : voilà ce qu'il faudrait boiser, du moins en partie, car une autre partie serait probablement propre aux cultures arbustives. D'après tous les documents historiques, la Provence était autrefois beaucoup plus boisée. Dans l'antiquité, il suffit de citer la fameuse description de la forêt de Marseille, par Lucain ; au quinzième siècle, le roi René prenait encore le plaisir de la chasse dans des forêts qui n'existent plus. Les hommes n'ont qu'à refaire ce qu'ils ont détruit.

Sous l'ancien régime, la Provence avait conservé un reste d'états particuliers. Ces institutions, longtemps endormies, se réveillaient, comme partout, aux approches de 1789, et on cherchait sérieusement les moyens de mettre un terme au fléau des torrents, quand la révolution est venue donner de bien autres embarras. A leur tour, les conseils généraux de département n'ont ni assez de pouvoir, ni assez de ressources, pour tenter une entreprise qui exige l'intervention de la loi et tout l'ascendant du gouvernement. Ils ne peuvent que se plaindre, et ils le font.

## VI.

Un dernier département exagère encore la stérilité de la Provence, mais il est situé hors du territoire continental, c'est la Corse. Cette île n'appartient à la France que depuis 1770 ; elle nous est arrivée dans un tel état que, même après un siècle de sacrifices, elle est encore loin d'une condition brillante. Nous y dépensons tous les ans cinq ou six millions de plus qu'elle ne nous rapporte ; en additionnant ce qu'elle a coûté depuis son annexion, on arriverait à des chiffres énormes. Quoique sa population ait doublé depuis 1789, c'est presque partout un désert. Les terres incultes en occupent les neuf dixièmes ; le commerce et l'industrie, malgré les avantages de sa position insulaire, malgré ses richesses minérales, ses rades et ses ports naturels, n'ont pas fait plus de progrès que l'agriculture. Les collines sont dénudées, les plaines noyées ou insalubres ; les montagnes portent de belles forêts, mais inexploitées. La plupart des habitants se nourrissent de lait de chèvre et de châtaignes, qui s'obtiennent sans travail ; plus d'un exemple prouve que les riches cultures du climat méditerranéen peuvent y prospérer, mais il faudra pour les répandre beaucoup de temps et d'argent. Il y a cependant une distinction à faire, dès à présent, entre les deux moitiés de l'île ; si l'est et le sud peuvent être comparés à l'Afrique pour la sauvagerie, l'ouest et le nord commencent à être conquis par la culture.

Somme toute, si la région du sud-est a de mauvaises

parties, elle en a de magnifiques, et, dans l'ensemble, elle a beaucoup gagné depuis 1789 :

| DÉPARTEMENTS. | POPULATION en 1790. | POPULATION en 1856. | AUGMENTATION. | DIMINUTION. |
|---|---|---|---|---|
| Saône-et-Loire... | 402,131 | 575,018 | 172,887 | » |
| Ain............ | 293,866 | 370,919 | 77,053 | » |
| Rhône et Loire (1). | 675,840 | 1,131,251 | 455,411 | » |
| Isère........... | 303,573 | 576,637 | 273,034 | » |
| Drôme.......... | 224,000 | 324,760 | 100,760 | » |
| Ardèche........ | 210,133 | 385,835 | 175,702 | » |
| Vaucluse (2).... | 137,000 | 268,994 | 131,994 | » |
| Gard........... | 225,600 | 419,697 | 194,097 | » |
| Hérault........ | 264,533 | 400,424 | 135,891 | » |
| Bouch.-du-Rhône. | 322,133 | 473,365 | 151,232 | » |
| Var............ | 263,466 | 371,820 | 108,354 | » |
| Hautes-Alpes.... | 181,333 | 129,556 | » | 51,777 |
| Basses-Alpes.... | 218,669 | 149,670 | » | 68,999 |
| Corse.......... | 132,266 | 240,183 | 107,917 | » |
| Totaux....... | 3,854,543 | 5,818,129 | 2,084,362 | 120,776 |
| A déduire...................... | | | 120,776 | » |
| Augmentation effective........... | | | 1,963,586 | » |

Il résulte de ce tableau que la population a marché plus vite dans cette région que dans le reste de la France, à la seule exception de la Seine, du Nord et de la Seine-Inférieure. Cette population s'accumule dans les vallées et les plaines qui forment la moitié de la région et qui sont aussi chargées d'habitants que le nord-ouest. Dans la dernière période quinquennale, de 1851 à 1856, quand la population diminuait dans les trois quarts de la

(1) Ne formant, en 1790, qu'un seul département.
(2) Par approximation, le comtat n'ayant été réuni qu'en 1791.

France, ici elle n'a cessé de s'accroître, du moins quant à l'ensemble. Cinq départements sur quinze ont subi une diminution notable, deux sont restés stationnaires, les huit autres ont beaucoup gagné; Lyon, Saint-Etienne, Marseille, Toulon, ces villes reines, ont fait un grand pas. Ce dernier fait s'explique par les dépenses extraordinaires de la guerre d'Orient. En deux années, l'Etat a dépensé à Marseille et à Toulon près de 500 millions. Les hommes ont suivi l'argent.

Déduction faite des cinq départements principaux, les Bouches-du-Rhône, le Rhône, le Gard, l'Hérault et Saône-et-Loire, où se trouvent des villes importantes et de puissantes industries, les dix autres n'ont pas ensemble plus de 500 cotes de 1,000 francs et au-dessus, c'est-à-dire moins que n'en a un seul département des environs de Paris, comme Seine-et-Oise ou Seine-et-Marne. Les lois révolutionnaires n'ont que très-peu contribué à cette division, qui remonte bien au delà de 1789. L'ancienne France était partagée, pour le droit civil, en deux moitiés à peu près égales, celle du nord, où dominait le droit coutumier ou féodal, et celle du midi, où dominait le droit écrit ou romain. Cette division se marquait en 1789 dans l'état de la propriété. Pays de droit romain, le sud-est avait beaucoup moins de grands domaines et de droits féodaux que le nord; le tiers état y montra, dès les premiers jours de la révolution, un juste sentiment de sa force, la noblesse et le clergé y disparurent en quelque sorte devant le juge Mounier et le *marchand de draps* Mirabeau.

L'évêque de Vence, le plus pauvre de France, ne possédait que 7,000 livres de rentes; d'autres évêques en avaient de 10 à 12,000. Moins nombreuses que dans le nord, les abbayes étaient aussi plus faiblement rentées. Déjà cultivé sous les Romains, le midi a eu moins besoin que le nord d'être défriché par les ordres religieux.

La nature des principales cultures se prête d'ailleurs fort peu aux grandes exploitations. Si défavorable en général à la petite propriété, Arthur Young n'a pu s'empêcher de rendre hommage aux paysans des Cévennes : « Au sortir de Sauve, dit-il, j'ai été frappé de voir un grand amas de rochers, enclos et planté avec un soin industrieux; chaque interstice porte un mûrier, un olivier, un amandier, un pêcher, ou quelques pieds de vigne, répandus çà et là, de sorte que le tout forme le plus bizarre mélange d'arbres et de rochers qui se puisse imaginer. Près de Ganges, je fus surpris de rencontrer un système d'irrigation très-avancé. Je passai ensuite devant des montagnes escarpées, parfaitement cultivées en terrasses. Il y a ici une ardeur pour le travail qui a balayé toutes les difficultés et revêtu les rochers de verdure. Ce serait insulter au bon sens que d'en demander la cause. La propriété seule peut faire de pareils miracles. *Assurez à un homme la possession d'une roche nue, et il en fera un jardin.* »

De toutes les régions, celle-ci a le moins de routes, et surtout de chemins vicinaux ; la navigation en a tenu lieu, au moins dans la vallée, et de nos jours le chemin de fer.

| DÉPARTEMENTS. | ROUTES impériales | ROUTES départementales | CHEMINS vicinaux de grande communication. | CHEMINS vicinaux de moyenne communication. | TOTAL. |
|---|---|---|---|---|---|
| | kilom. | kilom. | kilom. | kilom. | kilom. |
| Saône-et-Loire. | 293 | 520 | 805 | 210 | 1,828 |
| Ain. | 449 | 551 | 994 | 152 | 2,146 |
| Rhône (1). | 235 | 281 | 572 | 158 | 1,246 |
| Loire. | 328 | 317 | 464 | 79 | 1,188 |
| Isère. | 534 | 595 | 610 | 57 | 1,796 |
| Drôme. | 318 | 274 | 358 | 62 | 1,012 |
| Ardèche. | 464 | 374 | 104 | 30 | 972 |
| Vaucluse. | 156 | 380 | 240 | 53 | 829 |
| Gard. | 506 | 492 | 501 | 137 | 1,636 |
| Hérault. | 364 | 320 | 334 | 418 | 1,436 |
| Bouc.-du-Rhône | 282 | 210 | 308 | 118 | 918 |
| Var. | 376 | 488 | 714 | 41 | 1,619 |
| Hautes-Alpes. | 358 | 66 | 136 | » | 560 |
| Basses-Alpes. | 224 | 686 | 152 | » | 1,062 |
| Corse. | 782 | 24 | » | » | 806 |
| Totaux. | 5,669 | 5,578 | 6,292 | 1,515 | 19,954 |

En revanche, cette région contient à peu près autant de voies navigables que les trois premières, et elle y joint une large côte sur la Méditerranée.

(1) Pour éviter autant que possible de compliquer les chiffres, je n'ai pas cru devoir rappeler l'étendue superficielle des départements, à propos de la longueur de leurs voies de communication. Il me paraît cependant nécessaire de faire remarquer ici que le département du Rhône n'a en tout que 279,000 hectares, ou moins de la moitié d'un département moyen. La proportion des chemins à l'étendue totale y est donc beaucoup plus grande qu'elle ne paraît. La même observation s'applique au département de Vaucluse, qui n'a que 355,000 hectares.

17,

|  | Voies navigables. | Chemins de fer. |
|---|---|---|
| Saône-et-Loire | 434,757 mètres. | 94,088 mètres. |
| Ain | 322,538 | 210,918 |
| Rhône | 132,100 | 108,154 |
| Loire | 165,229 | 166,258 |
| Isère | 265,065 | 162,679 |
| Drôme | 159,400 | 133,070 |
| Ardèche | 148,000 | » |
| Vaucluse | 67,000 | 56,123 |
| Gard | 201,054 | 147,283 |
| Hérault | 152,685 | 169,622 |
| Bouches-du-Rhône | 132,799 | 188,878 |
| Var | » | 26,213 |
| Hautes-Alpes | » | » |
| Basses-Alpes | » | » |
| Corse | » | » |
|  | 2,180,627 | 1,463,286 |

En s'établissant, le chemin de fer a trouvé une immense activité commerciale anciennement développée, et il en a profité. Les recettes du chemin de Paris à la Méditerranée ont dépassé, en 1859, 63,000 fr. par kilomètre, tandis que le chemin du Nord lui-même n'a reçu que 60,000 fr. Ceux de l'est et de l'ouest sont bien loin de ces chiffres qui mesurent assez bien l'intensité du mouvement commercial.

On peut estimer le total annuel des produits agricoles à 700 millions, ou 100 millions de moins que dans les deux régions précédentes, soit à peu près 80 fr. par hectare au lieu de 90. Cette infériorité tient uniquement à l'immensité des terrains improductifs, près de 4 millions d'hectares étant en terres incultes ou en bois. Le produit brut moyen des terres cultivées peut être évalué à

140 fr. par hectare, tandis qu'il est de 220 dans le nord-ouest, de 120 dans le sud-est, et dans l'ouest de 115. La proportion ordinaire entre les produits est bouleversée : 150 millions pour les céréales, 150 millions pour les animaux, 400 millions pour le reste. La moitié tout au plus de la population s'adonnant à la culture, les salaires sont très-élevés : ils atteignent la moyenne du nord-ouest ou 2 fr. par jour de travail ; sur la côte de la Méditerranée, ils montent même plus haut, mais il faut tenir compte du haut prix des denrées. Entre l'extrémité de la Bretagne et celle de la Provence, la différence habituelle pour le taux des salaires et le prix du blé était du simple au double, elle tend à s'atténuer.

Le spectacle admirable que présente la vallée du Rhône avec ses dépendances flatte à juste titre notre orgueil national ; il ne faut pourtant pas oublier que l'extrême pauvreté y côtoie partout l'extrême richesse. A côté de terres qui valent 10,000 fr. l'hectare, on en trouve qui n'en valent pas 100 ; c'est le pays des contrastes. La haute Italie, qui se compose du Piémont, de la Lombardie et de la Vénétie, a en tout une étendue égale à cette région, et elle est placée sous la même latitude, avec un mélange à peu près égal de plaines et de montagnes. Elle contient pourtant une population de 9 millions d'âmes, quand la nôtre, sur la même surface, n'arrive pas tout à fait à 6 millions. La province de Milan compte 350 habitants par 100 hectares, celle de Lodi 200, celle de Côme 180, la plaine du Piémont 150, avec des villes comme Milan, Venise, Turin, Gênes, Vérone, Padoue, Brescia, Bergame, etc,

L'agriculture y obtient les mêmes produits qu'en Provence, mais en les doublant par l'irrigation. La Durance et le Pô prennent leur source des deux côtés d'une même chaîne, et leur destinée est bien différente : l'une va tout ravager sur son passage, l'autre va répandre la fécondité. Le versant italien des Alpes est le paradis de l'Europe, tandis que le versant français n'offre que des ruines.

Cet exemple montre combien le sud-est peut améliorer encore son économie rurale. Dans cette zone ardente et escarpée, que tourmentent tour à tour la sécheresse et l'inondation, tout dépend du bon aménagement des eaux. Ce n'est pas seulement l'agriculture qui réclame ; le Rhône charrie d'énormes masses de matières terreuses qui vont encombrer toute la côte ; les Alpes tombent par débris dans la mer et ont fini par fermer des ports autrefois florissants. Avec un bon ensemble de travaux, une partie de ces dépôts resterait dans les montagnes, une autre irait enrichir par des colmatages les côteaux et les plaines, au lieu d'obstruer la navigation ; le Rhône deviendrait le Nil de la Provence, comme le Pô est celui de la Lombardie. Il peut sembler étrange et paradoxal d'attribuer à la différence de liberté une part dans cette différence entre deux pays si voisins. La haute Italie a joui plus longtemps que la Provence de son autonomie, et même quand elle a subi des lois étrangères, elle a conservé des lois et des coutumes particulières, des institutions municipales et provinciales, qui ont manqué aux pays absorbés par la puissante centralisation de la France.

Ces institutions ont été pour beaucoup dans le développement de sa prospérité.

La nature n'a pas creusé elle-même dans notre versant des Alpes d'aussi magnifiques réservoirs que les lacs de la Lombardie; il paraît cependant qu'elle en avait préparé de moins grands, mais de plus nombreux, que l'insouciance des hommes a laissés disparaître. M. Auguste de Gasparin, frère de l'illustre agronome, a constaté, il y a plus de trente ans, dans un écrit original : *Du plan incliné comme grande machine agricole*, que beaucoup de ces digues naturelles existaient autrefois dans les hautes vallées des montagnes, et qu'elles ont été rompues par la violence des eaux. Il proposait dès lors de les rétablir et de les multiplier. Cette idée séduisante a reparu plusieurs fois, mais elle rencontre une assez vive opposition de la part d'ingénieurs habiles. Il serait bon d'en essayer, car rien ne plaît davantage à l'esprit que la création de ces lacs artificiels, qui se rempliraient lors de la fonte des neiges et des pluies torrentielles, pour se vider peu à peu dans les temps de sécheresse. Si ce plan rencontre d'importants contradicteurs, il a aussi des partisans convaincus : l'expérience seule peut décider.

La prospérité agricole peut donc être aussi grande sur les rives ardentes de la Méditerranée que sur les côtes humides de l'Océan septentrional; les moyens seuls diffèrent du tout au tout, et l'uniformité est aussi impossible dans l'économie rurale que dans le climat. Ce n'est pas seulement le mode de culture qui doit changer, c'est encore le système administratif et en quelque sorte la loi elle-même. Les pays méridionaux, les plus riches de tous quand l'homme y domine la nature, sont aussi ceux qui tombent, dès qu'on les néglige, dans la plus complète stérilité. Plus qu'ailleurs encore, le cultivateur doit y veiller sans cesse sur ces richesses fragiles ; les efforts isolés ne suffisent même pas, et il y faut toute la puissance d'une action collective.

Le sud-est a d'autant plus besoin d'y prendre garde, que plus d'un sombre nuage s'élève en ce moment sur son horizon. La crise de la soie n'est pas la seule. Dans les terres fatiguées par le retour trop fréquent de la garance, cette racine perd sensiblement de sa faculté colorante. L'olivier lui-même est en déclin, ce qu'on attribue à tort ou à raison à un refroidissement de la température et à la violence croissante des vents du nord, par suite du déboisement. L'agriculture se retrouvait par le haut prix du blé, mais le perfectionnement des communications intérieures, bien plus que la concurrence des blés étrangers, doit amener une baisse inévitable. Il n'y a qu'un surcroît d'industrie qui puisse conjurer ces dangers.

# CINQUIÈME RÉGION.

## LE SUD-OUEST.

### I

La région du sud-ouest, la cinquième en richesse, est bornée au sud par la chaîne des Pyrénées, à l'ouest par l'Océan, à l'est par une petite côte sur la Méditerranée, au nord par les montagnes du centre. Elle comprend l'ancienne province de Guyenne, avec une partie du Languedoc, et les deux petites provinces de Béarn et de Roussillon. Le sol en est généralement fertile, le climat excellent et propre à tout. Des chaînes de montagnes couvrent, il est vrai, un tiers environ du sol, mais elles n'atteignent de grandes hauteurs que sur la ligne des Pyrénées; les deux autres tiers forment de vastes plaines ou présentent cette disposition onduleuse si estimée des Anglais. Malgré ces avantages naturels, le sud-ouest est fort en arrière des régions que nous venons de parcourir.

L'état de la population donne une preuve sensible de cette infériorité. Tandis que le nord-ouest a 9 millions d'habitants, le nord-est, l'ouest et le sud-est, chacun 6 millions, le sud-ouest n'en a pas 5 sur une étendue égale, bien qu'il s'y trouve deux grandes villes, Bordeaux et Toulouse, et quelques autres assez importantes, comme Montauban, Carcassonne, Perpignan, Agen, Pau, Castres, Bayonne, etc.

| DÉPARTEMENTS. | ÉTENDUE en hectares. | POPULATION en 1856. | HABITANTS par 100 hect. |
|---|---|---|---|
| Gironde.......... | 974,032 | 640,757 | 65,78 |
| Lot-et Garonne.... | 535,396 | 340,041 | 63,51 |
| Lot.............. | 521,174 | 293,733 | 56,36 |
| Tarn-et-Garonne.. | 372,016 | 234,782 | 63,11 |
| Landes.......... | 932,131 | 309,832 | 33,24 |
| Gers............ | 628,031 | 304,497 | 48,48 |
| Haute-Garonne.... | 628,988 | 481,247 | 76,51 |
| Tarn............ | 574,216 | 354,832 | 61,79 |
| Aveyron......... | 874,333 | 393,890 | 45,05 |
| Basses-Pyrénées... | 762,266 | 436,442 | 57,26 |
| Hautes-Pyrénées.. | 452,945 | 245,856 | 54,28 |
| Ariége.......... | 489,387 | 251,318 | 51,35 |
| Aude............ | 631,324 | 282,833 | 44,80 |
| Pyrénées-Orient... | 412,211 | 183,056 | 44,41 |
|  | 8,788,450 | 4,753,116 | 54 |

La population rurale, qui atteint à peine dans le nord-ouest et le sud-est la moitié, et dans les autres régions les deux tiers de la population totale, ici s'élève aux trois quarts. Cette proportion a son importance pour constater l'état de l'agriculture. Si la densité de la population donne en général la mesure du produit brut agricole, le nombre proportionnel de la population non rurale donne à peu près la mesure du produit net ou de la quantité de denrées disponibles en sus des frais de production. Mais c'est encore plus par le revenu des impôts qu'on peut se rendre compte de la différence de richesse. Le nord-ouest paye 690 millions de contributions de toutes sortes, tant directes qu'indirectes, le nord-est et l'ouest 200 millions chacun, le sud-est 250 millions, le sud-ouest 157 millions seulement. Cette disproportion ne porte pas uniquement sur l'agriculture, mais elle est un signe certain du peu de richesse agricole.

| DÉPARTEMENTS. | RECETTES PUBLIQUES EN 1857. | | |
|---|---|---|---|
| | TOTAL. | PAR HECTARE. | PAR HABITANT. |
| Gironde (1)....... | 51,292,796 | 52 66 | 80 05 |
| Lot-et-Garonne.... | 10,932,468 | 20 42 | 32 15 |
| Lot............. | 6,291,302 | 10 13 | 21 41 |
| Tarn-et-Garonne.. | 7,113,902 | 19 12 | 30 30 |
| Landes.......... | 5,836,141 | 6 26 | 18 83 |
| Gers............ | 7,512,223 | 11 96 | 24 67 |
| Haute-Garonne.... | 16,139,958 | 25 66 | 33 53 |
| Tarn............ | 8,445,567 | 14 71 | 23 80 |
| Aveyron......... | 8,669,102 | 9 92 | 22 00 |
| Basses-Pyrénées... | 11,916,019 | 15 63 | 27 30 |
| Hautes-Pyrénées... | 4,597,748 | 10 15 | 18 70 |
| Ariége.......... | 4,233,391 | 8 65 | 16 84 |
| Aude............ | 9,760,817 | 15 46 | 34 51 |
| Pyrénées-Orientales | 4,715,471 | 11 44 | 25 75 |
| Total......... | 157,456,905 | 17 90 | 31 25 |

D'où vient cette affligeante inégalité entre les diverses parties d'un même tout? Il faut remonter bien haut

(1) Y compris 19 millions pour les douanes.

pour trouver le mot de cette énigme, car la prospérité relative de cette région était encore moindre avant 1789 qu'aujourd'hui; ce n'est rien moins que toute l'histoire de France qui peut, pour cette moitié du midi comme pour l'autre, rendre compte d'un pareil fait.

Il suffit de jeter les yeux sur une carte pour voir que cette partie du territoire était constituée par la nature pour former un état indépendant; elle a ses limites tracées entre deux mers et deux massifs de montagnes, et si elle a quelque tendance naturelle à en sortir, c'est pour se prolonger vers la Provence. De son côté, la vraie France, comprise entre la Loire et le Rhin, a de tout temps voulu s'assimiler cette contrée voisine, afin d'arriver jusqu'aux Pyrénées. De là une lutte ouverte ou cachée qui a commencé du temps des Gaulois et n'a véritablement fini que de nos jours. Sous la domination des Romains, le sud-ouest s'appelle la province d'Aquitaine; plus tard, c'est le royaume des Visigoths. Conquis une première fois par Clovis, il se sépare bientôt de nouveau; seconde conquête par Pépin le Bref, accompagnée d'une dévastation systématique pour l'empêcher de se relever. Le régime féodal lui rend son indépendance, il a ses ducs et ses comtes particuliers dont la puissance jette un grand éclat; troisième conquête en 1205, moitié religieuse, moitié politique, sous le nom de croisade contre les Albigeois. Il essaie de se reconstituer sous la domination anglaise, le prince-noir règne à Bordeaux; quatrième conquête sous Charles VII. Enfin au $xvi^e$ siècle, cette nationalité tenace reparaît dans les guerres de religion. Même après l'avénement de Henri IV, elle résiste encore à l'annexion, tantôt sous une forme, tantôt sous une autre, et ne succombe que sous Louis XIII, par la capitulation du duc de Rohan et la mort du duc de Montmorency.

On ne livre pas de si longs combats sans qu'il en reste des traces profondes, surtout quand cette succession d'efforts n'amène qu'une succession de défaites. Le sud-ouest n'était pas de force à résister; il a toujours fini par être battu et par payer les frais de la victoire. A plusieurs reprises, dans le cours de ces quinze siècles, il l'a emporté en civilisation et en richesse sur le nord, mais le génie patient et positif des Francs devait triompher à la longue du génie brillant et léger des Aquitains. A partir de Richelieu, le pays vaincu s'endort au soleil, dans un accablement qui n'est pas sans douceur, après tant de luttes malheureuses. Lors des dénombrements faits par les intendants, vers 1700, il comptait plus de 3 millions d'âmes, il n'en avait pas tout à fait 5 millions et demi en 1790; il n'avait donc presque rien gagné dans le cours du XVIIIe siècle. On y parlait à peine français, et tout y ressemblait beaucoup plus à l'Espagne qu'à la France. La ville de Bordeaux seule avait prospéré, grâce au commerce croissant des colonies; l'autre capitale de la région, Toulouse, s'était soutenue par le séjour du parlement et par la réputation de son antique université; une petite industrie drapière s'était développée dans le voisinage de la Méditerranée et donnait lieu à quelques exportations en Orient; mais l'ensemble languissait dans un état misérable. Le canal des deux mers lui-même, cette création si vantée de Louis XIV, n'avait porté aucun résultat important, faute d'être achevé par les deux bouts.

Telle était la situation de la région en 1789, telle elle a été jusqu'en 1815. La révolution proprement dite lui a fait plus de mal que de bien. L'administration des états du Languedoc, longtemps comprimée, commençait à devenir plus libre quand ils furent abolis. Sur d'autres points, à Auch, par exemple, les intendants avaient entrepris d'utiles travaux, qui furent violemment interrompus. Le parti des Girondins représenta un moment, dans les assemblées républicaines, des idées d'indépendance locale que le despotisme sanguinaire du comité de salut public combattit sans pitié. Bordeaux tomba dans une mortelle inertie par la perte de Saint-Domingue et la ruine totale du commerce maritime. Toulouse vit ses écoles fermées, ses établissements religieux détruits, la meilleure partie de sa population juridique et lettrée dispersée ou mise à mort. Le reste de la contrée, bouleversé sans nécessité par les mesures révolutionnaires, perdit le peu d'activité qu'il avait auparavant. Ses faibles industries s'arrêtèrent, son agriculture se désorganisa. Le consulat ramena une courte renaissance, qui répara en partie ces maux ; mais Napoléon ne vint dans le sud-ouest qu'au déclin de son empire, et ne put faire que des projets pour sa prospérité.

A partir de 1815, la liberté civile et politique, la paix intérieure et extérieure, ont porté là aussi leurs fruits. La population s'est accrue de 35 pour 100, elle a passé de 40 habitants par 100 hectares à 54.

## CINQUIÈME RÉGION. — SUD-OUEST.

| DÉPARTEMENTS. | POPULATION en 1790. | POPULATION en 1856. | AUGMENTATION. | DIMINUTION. |
|---|---|---|---|---|
| Gironde.......... | 608,000 | 640,757 | 32,757 | » |
| Lot-et-Garonne.... | 308,666 | 340,041 | 31,375 | » |
| Lot............. | 268,000 | 293,733 | 25,733 | » |
| Tarn-et-Garonne (1). | » | 234,782 | 234,782 | » |
| Landes.......... | 246,200 | 309,832 | 63,632 | » |
| Gers............ | 268,800 | 304,497 | 35,697 | » |
| Haute-Garonne.... | 253,653 | 481,247 | 227,594 | » |
| Tarn............ | 223,400 | 354,832 | 131,432 | » |
| Aveyron......... | 296,635 | 393,890 | 97,255 | » |
| Basses-Pyrénées... | 286,955 | 436,442 | 149,487 | » |
| Hautes-Pyrénées... | 157,866 | 245,856 | 87,990 | » |
| Ariége.......... | 170,666 | 251,318 | 80,652 | » |
| Aude........... | 251,520 | 282,833 | 31,313 | » |
| Pyrénées-Orientales. | 162,133 | 183,056 | 20,923 | » |
| Totaux........ | 3,502,494 | 4,753,116 | 1,250,622 | » |

On remarquera surtout l'augmentation du département de la Haute-Garonne, dont la population doit avoir doublé, sa circonscription étant un peu moindre aujourd'hui qu'en 1790.

Depuis la paix, le commerce de l'Océan n'a pas pris les mêmes développements que celui de la Méditerranée, et tout son nouvel essor s'est concentré au Havre. La vallée de la Garonne, quoique placée entre deux mers, n'a jamais eu comme courant commercial l'im-

---

(1) Ce département a été formé depuis 1790 avec des fractions détachées des départements voisins.

portance de la vallée du Rhône ; le fleuve lui-même, rapide et peu profond, n'a été longtemps navigable que dans la dernière partie de son cours. Bordeaux n'est encore que la moitié de Lyon, et Toulouse n'est pas tout à fait la moitié de Marseille. C'est toujours l'agriculture qui domine, et l'on sait que, dans les pays principalement agricoles, l'agriculture fait moins de progrès que lorsqu'elle a une population industrielle à nourrir. Ces circonstances défavorables sont aujourd'hui en train de disparaître ; l'ouverture de routes nombreuses, l'amélioration des ports et des rivières, ont donné le signal d'une révolution que le chemin de fer de Bordeaux à Cette va précipiter, et que les embranchements projetés à droite et à gauche de cette voie ferrée compléteront successivement. Aucune partie du territoire n'a devant elle un plus brillant avenir, et si jamais le mur épais des Pyrénées, le plus grand obstacle à sa prospérité, vient à être percé, tout y aura bientôt changé de face.

Ces bienfaits de la civilisation et de la paix ont plus puissamment agi que toutes les violences pour détruire la nationalité méridionale ; ils en ont effacé jusqu'à la dernière trace. Ce pays qui, en 1815, murmurait encore des paroles de séparation, s'est désormais associé sans réserve à la destinée nationale. Sa langue même, si longtemps conservée avec amour, ne survit presque plus que dans des poésies populaires. Il n'aime à se rappeler son passé que par ce retour d'imagination qui réveille d'autant plus le culte des ancêtres, qu'on en abandonne davantage les traditions. Et comment pourrait-il l'oublier? Même sans parler de Toulouse et de Bordeaux, Narbonne a été, sous la domination romaine, l'heureuse rivale de Marseille, et comptait encore, dit-on, avant la peste noire du XIVe siècle, quatre fois plus d'habitants qu'aujourd'hui. Au moyen âge, Perpignan est devenu la capitale du royaume de Majorque ; Foix et Orthez ont eu leur moment d'éclat sous le fastueux Gaston Phébus ; Lectoure a vu régner dans son sein la tragique maison d'Armagnac ; Pau et Nérac ont été tour à tour le siége de la cour de Navarre ; Montauban, plus heureux que La Rochelle, a eu l'honneur de repousser les armes victorieuses de Louis XIII. Ces souvenirs aujourd'hui sans danger, n'excitent plus qu'une émulation féconde au lieu d'inutiles ressentiments.

## II.

Le sud-ouest a un peu moins de terres incultes que le sud-est ; il en contient cependant 2 millions d'hectares divisés en trois grands groupes.

Le premier s'étend le long de l'Océan, de Bayonne à Bordeaux, et y forme cette région particulière connue sous le nom de *landes de Gascogne*. Il y a là 700,000 hectares de terres vaines et vagues, réparties entre deux départements, tache immense qui déshonore notre sol. Ces landes sont loin d'être impropres à la production ; situées sous le plus admirable climat, formant une vaste plaine, avec une pente faible mais suffisante pour l'écoulement des eaux, elles portent, quand elles sont assainies par de simples fossés, cultivées par la charrue la plus élémentaire et convenablement fumées, toute espèce de céréales, de racines et de légumes d'une bonne qualité. Les arbres y viennent parfaitement, deux surtout, et des plus précieux, le pin maritime et le chêne-liége. Le pin maritime, qui pousse à peu près partout, ne donne que là une abondante résine ; le chêne-liége ne produit nulle part une écorce plus fine et plus estimée. Ces deux arbres rapportent autant de revenu que les meilleures cultures. Toute une contrée voisine de Bayonne, le *Maransin*, leur doit une véritable richesse.

Dans l'antiquité, cette partie de l'Aquitaine paraît avoir été aussi peuplée que le reste. Des traces de voie romaine ont été découvertes le long de la côte. Les plus anciens documents historiques parlent d'une tribu puissante, les Boïens, qui habitaient autour du bassin d'Arcachon. D'autres peuplades, comme les *Vasates*, qui ont donné leur nom à Bazas, ont lutté avec énergie contre le lieutenant de César. Dans des temps plus rapprochés de nous, plusieurs grandes familles féodales y avaient leurs domaines. Le seigneur de la Teste-de-Buch, sous le nom original de *captal*, joue un rôle important dans les chroniques du moyen âge. Un des plus pauvres villages perdus dans ce désert, qui se cache sous le nom inconnu de *Labrit*, n'est rien moins que le berceau de l'illustre famille d'Albret, une des souches de la maison de Bourbon. Plusieurs points de la côte ont été autrefois des ports : Mimizan, qui n'a plus qu'un millier d'habitants misérables, montre avec orgueil les ruines de son port et de son abbaye; Cap-Breton se souvient d'avoir vu de nombreuses expéditions maritimes. Dans les lagunes qui s'étendent le long de la mer, on a reconnu des restes de villages engloutis par les sables et par les eaux.

On ne peut dire précisément à quelle époque a commencé le mouvement offensif de l'Océan qui a bouleversé toute cette côte. Les sables apportés par les vagues ont formé d'abord un immense bourrelet de 50 lieues de long; puis ces montagnes, poussées par les vents, se sont mises en marche, et elle dévoraient insensiblement le pays tout entier, quand l'ingénieur Brémontier imagina de les fixer par des semis de pins. Cet utile travail, commencé sous Louis XVI, en 1787, se poursuit avec persévérance; plus de 40,000 hectares des dunes ont été transformées en forêts, et on peut prévoir le moment ou la côte entière en sera couverte.

Le sol des Landes est formé d'une couche de sable pur qui recouvre un sous-sol imperméable d'une nature particulière appelé *alios*. Ces sables sont noyés en hiver et brûlants en été, et ce qui achève de les rendre inhabitables, l'eau qui y séjourne devient dégoûtante et malsaine pour les hommes et pour les animaux. Les constructions y sont difficiles, faute de pierre et de brique, et les chemins tracés dans le sable n'offrent naturellement rien de solide et de résistant. C'est devant ces obstacles que l'art de l'homme a reculé pendant des siècles; l'esprit d'entreprise était si faible sous l'ancien régime qu'aucune tentative sérieuse n'a été faite pour les surmonter. Un peu avant la révolution de 1789, au moment où tout s'éveillait à la fois, de grandes compagnies de défrichement se sont fondées, mais sans succès, pour avoir voulu aller trop vite ; d'autres essais du même genre ont échoué plus récemment par la même cause. Il n'en a pas été de même des tentatives partielles faites en pleine connaissance de cause par les propriétaires du pays ; plus d'une spéculation profitable s'est réalisée sans bruit sur des points isolés.

Le chemin de fer de Bordeaux à Bayonne traverse maintenant les Landes dans toute leur longueur, et y apporte la puissance de l'industrie moderne. La valeur des terres a immédiatement doublé, triplé même, le long de la ligne, et tout le monde comprend que la solution du problème n'est plus qu'une question de temps. Rien n'était possible dans un pays sans chemins et sans eau ; la compagnie du chemin de fer s'est s'engagée à ouvrir sur plusieurs points des routes munies de rails en bois, et si en même temps on parvient à créer de l'eau salubre, soit au moyen de puits ou de citernes, soit au moyen de canaux dérivés des étangs, le plus difficile sera fait ; le reste viendra naturellement. La plus grande partie des terres incultes sera sans doute semée en pins, chênes et chênes-liéges, et pour accélérer cette transformation, une loi récemment rendue permet à l'État de boiser les terrains communaux jusqu'à concurrence de 6 millions de fr. Les autres branches de la culture ne doivent cependant pas être négligées, et il faut leur faire aussi leur part, car le danger des incendies, si grand pour des bois résineux sous un soleil ardent, ne permet pas de couvrir le sol d'une forêt immense et continue; une simple étincelle du chemin de fer suffirait pour mettre le feu de Bordeaux à Bayonne.

Les Landes peuvent être aussi productives que quelque contrée que ce soit, mais elles conserveront toujours un caractère spécial. La singularité de cette nature sera un de ses charmes. Les régions inhabitées ne se prêtent que lentement à l'habitation de l'homme, et le régime pastoral, qui multiplie d'abord les animaux et par eux les engrais, y sera longtemps, avec le régime forestier, le principal instrument du progrès. Quand on mesure par la pensée cette vaste solitude, qui s'étend jusqu'aux portes d'une de nos plus grandes villes, on s'étonne que la France ait pu songer à coloniser des pays lointains, au lieu de porter ses efforts sur elle-même. Si le dixième de ce qu'a coûté l'Algérie avait été dépensé dans les Landes, on aurait obtenu probablement de meilleurs résultats, et on aurait épargné bien des flots d'un sang généreux ; mais les stériles conquêtes de la guerre nous ont toujours beaucoup plus séduits que les créations fécondes de la paix. L'arrondissement de Mont-de-Marsan, bien qu'il renferme le chef-lieu du département ne contient pas plus de 100,000 habitants sur 500,000 hectares, comme le Tell africain, et il s'y trouve plusieurs parties déjà très-peuplées et très cultivées; dans la lande proprement dite, il n'y a pas plus de 10 habitants par 100 hectares, et quels habitants! Cette terre qui sera un jour populeuse et florissante, n'offre à l'œil qu'un spectacle de désolation ; c'est le désert tel qu'on va le chercher au delà des mers, avec son triste silence, sa végétation chétive et ses horizons infinis.

La tradition raconte que, quand les Maures furent chassés d'Espagne, à la fin du seizième siècle, ils demandèrent à s'établir dans les Landes, avec l'espérance de les fertiliser. Les préjugés politiques et religieux ne le permirent pas. Non moins civilisés à cette époque que beaucoup de peuples chrétiens, les Maures connaissaient d'excellents procédés de culture qui marquent encore leur passage dans les plus riches provinces de la péninsule. Les Landes seraient probablement devenues entre leurs mains aussi productives qu'elles le sont peu, et ce qui leur restait de la barbarie musulmane aurait reculé, depuis un siècle, devant les idées modernes de tolérance et d'égalité. S'ils ont tant dégénéré en Afrique où ils se sont réfugiés, c'est qu'ils y ont trouvé les Turcs, le plus destructeur de tous les peuples ; cette civilisation a péri tout entière faute d'un asile où elle pût librement se développer. Mais le royaume qui devait bientôt révoquer l'édit de Nantes et expulser lui-même de son sein des chrétiens et des Français, ne pouvait s'ouvrir à des enfants de l'Islam, étrangers et persécutés, et ce qui a si puissamment contribué à ruiner l'Espagne, ne pouvait contribuer alors à enrichir la France.

Outre les Landes proprement dites, la zone cultivée qui les entoure contient beaucoup de terres incultes. Même dans les parties les plus prospères de cette zone, on a soin de conserver, au milieu des champs labourés, des étendues d'ajoncs et de bruyères, pour fournir de la litière et du pâturage; cette pratique a son utilité dans l'état actuel de la culture, et il serait imprudent de la supprimer sans compensation, mais elle devra disparaître peu à peu, à mesure que les plantes fourragères gagneront du terrain et permettront de créer sur place de bien autres quantités d'engrais.

Le second groupe de terres incultes se compose de la chaîne même des Pyrénées. De Bayonne à Collioure, sur une longueur de près de 100 lieues, s'étend ce gigantesque rempart qui couvre chez nous 2 millions d'hectares, dont le quart seulement est occupé par les vallées. Sur ces 1,500,000 hectares de montagnes, 500,000 environ sont en bois; le reste est inculte et à peu près incultivable. Couvertes de neige une bonne partie de l'année, entrecoupées de rochers et de précipices, ces pentes escarpées que couronne une dentelure de pics dont quelques-uns s'élèvent jusqu'à 3,500 mètres, n'offrent aucune ressource à la culture. Elles ne sont même que trop cultivées, et l'industrie des habitants, quand elle cherche à y conquérir quelques sillons de plus, est beaucoup plus à déplorer qu'à encourager. Ici encore plus que dans les Alpes françaises, l'homme ne rencontre que rarement, au delà de 1,000 mètres d'élévation, des conditions suffisantes pour établir une habitation permanente. Quelques plantes cultivées, comme le seigle, le blé noir, le millet, l'avoine, la pomme de terre, ont malheureusement la propriété de pousser encore à ces hauteurs; de trop nombreux villages se sont perchés dans des sites presque inaccessibles, pour peu qu'il s'y trouve un coin de terre arable

18.

dans un creux de rocher ; mais ces cultures fourvoyées ne donnent que de bien pauvres produits, achetés par le labeur le plus pénible et souvent emportés par les gelées ou les éboulements ; heureux quand le village tout entier n'est pas englouti sous l'avalanche avec ses habitants. Le bétail même n'y peut prospérer, faute d'une suffisante nourriture d'hiver ; les moutons n'ont point de laine, les vaches point de lait, les uns et les autres périssent par milliers dans la mauvaise saison.

Autant le spectacle des montagnes habitées est douloureux, autant l'aspect des vallées est charmant, pourvu qu'elles ne dépassent pas 7 ou 800 mètres (1) ; à cette hauteur, le climat permet encore des cultures productives, et le sol formé d'alluvions est généralement plat et fertile. C'est là que la population peut se replier sans inconvénient. Quant aux cimes et aux pentes élevées, une partie peut continuer à former des pâturages, mais à condition que chaque tête de bétail, nourrie sur les hauteurs pendant l'été, trouve en descendant une étable chaude et une bonne nourriture d'hiver. La véritable richesse de ces montagnes n'est pas dans la culture, mais dans l'exploitation des mines, des carrières, des forêts, et dans les eaux thermales qui y attirent tous les ans la foule des malades et des curieux.

Si attachés qu'ils soient à leur âpre patrie, les mon-

(1) Voici quelques-unes des hauteurs habitées dans les Pyrénées : Pau, 200 mètres ; Tarbes, 300 ; Foix et Saint-Gaudens, 400 ; Lourdes et Saint-Girons, 420 ; Argelès, 480 ; Bagnères-de-Bigorre, 560 ; Bagnères-de-Luchon, 630 ; Eaux-Bonnes, 640 ; Saint-Sauveur, 800 ; Cauterets, 1,000 ; Barèges, 1,300 ; Gavarnie, 1,400.

tagnards tendent presque tous aujourd'hui à la quitter, parce qu'ils s'y sentent condamnés à des souffrances inévitables; leur misérable patrimoine pourrait être le plus souvent acheté par l'administration des eaux et forêts et réuni au domaine public; on y gagnerait l'annexion de la propriété communale, qui, mieux administrée, donnerait de meilleurs produits. A tout instant, en parcourant les hautes vallées, on a sous les yeux un exemple frappant de cette différence; si l'un des versants est dévasté par la dépaissance, dépouillé de bois et presque de terre, sillonné par les torrents, il appartient aux communes; si l'autre est couvert de belles forêts et de bonnes pâtures, il appartient à l'État.

Les principaux affluents de la Garonne sur sa rive droite, le Tarn et le Lot, tombent d'une autre région montagneuse, qui fait face aux Pyrénées de l'autre côté du fleuve; là se trouve le troisième groupe des terres incultes.

Il se compose d'environ 400,000 hectares, dont la plus grande partie dans le seul département de l'Aveyron. Le sol de ce département est des plus élevés; la ville de Rodez, sa capitale, est à 630 mètres au-dessus du niveau de la mer, ou à la même hauteur que Bagnères-de-Luchon. La culture a peu de conquêtes à faire sur ces hauts plateaux qui reçoivent la meilleure destination qu'il paraît possible de leur donner en servant de pâturages à de nombreux troupeaux de moutons. En revanche, aucune partie de la France n'est mieux douée en richesses minérales; ces trésors sont restés longtemps inexploités. Un chemin de fer nouvellement ouvert rattache, au milieu des difficultés du pays le plus tourmenté, les houillères et les forges de l'Aveyron au chemin de Bordeaux à Cette; d'autres lignes se préparent, et quand tous ces débouchés seront ouverts, on peut compter que cette contrée, si rude et si sauvage, deviendra rapidement la rivale des comtés de Staffort et de Derby.

Dans les montagnes du Tarn, s'est créé un autre centre d'industrie qui prend un développement croissant par la fabrication des étoffes de laine. Mazamet, qui forme maintenant avec ses environs une agglomération de 20,000 âmes, n'était au commencement de ce siècle qu'un village insignifiant, perdu au pied de roches stériles.

La partie montagneuse de l'ancien Quercy, aujourd'hui département du Lot, paraît avoir moins de ressources industrielles, mais les terres incultes y sont plus susceptibles de culture. D'une hauteur moyenne de 400 mètres, et par conséquent plus bas que ceux de l'Aveyron et du Tarn, les grands plateaux calcaires de ce département ne sont pas condamnés à une éternelle aridité. La vigne et le châtaignier, qui couvrent déjà plus de 80,000 hectares, peuvent y faire de nouvelles conquêtes, et les céréales elles-mêmes n'ont pas dit leur dernier mot. Le plus grand tort du Quercy est d'être éloigné de tout grand centre de communication, et de n'avoir pas encore de chemin de fer.

## III

A ces 2 millions d'hectares incultes, il faut ajouter 1,200,000 hectares en bois; restent environ 5 millions d'hectares cultivés ou un peu plus que dans le sud-est, mais moins que dans les régions précédentes. La culture peut y gagner un demi-million d'hectares de plus et se rapprocher ainsi des conditions générales de la France; et ce qui vaut mieux que l'étendue, c'est le parti qu'il est possible de tirer de ce sol.

Cette région a un petit versant méditerranéen qui se rapproche de la Provence; là se trouve le point le plus méridional du territoire national, le brûlant Roussillon, où tout est espagnol et presque africain. Un beau système d'arrosage, qui remonte au IXe siècle, couvre d'un riche tapis de verdure une partie des plaines que domine le mont Canigou; à côté de cette *huerta* française, si fertile et si peuplée, règnent la solitude et l'aridité. Les principaux produits sont des vins de liqueur, des fruits, des huiles, peu de blé, mais excellent, et le meilleur miel du monde, que les abeilles recueillent en butinant sur des landes parfumées. Là aussi, des travaux seraient nécessaires pour rendre aux montagnes leur couronne de forêts et pour régulariser les inondations, et ce n'est pas encore le plus pressant besoin : « Sans un port, écrivait de Perpignan l'illustre Vauban en 1679, ce pays-ci sera toujours dépeuplé et misérable; avec un port, il se rétablira facilement, par le débit de ses vins, de ses blés, de ses huiles, et d'une grande quantité d'excellent fer, en quoi il abonde. » Ces paroles contiennent tout un programme qui commence à s'exécuter, grâce aux crédits votés, en 1845, pour l'amélioration du port de Port-Vendres, et à l'ouverture récente du chemin de fer.

Le département de l'Aude, qui appartient au même versant, présente à peu près les mêmes caractères ; il est cependant un peu plus riche, à cause du canal des deux mers qui le traverse depuis deux siècles.

Le reste de la région a une pente commune vers l'ouest, qui lui permet de jouir d'un ciel moins sec et moins ardent. Un vent violent de sud-est y pénètre par une embrasure des Montagnes-Noires ; partout où il passe, il fatigue les hommes et les animaux, égrène les moissons et emporte jusqu'au sol ; mais ce fléau ne tourmente que la partie la plus orientale. La vallée de la Loire, si vantée et si digne de l'être, n'égale pas en beauté naturelle la vallée de la Garonne, située sous la même latitude que la Toscane et en rappelant tous les aspects : fécondité, lumière, population, accidents pittoresques, rien n'y manque. « A Montauban, dit Arthur Young, s'ouvre une des plus riches plaines de l'Europe ; c'est comme un océan où l'œil se perd, une scène d'agriculture presque sans bornes, une masse animée et confuse de lignes variées se perdant graduellement dans le lointain, d'où s'élève la forme merveilleuse des Pyrénées qui portent leurs têtes argentées dans les nues. » Les mêmes scènes se reproduisent dans les vallées de l'Adour et du Gave ; ici c'est le riant Bigorre, là le Béarn plus riant encore, dont tous les habitants ont conservé la joyeuse humeur d'Henri IV ; Pau est célèbre dans toute l'Europe par la rare douceur de son climat. Jusque dans les chaînes secondaires qui séparent les cours d'eau, on vante avec raison les coteaux fertiles de la Gascogne et de l'Agenais.

La pierre manquant généralement, la plupart des constructions sont en briques, comme en Italie. Pour les bâtiments ruraux, on se contente souvent de briques crues et même d'un simple pisé, ce qui permet de les élever à très-bon marché.

Les grands domaines sont fort rares, les grandes fermes encore plus. Cette région ne contient en tout que 1,500 cotes de 1,000 francs et au-dessus. Outre la différence de richesse, qui fait que des étendues égales paient moins d'impôt, il faut reconnaître ici l'empreinte des faits historiques. Plus encore que le sud-est, s'il est possible, le sud-ouest était resté fidèle à la tradition du droit romain, et l'action de ce droit a été bien plus favorable que le droit coutumier à la division des héritages. Les trois quarts du sol appartiennent à la moyenne et à la petite propriété. Les petits propriétaires surtout sont nombreux ; c'est la partie de la France qui en a eu de tout temps le plus, comme Arthur Young le remarquait en 1788. On les appelle dans le pays des *pagès*, du mot latin *pagus, pagensis*, dont on a fait en français *paysan*, mais avec un autre sens ; *exiguum colito*, disait Virgile, dont le Tityre est évidemment un petit propriétaire, un *pagès*. Comme en Provence, la nature des cultures conduit à cette division. L'étendue moyenne des exploitations, même sans compter les petites propriétés, est de 25 hectares, et on en voit beaucoup au-dessous.

Il y a quelques fermiers dans les meilleures parties ; partout ailleurs, la culture se fait par métayers. Le sud-ouest est la terre classique du métayage ; mais il ne s'y présente pas, au moins sur la plupart des points, avec les mêmes avantages qu'en Anjou. Les propriétaires le subissent plus qu'ils ne le cherchent ; ce n'est pourtant pas faute de résidence, car ils résident presque tous, sinon précisément sur leur terre, au moins à la ville la plus voisine. Le métayage a deux faces, et s'il montre quelquefois la solidarité des intérêts, il peut en montrer aussi l'opposition ; c'est cette dernière tendance qui domine malheureusement ici. Au lieu de chercher l'augmentation de sa part dans l'accroissement des revenus communs, le propriétaire s'applique trop souvent à rogner la portion de son associé, et celui-ci le lui rend bien. Ainsi compris et pratiqué, le métayage n'est plus une association, c'est un combat.

Pour échapper à cette situation, dont ils sont eux-mêmes les principaux auteurs, les propriétaires ont recours à plusieurs combinaisons. Les uns essaient de prendre des fermiers, mais rien n'est plus dangereux que le bail à ferme partout où il n'est que l'exception ; ces fermiers généralement pauvres n'apportent qu'un capital insuffisant, et, n'ayant aucune pensée d'avenir, ne songent qu'à épuiser au plus vite le sol pour augmenter leurs profits. D'autres emploient ce qu'on appelle des maîtres-valets, c'est-à-dire des domestiques payés moitié en nature et moitié en argent, et plus strictement obligés que les métayers à remplir les ordres du maître. Cette organisation, excellente en soi et assez semblable au système suivi dans les meilleures fermes écossaises, ne peut porter de bons fruits qu'autant que le maître est lui-même actif et habile. Le métayage, qui ne demande qu'une demi-présence, et qui en même temps livre moins le sol que le bail à ferme, est encore la forme qui répond le plus à la généralité des circonstances, on finit presque toujours par y retomber. Ce qu'on a de mieux à faire, c'est de l'améliorer, en substituant la bonne harmonie à l'antagonisme des intérêts, et cette révolution bienfaisante doit venir du propriétaire, comme le moins pauvre et le moins ignorant des deux.

A son origine, le bail à moitié fruits suppose seulement deux catégories de consommateurs : le cultivateur, qui consomme avec sa famille la moitié des produits ; le propriétaire, qui consomme l'autre. Tel a été longtemps l'état social du sud-ouest. A mesure que s'accroît la population urbaine, industrielle et commerciale, cette condition change ; la vente d'une partie croissante des fruits devient possible, l'influence du débouché se fait sentir, la production tend à s'élever. C'est à ce moment que le métayage peut changer de nature et devenir une spéculation en commun au lieu d'être un partage litigieux ; c'est à ce moment aussi que le bail à ferme peut s'introduire avec avantage, et l'exploitation directe par maîtres-valets devenir fructueuse. Qu'on adopte l'un ou l'autre des trois systèmes, il exige presque toujours, de la part du propriétaire, un sacrifice momentané, car tout surcroît de production ne s'obtient que par un surcroît de dépense ; c'est ce qui rend la transformation difficile. Le métayage est ce qui en exige le moins, à cause du principe fécond qu'il renferme, le principe d'association.

Indépendamment des métayers et des maîtres-valets proprement dits, l'agriculture du sud-ouest emploie une classe particulière de journaliers qui ne servent que pour les travaux extraordinaires de la moisson et du dépiquage, et qu'on appelle des *estivandiers*, du nom de la saison où ils sont nécessaires, l'été. Ces ouvriers sont payés en nature, proportionnellement au produit, d'après le principe constant de toute agriculture sans débouchés, d'éviter autant que possible le déboursé en argent; et le tribut qu'ils prélèvent sur la récolte devenant d'autant plus élevé que la récolte est plus abondante, ce genre de rémunération, fort commode avec une production stationnaire, devient onéreux dès que la production s'accroît; il paraît destiné à se modifier progressivement et à disparaître tout à fait avec le temps.

Sur 30,000 hectares environ drainés en France à la fin de 1856, cette région ne figurait en tout que pour 2,000, presque tous concentrés dans les cinq départements de la Gironde, de la Haute-Garonne, de Tarn-et-Garonne, du Tarn et du Gers; les neuf autres ne connaissaient guère que de nom cette amélioration capitale, tandis que dans le nord-ouest, trois départements avaient drainé à eux seuls 16,000 hectares. Ce n'est pas que le drainage soit ici moins à sa place; on peut dire au contraire qu'aucune région n'en a un plus grand besoin. Les terres argileuses y forment de grandes étendues, et les pluies torrentielles n'y manquent pas. Cette quantité de pluie ne tombe pas régulièrement comme dans le nord, et sans être tout à fait aussi violentes que dans la région méditerranéenne, ses intermittences sont très-sensibles; les pluies d'automne surtout sont d'une persistance qui donne de grands embarras pour les semailles. Une des principales difficultés de la culture consiste précisément à se délivrer des eaux surabondantes, et on emploie jusqu'ici des procédés traditionnels presque aussi coûteux et plus impuissants que le drainage tubulaire.

Les terres des coteaux et des plaines se divisent par leur nature en deux catégories : celles où l'argile domine et qu'on appelle *terres-forts*, celles qui sont légères, sablonneuses, et qu'on appelle *boulbènes*; les premières, excellentes pour les céréales, mais d'une culture difficile, tant que le drainage et les machines ne les ont pas soumises; les secondes plus faciles à cultiver, mais ayant besoin d'être réchauffées par des marnages et des engrais, comme les *poor lands* ou terres pauvres de l'Angleterre. Les boulbènes où domine le gravier sont de plus éminemment propres à la culture de la vigne. Dans les montagnes se trouvent des étendues de terres granitiques qui ne peuvent porter que du seigle; toute une contrée en a reçu le nom de *segalas*.

L'irrigation n'est pas tout à fait aussi nécessaire que dans le sud-est, mais elle présente moins de difficultés; de nombreux projets de canaux d'arrosage, depuis longtemps préparés, n'attendent que les allocations nécessaires. Les inondations y ont aussi un peu moins de violence, elles sont cependant fréquentes et dangereuses. On y varie comme partout sur les meilleurs moyens à employer pour empêcher les ravages; l'expérience et la discussion ne peuvent manquer de dégager la vérité.

Nulle part les machines ne sont appelées à faire une plus heureuse révolution. Les travaux d'été y sont des plus pénibles. Peu d'années se passent sans que des moissonneurs soient frappés de mort au milieu des champs. Le battage se fait en plein air, aussitôt après la moisson, comme au temps des patriarches, et sous les ardeurs du soleil d'août. Les machines à battre commencent à se répandre; sur beaucoup de points, on a remplacé le fléau par le rouleau à dépiquer, progrès marqué qui peut suffire dans un grand nombre d'exploitations.

L'assolement traditionnel est le biennal, blé-jachère, qui nous vient des Romains, et la charrue ordinaire, l'araire antique, avec peu de modifications.

On travaille généralement avec des bœufs, ce qui n'est pas un des moindres signes de l'infériorité agricole. Le bœuf fait en moyenne la moitié du travail du cheval, et ce travail coûte par conséquent plus cher, malgré l'apparence contraire. Avec autant de chevaux qu'on a de bœufs, une foule de cultures et de façons, aujourd'hui impossibles, deviendraient praticables, sans addition de bras. Les machines, qui peuvent rarement être mises en mouvement par des bœufs, pourraient entrer plus vite dans les habitudes. Les hommes deviendraient plus actifs et plus alertes, car le bouvier contracte à la longue la lenteur des animaux qu'il conduit. Mais cette révolution si désirable, on ne peut espérer de l'accomplir que peu à peu et en commençant par les plus grandes exploitations. Le petit cultivateur restera longtemps fidèle à ses habitudes, et il aura quelque raison, car si une grande quantité de travail est plus économique avec des chevaux, une petite quantité coûte moins cher avec des bœufs. Il est d'ailleurs à remarquer qu'une partie de la région étant montagneuse, l'emploi des bœufs y sera toujours nécessaire; le cheval se rebute devant des obstacles qui ne lassent pas la patience inaltérable et la force supérieure du bœuf.

Ainsi se retrouve partout la division entre les deux moitiés de l'ancienne France : dans le nord, avec le droit féodal et la grande propriété, le travail par les chevaux, le bail à ferme, l'assolement triennal; dans le midi, avec la petite propriété et le droit romain, le travail par les bœufs, le métayage, l'assolement biennal. Tout se tient et s'enchaîne dans ces deux systèmes, et l'organisation agricole n'est, de part et d'autre, qu'une conséquence de l'état social et du climat.

A l'origine, la constitution méridionale était la meilleure; l'assolement biennal, par exemple, l'emporte par lui-même sur l'assolement triennal, puisqu'il laisse à la terre de plus fréquents repos et qu'il obtient trois récoltes de blé pendant que l'autre n'en donne que deux. C'est cependant l'agriculture du nord qui a fini par prendre les devants. Outre l'étendue des terres incultes, si différente dans les deux moitiés du territoire, l'inégalité se mesure par la différence du capital d'exploitation. Quand ce capital atteint en moyenne, dans le nord, 200 fr. par hectare en culture, et s'élève quelquefois jusqu'à 500 fr., il arrive à peine dans le midi à 100 fr. et tombe trop souvent à 50 et même au-dessous.

## IV

Le sud-ouest a plus de bétail que l'autre moitié du midi, mais il s'en faut de beaucoup qu'il en ait assez. Les quatorze départements dont il se compose n'ont pas ensemble plus de 1,200,000 têtes de gros bétail; les cinq départements de l'ancienne Bretagne en comptent à eux seuls davantage. Le plus grand nombre de ces animaux se concentre dans la moitié occidentale de la région; à mesure qu'on se rapproche de la Méditerranée, la population bovine diminue, elle finit par devenir presque nulle dans le Roussillon. Sur quelques points, le défaut de fourrage est tel qu'on a peine à s'expliquer comment vivent les rares bœufs de travail. On leur donne leur nourriture à la main, en la leur plongeant dans la bouche, afin qu'ils n'en perdent pas un seul brin et qu'ils consomment de force ce qui flatte le moins leur appétit : pratique coûteuse, puisqu'elle prend beaucoup de temps aux bouviers, mais nécessaire, quand on n'a que de la paille de maïs ou de blé, des feuilles de vigne ou d'arbre, qui se réduisent facilement en débris. Si les animaux de trait n'étaient pas indispensables pour ouvrir le sol, on n'en aurait certainement pas; c'est là surtout que l'agriculture semble adopter cet adage échappé quelque jour à un cultivateur impatienté par la pénurie des fourrages : *Le bétail est un mal nécessaire.*

Toute la région n'en est heureusement pas là. Les grasses plaines de l'Agenais ont donné naissance à la plus forte peut-être de nos races bovines nationales. Il faut que les végétaux qui poussent dans ce sol privilégié aient une extrême richesse alimentaire, car les animaux qui s'en nourrissent deviennent magnifiques. Doués d'une grande puissance pour le travail, ils donnent en outre des résultats admirables pour la boucherie ; les cotentins eux-mêmes ne l'emportent pas pour le poids. Le petit pays de Bazas produit une autre race, plus petite et plus trapue, mais non moins vigoureuse. La Gascogne, la Chalosse, le Béarn, possèdent des variétés dignes d'estime. Il n'y a pas jusqu'aux Landes qui n'aient créé leur espèce, petite et maigre, mais alerte et légère, pour traverser au trot ces vastes déserts. Toutes ces races, façonnées de longue main pour les besoins du travail local, sont mauvaises laitières ; on voit cependant des exceptions remarquables. La vallée de Lourdes dans les Hautes-Pyrénées, celle de Saint-Girons dans l'Ariége, produisent des vaches recherchées pour le lait. Les environs de Bordeaux possèdent une race belle et productive sous ce rapport, qui paraît avoir été importée de Hollande pour subvenir à la consommation de cette ville, et la petite vache bretonne, si précieuse pour sa sobriété, se répand rapidement sur tout le littoral.

A l'autre extrémité de la région, dans les plus hautes montagnes du Rouergue, on trouve une autre famille qui se recommande par sa rusticité. Aubrac était autrefois une abbaye fondée dans ces montagnes par saint Louis, pour servir de refuge aux voyageurs, comme l'hospice du mont Saint-Bernard, au milieu des neiges et des précipices. L'abbaye n'existe plus, et la meilleure trace qu'elle ait laissée de son passage dans ce pays agreste est une race bovine qui se répand aujourd'hui dans tous les environs.

Ces variétés peuvent suffire longtemps pour tous les perfectionnements possibles. On a essayé d'importer des races anglaises, mais sans beaucoup de succès, si ce n'est dans les parties les mieux cultivées. Ce qui manque, c'est moins la race que l'alimentation. L'art de l'engraissement est peu connu, excepté dans le voisinage des grandes villes. On ne vend pour la boucherie que des bêtes vieilles et épuisées, qu'on ne prend pas toujours la peine de réparer par un peu de repos et par une nourriture plus abondante. Ce serait déjà un grand progrès que de les retirer du joug un peu plus tôt, et d'augmenter leur ration à toutes les époques de leur vie. La consommation locale a été jusqu'ici trop peu exigeante, et le prix de la viande trop bas pour donner une impulsion suffisante; ce prix s'élève aujourd'hui, et l'effet commence à se faire sentir. On peut fournir à peu de frais, avec un bétail maigre et affamé, une petite quantité de viande comme une petite quantité de travail; dès qu'on veut en produire davantage, les frais montent, et il faut que l'accroissement de la demande assure d'avance la rémunération. Dans tous les cas, la quantité du bétail ne devra s'élever que lentement; mieux vaut bien nourrir les animaux qu'on a qu'en augmenter le nombre trop tôt.

Depuis quelques années, on voit paraître au concours de Poissy, des bœufs garonnais, bazadais et landais; qui obtiennent des prix pour leur précocité et la perfection de leur engraissement. Ces exemples prouvent que les races méridionales sont tout aussi susceptibles que d'autres d'un rapide développement comme races de boucherie. Mais est-ce bien dans ce sens qu'il faut marcher? On peut en douter. Le midi manque avant tout d'animaux de travail. Pour cultiver convenablement de 6 à 7 millions d'hectares, il lui faudrait 600,000 paires de bœufs ou de vaches ; or, en déduisant les veaux, il n'en a guère que la moitié. De là ces étendues immenses de terres incultes et ces étendues non moins grandes de jachères qui affligent les regards. Non-seulement on y manque d'engrais pour entretenir la fertilité du sol, mais il n'y a pas assez de forces vivantes pour la culture. Tout ce qui peut réduire la production et l'alimentation des animaux de travail paraît donc, jusqu'à preuve contraire, au moins prématuré.

Une cause puissante d'infériorité subsistera d'ailleurs, quoi qu'on fasse, pendant longtemps. Par suite d'habitudes anciennes, le lait est dans tout le midi un produit encore moins demandé que la viande. Dans le sud-est, on se sert de l'huile pour la préparation des aliments ; dans le sud-ouest, on emploie la graisse. L'usage du beurre et du lait commence à s'introduire, mais il faudra beaucoup de temps pour qu'il devienne général ; et en attendant, le plus puissant des encouragements, celui qui a le plus contribué à multiplier le bétail de l'Angleterre et du nord de la France, manquera aux producteurs.

La région possède à peu près son contingent proportionnel en moutons. On peut les diviser en trois catégories, suivant qu'ils habitent les landes, les montagnes ou les terres cultivées.

Les Landes proprement dites nourrissent environ 700,000 moutons, ou une tête en moyenne par hectare : c'est à peu près aujourd'hui leur unique produit. On n'aperçoit, quand on les traverse, que des cabanes de bergers semées de loin en loin, et quelquefois, au milieu d'un troupeau dispersé, le pâtre monté sur de longues échasses qui se dessine seul dans l'immensité. La race locale a des qualités qu'une meilleure nourriture ne peut que développer; bien engraissée, elle donne, comme toutes les espèces à demi sauvages, une viande excellente.

Les sommets des Pyrénées ne possèdent que des variétés sans valeur ; on estime cependant, pour la saveur de leur chair, les animaux qui paissent les plantes aromatiques du versant espagnol. En revanche, les plateaux calcaires ou *causses* qui dominent les sources du Tarn, du Lot et de l'Aveyron, et qui rappellent les *downs* d'Angleterre, nourrissent comme eux des races supérieures. La meilleure est celle du Larzac, dont les brebis sont excellentes laitières; c'est avec leur lait que se fabrique de temps immémorial le fromage de Roquefort, le meilleur peut-être des fromages, connu et estimé des Romains. Ces montagnes sont percées de grottes ou caves naturelles, où règne une température glaciale, et où les fromages acquièrent le goût fin qui les fait rechercher. Grâce à cette industrie, il y a, dans le Larzac, tel troupeau de brebis qui rapporte jusqu'à

25 fr. par tête; il est douteux qu'aucune race anglaise donne plus de revenu.

Dans les terres cultivées, les brebis sont quelquefois exploitées en vue du lait, mais on leur demande surtout de bons agneaux de boucherie, la viande d'agneau entrant pour une part considérable dans l'alimentation des villes. Le climat étant en même temps favorable à la production de la laine fine ou demi-fine, les croisements avec la race mérine ont eu beaucoup de faveur. On commence à essayer des races anglaises, qui paraissent avoir plus de succès que pour le gros bétail, mais à condition de s'en servir pour des croisements, car l'extrême différence du climat rend peu probable l'acclimatation des races pures. La meilleure des races indigènes paraît être celle qui s'est formée dans les coteaux argileux du Lauraguais, et qui, bonne à la fois pour la viande et pour la laine, se prête à tous les genres de croisements.

Les trois quarts des chevaux français sont concentrés dans le nord. Le sud-ouest en a un peu plus que l'autre moitié du midi, mais encore en bien petit nombre. Le sol et le climat conviennent cependant parfaitement à la production du cheval léger. Les Landes fournissent une petite espèce, sobre, rustique, pleine de feu. La race navarrine, qui peuple les deux départements des Hautes et Basses-Pyrénées, améliorée par des étalons arabes dans le haras de Tarbes, est une des plus fines, des plus élégantes et des plus vives qui existent; on la compare avec raison à la race andalouse, qui doit avoir avec elle une origine commune. Si jamais la mode qui recherche aujourd'hui les grands chevaux du nord de l'Europe, venait à adopter ces variétés méridionales, moins hautes sur jambes, moins allongées, peut-être un peu moins rapides, mais plus gracieuses et moins exigeantes, le pays pourrait en élever beaucoup plus. Une autre production assez lucrative est celle des mulets, qui se vendent pour l'Espagne, la Provence et l'Algérie.

Les prairies naturelles ne manquent pas précisément; on en trouve au contraire beaucoup dans les montagnes, sur les bords des rivières et de l'Océan; mais elles donnent à surface égale moins de foin que dans le nord. On a généralement avantage à transformer les plus sèches en terres arables; le reste aurait besoin de s'améliorer par des irrigations et des engrais.

L'usage des prairies artificielles est peu ancien et se répand lentement; même après les progrès réalisés depuis 30 ans, on n'y consacre pas plus de 200,000 hectares, tandis que le nord-ouest en a cinq fois plus. Négligence d'autant plus regrettable que la première des plantes fourragères, la luzerne (1), ne rencontre nulle part un sol et un climat plus favorables. Originaire de la Médie, d'où les Grecs l'ont importée dans le midi de l'Europe, la luzerne aime les pays chauds, pourvu qu'ils ne soient pas trop secs et que le sol soit assez profond pour qu'elle y pousse ses longues racines; là seulement elle peut se

(1) La luzerne s'appelle dans le sud-ouest *sainfoin*, et réciproquement le sainfoin prend le nom de luzerne. Olivier de Serres emploie lui même cette langue; la plante qu'il appelle *sainfoin*, et qu'il qualifie de *merveille du ménage des champs*, est évidemment la luzerne.

maintenir de longues années en donnant sans se lasser des coupes multipliées. Le pays qui possède un pareil trésor n'a rien à envier à aucun autre ; les Romains le savaient bien avant nous : *Eximia est herba medica*, dit Columelle.

Il sera probablement possible un jour de décupler l'étendue actuellement consacrée à la luzerne dans le sud-ouest, même en ne lui consacrant que les terres les meilleures et les plus profondes. Comme tous les biens les plus précieux, cette plante inestimable a de grands ennemis ; les principaux sont une plante grimpante, la cuscute, qui l'étouffe de ses replis, et un petit insecte noir qui la dévore. L'un et l'autre se multiplient avec une effrayante rapidité ; on est trop souvent obligé d'avoir recours à des coupes multipliées, et même au feu, pour les détruire ; mais dans sa lutte contre ces fléaux, l'homme est soutenu par la végétation généreuse de la plante utile, et pourvu qu'il ne s'abandonne pas lui-même, le bien finit par être plus fort que le mal. Outre son énorme production fourragère, la luzerne a cet avantage, que, par sa durée, elle économise beaucoup de travail.

Le trèfle mûrit ses graines dans cette région, ce qui ne lui arrive pas partout, de sorte que la production de la graine de trèfle est devenue une des branches de l'industrie rurale. Le sainfoin, le trèfle incarnat, la vesce, le moha, ne réussissent pas moins. Avec de l'eau et de l'engrais, le *ray-grass* d'Italie ferait des prodiges. Le sud-ouest possède en définitive une plus grande variété de plantes fourragères que le nord ; en y comprenant le maïs et le sorgho, il peut arriver à nourrir autant d'animaux que les plaines humides de la Flandre ou de l'Angleterre, et il contient encore un million d'hectares de jachères : voilà le magnifique domaine que les cultures fourragères ont à conquérir.

Il importe alors assez peu que les racines ne réussissent pas. On ne cultive guère que 100,000 hectares en pommes de terre. Le climat du midi est peu favorable à ce précieux tubercule ; les deux régions du sud-est et du sud-ouest ne récoltent ensemble que 20,000 hectolitres de pommes de terre, tandis que le nord-est en produit à lui seul plus de 30,000 hectolitres. La betterave vient mieux, mais cette culture est encore trop peu répandue ; il en est de même de la carotte, du navet et du topinambour. Dans les parties de la région les moins sujettes à de longues sécheresses, on peut sans doute en faire davantage ; dans les autres, il est inutile de lutter contre le climat, qui présente d'ailleurs tant de compensations.

Les porcs sont nombreux et de bonne qualité ; les croisements avec les races anglaises ont parfaitement réussi pour cette espèce d'animaux. Mais ce qui est déjà porté très-loin et peut prendre en quelque sorte une extension illimitée, c'est l'élève et l'engraissement de toute espèce de volailles. La population en consomme plus que de viande de boucherie, et on en exporte beaucoup. Depuis l'ouverture des chemins de fer, ces volailles vont, par quantités considérables, s'embarquer à Cette pour l'Espagne. Les consommateurs locaux se plaignent que le prix ait doublé par cette exportation ; on ne peut pas tout avoir à la fois. La vallée de la Garonne produit d'excellentes espèces de volailles, et, entre autres, les plus belles oies du monde, célèbres en Angleterre sous le nom d'*oies de Toulouse*. Les foies de canard du même pays, production étrange qu'on n'a pas pu imiter ailleurs, sont recherchés pour leur goût délicat.

## V

Cette région devrait être une des premières pour la production du froment, car il n'en est pas qui se prête davantage à cette culture. Originaire de pays méridionaux, comme la luzerne, le froment aime le soleil, pourvu qu'il trouve l'humidité nécessaire à toute végétation ; ce n'est en quelque sorte qu'à force d'art qu'on l'a naturalisé sous le ciel froid et brumeux du nord. Cependant, tandis que le nord-ouest produit en moyenne 28 millions d'hectolitres de froment par an, le sud-ouest n'en produit que la moitié, et ce qui est plus étrange encore, il produit plus chèrement. Avec des rentes plus élevées, des salaires plus forts, des impôts plus lourds, la Picardie et l'Ile-de-France peuvent donner leurs blés, en temps ordinaire, à 16 francs l'hectolitre, tandis que le midi ne peut guère donner les siens au-dessous de 20 francs.

Cette cherté relative tient à deux causes : l'absence à peu près complète de revenu en bétail qui paie une partie des frais, et le faible rendement qu'on obtient dans des terres mal nettoyées et mal fumées, où le blé revient tous les deux ans. Tandis que le nord récolte en moyenne de 16 à 18 hectolitres à l'hectare, le midi n'en récolte que 10 ou 12. L'ivraie et la folle-avoine, ces vigoureux parasites y font encore, comme au temps de Virgile, le désespoir des cultivateurs :

*Infelix lolium et steriles dominantur avenæ.*

Le sud-ouest produit à peine 2 hectolitres et demi par tête d'habitant ; on supplée à ce qui manque par le seigle, le maïs, les légumes secs. Ce qui achève d'y rendre le blé rare et cher, c'est que les deux régions voisines, le sud-est et le centre, en récoltent encore moins. De petits courants commerciaux déversent dans tous les sens l'excédant des grains de la vallée de la Garonne, et l'industrie de la minoterie, pour le choix et la préparation des farines, a pris une assez grande extension. Avec les nouveaux moyens de transport qui s'organisent, les producteurs se sont crus menacés de voir refluer sur eux les blés du nord, mais ces blés ont plutôt intérêt à se porter vers l'Angleterre et la Belgique. Dans le sud-est l'ardeur du climat, dans le centre l'étendue des montagnes, mettent à la culture du froment des obstacles naturels ; le sud-ouest, leur voisin, paraît par conséquent destiné à leur vendre toujours des grains.

Nul doute qu'on n'y puisse doubler un jour la production, mais ce n'est pas par l'extension des terres emblavées qu'on peut y arriver ; on devrait plutôt commencer par la réduire. Le froment couvre déjà un million d'hectares ; c'est tout ce qu'on peut espérer de lui consacrer jamais, même en admettant la mise en valeur de beaucoup de landes incultes ; tout au plus pourrait-il gagner quelque chose sur le seigle et le méteil qui couvrent 400,000 hectares. La meilleure voie à suivre est une transformation de l'assolement, qui, en multipliant les cultures fourragères et les récoltes sarclées, permette de mieux fumer et de mieux nettoyer le sol, et d'augmenter par là le rendement en blé. Tous les cultivateurs intelligents le comprennent, et travaillent à substituer au vieil assolement un système plus rationnel. Ce qui paraît l'emporter, pour le moment, dans le plus grand nombre des cas, est une variante de l'assolement triennal qui ne fait revenir le blé que tous les trois ans.

Le midi possède déjà d'excellentes variétés de froment pour semence et n'a aucun besoin d'en emprunter au nord ; il pourrait plutôt lui en fournir, témoin la variété appelée *blé bleu*, fort recherchée depuis quelque temps dans les environs de Paris, et qui vient d'un canton du département du Gers. On pourrait seulement y importer d'Italie la variété spéciale qui fournit les chapeaux de paille et qui aurait le mérite de donner aux femmes un travail propre, élégant et commode.

Les cultures du printemps réussissent rarement, faute de pluies à propos. L'orge et l'avoine, qui, dans le nord-ouest, occupent au moins un million d'hectares, ici en occupent à peine 200,000, et avec un rendement bien inférieur. C'est le maïs qu'on cultive principalement en seconde céréale, parce qu'il n'exige d'eau qu'un peu plus tard. Le sud-ouest est la région privilégiée de ce grain, surtout dans la vallée de l'Adour d'où il s'exporte pour l'Angleterre en quantités notables. Le maïs ne trouve en effet que là et sur les bords de la Saône les conditions de chaleur et d'humidité qui lui sont nécessaires.

Dans son pays natal, l'Amérique, sur les terres presque vierges des rives de l'Ohio et du Mississipi, sous le soleil éclatant et les pluies abondantes de cette partie du monde, cette plante précieuse, mais exigeante, donne des produits merveilleux qui se renouvellent quelquefois dans les parties de l'Europe où elle s'est le mieux naturalisée, comme la Lombardie. Mais le cercle où elle peut croître et prospérer est fort restreint en France, car il ne comprend pas plus d'une vingtaine de départements, et là même où elle prodigue ses trésors, il n'est pas bien sûr qu'elle ne coûte pas souvent plus qu'elle ne rapporte. Elle ne devrait entrer dans l'assolement qu'à des intervalles assez éloignés, car elle dévore le sol, et la déplorable habitude qui, dans les meilleures parties du sud-ouest, la fait succéder au froment sans interruption, ne saurait être trop condamnée. Même en Amérique, elle ne peut revenir longtemps sur les meilleures terres, sans y perdre beaucoup de sa fécondité.

Le maïs donne en moyenne 30 pour un, c'est beaucoup en apparence, ce n'est pas assez en réalité pour payer les frais qu'il entraîne. Comme la quantité de semence qu'on emploie par hectare n'est que d'un demi-hectolitre, ou du quart environ de ce qu'on sème en froment, il s'ensuit qu'à surface égale il ne produit pas beaucoup plus que le froment, ou 15 hectolitres par hectare, et il ne le vaut pas comme aliment. Partout où il ne rapporte pas au moins 50 pour un, il devrait être abandonné comme récolte céréale; au-dessous de ce rendement, il n'a de valeur que comme culture sarclée ayant pour but de nettoyer le sol, et comme fourrage verd. Il a dû s'introduire en France vers la fin du quinzième siècle, en même temps que la soie, et venir comme elle d'Italie, après la campagne de Charles VIII. Trouvant l'assolement biennal établi, il s'est logé naturellement dans la seconde sole, et par là il a fait peut-être plus de mal que de bien à l'agriculture méridionale.

Une importation plus récente a paru un moment rivaliser avec le maïs : c'est le sorgho à sucre du nord de la Chine, qui vient à peu près dans les mêmes conditions, mais en résistant davantage à la sécheresse. Peu de plantes ont une végétation aussi puissante. Ses tiges s'élèvent jusqu'à 3 mètres, surmontées du panache élégant qui porte ses graines, et ses feuilles larges, longues, épaisses, éclatantes, courbées avec grâce par leur propre poids, rappellent la splendide nature des tropiques. Rien de plus beau qu'un champ de sorgho, rien qui donne une plus haute idée des largesses de la création. Son utilité répond-elle à sa beauté? Il est encore trop peu connu pour qu'on puisse répondre avec certitude. S'il parvient difficilement à sa maturité ou s'il épuise trop le sol, il fournit en vert un fourrage plus abondant que le maïs; mais ce fourrage devient suspect depuis quelque temps par des accidents survenus à quelques-uns des animaux qui s'en sont nourris.

Sur certains points on a essayé du riz; cette tentative a eu peu de succès, et il n'est pas à désirer qu'elle en ait; le riz ne pouvant venir que dans des terres inondées, répand autour de lui les fièvres paludéennes. La culture des légumes secs constitue au contraire une des principales richesses. On ne sait pas encore assez le parti qu'on peut tirer des légumineuses, fèves, haricots, pois, lentilles, d'une alimentation si substantielle et d'une exportation si commode. Chez les anciens, on avait presque divinisé la fève; deux fois plus nourrissante que le froment à poids égal, elle mérite par sa constitution chimique le nom de viande végétale, et comme elle a la propriété de puiser dans l'atmosphère la plupart de ses éléments, elle charge très-peu le sol. Les autres légumineuses ont à peu près les mêmes avantages. Déjà répandues dans les régions méridionales de l'Europe, elles paraissent destinées à s'y répandre encore plus.

La vallée de la Garonne produit beaucoup de lin et de chanvre. Le colza s'y propage comme partout. Le tabac est autorisé dans les départements de Lot-et-Garonne et du Lot, on y produit les trois quarts du tabac récolté en France; cette culture, gênée par les règlements, serait plus profitable si elle était plus libre.

L'horticulture trouve dans le climat du sud-ouest des facilités particulières; trop négligée jusqu'à nos jours, faute de débouchés, cette branche importante peut y prendre un essor indéfini, partout où il est possible d'établir un modeste puits à roue, le plus élémentaire et le plus commode des moyens d'irrigation. Le Roussillon, tout autant que la Provence, peut fournir la France entière de primeurs. L'amandier, le pêcher, l'abricotier, le figuier, prospèrent naturellement dans toute la région et ne demandent que quelques soins pour porter des fruits exquis. Le chasselas de Montauban arrive maintenant en quantités considérables jusqu'à Paris et y lutte sans désavantage contre les produits justement estimés de Fontainebleau. D'autres espèces non moins excellentes de raisins de table, encore inconnues sur le marché parisien, ne tarderont pas à y parvenir à leur tour. Dans les environs de Bordeaux, de grands jardins maraîchers travaillent principalement pour l'exportation, et des bâtiments chargés de légumes commencent à partir de ce port pour l'Angleterre et le nord de l'Europe.

Parmi ces cultures, il en est une qui mérite une mention spéciale, celle du prunier; elle se concentre jusqu'ici presque tout entière sur les bords de la Garonne, d'Agen à Marmande, et dans la vallée du Lot. Le produit brut annuel atteint aujourd'hui 5 millions de fr.; il a plus que quadruplé depuis 1815. Séchées au four, ces prunes s'expédient dans toute l'Europe. L'arbre qui les porte appartient à la variété dite *robe de sergent*; on en attribue la propagation aux anciens établissements religieux. Peu exigeant pour la nature du sol, il demande seulement à être abrité contre les vents et les gelées. Le produit moyen de chaque pied est de 6 kilogrammes de pruneaux, on en trouve qui en donnent jusqu'à 50, au prix moyen de 20 fr. les 50 kilos (1).

(1) Petit-Lafitte, *Études sur le prunier*.

Vient enfin la seconde richesse de la région après le blé, le vin. Le sud-ouest contient environ le tiers des vignes que renferme la France, et il pourrait en avoir beaucoup plus. Depuis quelques années, les fléaux de la vigne y ont sévi comme partout, et la production a diminué de plus de moitié; mais, en temps ordinaire, sur une récolte totale de 40 millions d'hectolitres, il en fournit à lui seul 15 millions. Cette abondance dépasse à tel point les besoins de la consommation locale que le vin y est tombé quelquefois, sur les points les plus éloignés des débouchés, à 5 fr. l'hectolitre, et qu'on s'y est vu obligé, dans les meilleures années, de laisser périr sur pied une partie de la vendange. On en convertit en eau-de-vie une portion assez considérable, notamment dans l'Armagnac, pour en faciliter l'exportation. A mesure que les communications se perfectionnent, ces vins peuvent se répandre à moins de frais, soit en France, soit à l'étranger, au grand avantage des producteurs et des consommateurs.

La plupart sont déjà de bons vins de table, et leur qualité peut s'améliorer encore par un bon choix de cépages et des procédés perfectionnés de culture et de fabrication. A mesure que la demande s'accroît, l'attention des producteurs se porte de ce côté. La maladie même de la vigne, en élevant considérablement le prix des produits, a contribué à ce mouvement. A 10 fr. l'hectolitre en moyenne, le revenu total montait à 150 millions; avec une augmentation dans le prix et une autre dans la quantité, il peut être aisément quadruplé. Aucune autre partie de l'Europe n'a pu, jusqu'ici du moins, rivaliser avec les vins de France.

A la tête de ces vignobles se placent, sous tous les rapports, ceux du département de la Gironde. On y compte plus de 125,000 hectares de vignes, produisant par an 2,500,000 hectolitres, à raison de 20 hectolitres par hectare : « La Garonne, dit Vanière dans le *Prædium rusticum*, qui voit à sa source les habitants creuser les montagnes pour en retirer le fer, qui traverse ensuite des pâturages et des champs couverts de moissons, finit son cours au milieu des pampres. » Les vignobles du Bordelais peuvent se diviser en quatre classes de qualités très-différentes : les *paluds*, ou terres d'alluvion des bords du fleuve, qui donnent des vins extrêmement abondants, mais médiocres ; les *côtes*, qui longent la rive droite de la Dordogne, vers Libourne et Saint-Émilion ; les *graves*, pays caillouteux sur la rive gauche de la Garonne, qui porte les vins blancs de Sauternes ; le *Médoc* enfin, langue étroite de terre entre la Gironde et la mer, qui produit les meilleurs vins rouges.

Tous ces vignobles sont exploités avec une extrême habileté, résultat d'une application séculaire, car leur réputation date de loin. La production remonte jusqu'à l'époque romaine. L'exportation a pris son principal développement pendant la domination anglaise en Guyenne, au quatorzième siècle. Froissart parle d'une flotte anglaise de 200 voiles, qui allait tous les ans se charger de vin à Bordeaux pour l'Angleterre.

La culture la plus savante et la plus dispendieuse est

celle du Médoc ; elle ne ressemble à aucune autre. Les vignes y ont une étendue totale de 20,000 hectares ; on en évalue le produit moyen à 40,000 tonneaux de 10 hectolitres. Sur ce nombre, 5,000 au plus appartiennent aux crus supérieurs ou classés, 5,000 sont ce qu'on appelle des vins de bourgeois, et les 30,000 restants des vins ordinaires ou de paysans. Les premiers crus se vendent ordinairement, après la récolte, 2,000 francs le tonneau ; on les a vus quelquefois monter jusqu'à 5,000 et au delà. Les prix déclinent ensuite progressivement, suivant les classes, jusqu'à 300 fr. le tonneau (1). La production totale du Médoc représente, année moyenne, une valeur de 20 millions ou 1,000 fr. par hectare. On retrouve partout, dans ce coin reculé, l'aspect de l'opulence. La terre plantée en vigne y valant 10,000 fr. l'hectare, les châteaux se touchent : on peut en quelques heures passer en revue château Laffite, château Latour, château Margaux, noms connus dans les deux mondes, avec leur cortège de riches satellites, Brane-Mouton, Léoville, Larose, Lagrange, etc.

Le prix des vins du Médoc paraît excessif ; mais quand on pénètre dans le détail des frais de revient, on cesse de s'en étonner. Les avantages naturels de sol et de climat n'y entrent que pour une bien faible part ; presque toute cette valeur est due à l'art ingénieux qui préside aux moindres détails de la production. La perfection coûte cher

(1) Ces prix n'ont pas beaucoup changé depuis 1789. L'abbé Baurein, *Variétés bordelaises*, 1784, dit que de son temps les prix des vins de grands crus montaient à 2,000 livres le tonneau, et que les plus bas n'étaient guère au-dessous de 200 livres.

en tout genre. Les frais de culture et de vinification s'élèvent à 500 fr. le tonneau dans les premiers crus et ne descendent guère au-dessous de 250 fr. dans les derniers; la moyenne est d'environ 300 fr. Quand la quantité ou la qualité vient à manquer, on a peine à joindre les deux bouts. En revanche, dans les bonnes années, les revenus deviennent magnifiques, mais ces heureuses fortunes sont rares. On cite un propriétaire du Médoc, M. le comte Duchâtel, qui a vendu sa récolte de 1858, 600,000 fr. (200 tonneaux à 3,000 fr. le tonneau).

La création de nouvelles vignes est en elle-même une opération chanceuse. Il résulte de calculs faits avec soin qu'un vignoble de quatre ans, qui commence à produire, a dû coûter près de 10,000 fr. l'hectare en déboursés de toute sorte, défoncements, fumiers, transports de terre, plantation, garnissage, frais annuels d'entretien, bâtiments, vaisseaux vinaires, frais généraux, intérêt des avances, etc., même sans compter pour rien la valeur du sol nu. A ce compte, le prix vénal représenterait uniquement les capitaux enfouis.

Ces frais énormes ne sont heureusement pas nécessaires partout, mais ils servent à maintenir l'exquise délicatesse des meilleurs produits. Tout un monde de dégustateurs et de courtiers pousse à ses dernières limites l'art d'apprécier, de garder, de perfectionner les vins, de les vendre à propos. Ces habiles raffinements ont porté leurs fruits, un commerce immense s'est établi sur cette base. 100,000 hectolitres de première qualité en font vendre cent fois plus de qualités secondaires ou inférieures.

Bordeaux est de plus en plus le premier marché du monde pour les vins ; ceux de la Gironde ne suffisant pas, on en fait venir de tous les côtés, qui se transforment par des coupages dans les chais gigantesques de la métropole ; industrie utile et légitime tant qu'elle est contenue dans de justes limites, en ce qu'elle permet d'améliorer la qualité des vins communs et d'abaisser le prix des vins fins, mais qui tombe facilement dans l'abus et appelle alors la répression de la loi et la censure de l'opinion.

Cette grande richesse concentrée autour de Bordeaux, contraste avec le voisinage des Landes. A une faible distance du fleuve, la solitude commence. Le Médoc lui-même contient plus de bruyères et de marais que de vignobles et de champs cultivés. Suivant toute apparence, ce n'était encore qu'un désert il y a deux ou trois siècles, et les vins recherchés à cette époque provenaient d'autres parties du Bordelais. C'est du moins ce qui résulte de la description qu'en a laissée le célèbre ami de Montaigne, Etienne de la Boétie. Il passait habituellement en Médoc les vacances du parlement ; là, en présence d'une nature austère, le cœur plein du spectacle des fléaux qu'avait déchaînés l'ambition des grands, il se nourrissait des libres colères qui ont inspiré sa vigoureuse protestation contre le despotisme. Lui-même a exprimé dans les vers suivants l'accord de sa retraite et de ses pensées :

> O Médoc, mon pays solitaire et sauvage,
> Tu es au bout du monde et je t'en aime mieux ;
> Il n'est pas de pays plus plaisant à mes yeux ;
> Nous savons après tout les malheurs de notre âge.

## VI

En résumé, les produits agricoles de cette région peuvent être évalués à 600 millions, dont 200 millions pour les céréales, 200 millions pour le bétail, 200 millions pour le vin et les autres produits; soit à peine 70 francs par hectare de superficie et 110 francs par hectare en culture. Le taux moyen des salaires doit être d'un franc 25 centimes par jour de travail, c'est-à-dire aussi bas que dans la région de l'ouest et moins haut que dans les trois autres.

Depuis 1789, la richesse agricole n'y a pas tout à fait doublé, comme dans les régions précédentes, et la condition des populations rurales ne s'est pas sensiblement améliorée; c'est la partie de la France où la révolution avait le moins à changer et où elle a, en effet, le moins changé. Ni la noblesse ni le clergé n'y possédaient de grands biens. L'intendant Bâville comptait, en 1700, 4,486 familles nobles en Languedoc, et remarquait qu'il n'y en avait pas 15 qui eussent 20,000 livres de rentes; ces familles vivaient à la campagne économiquement, très-peu d'entre elles avaient des charges de cour ou de grands emplois militaires. De son côté, Expilly évalue, en 1765, le revenu total du clergé du Languedoc à 4 millions 500,000 livres; même en admettant que ce revenu eût doublé en 1789, ce n'était pas beaucoup pour une province qui comprenait le dixième de la monarchie. La distinction des ordres, si marquée dans le nord, n'existait presque pas dans le midi.

Le Languedoc a formé à lui seul sept départements, et se partage à peu près par moitié entre le sud-est et le sud-ouest. Or, pendant que la maxime de tout le nord était : *Nulle terre sans seigneur,* les terres du Languedoc étaient libres de seigneurie, à moins d'un titre contraire et formel. « Par le franc alleu, dit Bâville, on entend, dans le Languedoc, une manière de propriété libre de sa nature, indépendante de tout seigneur et tenue de Dieu seul, sur ce fondement que, *par le droit écrit,* tous les fonds sont censés libres si le contraire n'est prouvé. » Le franc alleu, qui remonte au droit romain et qui s'était conservé plus intact en Languedoc qu'ailleurs, avait été consacré par des lettres-patentes de plusieurs rois. C'est aujourd'hui la condition de toutes les terres, de même que le droit romain est devenu une des bases de notre droit civil.

Ces emprunts ne sont pas les seuls que la France moderne ait faits à l'ancien Languedoc. On reconnaît, dans les règles actuellement suivies pour la perception de l'impôt foncier, des principes en vigueur dans cette province dès les temps les plus reculés. Tandis que, dans les trois quarts du royaume, la taille était *personnelle,* c'est-à-dire assise sur la richesse présumée des contribuables, en Languedoc elle était *réelle* ou assise sur le sol lui-même. Elle avait pour base un *cadastre* dans lequel les terres étaient divisées en trois classes suivant leur fertilité; chacun savait exactement d'avance, d'après cette base, ce qu'il devait payer. Tous les économistes et financiers du dix-huitième siècle, à commencer par Boisguillebert et Vauban, sont unanimes pour vanter les avantages de ce mode de perception, et pour constater les funestes effets de la taille personnelle ou arbitraire, qui a laissé dans nos campagnes un si odieux souvenir.

Un autre objet de l'admiration générale était la constitution des états provinciaux du Languedoc. Ces assemblées se composaient de 92 membres, dont 23 archevêques et évêques, 23 barons ou chefs de la noblesse, et 46 députés du tiers état, le tout ne formant qu'un seul corps délibérant, où les voix se prenaient, non par ordre, mais par tête ; d'où il suit que les trois grands principes qui ont triomphé en 1789 dans les états généraux, la double représentation du tiers, la réunion des ordres, le vote par tête, étaient depuis longtemps pratiqués en Languedoc. Tout le dix-huitième siècle a réclamé l'établissement d'assemblées provinciales dans tout le royaume, d'après ce modèle. Dès 1778, quand Necker avait voulu instituer, comme essai, une assemblée provinciale en Berri, il avait eu soin de lui donner la constitution des états du Languedoc ; et cet essai ayant réussi, quand le roi, après avoir consulté les notables dont l'avis fut favorable, rendit en 1787 son édit général de création des assemblées provinciales, il leur appliqua les mêmes règles.

Même dans les formes suivies pour le vote, on retrouvait une jalouse égalité ; un prélat opinait le premier, puis un baron, puis deux députés du tiers, et ainsi de suite. Cette délibération en commun, ce vote égal, cette absence de priviléges, avait établi à la longue, entre les classes, des relations affectueuses. Il y avait, il est vrai, des terres nobles qui ne payaient pas d'impôt, mais cette dérogation aux principes du droit local remontait probablement à une origine étrangère à la province. Dans tous les cas, le privilége portant sur les terres était moins choquant que sur les personnes ; et par le mouvement du temps, des roturiers étant devenus propriétaires de biens affranchis, et des nobles propriétaires de biens soumis à la taille, cette confusion achevait d'atténuer la différence. Ce n'était pas encore l'égalité absolue, mais peu s'en fallait ; la liberté politique s'est fondée en Angleterre sur une plus grande inégalité, et cette inégalité dure encore.

Comme dernier trait de supériorité, les travaux publics ordonnés par les états s'exécutaient sans le secours des *corvées*, si usitées dans la France féodale ; c'est ce qui frappa le plus Arthur Young lors de son passage. Ici encore, la révolution n'a eu qu'à imiter.

Mais les meilleures institutions ne peuvent rien sans liberté. Ce que le dix-huitième siècle admirait tant dans les états du Languedoc n'était que l'ombre d'une constitution qui ne vivait plus réellement. Dans sa lutte contre les empiètements de la couronne, cette province avait sauvé l'existence des états ; pour tout le reste, elle avait perdu son indépendance. Les représentants du roi, appuyés sur une force militaire, exerçaient l'autorité suprême, et la supériorité du mécanisme financier était devenue pour eux un moyen d'extorquer de l'argent par toute sorte de ruses et de violences. En 1789, le Languedoc était une des provinces les plus imposées ; il payait, d'après Necker, 22 livres 1 sol par tête, tandis que la Bretagne, dont les états avaient conservé une indépendance plus effective, ne payait que 12 livres 10 sols ; et ce qui aggravait encore cette lourde charge, le trésor royal prélevait presque toutes les recettes, ne laissant à la province qu'une trop faible part pour ses propres dépenses. Cette tyrannie fiscale avait tout arrêté.

L'autre moitié de la région, la Guyenne, n'avait pas conservé d'états particuliers, elle a donc eu un peu plus à gagner aux institutions nouvelles ; mais la constitution de la société n'y était pas très-différente. Ce qui a le plus contribué à développer ses ressources naturelles, c'est la liberté du commerce des vins.

Sous l'ancien régime, les propriétaires de vignobles des environs de Bordeaux avaient cru protéger leurs produits en prohibant dans cette ville la consommation de tout autre vin que le leur. Il n'était pas permis de vendre son vin en détail à quiconque n'était pas bourgeois de Bordeaux et n'y résidait pas avec sa famille six mois de l'année au moins. Les vins du Languedoc ne pouvaient pas descendre la Garonne avant la Saint-Martin, il n'était pas permis de les vendre avant le 1er décembre. On ne souffrait pas que ceux du Périgord, du Quercy, de l'Agenais, arrivassent à Bordeaux avant les fêtes de Noël ; on n'avait même pas la ressource de les emmagasiner, car aucun vin étranger à la sénéchaussée de Bordeaux ne pouvait y rester passé le 8 septembre. Ces faits et d'autres du même genre, incroyables aujourd'hui, sont constatés par Turgot dans le préambule de son édit de 1778 sur la liberté du commerce des vins; ils avaient donc cessé dix ans avant 1789.

La révolution n'a fait qu'interrompre les bons effets de cette liberté. En 1788, l'exportation des vins français pour l'Angleterre dépassait 40,000 hectolitres; elle s'est à peu près arrêtée après la rupture, et, quand elle a repris à la paix, l'habitude des vins d'Espagne et de Portugal avait eu le temps de se répandre sur le marché anglais, nos vins n'y ont plus trouvé la même faveur. On peut affirmer que, sans les guerres de la révolution et de l'empire, l'Angleterre consommerait actuellement dix fois plus de vins français.

Le Béarn, ou département des Basses-Pyrénées, avait eu son histoire à part. Fier d'avoir donné un roi à la France, il avait gardé, sous Henri IV, son autonomie; Richelieu la lui enleva, mais en lui laissant des états et un parlement. Heureux encore de ce qui lui restait, isolé et oublié au bout du territoire, ce petit peuple vivait paisible dans ses vallées, quand la révolution vint l'y chercher. Il l'accueillit avec défiance, mais sans résistance déclarée, et elle ne lui a fait en définitive ni mal ni bien. Les mœurs y étaient déjà aussi douces que le climat, et les fortunes presque égales. « Dans nos campagnes, disait en 1788 le parlement de Pau, tout le monde est propriétaire. » Arthur Young en fait une description charmante : « Partout, dit-il, on respire un air de propreté, de bien-être et d'aisance qui se retrouve dans les maisons, dans les étables fraîchement construites, dans les clôtures, dans les petits jardins ; beaucoup de ces petites propriétés ont toutes les apparences du bonheur champêtre. C'est bien ici le pays d'Henri IV, chaque paysan a la poule au pot. »

Voici quel est l'état actuel des voies de communication ouvertes dans la région du sud-ouest :

| DÉPARTEMENTS. | ROUTES impériales. | ROUTES départe- mentales. | CHEMINS vicinaux de grande communi- cation. | CHEMINS vicinaux de moyenne communi- cation. | TOTAL. |
|---|---|---|---|---|---|
| | kilom. | kilom. | kilom. | kilom. | kilom. |
| Gironde.......... | 394 | 751 | 995 | 473 | 2,613 |
| Lot-et-Garonne... | 363 | 436 | 653 | 408 | 1,860 |
| Lot.............. | 286 | 581 | 689 | 262 | 1,818 |
| Tarn-et-Garonne.. | 255 | 614 | 328 | » | 1,197 |
| Landes.......... | 457 | 260 | 614 | » | 1,331 |
| Gers............ | 427 | 599 | 874 | 289 | 2,189 |
| Haute-Garonne... | 333 | 692 | 809 | 262 | 2,096 |
| Tarn............ | 333 | 290 | 486 | 497 | 1,606 |
| Aveyron........ | 577 | 555 | 376 | 138 | 1,646 |
| Basses-Pyrénées.. | 419 | 655 | 631 | 130 | 1,835 |
| Hautes-Pyrénées.. | 287 | 162 | 615 | » | 1,064 |
| Ariége.......... | 285 | 279 | 238 | 97 | 899 |
| Aude........... | 364 | 574 | 372 | 435 | 1,745 |
| Pyrénées-Orienta1. | 337 | 122 | 109 | 120 | 688 |
| Totaux....... | 5,117 | 6,570 | 7.789 | 3,111 | 22,687 |

Le sud-ouest a donc un peu plus de routes de terre que le sud-est, mais beaucoup moins que les autres régions. Cette inégalité n'est pas corrigée, comme dans le sud-est, par les voies navigables et les chemins de fer :

|  | Voies navigables. | Chemins de fer. |
|---|---|---|
| Gironde | 416,020 mètres. | 227,894 mètres. |
| Lot-et-Garonne | 354,063 | 82,402 |
| Lot | 225,077 | » |
| Tarn-et-Garonne | 206,725 | 139,374 |
| Landes | 224,267 | 168,984 |
| Gers | 10,000 | » |
| Haute-Garonne | 266,782 | 65,859 |
| Tarn | 69,881 | 32,833 |
| Aveyron | 85,176 | 94,257 |
| Basses-Pyrénées | 108,205 | 2,975 |
| Hautes-Pyrénées | » | » |
| Ariége | 4,400 | » |
| Aude | 164,935 | 156,839 |
| Pyrénées-Orientales | » | 24,579 |
|  | 2,135,533 | 995,996 |

Outre qu'elles sont moins nombreuses qu'ailleurs, ces voies de communication sont très-inégalement réparties. Là où manquent les routes de terre et les voies navigables, manquent aussi les chemins de fer.

Chaque fraction de notre territoire, prise à part, a paru jusqu'ici inférieure au territoire étranger qui la touche, et dont elle rappelle les principaux traits. La Flandre et la Picardie, si riches qu'elles soient, n'égalent pas tout à fait la Belgique; la Normandie est un peu en arrière de l'Angleterre; la Lorraine et l'Alsace le cèdent sur quelques points à l'Allemagne rhénane; la Franche-Comté ne peut pas rivaliser avec la Suisse, et la Provence avec la Lombardie. Il n'en est pas de même du sud-ouest : quoique l'une des parties les moins prospères de notre sol, il dépasse en richesse l'Espagne, sa voisine. Si cependant on bornait la comparaison à la portion du sol espagnol qui forme, sur le versant méridional des Pyrénées, l'équivalent du sud-ouest, on trouverait plus d'égalité qu'on ne croit. La Galice, les Asturies, les provinces basques, la Navarre, l'Aragon, la Catalogne, forment un total de huit à neuf millions d'hectares qui rivalise, à beaucoup d'égards, avec l'autre versant. La population y est aussi nombreuse, l'agriculture à peu près aussi active. Ce sont les immenses déserts du centre de l'Espagne qui la placent aux derniers rangs ; sous les auspices des plus libres institutions qu'elle ait jamais eues, c'est peut-être aujourd'hui la partie de l'Europe qui fait les plus rapides progrès.

Au nombre des causes qui peuvent contribuer à développer l'agriculture du sud-ouest, figure l'agrément particulier que le climat donne à la vie rurale. Les étés y sont moins chauds qu'en Provence, les hivers plus courts et plus doux que dans le nord. On n'y a pas les frais gazons de la Normandie, mais le paysage n'en a pas moins son charme ; la verdure même ne manque pas, et la luzerne, le maïs, la vigne, les arbres et arbustes à feuillage persistant, produisent à l'œil des effets tout aussi beaux et plus variés que les prairies. Il suffit de peu de soin et d'argent pour obtenir en abondance des fleurs et des fruits, ces joies de la vie rurale. Malheureusement l'habitation champêtre s'y montre en général trop dépouillée d'élégance. Cette négligence peut et doit cesser, et dans tous les cas, si la fatalité qui pousse les riches à déserter les champs est décidément invincible, cette facilité de vie restera pour les cultivateurs proprement dits. Nulle part, si ce n'est dans l'Italie centrale, la condition du paysan n'est naturellement aussi bonne, d'autant plus qu'il a conservé la principale qualité des populations méridionales, la sobriété.

On a vu cependant dans ces dernières années la population diminuer ; ce fait a tenu à la crise des subsistances, qui a été infiniment plus forte dans le midi que dans le nord. En temps ordinaire, le sud-ouest est très-sujet à de violents accidents atmosphériques ; la grêle surtout y fait des ravages soudains qui n'ont pas peu contribué à ralentir le développement rural. De 1853 à 1856, il a subi, plus que le reste du territoire, des influences particulièrement funestes. Tout y a manqué à la fois. Si les récoltes ont plus souffert dans cette partie de la France, c'est que les intempéries y ont trouvé une culture moins exercée et plus dépourvue de capitaux. Dans toute la région, l'impulsion est désormais donnée par des sociétés d'agriculture, des comices, des concours. Au nombre des établissements qui préparent l'avenir, on peut citer la ferme-école de Bazin, près Lectoure (Gers).

# SIXIÈME RÉGION.

## LE CENTRE.

### I

Nous arrivons enfin à la région du Centre, la dernière et la plus pauvre. Elle comprend les anciennes provinces de Sologne, Berri, Nivernais, Bourbonnais, Auvergne, Velay, Gévaudan, Marche, Limousin et Périgord. Trois ou quatre des treize départements dont elle se compose peuvent être considérés comme jouissant d'une prospérité relative; tout le reste souffre plus ou moins. En 1789, cette partie du territoire contrastait déjà avec les autres, mais moins qu'aujourd'hui. On n'y compte pas plus de 50 habitants par 100 hectares, comme dans les pays les moins peuplés de l'Europe. Ses deux plus grandes villes, Limoges et Clermont, ont chacune 40,000 âmes; puis viennent Bourges, qui en a 25,000; Moulins, Blois, Nevers, Châteauroux, le Puy, Périgueux, qui en ont de 15 à 20,000. On y trouve des chefs-lieux de département, comme Mende et Guéret, qui n'ont pas plus de 5,000 habitants, et un chef-lieu d'arrondissement, Boussac, qui n'en a pas plus de 1,000. La population rurale comprend les quatre cinquièmes de la population totale; l'industrie est nulle, excepté sur un petit nombre de points.

| DÉPARTEMENTS. | ÉTENDUE en hectares. | POPULATION en 1856. | HABITANTS par 100 hect. |
|---|---|---|---|
| Loir-et-Cher...... | 635,092 | 264,043 | 41,57 |
| Cher............ | 719,934 | 314,844 | 43,76 |
| Indre........... | 679,530 | 273,479 | 40,25 |
| Nièvre.......... | 681,656 | 326,086 | 47,84 |
| Allier........... | 730,837 | 352,241 | 48,20 |
| Creuse.......... | 556,830 | 278,889 | 50,09 |
| Haute-Vienne.... | 551,658 | 319,787 | 57,97 |
| Corrèze......... | 586,609 | 314,982 | 53,69 |
| Dordogne....... | 918,256 | 504,651 | 54,96 |
| Puy-de-Dôme.... | 795,051 | 590,062 | 74,22 |
| Cantal.......... | 574,147 | 247,665 | 43,14 |
| Lozère.......... | 516,973 | 140,819 | 27,24 |
| Haute-Loire..... | 496,225 | 300,994 | 60,66 |
|  | 8,442,798 | 4,228,542 | 50 |

Le tableau des recettes publiques présente un tableau plus triste encore : le centre ne paie que 105 millions de contributions publiques de toute sorte, c'est-à-dire moins du *sixième* de ce que paie le nord-ouest. Pour trouver un équivalent dans la série des analogies extérieures, il faut aller jusqu'au centre de l'Espagne, car tout ce qui nous entoure est beaucoup plus prospère, même la Savoie et le Luxembourg.

## SIXIÈME RÉGION. — LE CENTRE.

| DÉPARTEMENTS. | RECETTES PUBLIQUES EN 1857. | | |
|---|---|---|---|
| | TOTAL. | PAR HECTARE. | PAR HABITANT. |
| Loir-et-Cher...... | 9,013,913 | 14 24 | 34 25 |
| Cher............ | 8,809,634 | 12 24 | 27 98 |
| Indre........... | 7,320,040 | 10 77 | 26 76 |
| Nièvre.......... | 10,120,787 | 14 85 | 31 03 |
| Allier........... | 14,127,113 | 19 33 | 40 10 |
| Creuse.......... | 4,664,526 | 8 38 | 16 72 |
| Haute-Vienne..... | 7,323,963 | 13 28 | 22 90 |
| Corrèze......... | 5,441,709 | 9 28 | 17 27 |
| Dordogne........ | 11,482,802 | 12 50 | 22 73 |
| Puy-de-Dôme..... | 13,629,214 | 17 14 | 23 09 |
| Cantal.......... | 5,496,448 | 9 57 | 22 19 |
| Lozère.......... | 2,642,276 | 5 11 | 18 76 |
| Haute-Loire...... | 5,739,763 | 11 57 | 19 06 |
| Total......... | 105,842,208 | 12 50 | 25 |

La nature du sol ne suffit pas pour justifier complétement cette énorme infériorité. Le centre contient une forte proportion de montagnes, mais il n'en a pas plus que les trois régions du nord-est, du sud-est et du sud-ouest, qui lui sont très-supérieures en richesse, surtout les deux premières. La moitié seulement de son étendue est véritablement montagneuse, et cette moitié n'est pas la plus pauvre. La plus haute de ces montagnes, le Mont-Dore, n'a pas tout à fait 2,000 mètres, tandis qu'il s'en trouve beaucoup dans les Pyrénées et dans les Alpes françaises qui en ont 3,000 et au delà. Le département du Cantal, le plus élevé de France, contient des villes, comme Saint-Flour et Murat, situées à 900 mètres au-dessus du niveau de la mer, dans le reste de la région, les hauteurs n'ont rien d'excessif : Clermont, Limoges, Nevers, Moulins, Bourges, ne sont pas plus haut que Grenoble, Besançon, Nancy ou Chartres.

Le véritable défaut du centre, c'est moins l'élévation de son sol que l'absence de larges vallées. La Loire en descend, cette belle rivière,

> Qui, par le milieu de la France,
> Laisse en paix répandre ses eaux,
> Et porte partout l'abondance
> Dans cent villes et cent châteaux
> Qu'elle embellit de sa présence (1).

Mais elle ne devient véritablement navigable que quand elle s'en éloigne. L'ensemble forme de grandes plaines sans fleuves, avec un nœud de montagnes inaccessible à la navigation. A ce défaut naturel est venu se joindre l'action de causes historiques et politiques. Si le centre est loin des deux mers, il est aussi bien loin de Paris; le pouvoir central l'a toujours dédaigné et oublié. Les routes, qui auraient été plus nécessaires qu'ailleurs, lui ont manqué complétement; il est resté impraticable et inabordable. La moitié méridionale de la région a surtout droit de se plaindre. L'autre moitié, qui regarde le nord et Paris, un peu moins délaissée, a fait de sensibles progrès depuis quarante ans.

D'abord se présente une vaste plaine, l'ancienne Sologne, qui occupe tout le triangle compris entre la Loire et le Cher. Sa superficie totale est d'environ 400,000 hec-

---

(1) *Voyage d. Chapelle et Bachaumont.*

tares, répartis entre trois départements. C'était encore, il y a peu d'années, la portion la plus disgraciée du territoire national, après les landes de Gascogne. Elle n'a en tout que 80,000 habitants ou 20 seulement par kilomètre carré. Le sol, éminemment siliceux et reposant sur une base d'argile imperméable, est, comme dans les landes, noyé en hiver et brûlant en été : hommes, bestiaux et plantes, tout y a un aspect misérable. Il n'en a pas toujours été ainsi, car on a rencontré sur plusieurs points des traces d'habitations et de cultures abandonnées, et sur d'autres, des restes de forêts qui n'existent plus. Lemaire disait encore, en 1648, dans son *Histoire de la ville et du duché d'Orléans* : « Si la Beauce se trouve privée de tant de choses, *la Sologne la récompense,* car elle est abondante en prés, pâtis, bois de haute futaie, taillis, buissons, étangs et rivières, terres labourables portant blé, méteil et seigle ; elle abonde aussi en bestial et gibier et toute sorte de chasse. »

Ces mots ne prouvent pas que la Beauce fût alors inférieure à la Sologne pour la production, car Lemaire dit ailleurs : « La Beauce, au mois d'août, porte un champ d'or de froment blondissant et nourrissant (1). » Ils veulent dire seulement que l'une l'emportait sur l'autre pour les agréments du séjour. De belles demeures seigneuriales, disséminées sur cette plaine fangeuse et déserte, attestent qu'en d'autres temps on y a trouvé les conditions

(1) Il faut cependant que la Beauce ne fût pas autrefois bien riche, si l'on en juge par l'ancien proverbe : *Gentilhomme de Beauce, qui se met au lit quand on refait ses chausses.*

les plus estimées de la vie féodale. La royauté même a voulu y séjourner, attirée sans doute par les hautes futaies et par l'abondance de *toute sorte de chasse*; c'est en Sologne que François I^er a fait bâtir le château de Chambord, le monument le plus extraordinaire de la renaissance, et si le pays avait été alors aussi différent qu'aujourd'hui de ce qui l'entoure, le roi ne l'eût probablement pas choisi pour y établir une si magnifique résidence.

Les guerres de religion ont commencé la ruine de la Sologne; puis est venue la désertion des seigneurs qui ont suivi les rois, quand ceux-ci ont quitté les bords de la Loire. Ce qui avait fait jusqu'alors son succès, sa nature sauvage et forestière, n'a plus eu aucune valeur; on lui a demandé ce qu'elle ne pouvait donner que difficilement, des produits en argent. La demi-culture, plus destructive que la solitude, a répandu de proche en proche la désolation : des forêts entières ont été abattues pour subvenir à de lointaines dépenses, puis ont disparu sous la dent du bétail; les ruisseaux se sont engorgés; la fièvre et la mort ont pris possession du pays. Ce n'est pas la mauvaise administration des deux derniers siècles qui pouvait lutter contre ces fléaux; il semble, au contraire, qu'elle ait pris à tâche de les accroître par des impôts excessifs. La Sologne appartenait à l'Orléanais, une des provinces les plus surchargées; Necker constate, en 1784, qu'on y payait par tête 28 livres 4 sols.

On n'a songé à porter remède à cette situation que dans les années qui ont précédé immédiatement 1789. Lavoisier s'exprimait ainsi dans un rapport à l'assemblée provinciale de 1787 : « L'air de la Sologne est malsain ; la vie moyenne des hommes y est plus courte que dans le reste de la généralité ; mais la cause de l'insalubrité du climat est connue, elle tient à l'imperméabilité du sol et à la stagnation des eaux. Un canal qui la traverserait, rassemblerait les eaux et leur procurerait un écoulement, donnerait aux denrées un débouché qui leur manque, et, en augmentant la valeur des bois, favoriserait les plantations auxquelles la Sologne est propre, surtout celle du pin. » Ce projet resta sans exécution. Lavoisier lui-même montait peu après sur l'échafaud, emportant avec lui bien d'autres pensées utiles.

Les signes d'un mouvement réparateur ont commencé à reparaître dans les premières années de la Restauration. La grande route de Paris à Toulouse, qui traversait depuis longtemps la Sologne, n'a été vraiment fréquentée que depuis la paix ; ensuite sont venues des routes nouvelles, des canaux, des chemins vicinaux, et enfin des chemins de fer. Aucune partie de la France n'a fait plus de progrès depuis 1815. On disait autrefois que la terre y valait *trois livres l'arpent, pourvu qu'il y eût un lièvre;* elle vaut aujourd'hui cinquante fois plus ; mais le point de départ était si bas, qu'on reste encore bien loin du but. Depuis quelques années, la Sologne est devenue l'objet de faveurs particulières, son extrême proximité de Paris ayant attiré sur elle l'attention du pouvoir central. Un crédit considérable est affecté tous les ans à l'amélioration de cette contrée. Le bourg de la Motte-Beuvron a été drainé tout entier aux frais de l'État. On a poussé la bonne volonté jusqu'à offrir aux cultivateurs, sur le parcours du chemin de fer, la marne au-dessous du prix de revient. Ces efforts excèdent peut-être la juste mesure, et si l'on voulait en faire autant sur tous les points de la France qui en ont besoin, on grossirait le budget de bien des millions ; mais la situation exceptionnelle de la Sologne les justifie à beaucoup d'égards. Ils sont surtout irréprochables quand ils ont pour but de combattre l'insalubrité.

La terre est partagée en immenses propriétés ; les exploitations elles-mêmes ont une étendue démesurée, jusqu'à 200 hectares et même davantage. Pour mettre en valeur de pareilles surfaces, dans l'état où les ont mises des siècles d'abandon, il faut des millions par centaines. Bras et capitaux, tout manque à la fois pour une si grande entreprise. Comme le disait Lavoisier en 1787, c'est le pin surtout qui doit régénérer la Sologne ; on en a beaucoup semé depuis quarante ans, et de verts bouquets interrompent de tous côtés ces landes nues.

La Sologne produit maintenant beaucoup plus de céréales qu'autrefois, mais ce ne sera probablement jamais son caractère principal. La culture ne s'y développe avec fruit que dans quelques oasis, au bord des rivières, autour des bourgs. Pour le reste, on lui demande avant tout ce qu'y cherchaient nos ancêtres, on relève peu à peu les manoirs ruinés pour y mener largement la vie rurale. Au milieu de ces steppes incultes, quoique à cinq ou six heures de Paris, on se croirait en plein moyen âge. Le cerf et les autres grands animaux sauvages, qui disparaissent partout ailleurs, s'y conservent et s'y multiplient. On y entend le bruit des cors et le fracas des chasses à courre, comme au temps de François I<sup>er</sup>. Cette tendance n'a rien que d'heureux, pourvu qu'elle se maintienne dans de justes bornes. En Angleterre, où le goût de la chasse n'est pas moins répandu, le gros gibier vit renfermé dans de vastes parcs et ne peut dévaster les récoltes d'alentour. La Sologne elle-même en offre un exemple qui remonte à plusieurs siècles ; le parc de Chambord, le plus grand de France, contient 5,000 hectares clos de murs, où pullulent le faisan et le chevreuil.

Parmi les châteaux restaurés dans ces derniers temps, on remarque celui de Cheverny, bâti au commencement du dix-septième siècle par le fils du chancelier de ce nom, sur les confins de la Sologne et de la Touraine. La terre qui en dépend a 3,000 hectares d'étendue. M. le marquis de Vibraye, qui la possède aujourd'hui, ne s'est pas borné à l'embellissement du château et du parc, il a semé en bois 800 hectares de bruyères et commencé, par d'immenses travaux, la transformation des terres arables ; on admire chez lui la plus belle collection d'arbres verts qui existe en France. Pour la culture proprement dite, il faut citer en première ligne la ferme de Huppemau, près Beaugency, appartenant à M. le duc de Lorges, et dont le fermier, M. Ménard, a obtenu la prime d'honneur au dernier concours de Blois. Cette ferme présente, au milieu d'un désert inculte, tous les prodiges de la culture la plus perfectionnée, et le directeur n'est pas un agronome amateur ; c'est un véritable fermier qui paie un véritable bail.

## II

L'ancien Berri, qui touche à la Sologne, est deux fois plus peuplé, quoique beaucoup moins que la plus grande partie du territoire; il forme aujourd'hui les deux départements du Cher et de l'Indre. C'est une large plaine généralement inclinée vers le nord et l'ouest et entrecoupée de quelques coteaux peu élevés; la fertilité naturelle y égale celle de nos régions les plus prospères. Du temps des Gaulois, la tribu des Bituriges comptait parmi les plus florissantes; César vante la fécondité des environs de Bourges, et le siège de cette capitale l'arrêta longtemps. Au moyen âge, cette province fut le théâtre de luttes sanglantes. Issoudun, qui a aujourd'hui 13,000 habitants, en avait, dit-on, le double quand éclatèrent les guerres de religion; Calvin était venu lui-même à Bourges prêcher sa doctrine, qui ne put être étouffée que dans le sang. Pendant la Fronde, le prince de Condé, gouverneur du Berri, essaya de s'y retrancher contre les troupes royales. Louis XIV irrité traita cette terre rebelle en pays conquis. D'après les dénombrements des intendants, c'était la plus ruinée et la moins peuplée de nos provinces en 1700. En 1778, Louis XVI y établit une assemblée provinciale, qui avait préparé de grands travaux, mais qui ne dura que douze ans. Pendant la révolution, le Berri recula encore; il n'a fait de véritables progrès que depuis ingt-cinq ans.

On peut mesurer ces vicissitudes par le tableau suivant de la population à diverses époques :

1700........................ 390,000 âmes (1).
1790........................ 546,000
1815........................ 433,000
1856........................ 588,000

Le Berri est le cœur de la France. C'est là que, dans les guerres contre les Anglais, s'était réfugiée notre nationalité expirante; Charles VII n'a été un moment que le roi de Bourges. Aujourd'hui encore, aucune de nos provinces ne rappelle plus complétement la vieille France. Les mœurs, le langage, l'accent, tout y sent son dix-septième siècle. A part les points les plus traversés par des routes, les bourgs ont conservé l'air calme et uniforme de l'antique bourgeoisie; les campagnes ressemblent à l'immortel portrait que La Fontaine a tracé dans ses fables des campagnes françaises de son temps. Toujours le berger qui conduit son troupeau, la ménagère qui file sa quenouille, le bûcheron couvert de ramée, le cheval et le bœuf au pâturage; toujours aussi la nature sauvage à côté de la nature cultivée, le héron immobile au bord des eaux, le lièvre et les grenouilles, le lapin et la belette, le renard qui guette les poules et le loup qui emporte l'agneau. Ce monde, à demi désert, à demi champêtre, qui vit et qui parle dans l'imagination du fabuliste, n'a rien perdu de son expression d'autrefois; au coin d'un champ et d'une bruyère, on s'attend encore à surprendre l'entretien furtif du chien et du loup, et, dans le vent qui

(1) Ce chiffre ne doit être considéré que comme approximatif, la délimitation des deux départements du Cher et de l'Indre n'étant pas exactement celle de l'ancien Berri.

souffle des bois aux étangs, on croit entendre le dialogue du chêne et du roseau.

Ce mélange d'habitation et de solitude, qui nous reporte à deux cents ans en arrière, ne peut durer désormais bien longtemps; le loup surtout est de trop. Ces animaux destructeurs sont encore nombreux dans l'est et le centre, on n'y peut malheureusement pas dire ce qu'on disait des bergeries de Fontenelle, *qu'il y manquait le loup*. Si l'on calculait ce qu'ils coûtent tous les ans, soit en moutons dévorés, soit en frais de construction et de garde, on arriverait à une somme énorme.

Ces campagnes ont conservé toute leur ancienne organisation rurale, le sol y est encore entre les mains de métayers, on y appelle encore le paysan de ce nom de *bonhomme* que le génie honnête et patient de notre peuple rural a immortalisé; mais la révolution agricole est commencée et marche rapidement. Le Berri est traversé depuis dix ans par deux lignes de chemins de fer; on peut donc y voir plus nettement qu'ailleurs l'influence que ces voies rapides exercent sur le développement de l'agriculture. La plupart des lignes ouvertes dans les plus pauvres parties de la France, étant beaucoup plus récentes, n'ont pu encore porter leurs fruits; ici, au contraire, l'effet a eu le temps de se produire. L'emploi du noir animal pour les défrichements, l'usage de la chaux, de la marne et du guano, la pratique du drainage, la culture des prairies artificielles et des racines, l'amélioration des races animales, s'y propagent à vue d'œil. Les cultivateurs du pays hésitent à suivre les nouveaux procédés; mais l'impulsion est donnée par un grand nombre d'étrangers, venus de provinces plus avancées et attirés par le bon marché des terres. On peut dire que le Berri est à la mode; tout le monde veut s'y établir. Le complément obligé des grandes voies, le réseau des routes départementales et des chemins vicinaux, est déjà des plus complets et va tous les jours en se développant. Le canal du Berri ajoute à l'ensemble de ces voies de communication.

Cette province a été de tout temps la première pour le nombre des moutons. Ce n'est pas sans raison que la ville de Bourges avait pris pour armes *trois moutons d'argent sur champ d'azur, avec un pastoureau et une pastourelle pour supports*. L'immensité des terres incultes rendait ce genre d'industrie facile et naturel; l'historien Chaumeau disait au seizième siècle, en traduisant un vers latin plus vieux encore :

> La Neustrie a grandes forêts,
> Le Berri pâtis et marais.

Avant l'introduction des mérinos, les laines du Berri passaient pour les plus belles. Aujourd'hui encore, les troupeaux sont le plus actif instrument du progrès agricole, mais on les exploite principalement en vue de la viande. Les deux départements du Cher et de l'Indre vendent tous les ans 200,000 moutons pour la consommation de Paris. La race du pays la plus estimée est celle de Crevant (Indre). On a essayé de plusieurs croisements avec les races anglaises, tous ont réussi. La plus heureuse de ces tentatives a donné naissance à une véritable sous-race, celle de la Charmoise, près Pontlevoy (Loir-et-Cher), qui paraît destinée, avec celle de Crevant, à transformer tous les troupeaux du centre.

Ceux qui imputent à la division du sol l'état arriéré de l'agriculture française doivent avoir quelque peine à s'expliquer comment le Berri n'est pas plus avancé. Cette province est restée, avec ses voisines, le domaine principal de la grande propriété, la division ne s'étant faite pendant la révolution que là où s'était d'avance accumulée une grande population rurale. On y trouve au moins cent terres de plus de 1,000 hectares; quelques-unes en ont plusieurs milliers. La plus grande de toutes, celle de Valençay, ancienne propriété du prince de Talleyrand, n'a pas moins de 20,000 hectares, répartis sur 27 communes. Le château, commencé sous François I$^{er}$ par les comtes d'Étampes, s'élève sur une hauteur qui domine la contrée; devenu en 1808 la résidence de la famille royale d'Espagne, détrônée par Napoléon, il était alors fort délabré et la terre elle-même fort négligée. Les 10,000 hectares de bois, autrefois abroutis et dévastés, aujourd'hui gardés et aménagés avec soin, rapportent 200,000 francs environ; les terres arables, divisées en 48 fermes d'une étendue moyenne de 200 hectares, sont louées l'une dans l'autre 10 francs par hectare, ce qui est encore bien peu sans doute, mais beaucoup plus qu'autrefois. La terre de Meillant, qui appartient à M. le duc de Mortemart, celle de Saint-Aignan à M. le prince de Chalais, n'ont pas beaucoup moins d'étendue.

Une généreuse émulation s'est emparée depuis quelque temps de ces grands propriétaires. M. le duc de Maillé, M. le prince d'Aremberg, M. le marquis de Vogüé, ont entrepris d'utiles travaux agricoles. A Lorois, dans une ancienne abbaye, M. Lupin dirige lui-même une exploitation de 1,200 hectares, divisée en dix domaines. A Laverdine, près Nérondes, M. de Sourdeval a établi avec succès une grande culture de betteraves et une fabrique de sucre. A Fontgombaud, ce sont les trappistes; près de Bourges, c'est la colonie pénitentiaire dirigée par M. Charles Lucas. On ne finirait pas si l'on voulait tout citer.

La plus mauvaise des subdivisions du Berri, la Brenne, qui forme la moitié environ de l'arrondissement du Blanc, a une étendue totale de 100,000 hectares et une population de 20,000 âmes : on l'appelle quelquefois *la petite Sologne*. Elle a pour sous-sol une glaise imperméable, ce qui a fait naître, comme dans la Dombes, l'idée de l'exploiter au moyen d'étangs. Le sol étant plat, avec une légère pente, il a suffi de chaussées construites à peu de frais pour former de vastes retenues où l'on élève du poisson. 6,000 hectares ont été ainsi transformés en étangs. Ce mode d'exploitation a amené sa conséquence naturelle, une extrême insalubrité. La Brenne est encore plus triste et plus misérable que la Sologne. Au lieu d'augmenter, la population diminue naturellement, par un excédant à peu près constant des décès sur les naissances, et ne se soutient que par les immigrations venues du dehors. Depuis quarante ans, les préfets, les ingénieurs, les principaux propriétaires, le conseil général, cherchent les moyens de détruire ce foyer meurtrier.

Heureusement une riche famille belge est devenue propriétaire, en 1847, de la terre de Lancosme, qui n'a pas moins de 7,750 hectares, ou le douzième environ de la partie la plus malsaine de la Brenne. Le chef de cette famille, M. Louis Crombez, a commencé immédiatement une série d'améliorations. Il a entrepris et exécuté à lui seul le curage et le redressement des principaux cours d'eau; il a remplacé les chemins impraticables qui traversaient sa propriété par de belles routes construites à ses frais; il a creusé des fossés, planté des allées, défriché et semé en bois une grande partie de ses brandes, desséché la moitié de ses étangs, assaini les habitations de ses colons, organisé des écoles et une société de secours mutuels; il a développé et perfectionné une ancienne usine qui occupe 100 ouvriers. Le résultat ne s'est pas longtemps fait attendre : la mortalité s'est arrêtée, les naissances ont augmenté, la population locale s'accroît désormais d'elle-même.

M. Crombez a dépensé en dix ans plus de 200,000 fr., et il n'a accompli qu'une faible partie de sa tâche. Bien qu'originaire d'un pays d'où il aurait pu faire venir des fermiers, il a pensé que l'insalubrité du climat et la différence du sol les auraient bientôt mis hors de combat, et il s'est attaché à améliorer le pays par le pays. Afin de créer une classe de fermiers parmi les cultivateurs indigènes, il a changé la nature du contrat et transformé le métayage en un régime intermédiaire, où la terre est louée à prix d'argent et le produit du bétail partagé par moitié. Ces fermiers novices étant dépourvus de capitaux, il s'est fait lui-même leur banquier, leur avançant l'argent dont ils ont besoin pour leurs achats et touchant pour eux le produit des ventes. Il a pris lui-même la direction de plusieurs domaines, mais sans sortir du système le plus simple et le plus économique, le seul qui puisse être imité autour de lui. D'abord débiteurs de soldes considérables, ces fermiers deviennent peu à peu créditeurs. Au concours régional de Châteauroux en 1857, l'auteur de ces beaux travaux a reçu la croix de la Légion d'honneur.

Grâce à ces efforts réunis, le Berri rivalisera certainement un jour avec nos meilleures provinces; il a doublé ses produits depuis vingt-cinq ans, il peut aisément les doubler encore. Même dans ces dernières années, la population n'y a cessé de s'accroître. Le plus prospère de ces deux départements est celui du Cher, le plus rapproché de Paris. Les plateaux les plus reculés contiennent encore beaucoup de landes; les vallées se cultivent et s'enrichissent; l'une d'elles, celle de Germigny, rappelle par la beauté de ses herbages les plus verts cantons de la Normandie.

## III

L'ancien Nivernais, aujourd'hui département de la Nièvre, était il y a quarante ans aussi pauvre que le Berri; il est aujourd'hui plus riche, sans l'être encore beaucoup. En rapports anciens avec Paris, il a plus rapidement prolité des progrès de ce grand centre de consommation. C'est surtout par la production de la viande que sa richesse agricole s'est accrue. Voisin des herbages du Charolais, il s'est approprié de bonne heure celle de nos races nationales qui offre le plus de qualités pour la boucherie. C'est en Nivernais que la race anglaise de Durham a été importée pour la première fois; cette importation, qui remonte à 1825, n'a pas été sans influence, sinon par elle-même, du moins par ses exemples. Travaillée sur ce modèle, la race charolaise a beaucoup gagné en précocité et en aptitude à l'engraissement. Le plus habile éleveur de taureaux charolais, M. Louis Massé, n'appartient pas précisément au Nivernais, mais à la portion du Berri qui le touche. On compte aujourd'hui par millions les bénéfices annuels obtenus avec cette race, si heureusement située entre les deux plus grands marchés de France, Paris et Lyon. Le département de la Nièvre, qui n'envoyait pas autrefois 2,000 bœufs gras à Paris par an, en envoie maintenant 10,000, et occupe le cinquième rang parmi les départements qui approvisionnent la capitale. Aux profits de la culture il joint ceux d'une grande industrie métallurgique.

Le Nivernais est partagé par une chaîne de montagnes en deux versants d'une étendue à peu près égale, l'un qui s'incline à l'ouest et au sud, vers la Loire et l'Allier; l'autre qui verse ses eaux à l'Yonne, vers l'est et le nord. Le premier, fertile et chaud, produit du froment et du vin, il se compose des deux arrondissements de Cosne et de Nevers. Le second, stérile et froid, ne porte naturellement que des prairies et des bois, c'est ce qu'on appelle le Morvan.

Le Morvan a été trop bien peint par M. Dupin aîné pour qu'il soit possible d'ajouter après lui quelques traits : « Dans ce territoire d'environ douze lieues de côté, dit-il, on ne trouvait, il y a quarante ans, ni une route royale, ni une route départementale, ni même un seul chemin en bon état. Point de ponts : quelques arbres à peine équarris jetés sur les cours d'eau, ou plus ordinairement des pierres disposées çà et là pour passer les ruisseaux. Cette contrée était une véritable impasse, une sorte d'épouvantail pour le froid, la neige, les aspérités du terrain, la sauvagerie des habitants, un vrai *pays de loup.* » Encore aujourd'hui les habitants ne mangent que du seigle, des pommes de terre et du sarrasin, ne boivent que de l'eau, excepté les jours de fête, s'habillent de vêtements grossiers, se chaussent de sabots qui coûtent quatre sous la paire, et vivent dans des huttes immondes, pêle-mêle avec les animaux. Un petit nombre de châteaux, dont quelques-uns portent de grands noms, comme Vauban et Chastellux ; très-peu de maisons bourgeoises, point d'industrie, des métayers pauvres cultivant de pauvres domaines, et plus souvent, de très-petits propriétaires, bûcherons l'hiver, cultivateurs l'été.

En 1789, on trouvait encore dans le Morvan un grand nombre de familles vivant en communauté, comme au moyen âge, et cultivant à perpétuité la même terre, soit qu'ils en fussent propriétaires indivis, soit qu'ils en fussent seulement détenteurs, aux conditions réglées entre eux et le seigneur, par la convention ou par la coutume. Une de ces communautés, celle des *Jault*, dont les titres dataient du quinzième siècle, subsistait encore en 1840. Ces restes du passé, qui n'étaient, après tout, qu'une des formes de la servitude rurale, ont disparu devant la liberté moderne.

La principale richesse du Morvan lui vient de ses bois; c'est, après les Vosges, la région la plus boisée de France. Jusqu'au dix-septième siècle, ces forêts étaient restées sans débouchés, quand les besoins de la ville de Paris s'étant accrus par l'augmentation de sa population, on dut chercher partout de nouveaux moyens de la fournir de bois de chauffage. On imagina alors le procédé du flottage, dont le principal inventeur fut un nommé Rouvet, de Clamecy. Par ce procédé encore en usage, les bûches descendent des plus hauts sommets par les affluents de l'Yonne, et vont se réunir dans cette rivière qui les porte dans la Seine et par conséquent à Paris, après un trajet de cinquante ou soixante lieues. On comprend ce qu'un pareil débouché, maintenu sans interruption pendant trois cents ans, a dû porter à la longue de capitaux dans cette contrée sauvage. Le Morvan se distingue aussi, comme tous les pays granitiques, par l'abondance de ses irrigations et par l'étendue de ses prairies; il ne portait autrefois que du seigle; mais, avec l'aide de la chaux qui y arrive par le canal du Nivernais, achevé en 1842, on y cultive aujourd'hui le froment.

Le Nivernais n'a pas eu jusqu'ici de chemin de fer, bien que sa capitale soit depuis longtemps rattachée au chemin du Centre; il en aura bientôt un, qui le mettra en communication directe avec Paris. Il n'aura alors rien à envier aux plus favorisés. Un peu moins recherché que le Berri par les capitaux étrangers, il a trouvé dans ses propres enfants de vigoureux pionniers. Peu de provinces inspirent à ceux qui y naissent un plus vif attachement. La lutte constante contre ce sol *de culture malaisée*, la vie des forêts et des solitudes, avaient amené une grande rudesse de mœurs, qui, adoucie par le contact de la civilisation moderne, n'est plus que de l'énergie et de la tenacité. On a pu constater, dans nos troubles civils, que l'antique pauvreté avait laissé dans les cœurs un vieux levain toujours prompt à fermenter; les progrès du bien-être finiront par user ces aspérités. L'ancien régime féodal a été dur dans le Nivernais, comme dans tous les pays peu productifs; la trace de ces longues souffrances ne peut s'effacer en un jour.

L'ancien Bourbonnais, aujourd'hui département de l'Allier, occupe à peu près le même rang que le Nivernais dans l'échelle de la richesse, quoique doué de plus grandes ressources naturelles. On n'y trouve rien de comparable aux montagnes du Morvan. La belle vallée de l'Allier le traverse du sud au nord et en forme la plus grande partie, le reste se partage entre la vallée de la Loire et celle du Cher. Peu de pays sont plus propres à la culture; il n'en a guère profité. Quoiqu'il soit le berceau de la maison royale de Bourbon, il avait été bien négligé sous l'ancien régime; il s'est relevé depuis 1815, mais beaucoup plus par l'industrie que par l'agriculture. Un peu plus éloigné de Paris que le Nivernais, il n'a pas eu les mêmes débouchés. D'immenses étendues de terres incultes y affligent encore les regards. L'assolement biennal est universellement suivi, les jachères occupent la moitié des terres arables. Le seigle, qui s'accommode plus que le froment d'une culture arriérée, forme la plus grande partie des emblavures, et ne donne en moyenne que cinq ou six fois la semence. La culture se fait par des métayers, et ces métayers sont des plus pauvres.

Le département de l'Allier possède maintenant un chemin de fer. Il a, de plus, des établissements industriels, destinés au plus grand avenir. L'arrondissement de Montluçon, un des plus riches de France en mines de houille, grandit rapidement en activité et en population. Ce département possède une autre source de richesse dans ses eaux minérales, notamment celles de Vichy, d'un usage universel pour les maladies des classes opulentes. L'agriculture ne peut manquer de suivre tôt ou tard l'impulsion.

Le Bourbonnais a eu l'insigne honneur de tenter Arthur Young quand il le visitait en 1789, et de lui inspirer un moment l'idée de s'y établir : « J'allai voir, dit-il, la terre de Riaux qui est en vente, à deux lieues et demie de Moulins. Le château est grand, bien bâti, sur une éminence qui a une vue agréable ; il y a douze étangs qui fournissent du poisson en abondance, deux moulins, vingt arpents de vignes qui donnent un excellent vin rouge et blanc, du bois plus qu'il n'en faut pour la consommation du château, et neuf fermes louées à des métayers, en tout

3,000 arpents (1,200 hectares), attenants au château ou qui n'en sont pas fort éloignés. Cette terre rapporte un peu plus de 8,000 livres de revenu net, déduction faite des taxes, réparations, frais de garde, etc. On en demande 300,000 livres, mais on comprend dans le marché les meubles du château, le bois, les animaux, etc. Je ne résistai pas à une petite tentation en ne la prenant pas pour mon compte. 3,000 arpents de terre *susceptibles de porter en peu de temps le quadruple de ce qu'ils produisent aujourd'hui*, avaient certes assez d'appâts pour tenter un homme qui, depuis vingt-cinq ans, a constamment pratiqué un genre d'agriculture propre à ce sol ; mais l'état du gouvernement et la crainte d'acheter ma part de la guerre civile m'empêchèrent de m'engager pour le présent ; je me contentai de prier le propriétaire, le marquis des Gouttes, de me donner la préférence. »

Les événements qui suivirent n'étaient pas de nature à décider Arthur Young, et son projet en resta là, bien qu'il lui tînt fort au cœur, car il y revient à plusieurs reprises. On ne peut le regretter. Il n'eut probablement fait qu'augmenter en France le nombre des victimes de la révolution, tandis qu'il a doté son pays de la plus riche agriculture de l'Europe. Tout le monde pressentait ce qui allait arriver, puisque tout le pays était à vendre : « Je serais resté un mois en Bourbonnais, dit encore Arthur Young, si j'avais voulu voir tous les biens en vente, on m'assure qu'il y a en ce moment 6,000 terres à vendre en France. »

Il m'a paru curieux de rechercher ce qu'était devenue la terre de Riaux depuis 1789. Cette terre a été vendue suivant jugement du tribunal de Moulins en date du 8 fructidor an IX, c'est-à-dire dix ans après le passage d'Arthur Young, sur M. le marquis des Gouttes qui n'avait pas émigré et qui la possédait encore, pour 201,000 francs, c'est-à-dire 100,000 francs de moins qu'on n'en demandait en 1789. Au mois de décembre 1826, elle a été revendue pour 315,000 francs, ou à très-peu de chose près le même prix qu'en 1789. D'après le prix courant des terres dans le pays, une propriété de 1,200 hectares, ayant la même nature de sol, vaut aujourd'hui 600,000 francs, ou le double de sa valeur en 1789 et en 1826, le triple de ce qu'elle a coûté en l'an IX. Ce n'est encore que 500 francs l'hectare, et l'usage subsiste toujours de comprendre dans la vente les bestiaux le mobilier aratoire et les bâtiments. Ces faits donnent une idée assez exacte du passé et du présent de l'agriculture dans l'Allier.

Un grand exemple de ce qu'on peut obtenir de ce sol par une meilleure culture a été donné, non loin de Riaux, par M. le comte de Tracy. Quand la terre de Paray-le-Frésil, d'une étendue de 3,600 hectares, lui échut dans la succession de son père, ce n'était qu'une immense lande, à demi cultivée sur quelques points ; il en prit lui-même la direction, et en vingt-cinq ans il en a quadruplé les produits. Les prévisions d'Arthur Young se sont réalisées. Un des domaines, affermé 750 francs en 1847, rapportait dix ans après 15,000 francs nets, ou vingt fois l'ancien

revenu, après une simple avance de 18,000 francs ; c'est
M. de Tracy lui-même qui nous l'apprend dans ses *Lettres sur l'agriculture*. De pareils succès ne sont possibles que dans des cas exceptionnels, ils sont dus à l'usage
de la chaux comme amendement ; mais, sans aller tout à
fait aussi loin, on peut faire beaucoup avec peu d'efforts.
M. de Tracy a eu cependant très-peu d'imitateurs.

## IV

L'Auvergne comprend tout le pâté de montagnes
généralement connu sous le nom de plateau central; elle
passe avec raison pour la plus rude de nos provinces,
mais elle n'est pas la plus pauvre. Des deux départements dont elle se compose, il en est un, le Puy-de-Dôme,
qui peut compter parmi les plus riches et les plus peuplés.
Les montagnes, d'origine volcanique, y sont plus productives que d'autres à hauteur égale, et elles enferment une plaine de soixante lieues carrées, la plus fertile
qui soit en France et peut-être en Europe, la célèbre
Limagne. L'Allier, qui traverse dans toute sa longueur
cette magnifique vallée, y a déposé une terre végétale
aussi épaisse que grasse, formée d'un mélange d'argile
calcaire et de débris volcaniques. Sa fécondité naturelle
est prodigieuse ; peuplée et cultivée depuis les temps les
plus reculés, elle produit sans interruption et presque
sans engrais les récoltes les plus épuisantes. La valeur
moyenne du sol dépasse 5,000 francs l'hectare, et sur
quelques points, elle monte à 10,000. La population y
est très-condensée, la propriété divisée à l'infini.

Il y a peu de spectacles aussi frappants que la traversée de la Limagne, depuis l'embouchure de la Dore jusqu'au delà d'Issoire; on peut maintenant faire ce voyage en chemin de fer. Des deux côtés, des chaînes de montagnes dont les sommets coniques conservent la forme de volcans éteints; sur leurs pentes, des vignes sans fin étalées au soleil, et à leurs pieds, tout un océan de moissons. La hauteur moyenne de la vallée est entre 300 et 400 mètres, mais la nature du sol rend possible à cette hauteur toutes les cultures. La cathédrale de Clermont, admirablement située sur un mamelon, domine le paysage; puis viennent d'innombrables villages, les uns noyés dans la plaine au milieu des épis, les autres perchés sur la montagne au milieu des pampres, avec quelques ruines de châteaux forts sur les pics isolés. Ce qui contribue le plus à la beauté du tableau, surtout au printemps, c'est la multitude des arbres fruitiers; la Limagne produit des quantités énormes de pommes, qui descendent vers Paris par l'Allier et qui vont maintenant jusqu'en Angleterre; Clermont fait un grand commerce de fruits confits.

La population du Puy-de-Dôme s'est fortement accrue depuis 1789, elle a passé de 400,000 âmes à 600,000. Dans la Limagne même, la progression a dû être plus forte. D'après M. Jusseraud (1), trente-sept fermes d'une étendue moyenne de 40 à 50 hectares se partageaient, avant la révolution, le territoire de la commune de Vensat; aujourd'hui la même surface appartient à six cents pro-

---

(1) *Statistique de la commune de Vensat.*

priétaires possédant en moyenne moins de 3 hectares. Cette extrême division n'a pas été sans inconvénients. La classe bourgeoise a disparu de la campagne; la population tout entière travaille le sol de ses mains, le plus souvent à la bêche, labeur pénible qui entraîne des mœurs grossières et violentes. L'habitant de la Limagne est fort travailleur, mais son industrie n'égale pas son activité. Le rendement du blé dépasse rarement 16 hectolitres à l'hectare. Il serait bon de moins compter sur l'inépuisable puissance du sol et de donner une plus grande part aux racines et aux fourrages; peut-être aussi serait-il prudent de moins multiplier les arbres fruitiers qui font payer leurs produits plus qu'on ne croit. S'il n'y avait injustice et ingratitude à douter des dons de la Providence, on serait parfois tenté de croire que l'extrême fertilité a ses dangers.

Parmi les industries que cette grande production a développées, il faut citer la fabrication des pâtes dites d'Italie. On exportait autrefois beaucoup de farines pour Lyon; c'est aujourd'hui sous forme de pâtes que s'exporte principalement l'excédant des céréales. La Limagne produit aussi beaucoup de chanvre, qui alimente un grand commerce de toiles. Les vins, d'une qualité plus que médiocre, se consomment dans les montagnes environnantes; une petite quantité s'écoule vers Paris, pour servir à des coupages. Une grande fabrique de sucre de betteraves s'est établie aux portes de Clermont.

Le voisinage de cette plaine sans égale se fait sentir dans la région montagneuse qui l'entoure; comme la pauvreté, la richesse est contagieuse. Trop rare dans la plaine, le bétail abonde dans la montagne. Le Puy-de-Dôme exporte des cuirs, des bestiaux gras, des fromages, des laines, des chevaux. L'expérience a montré que certains pâturages étaient plus favorables à l'engraissement du bétail, d'autres à la nourriture des vaches laitières; on appelle les premiers des montagnes à *graisse* et les seconds des montagnes à *lait*. De nombreuses industries prospèrent dans les gorges; des mines et des houillères s'exploitent avec succès. Dans les parties les plus hautes et les plus improductives, on a entrepris de grands reboisements. Le pin, l'épicéa, le mélèze, semés comme en Écosse par la main de l'homme, croissent au milieu des rochers et des nuages, et préparent pour l'avenir une richesse nouvelle, venue sans effort.

La race d'hommes qu'enfante cette province rappelle encore par sa vigueur les anciens Arvernes, les plus obstinés des Gaulois, qui luttèrent des derniers contre César. Au moyen âge, la féodalité paraît y avoir eu un caractère particulier de violence, si nous en croyons le souvenir qu'ont laissé les fameux *grands jours*, tenus en 1665; mais le témoignage de ces sanglants commissaires, chargés d'étouffer toute résistance à l'autorité royale beaucoup plus que de rendre bonne justice, peut être considéré comme suspect. Le Grand d'Aussy, qui voyageait en Auvergne vers le même temps qu'Arthur Young, nous apprend qu'en 1789, une communauté analogue à celle des Jault subsistait encore près de Thiers.

La haute Auvergne, aujourd'hui département du Cantal, a la forme d'un cône dont la pointe s'élève à 1,900 mètres.

> Le Cantal, mont neigeux, cette Alpe de la France (1),

domine les vallées qui déchirent ses flancs, et d'où ruissellent de toutes parts d'innombrables cascades. La plus grande partie de ces pentes et de ces froids sommets ne peut porter que des forêts ou des pâturages. La population de ce département a diminué depuis 1790. Elle fournit annuellement 8 ou 10,000 émigrants qui vont chercher fortune hors de leur pays, et tous ne reviennent pas au sol natal. Les 100,000 hectares qu'il est possible de consacrer annuellement à la culture du seigle et du sarrasin ne rapportent, en moyenne, que 6 hectolitres par hectare, semence déduite, ou 600,000 hectolitres en tout ; cette maigre récolte ne suffit pas pour nourrir une population de 250,000 âmes, même avec le supplément habituel de pommes de terre et de châtaignes, et elle ne s'obtient qu'avec beaucoup de peine. Tôt ou tard le Cantal presque tout entier se livrera au genre d'industrie qui lui convient le mieux, l'industrie pastorale.

Ce département nourrit déjà 40,000 vaches laitières qui, à 100 fr. par tête, donnent un revenu annuel de 4 millions, presque tout en fromage. Comme dans le Jura, ces vaches passent la moitié de l'année sur la montagne, et l'autre moitié à l'étable. Les châlets qu'habitent les vachers pen-

---

(1) Chapelain, *la Pucelle* ; ce poëme oublié contient plus d'un détail pittoresque sur l'ancienne France.

dant l'été, et où se confectionnent les fromages, s'appellent des *burons*. Ce produit, qui s'élève aujourd'hui à 30,000 quintaux métriques au moins, a dû tripler depuis quarante ans. Chaque vache donnait en moyenne 100 livres de fromage, elles en donnent aujourd'hui 200, et leur nombre s'est fort accru. La quantité peut encore s'augmenter par l'extension des pâturages, la qualité peut se perfectionner par une fabrication mieux entendue. Les fromages du Cantal trouvent un écoulement certain dans le midi, où leur bas prix les fait rechercher, mais ils rencontrent peu de faveur dans le nord. On a commencé, dans la vacherie régionale de Saint-Angeau, une série d'expériences pour en améliorer la fabrication; on cherche surtout à leur donner la propriété de longue conservation qui distingue ceux de Suisse et de Hollande.

En même temps, le Cantal exporte tous les ans 40,000 élèves de gros bétail qui, à 150 francs par tête, donnent un nouveau revenu de 6 millions. La race de la haute Auvergne est de plus en plus estimée dans toute la France centrale. La petite ville de Salers, située sur un plateau volcanique de l'arrondissement de Mauriac, vers 1,000 mètres d'altitude, a donné son nom au meilleur type de cette race, qui fournit à la fois du lait, du travail et de la viande, et que le temps a appropriée aux circonstances physiques et économiques qui l'entourent.

L'industrie pastorale exige très-peu de bras pour donner des produits facilement réalisables en argent. La part du Cantal est donc des meilleures dans l'économie générale de la France, puisqu'il a trouvé naturellement ce que tant d'autres cherchent ; quand même la population diminuerait encore, il ne faudrait pas s'en inquiéter. Les pays de montagne qui paraissent les plus disgraciés, et qui le sont en effet, tant que la population est forcée de chercher sur place les moyens de se nourrir, jouissent au contraire d'un véritable privilége dès que les échanges s'établissent. Les recherches de la civilisation moderne ont été longtemps inconnues dans la haute Auvergne ; ses villes ne sont que des villages informes, et ses toits rustiques n'ont que trop souvent l'aspect repoussant de la misère, mais l'aisance y pénètre peu à peu. L'habitant du Cantal, dans son âpre patrie, paraît destiné à une vie plus facile et plus libre que le laboureur de la féconde Limagne, toujours courbé sur son sillon. Un heureux enchaînement unit les prairies inférieures qui fournissent la nourriture d'hiver aux pâturages alpestres de l'été ; les unes et les autres s'améliorent par l'engrais qu'apportent les animaux ; l'homme n'a besoin que de diriger les eaux que le ciel lui donne à profusion.

Le versant méridional du cône vaut mieux, comme altitude moyenne et comme nature de sol, que le versant septentrional. Aurillac est placé de ce côté, à 622 mètres, au milieu d'un pays calcaire largement arrosé. Les prairies qui l'avoisinent valent jusqu'à 12,000 fr. l'hectare. La vallée de la Cère, un des affluents de la Dordogne, rivalise pour la fraîcheur et la fertilité avec les plus belles vallées des Pyrénées, placées à la même hauteur. Il ne manque à ce riant coin de terre, pour être plus connu et plus admiré, qu'un chemin qui y conduise facilement.

Aurillac, qui n'est qu'à 120 lieues de Paris, en a été longtemps séparé par des cimes infranchissables. Les routes ont fini par percer ces hautes murailles, mais aucun chemin de fer ne les a encore abordées.

Un jour viendra où ces montagnes du pâté central, si longtemps évitées comme le séjour de la pauvreté la plus sordide, seront au contraire recherchées par les riches, comme une des plus agréables résidences d'été. Les bains du mont Dore, depuis qu'ils sont devenus plus accessibles, attirent au cœur de l'Auvergne de nombreux visiteurs, qui apprennent à mieux connaître les magnificences de cette nature. Les Romains s'en étaient aperçus les premiers; Sidoine Apollinaire nous a laissé la description d'une maison de campagne, près de Clermont, qui appartenait à son beau-père, l'empereur Avitus. De nos jours, M. de Montlosier et l'abbé de Pradt ont ramené un moment l'attention sur leur pays natal, mais le moment n'était pas venu : il faut encore quelques années et de nouveaux chemins pour achever de remettre en lumière ces beautés enfouies.

## V

L'ancien Velay, aujourd'hui département de la Haute-Loire, participe du Puy-de-Dôme et du Cantal; moins riche et moins cultivé que le premier, il est en même temps moins pastoral et moins montagneux que le second. Il se compose des deux hautes vallées de la Loire et de l'Allier, qui rappellent à la fois la fertilité de la Limagne et les escarpements de la haute Auvergne. La plus élevée de ses trois villes, Yssengeaux, est à 850 mètres ; mais le Puy n'est qu'à 685, et Brioude à 447, 40 mètres seulement au-dessus de Clermont. Dans les parties les plus basses, on cultive la vigne et le froment ; le seigle domine et couvre les quatre cinquièmes des terres arables ; l'assolement biennal avec jachère, l'emploi des vaches pour le travail, le métayage, tous les signes d'une culture arriérée, s'y retrouvent. La population a fait cependant, depuis 1790, d'assez grands progrès, malgré le voisinage de Saint-Étienne, qui attire une partie des bras.

La féodalité militaire et religieuse, toute puissante au moyen âge, s'était maintenue dans le Velay jusqu'en 1789. Les sires de Polignac, les évêques du Puy, les abbés de la Chaise-Dieu, le chapitre de Brioude, possédaient le pays presque tout entier. Cette concentration excessive a amené une violente réaction ; c'est dans un manoir des environs de Brioude qu'est né, en 1757, M. de Lafayette, dont le nom restera dans notre histoire opposé au nom de Polignac, comme le symbole de l'avenir contre le passé. Ces grandes propriétés se sont divisées, d'abord par les mesures révolutionnaires, ensuite par des ventes au détail, et de nombreuses fortunes de cultivateurs se sont élevées sur leurs débris.

Les traces de cette grande puissance ecclésiastique, visibles encore dans tous ses monuments, donnent au Velay un caractère spécial. La ville du Puy, dont le site singulier étonne les regards, était une sorte de ville sainte ;

l'antique image de la Vierge, rapportée, dit-on, d'Égypte par saint Louis, y a attiré des rois, des papes, des empereurs, une foule de pèlerins de toutes les nations. Dans un temps où le commerce et l'industrie n'existaient pas, cette pieuse affluence a pu seule porter quelque richesse dans ce canton peu accessible. Le site non moins étrange du château de Polignac, sur un rocher perpendiculaire, a vivement frappé Arthur Young : « Il n'y a pas, dit-il, de château plus propre à exciter l'orgueil de famille ; si j'en portais le nom et si j'en avais la possession, je ne le donnerais pas pour une province. »

Aujourd'hui la démocratie rurale succède aux grands barons et aux puissants monastères. D'après M. Doniol, qui a contribué par ses exemples au progrès de l'agriculture locale, la division ne s'arrête pas : « Je connais, dit-il, bien des paysans qui, dans l'espace de vingt-cinq ans, et sans autre travail que celui des champs, ont gagné des fortunes de 8 à 10,000 francs, et même de 25 à 30,000, *en achetant de la bande noire.* » Voilà du moins ce qui se passe dans la plaine de Brioude, continuation de la Limagne, où la culture à la bêche est en grand honneur. De pareils faits ne se produisent que dans des pays naturellement fertiles, ou très-rapprochés des grands débouchés. La montagne ne va pas aussi vite, mais les publications d'une active société d'agriculture et les leçons de la ferme-école de Nolhac, une des meilleures de France, y dégagent le problème de l'avenir, et dans peu d'années, les arrondissements du Puy et d'Yssengeaux, qui résistent encore, seront entraînés.

Une des plus hautes chaînes de France sépare la vallée de la Loire de celle du Rhône. Le point culminant de cette chaîne, le mont Mézenc, rival du Cantal et du mont Dore, et comme eux de nature volcanique, a produit une race bovine qui peut lutter avec celle de Salers et d'Aubrac, ses voisines, et qui se répand maintenant bien au delà de son berceau. Malheureusement, le seigle a gravi les pentes de ce pic élevé, on y trouve des champs cultivés jusqu'au delà de 1,500 mètres. Cette culture disparaîtra quelque jour, et le Mézenc ne sera plus couvert, comme ses frères, que d'un vert manteau de pâturages. La race bovine de la Haute-Loire ne pourra qu'y gagner, soit en quantité, soit en qualité, car nulle part les herbes ne sont plus succulentes [et plus aromatiques, nulle part l'air n'est plus vif, plus pur, plus fortifiant, pour les animaux comme pour les hommes. Du haut du mont Mézenc, la vue embrasse, dit-on, un panorama magnifique : d'un côté le plateau central couvert de nuées, de l'autre les Alpes chargées de neige et la vallée du Rhône étincelante de soleil.

L'ancien Gévaudan s'appelle aujourd'hui le département de la Lozère. Encore plus que dans le Cantal, la population y a diminué par l'émigration depuis 1789. C'est, avec les hautes et basses Alpes, le pays le plus pauvre et le moins peuplé de France. Le produit total des contributions n'atteint que 5 fr. par hectare ; le département du Nord, qui paye 150 fr., est *trente fois* plus riche. Le Roc-des-Aigles, sommet du mont Lozère, n'atteint pas la hauteur du mont Mézenc, et l'altitude moyenne du département est inférieure à celle du Cantal ; mais la nature du sol n'est plus la même. Les terrains volcaniques ne s'y prolongent pas beaucoup, les terrains granitiques leur succèdent, et avec eux ces vastes plateaux calcaires, d'une extrême aridité, qui s'étendent aux départements voisins de l'Aveyron et du Lot, et qu'on appelle des *Causses*.

Aucune partie de notre territoire n'est restée plus isolée ; adossé du nord à la haute Auvergne, fermé au midi par les Cévennes, le Gévaudan porte presque toutes ses eaux à la vallée lointaine de la Garonne. Les rivières qui y naissent ne sont que des torrents, et les routes ouvertes depuis quarante ans, interrompues la moitié de l'année par les neiges, n'ont pu suffire pour l'arracher à son immobilité. Les chemins de fer l'évitent et le tournent : il faudra pourtant bien qu'ils y pénètrent quelque jour ; il se trouvera alors tout à coup sur le chemin le plus direct de Paris à la Méditerranée, et ses destinées changeront vite, sinon peut-être pour l'agriculture, du moins pour l'industrie, qui n'a pu jusqu'ici se développer, malgré de grandes richesses minérales.

L'agriculture elle-même n'est pas aussi dénuée de ressources naturelles qu'on pourrait le croire. La région des *Causses*, qui forme presque tout le revers méridional des montagnes centrales, s'étend sur un million d'hectares environ. Elle manque d'eau et de bois. Les plateaux calcaires ont cet inconvénient géologique que l'eau du ciel, au lieu de couler à la surface comme sur les granits, s'échappe par des fissures dans les couches profondes, et forme des ruisseaux souterrains qui vont sortir à de grandes distances. Comment rendre la vie à ce vaste désert, aussi sec, aussi désolé que les steppes de la Tartarie, où l'on ne voit ni arbres ni maisons, et où de rares moutons peuvent seuls paître une herbe courte qui verdit à peine le sol? Un simple curé de campagne, enfant de ce triste pays, l'abbé Paramelle, l'a tenté. Guidé par un véritable esprit d'observation, il a découvert une partie des lois qui régissent les eaux souterraines. Sa méthode, dont les principes sont connus, mériterait d'être reprise et complétée par de nouveaux observateurs.

Si le Gévaudan était aussi près de Paris que la Sologne ou la Champagne, cette stérilité aurait certainement disparu. Avec de l'eau on fait tout ce qu'on veut dans les *Causses*, comme on peut s'en convaincre par l'aspect des vallons arrosés, où s'élèvent au milieu des prairies et des cultures les rares et petites villes du département. Même où l'eau manque, le sainfoin et les moutons suffisent avec le temps; ces moutons appartiennent à la même race que ceux de l'Aveyron, qui donnent les fromages de Roquefort. La partie granitique fournit une espèce de vaches qui ressemble à la petite race bretonne et qui est comme elle bonne laitière. Avec de tels éléments, il n'est pas d'obstacles qu'on ne puisse vaincre. Le châtaignier, le noyer, les arbres résineux, y ajoutent leur puissante végétation qui triomphe des plus mauvais sols.

Si l'ensemble est resté si longtemps stationnaire, les bons exemples ne manquent plus. Au dernier concours de Mende, en 1857, le jury chargé de décerner la prime d'honneur, s'est trouvé, à la surprise universelle, embarrassé par le nombre des concurrents. La ferme qui a obtenu le prix, appartenant à M. Des Molles, est située à 1,000 mètres d'élévation, dans les terrains volcaniques, tout près de l'antique manoir de Randon, où est venu mourir Duguesclin. Elle se compose de 219 hectares, dont 40 en bois, 43 en pâturages, 29 en prairies et 107 en terres arables. Les deux tiers du sol étant consacrés à la nourriture du bétail, la masse des engrais a porté le rendement moyen du blé à 18 hectolitres par hectare. Huit bœufs de travail d'Aubrac ou du Mézenc, 56 vaches de la jolie race locale avec leurs élèves, 300 moutons, dont 100 à l'engrais, composent le cheptel vivant. Le revenu net s'élève à 17,000 francs ou 80 francs par hectare, bois compris, résultat probablement unique à une telle hauteur (1).

Une autre ferme, placée plus haut encore, à 1,200 mètres, a présenté un beau spécimen d'exploitation pastorale : les animaux qu'on y nourrit ont remporté des prix au grand concours de Paris en 1855. Une troisième est beaucoup plus bas, sur les bords du Lot, entre les terrains granitiques et les *Causses*. Elle se compose de 250 hectares, dont 100 en bois. Le propriétaire, l'abbé Gaillardon, y a dépensé en 15 ans 150,000 francs en améliorations foncières, constructions, épierrements, drainages, plantations, chemins, clôtures, etc. Huit autres exploitations ont mérité l'attention et les éloges du jury. Dans toutes, les propriétaires ont tenu à hon-

(1) M. Victor Borie, compte rendu du concours de Mende, dans le *Journal d'agriculture pratique* de 1857.

neur de lutter eux-mêmes contre une nature rebelle, et ont porté dans cette noble tâche une véritable passion. Où le pâtre trouvait à peine quelques plantes sauvages pour son troupeau, croissent le froment, le trèfle, les plantes sarclées; de maigres pâtures se transforment en prairies dès qu'un filet d'eau peut les toucher.

Sur les immenses terrains incultes qui couvrent la moitié de la Lozère, combien peuvent être gagnés par ces travaux intelligents? Nul ne le peut dire. Dans tous les cas, si la culture proprement dite a ses limites, les hauts plateaux qui s'élèvent à 1,000 mètres et au delà, forment et formeront d'excellents pâturages. Ces plateaux appartenaient autrefois, pour la plupart, à l'ancienne abbaye d'Aubrac; vendus et divisés par la révolution, ils sont encore aujourd'hui dans l'état où ils étaient avant 1789, mais l'ouverture de nouveaux débouchés en a fort augmenté les revenus. Si ces montagnes sont loin de Paris, elles sont voisines du Gard, de l'Hérault, des Bouches-du-Rhône, où la viande manque. Tel de ces pâturages vaut 1,000 fr. l'hectare; ils valent, en moyenne, de 250 à 500 fr. et se vendent sur le pied de 5 p. 100 de revenu. Les cimes et les pentes élevées demandent à se couvrir de forêts.

Comme si cette nature ingrate n'avait pas suffi, les hommes ont à plusieurs reprises dévasté le Gévaudan. Au moyen âge, les Anglais et les routiers en ont fait le théâtre de leurs incursions et le siége de leurs forteresses. Plus près de nous, la révocation de l'édit de Nantes y a suscité la terrible guerre des Camisards. Entre les ardents catholiques du Velay et les protestants du Gévaudan, la lutte a été longue et opiniâtre ; ce sont les protestants qui ont succombé quand le pouvoir royal est venu au secours de leurs adversaires. Louis XIV a voulu exterminer cette population hérétique ; il y avait à peu près réussi, et pendant tout le cours du dix-huitième siècle, il n'est sorti de cette terre maudite que de lugubres histoires de bêtes sauvages. Encore aujourd'hui, les loups ne sont nulle part plus forts et plus hardis.

## VI.

Revenons sur nos pas, et des plateaux de la Lozère qui touchent à la région de la soie, remontons jusqu'à l'ancienne Marche, aujourd'hui département de la Creuse. Là commence un troisième groupe tout différent des deux premiers. Ce ne sont ni des plaines, comme en Berri, ni d'aussi hautes montagnes qu'en Auvergne, c'est un sol tout entrecoupé de petites chaînes et de vallées étroites, d'une altitude moyenne de 400 mètres, qui occupe le versant septentrional des montagnes centrales. La nature du sol est du granit pur. Ce genre de terrain, s'il a ses inconvénients, a aussi ses avantages ; faible et sablonneux, il laisse rapidement échapper l'engrais, mais il est en même temps très-facile à cultiver ; il se refuse à la production du froment, tant qu'il n'est pas amendé par la chaux, et le seigle lui-même s'y montre avare de ses grains ; mais il abonde en prairies naturelles, et la plupart des racines y viennent parfaitement.

Aucune partie du territoire national ne se prêterait mieux

à la culture anglaise. La proportion des prés et pâtures y pourrait être la même qu'en Angleterre, et l'assolement de Norfolk y serait d'autant plus à sa place que la base de cette assolement, la rave ou turneps, y est déjà connue et cultivée. Arthur Young a passé trop vite; s'il avait pu y regarder de plus près, il aurait reconnu, dans la Marche beaucoup plus que dans le Bourbonnais, le véritable théâtre de cette culture, en y retrouvant les sols légers et les étés humides de son pays. Seulement, quand l'Angleterre a le dixième de son étendue en turneps, la Marche en a le centième; cette différence indique d'un trait la distance qui les sépare, elle montre en même temps le pas à faire pour les rapprocher.

Ce n'est pas non plus la quantité du bétail qui manque à la Creuse, elle possède peu de chevaux et de bœufs, mais elle occupe un des premiers rangs pour les vaches et pour les moutons. A ne considérer que le nombre, on y trouve l'équivalent d'une tête de gros bétail par 2 hectares, l'Angleterre n'en a pas davantage. Dès qu'on regarde à la qualité, cette nouvelle ressemblance disparaît. Ces vaches, mal nourries et fatiguées par le travail, ne rapportent rien; ces moutons n'ont ni poids ni laine, et il en périt des milliers tous les ans. Dans la statistique de 1840, les vaches de la Creuse étaient estimées en moyenne 92 francs et les brebis 4 francs; ces prix ne sont que trop près de la vérité. Il y a loin de là à ces belles vaches du Royaume-Uni qui donnent 3,000 litres de lait par an et à ces énormes moutons qui donnent 50 kilos de viande nette.

Si la Sologne et le Berri peuvent fournir des arguments contre les partisans exclusifs de la grande propriété, la Creuse en offre à son tour contre la petite. Nulle part la classe moyenne n'est moins nombreuse et moins riche, nulle part les villes n'ont moins d'importance ; sur un total de 550,000 hectares, 150,000 au plus appartiennent à des bourgeois, et ceux-là se divisent en domaines d'une trentaine d'hectares, exploités par des métayers. 300,000 appartiennent à une multitude de propriétaires-cultivateurs, à raison de 5 ou 6 hectares par famille, et les 100,000 restants sont indivis entre les mêmes, à titre de communaux. On est là bien près de l'idéal des philosophes égalitaires ; les communistes eux-mêmes pourraient y trouver la satisfaction de leurs théories, puisqu'un cinquième environ du sol est possédé en commun. Qu'en est-il résulté ? une indigence universelle.

Ces petites propriétés sont groupées en villages de dix ou douze feux avec un territoire d'une centaine d'hectares et une population d'une cinquantaine d'habitants ; il y a des milliers de ces villages répartis entre les montagnes et les vallées, il en faut une vingtaine pour faire une commune. Vues de loin, ces petites républiques, à demi cachées sous les cerisiers et les châtaigniers, ont un aspect riant et paisible qui fait rêver des mœurs de l'âge d'or. L'imagination peut y placer à son aise la scène de *Blaise et Babet*, de *Rose et Colas*, de tous ces amours de village que l'opéra-comique a mis quelque temps à la mode. Dès qu'on s'approche, l'illusion s'en va. Des chemins fangeux et impraticables, des toits de chaume qui se touchent et que le moindre incendie dévore d'un seul coup, des murs bas et grossiers, des chambres sans air et sans jour où s'entassent tous les lits, l'étable mêlée à l'habitation, le fumier encombrant toutes les issues; on a peine à comprendre comment des êtres humains peuvent vivre dans de pareils taudis. Le reste du régime est à l'avenant : pour meubles, les ustensiles les plus simples et les plus primitifs ; pour vêtements, la laine des troupeaux et le chanvre filé par les bergères.

La petite propriété, si productive dans les sols fertiles qui ne demandent que du travail, réussit moins dans les sols pauvres qui exigent beaucoup d'engrais. Il y aurait donc lieu de s'étonner qu'elle ait pu s'implanter à ce point dans un pays qui lui convient si peu, si l'aspect des lieux n'expliquait le problème. Cette contrée est naturellement un dédale inextricable. Rude et stérile d'apparence, elle a peu tenté l'ambition des grands ; les petits ont pu s'y établir sous l'autorité d'un faible nombre de seigneurs et d'abbés. Chaque village a dû être à l'origine la résidence d'une seule famille, car les habitants portent tous le même nom. La terre étant considérée comme n'ayant aucune valeur, les paysans ont pu se la partager sans difficulté, à mesure qu'ils ont formé de nouvelles familles ; et comme ils ont conservé leurs anciennes habitudes de culture, il est venu un point où le sol n'a plus suffi. Le seigle n'y rend que quatre ou cinq fois la semence.

Ainsi constitué, ce pays devait avoir très-peu d'histoire. Quoique rappelant les *borders* d'Écosse, on n'y recueille aucune des traditions belliqueuses qui se rattachent d'ordinaire à ces frontières entre la plaine et la montagne qu'on appelle des *marches*. De nombreuses générations de cultivateurs obscurs y ont vécu sans prendre part à nos agitations nationales; les siècles ont passé sans les toucher. Un événement historique assez mal connu, la révolte des *croquants*, à la fin du seizième siècle, les a, seul, détournés un moment de leurs habitudes pacifiques. Ce nom, qui leur venait, dit-on, de la petite ville de Crocq, une de leurs forteresses, est resté après eux pour désigner les plus pauvres paysans de nos campagnes :

Passe un certain *croquant* qui marchait les pieds nus,

disait La Fontaine, soixante ans après l'insurrection. La révolution venue, elle a supprimé les dîmes et vendu les biens du clergé, mais la condition des habitants ne paraît pas y avoir gagné, car la population a décliné sensiblement de 1790 à 1815.

De 1815 à 1848, cette population a remonté. Malgré la modération par trop philosophique de ses goûts et de ses besoins, elle avait, de temps immémorial, demandé à l'émigration des ressources additionnelles. Dès le dix-septième siècle, Boulainvilliers parle de ces émigrants; Necker en dit quelques mots en 1784. Depuis la paix, cette coutume s'est étendue, et même avant ces dernières années, la Creuse était celui de nos départements où l'on émigrait le plus. 25,000 hommes partaient tous les ans au mois de mars pour aller travailler comme maçons à Paris et en Champagne, et revenaient à la fin de novembre; la moitié seulement de la population virile restait au logis, avec les femmes, les enfants et les vieillards. Les émigrants rapportaient tous les ans 4 ou 5 millions d'économies, et il faut bien que l'ensemble du pays en ait profité, puisqu'il a fait, dans ces trente ans, quelques progrès; mais, en même temps qu'il gagnait un peu par ce moyen, il s'appauvrissait d'un autre côté, en ce qu'aucune industrie ne pouvait s'y établir, faute de bras. Les petites villes d'Aubusson et de Felletin, connues par leurs manufactures de tapis, et qui n'ont ensemble que 9,000 âmes, font seules exception.

Il y a d'importantes distinctions à faire entre l'émigration de l'Auvergne et celle de la Marche. Le nombre, d'abord, qui n'est pas une petite considération; d'un côté la moitié, de l'autre le vingtième seulement des travailleurs. En second lieu, l'époque choisie; les Auvergnats s'en vont en hiver, c'est-à-dire au moment où ils n'ont rien à faire chez eux, et reviennent pour la plupart en été; les maçons de la Creuse sont forcés, au contraire, par la nature de leur industrie, de quitter leur pays l'été, dans la saison des travaux des champs, et d'y retourner en hiver. En fait, la Creuse est plus pauvre que le Cantal, disproportion d'autant plus fâcheuse que la presque totalité du sol est cultivable, tandis que la moitié de la haute Auvergne ne l'est pas.

Ces fils de villageois voulaient être tous propriétaires comme leurs pères, et l'argent obtenu par l'émigration passait tout entier en achat de terres. Ce qui restait de domaines agglomérés allait en se dépeçant; les petits patrimoines eux-mêmes se divisaient sans cesse par des partages. Les frais de justice, les dettes usuraires, absorbaient le plus clair des faibles produits, et, malgré leurs efforts, beaucoup de ces malheureux finissaient par voir cette propriété si chèrement acquise s'échapper de leurs mains. Quand est survenue la crise de 1848, un mouvement en sens contraire s'est déclaré; non-seulement les paysans n'achètent plus, mais ils seraient disposés à vendre, et quand les travaux extraordinaires de la capitale sont venus leur ouvrir un nouveau débouché, toute cette multitude s'y est précipitée. Les émigrants, qui revenaient si fidèlement, ne reviennent plus quand ils le peuvent; autrefois leur famille les attendait, aujourd'hui elle cherche à les suivre; et sans le lien de la propriété qui les retient, ils seraient tous partis. La population a été brusquement ramenée au même point qu'en 1790.

Comme il se mêle toujours un peu de bien aux plus grands maux, la leçon aura profité. L'économie générale du pays reposait uniquement sur les sommes rapportées par les émigrants; on voit que cette ressource disparaît, et on commence à en chercher d'autres. Au lieu de pousser les ouvriers à partir, on songe à les retenir désormais; on parle d'industries à établir, de travaux publics à exécuter sur place, d'améliorations agricoles à entreprendre. Une circonstance heureuse est venue fort à propos favoriser ces tendances nouvelles. La Creuse n'a pas encore de chemin de fer qui la traverse, mais le chemin de Paris à Limoges la touche par une de ses extrémités. L'ouverture de cette voie a fait baisser de cinquante pour cent le prix de la chaux, en même temps qu'elle ouvrait des facilités nouvelles pour le transport des bestiaux sur Paris.

L'ancien Limousin forme aujourd'hui les deux départements de la Haute-Vienne et de la Corrèze. Encore un groupe de petites montagnes, mais cette fois adossé au nord et s'ouvrant vers le midi. Le point le plus élevé se trouve sur les confins de l'Auvergne, aux sommets qui ont reçu le nom pittoresque de Millevaches, et d'où s'écoulent en sens opposé les sources de la Vienne, de la Creuse, de la Vézère, de la Corrèze, rivières rapides et peu profondes qu'habite la truite et que remonte le saumon. L'ensemble peut se diviser en trois parties : l'étage oriental ou supérieur, qui comprend l'arrondissement d'Ussel, et dont le niveau moyen s'élève à 600 mètres ; l'étage intermédiaire, qui forme la plus grande partie de la Haute-Vienne, et qui s'élève en moyenne à 500 mètres ; l'étage inférieur ou méridional, qui embrasse les deux arrondissements de Tulle et de Brives, et qui n'est plus qu'à 200 mètres. Glacial sur les cimes, le climat s'adoucit par degrés à mesure qu'on descend, et devient tout à fait chaud dans la région la plus basse ; le midi commence à Brives.

La nature du sol est la même que dans la Marche. Les eaux y sont au moins aussi abondantes ; la Haute-Vienne a autant de prairies naturelles que les départements normands les plus favorisés, mais elle n'en tire que peu de profit. Il s'y trouve une grande proportion de terres incultes, et la culture est entre les mains de métayers. Dans les pays à froment et à vin, et en général dans ceux qui, par leur fertilité naturelle ou acquise, produisent beaucoup, la condition des métayers n'est pas trop mauvaise; partout où la stérilité primitive n'est pas corrigée par une culture savante, les métayers sont très-malheureux; c'est ce qui arrive en Limousin.

Turgot, qui a été intendant de cette généralité de 1761 à 1774, a fait, dans ses *Avis annuels sur l'imposition de la taille*, le plus triste tableau de la misère dont il était témoin, et ce qui frappe le plus dans ses rapports, c'est que cette misère n'était pas ancienne : « Le Limousin et l'Angoumois, écrivait-il en 1762, ont perdu beaucoup de leurs richesses ; les habitants tiraient autrefois de leur sol et de leur industrie des profits considérables. » Et plus loin, à propos des bestiaux : « Il est étonnant combien depuis quelques années cet objet de l'industrie des habitants a diminué. On élevait autrefois dans ces cantons des bœufs qui se vendaient pour la consommation de Paris ; c'était une des premières ressources pour le paiement des impôts. De là est née cette célébrité des foires du Limousin, cause de la surcharge dont se plaint aujourd'hui la province. Mais depuis quelque temps, elles sont tombées dans le discrédit, soit que la consommation de Paris ait diminué, soit que les marchands, pour l'approvisionnement de cette capitale, aient donné la préférence aux foires de Normandie comme plus voisines. Les chevaux limousins sont reconnus pour excellents ; il s'en est fait aussi un grand commerce qui est aujourd'hui entièrement tombé. »

Le spectacle de cette décadence conduit Turgot à une conclusion à peine croyable : « La misère est telle, dit-il, que dans la plupart des domaines, les cultivateurs n'ont pas, toute déduction faite des charges qu'ils supportent, *plus de 25 à 30 livres à dépenser par an pour chaque personne*, je ne dis pas en argent, mais en comptant tout ce qu'ils consomment en nature sur ce qu'ils ont récolté; *souvent ils ont moins,* et lorsqu'ils ne peuvent absolument subsister, le maître est obligé d'y suppléer. »

Turgot attribuait ces souffrances à l'excès des impôts qui, établis dans un temps de prospérité, avaient cessé d'être en rapport avec les facultés productives : « Je crois être en droit, dit-il, d'assurer que les impositions de la généralité de Limoges montent en général de 48 à 50 pour 100 du produit total, *et que le roi tire à peu près autant de la terre que les propriétaires*. Je doute qu'il y ait aucune généralité où les impositions aient été aussi exagérées. La plupart de ceux qui ont voulu estimer le plus haut point où pouvait être porté l'impôt territorial, l'ont évalué au tiers du produit net, ou 30 pour 100 du revenu des propriétaires. L'élection de Tulle passe pour la plus surchargée, et deux choses paraissent le prouver; l'une, l'excessive lenteur du recouvrement; l'autre, la *multitude des domaines abandonnés* indiqués sur les rôles, et dont on est obligé de passer l'imposition pour mémoire. » Il n'y a rien à ajouter à ce dernier trait, qui en dit à lui seul plus que tout le reste.

Il fallait que cette situation n'eût pas beaucoup changé en 1790, malgré les efforts de Turgot, car le département de la Haute-Vienne était alors le moins peuplé de tous. Du dernier rang il est passé dans la moyenne, laissant derrière lui plus de trente départements ; de tous ceux du centre, c'est celui qui a le plus gagné. Molière ne reconnaîtrait plus ces Limousins qui passaient de son temps pour des barbares et dont il s'est moqué sans pitié. Un personnage de la cour de Charles X demandait un jour à un Limousin, M. Bourdeau, des nouvelles de M. de Pourceaugnac : *Monseigneur*, répondit-il, *il a émigré pendant la révolution, et nous n'en avons plus entendu parler.* Cette répartie résume parfaitement, sous une forme fine et piquante, la transformation qui s'est opérée depuis 1789.

Les causes principales de cette transformation n'ont rien de politique et surtout de révolutionnaire. La découverte des plus beaux gisements connus de terre à porcelaine a fait naître à Limoges une industrie spéciale qui fournit de ses produits l'Europe et l'Amérique, et depuis que les communications se sont perfectionnées, la position de cette ville en a fait l'entrepôt général du centre. Grâce aux capitaux qu'ont attirés ces deux sources de profits, l'agriculture a pu prendre un nouvel essor. Le mouvement se fait sentir dans les environs de Limoges, où se trouvent à la fois et les débouchés d'une ville qui croît tous les jours, et des propriétaires enrichis par le commerce qui se plaisent à faire des avances au sol. Tous les procédés de la culture moderne s'introduisent, la stérilité proverbiale recule devant eux. Un propriétaire du pays, M. Henri Michel, a obtenu au concours universel de Paris, en 1856, le second prix des taureaux Durham nés et élevés en France. D'autres ont préféré élever la taille de la race limousine par des croisements avec la grande race agenaise dont elle est une variété. Le marché de Paris s'est rouvert pour les bestiaux du Limousin ; la Haute-Vienne y envoie tous les ans 6,000 bœufs et 50,000 moutons.

Malheureusement cette émulation ne s'exerce que dans un rayon assez restreint. A mesure qu'on s'éloigne de Limoges, surtout vers le midi, on retombe dans l'ancienne pauvreté. Le bas Limousin, aujourd'hui département de la Corrèze, quoique plus favorisé par le climat, reste tout entier en arrière. Ce département fournit aussi des bestiaux pour Paris, mais il est plus loin et n'a pas encore de chemin de fer. La chaux y est trop chère pour servir à l'amendement du sol. Aucune grande industrie n'a pu encore se développer. Malgré sa manufacture d'armes, Tulle n'a que 12,000 habitants, et la seconde ville du département, Brives, n'en a que 9,000.

Parmi les révolutions les plus singulières qu'ait subies en aucun pays l'économie rurale, se place la disparition complète de l'ancienne race des chevaux limousins. Il y a cent ans, la décadence était déjà sensible ; aujourd'hui le fait est consommé. Cette race fournissait les chevaux de selle les plus recherchés. L'abandon presque général de l'ancien goût national pour l'équitation lui a porté le premier coup ; la mode des chevaux anglais l'a achevée. On fait depuis quelque temps les efforts les plus méritoires, sinon pour la retrouver, au moins pour la remplacer. L'État entretient dans l'ancien manoir de Pompadour, apanage momentané de la fameuse favorite, un haras fondé en 1763. Ce haras a accéléré la ruine de l'ancienne race, car Arthur Young, qui l'a visité en 1788, n'y a trouvé que des étalons arabes, turcs et anglais. Le goût des chevaux de luxe s'est réveillé avec la richesse; on obtient aujourd'hui en Limousin les plus beaux pur-sang anglais, on y réussit également dans le croisement anglo-arabe. Il faut que cette industrie ait pris grande faveur pour qu'un éleveur du pays, connu par ses succès dans les courses, ait pu récemment vendre quatre chevaux près de 100,000 fr.

Ce que rien ne peut enlever au Limousin, c'est le charme pittoresque de ses sites. Arthur Young exprime à plusieurs reprises la vive admiration dont il fut saisi en le traversant : « L'aspect de ce pays, dit-il, est le plus beau que j'aie vu en France. Le feuillage des châtaigniers donne aux collines la même verdure que l'herbe des prairies aux vallons. Des montagnes boisées ornent le fond de la scène. De tous côtés, coulent de clairs ruisseaux dont les eaux arrêtées par des chaussées forment des lacs artificiels d'un effet délicieux. A Limoges, le jardin de l'évêché commande un paysage qui n'a pas d'égal. » Et plus loin, à propos du bas Limousin : « Je doute beaucoup qu'il y ait rien d'aussi charmant en Angleterre et en Irlande. Ce n'est pas seulement une belle perspective qui s'offre de temps en temps au voyageur, mais une succession continuelle de paysages qui seraient célèbres en Angleterre et sans cesse visités par les curieux, soit que les vallées ouvrent leurs seins verdoyants au soleil qui éclaire leurs eaux tranquilles, soit qu'elles se ferment en ravins profonds où le torrent s'échappe sur un lit de roches et éblouit par l'éclat des cascades. Quelques endroits d'une beauté singulière me retinrent en extase. *Pour faire de chaque site un superbe jardin, il suffirait de le nettoyer.* »

En Angleterre, un pareil pays serait couvert de parcs et de châteaux de plaisance, tandis qu'on n'y rencontre que de pauvres villages fort semblables à ceux de la Kabylie. Il sera probablement plus recherché à l'avenir, car on ne pouvait y pénétrer. Arthur Young a eu quelque mérite à deviner, de l'ancienne route, les beautés qu'il recèle. Les anciens tracés coupant en ligne droite hauteurs et vallées, ne présentaient que rarement un coup d'œil agréable. Aujourd'hui, les nouveaux chemins serpentent autour des cimes ou suivent le cours des rivières, et, en même temps qu'ils évitent les fortes pentes, développent à chaque pas de gracieux aspects. Quand un de ces chemins touche un des bourgs qui rampaient le long des précipices, on le dirait frappé d'une baguette de fée; des jardins pleins de fleurs, des boulevards plantés d'arbres, des maisons propres et élégantes, s'étendent le long de la voie nouvelle, et déguisent aux yeux l'intérieur d'où la barbarie traditionnelle disparaît peu à peu.

## VII.

Sur la frontière méridionale de la Corrèze, se trouve un petit pays justement renommé pour sa fertilité, l'ancienne vicomté de Turenne. Les tours du château ruiné qui porte ce grand nom dominent une région calcaire. Puis vient la vallée de la Dordogne, fente profonde qui coupe la France de l'est à l'ouest, dans une longueur de plus de cent lieues. Quand on parcourt cette admirable vallée, on a peine à comprendre qu'elle ait si peu de réputation. Par une singulière fatalité, aucune grande voie de communication ne la remonte; les routes ne font que la traverser, et, comme elle est fort encaissée, on ne la connaît que par la difficulté de ses abords. Si jamais un chemin de fer s'ouvre le long de la Dordogne, ce sera une véritable découverte. Variété de sites, douceur de climat, richesse de végétation, cette Tempé française réunit tout.

La Dordogne commence au pied du pic de Sancy, la plus haute des montagnes centrales. Elle s'échappe entre les rochers et les sapins, et va servir de limite entre deux provinces et deux régions géologiques. D'un côté, elle reçoit les eaux des plateaux volcaniques de l'Auvergne; de l'autre, celles des rochers granitiques du Limousin; ici, la Maronne qui tombe des pâturages de Salers et la Cère qui vient d'arroser les fraîches vallées d'Aurillac; là, la Diége qui descend des bruyères d'Ussel, et la Vézère qui arrive des sites agrestes tant vantés par Arthur Young. Après un merveilleux enchaînement de défilés escarpés et de riches bassins, elle traverse une troisième région, la masse calcaire du Quercy, qui ne lui envoie aucun affluent de quelque valeur, et débouche dans la plaine du Périgord, où elle rencontre l'Isle, avant de se joindre à la Garonne, au-dessous de Bordeaux. Aucune de nos rivières n'offre autant de contrastes. Rien ne peut dépasser la fertilité des alluvions qu'elle dépose sur son passage. L'unique défaut de cette vallée est d'être trop étroite ; mais sa profondeur, qui nuit à sa richesse, ajoute à la beauté de ses paysages.

L'ancien Périgord s'appelle aujourd'hui le département de la Dordogne. Si riches que soient les bords du fleuve, l'ensemble du département est bien peu prospère. Un des plus étendus de France, il a près d'un million d'hectares ; le tiers de son territoire est en bois ou en landes. Ce n'est pourtant ni la nature du sol ni son altitude qui justifient cette infertilité ; plus méridional et plus bas que le reste de la région, il est en même temps plus rapproché de l'Océan, et il appartient beaucoup plus, par son climat, à la région du sud-ouest qu'à celle du centre.

Assez florissant sous la domination romaine, comme l'attestent les monuments qui restent de cette époque, le Périgord a dû jouer un rôle important au moyen âge ; on connaît la fière réponse qu'un de ses comtes fit à Hugues Capet. De nombreuses seigneuries, des abbayes prospères, ont rempli ses campagnes de nobles souvenirs. Au douzième siècle, le château de Hautefort, hardiment assis sur une montagne, servait de résidence au fameux troubadour Bertrand de Born, qui a joué, comme poëte et comme guerrier, un rôle si brillant dans les luttes contre les Anglais. Quatre siècles plus tard, un seigneur de Brantôme s'enfermait dans cette abbaye pour y écrire les galantes histoires de la cour des derniers Valois.

Un contemporain de Brantôme, Montaigne, né sur les

bords de la Dordogne, a passé presque toute sa vie dans le manoir paternel, loin des agitations terribles de son temps : « C'est la retraite, dit-il, à me reposer des guerres ; j'essaie de soustraire ce coin à la tempête publique, comme je fais un autre coin en mon âme. Le monde regarde toujours vis-à-vis ; moi, je replie ma vue au dedans ; je la plante, je l'amuse là. Je me contrôle, je me goûte. Les autres vont toujours ailleurs ; moi, je me roule en moi-même. Je me suis présenté moi-même à moi pour argument et pour sujet ; c'est le seul livre du monde en son espèce, d'un dessin farouche et extravagant. » La solitude de la vie rurale pouvait seule former un esprit si original. Un autre enfant de la même vallée, Fénelon, a été moins fidèle au sol natal ; mais les souvenirs de son pays n'ont cessé de vivre dans son imagination, on le sent à la grâce exquise de ses descriptions champêtres.

A ces noms, qui glorifient la vie rurale, il faut en ajouter un qui n'appartient pas précisément au Périgord, mais à un pays très-voisin. Non loin du château de Montaigne, et près des bords du fleuve qui va bientôt se confondre avec la Dordogne, s'élève, sur les confins des Landes, le manoir où a vécu Montesquieu. L'illustre président au parlement de Bordeaux était un de ces esprits vigoureux que fécondaient, loin du monde, l'étude et la méditation. « Je me fais une fête, écrivait-il en 1744 à son ami l'abbé de Guasco, de vous mener à ma campagne de La Brède ; vous y trouverez un château, gothique à la vérité, mais avec des dehors charmants dont j'ai pris l'idée en Angleterre. » Avec la connaissance des institutions anglaises, l'auteur de l'*Esprit des lois* a introduit en France le goût des parcs anglais, et le site de La Brède, à la fois champêtre et féodal, sauvage et orné, rappelle tout à fait ses modèles.

Comme toutes les provinces jalouses de leurs droits, le Périgord avait embrassé dans les guerres de religion la cause protestante, ce qui lui a valu de longues années de pillages et de massacres. Ses villes comme ses campagnes conservent des traces d'une ancienne prospérité, qui a disparu dans la querelle. Réunie à la couronne par Henri IV, cette province avait ses états particuliers, dont la constitution ressemblait beaucoup à celle du Languedoc. Le maréchal de Biron était un des barons héréditaires qui siégeaient à ces états; l'histoire de sa conspiration et de sa mort, un des incidents les plus obscurs de ce temps, pourrait bien se rattacher à quelque pensée d'indépendance locale que Henri IV voulut étouffer, même au prix du sang d'un de ses compagnons d'armes. Les états ne survécurent pas longtemps au maréchal, et le superbe château de Biron, qui domine un horizon immense, garde seul, avec le tombeau du supplicié, le souvenir de sa cause.

Pendant les deux derniers siècles, ce pays naguère si vivant ne bouge plus, sa richesse s'endort avec sa liberté. Depuis 1815, il a vu sa population s'accroître de 100,000 âmes, et son agriculture doubler au moins ses produits. Un de ses plus nobles enfants, le maréchal Bugeaud, non moins laboureur que soldat, a été un des plus actifs promoteurs de cette rénovation. Peu de départements ont fait plus d'efforts pour leurs routes départementales et leurs chemins vicinaux ; bientôt vont s'y joindre deux chemins de fer.

Le Périgord est, avec le bas Limousin, la région des châtaigniers. Le seul département de la Dordogne en possède 100,000 hectares, ceux de la Corrèze et de la Haute-Vienne en ont ensemble 150,000; en y ajoutant les départements voisins, on trouve une large bande qui traverse la France et qui contient 500,000 hectares de châtaigneraies, sans compter les arbres isolés. La statistique n'évalue qu'à 30 francs le produit brut moyen par hectare, mais il s'élève en réalité plus haut, et pourrait surtout s'élever beaucoup plus ; sur bien des points, il est porté à 100 francs. C'est l'arbre par excellence des montagnes stériles, pourvu que le climat ne soit pas trop froid et trop sujet aux gelées printanières. Plus d'un canton du haut Périgord en est tout couvert et n'offre à l'œil qu'une forêt continue. Rien n'est plus frappant que l'aspect de ces bois sans fin, avec leurs beaux arbres régulièrement plantés, surtout quand les rayons du soleil couchant illuminent leurs profondeurs solitaires.

La châtaigne fournit le centième de l'alimentation nationale. Quoiqu'elle soit supérieure à la pomme de terre à poids égal, les populations qui s'en nourrissent sont peu vigoureuses ; mais associée avec du lait ou du fromage, c'est un aliment sain et agréable. Séchée et blanchie, elle se garde et se transporte très-bien, et son prix est très-inférieur en cet état à celui du pain de froment. Si elle s'exportait en quantités notables, en échange de blé et de vin, elle donnerait aux uns un supplément de nourriture à bon marché, aux autres le moyen de varier leur ration et de la rendre plus substantielle.

Le Périgord est aussi le pays préféré des noyers. Ces deux arbres, le noyer et le châtaignier, vont le plus souvent ensemble et contribuent à la beauté comme à la richesse de toute une contrée. Dans la statistique de 1852, on évalue à près d'un million de francs le produit brut annuel des noyers dans ce département. Il occupe aussi le sixième rang pour l'étendue de ses vignobles, et quelques-uns de ses crus, notamment ceux des bords de la Dordogne, où l'exportation a été de tout temps plus facile, jouissent d'une juste réputation. La culture du froment y est généralement répandue ; celle du maïs, qui avait fait trop de progrès, commence à reculer. C'est le pays de France qui nourrit et engraisse le plus de porcs ; il en a plus que la Lorraine elle-même, ce qui s'explique par une grande et ancienne culture de pommes de terre. Si l'histoire de la pomme de terre était mieux étudiée, on trouverait probablement que le Périgord a été des premiers à la cultiver ; elle y était, dans tous les cas, connue et estimée avant Parmentier, qui n'en a popularisé la culture que dans les environs de Paris.

Est-il besoin de nommer les truffes, ce produit mystérieux des sols les plus calcaires et les plus arides ? Les truffes du Périgord, recherchées comme les meilleures à Paris et dans toute l'Europe, font l'objet d'un assez grand commerce. On les exporte, soit à l'état brut, soit en volailles et pâtés. Paris seul en consomme annuellement 50,000 kilos, qui, à raison de 16 fr. le kilo, valent près de 800,000 fr. On a bien des fois essayé, mais sans succès, de les reproduire artificiellement. Elles forment une espèce de gibier végétal que les braconniers s'approprient sans scrupule. On se servait autrefois de truies pour les découvrir; on se sert aujourd'hui de chiens de chasse.

## VIII.

Le total des produits agricoles dans cette région s'élève tout au plus à 500 millions, dont 150 millions pour les céréales, 200 millions pour le bétail et 150 millions pour le reste, soit environ 60 fr. par hectare de superficie et 90 francs par hectare en culture.

La moyenne des salaires ruraux peut être évaluée à 1 fr. 25 c., comme dans l'ouest et le sud-ouest. La condition matérielle des cultivateurs est particulièrement mauvaise, à cause de la nature des cultures; on y obtient fort peu de froment et de vin; on ne peut guère se nourrir que de seigle et de sarrasin, avec un supplément de pommes de terre et de châtaignes; la viande étant à peu près la seule denrée exportable, la population n'en consomme pas; on a un peu plus de laitage que dans le midi, mais toute espèce de boisson fermentée manque généralement, et on souffre davantage du climat, qui est froid et pluvieux dans les trois quarts de la région.

C'est tout au plus si le produit des cultures, qui a doublé presque partout depuis 1789, s'est accru ici de cinquante pour cent. La population a marché encore moins vite, elle ne s'est accrue que de vingt-cinq pour cent.

## SIXIÈME RÉGION. — LE CENTRE.

| DÉPARTEMENTS. | POPULATION en 1790. | POPULATION en 1856. | AUGMENTATION. | DIMINUTION. |
|---|---|---|---|---|
| Loir-et-Cher..... | 259,200 | 264,043 | 4,843 | » |
| Cher............ | 276,266 | 314,844 | 38,578 | » |
| Indre........... | 270,400 | 273,479 | 3,079 | » |
| Nièvre.......... | 252,600 | 326,086 | 73,486 | » |
| Allier........... | 246,080 | 352,241 | 106,161 | » |
| Puy-de-Dôme.... | 405,333 | 590,062 | 184,729 | » |
| Cantal.......... | 277,335 | 247,665 | » | 29,670 |
| Haute-Loire..... | 213,333 | 300,994 | 87,661 | » |
| Lozère.......... | 195,626 | 140,819 | » | 54,807 |
| Creuse.......... | 267,093 | 278,889 | 11,796 | » |
| Haute-Vienne.... | 181,333 | 319,787 | 138,454 | » |
| Corrèze......... | 254,442 | 314,982 | 60,540 | » |
| Dordogne....... | 405,333 | 504,651 | 99,318 | » |
| Totaux ....... | 3,504,374 | 4,228,542 | 808,645 | 84,477 |
| A déduire................:............ | | | 84,477 | » |
| Augmentation effective.......... | | | 724,168 | » |

L'augmentation a été considérable dans le Puy-de-Dôme, la Haute-Vienne et l'Allier, où se sont développées des industries; le reste de la région a peu gagné. Dans trois départements, la population est restée stationnaire; dans deux, elle a diminué. Il est même à remarquer que, dans les pays sujets à l'émigration, le dénombrement doit avoir grossi la population réelle, les émigrants étant en général portés comme présents au lieu où ils ont leur domicile.

Les voies de communication par terre sont un peu moins nombreuses que dans la plupart des autres régions, et elles datent de moins loin.

24

| DÉPARTEMENTS. | ROUTES impériales | ROUTES départementales | CHEMINS vicinaux de grande communication. | CHEMINS vicinaux de moyenne communication. | TOTAL. |
|---|---|---|---|---|---|
| | kilom. | kilom. | kilom. | kilom. | kilom. |
| Loir-et-Cher... | 306 | 330 | 445 | 276 | 1,357 |
| Cher......... | 492 | 622 | 574 | 676 | 2,364 |
| Indre......... | 404 | 579 | 725 | 400 | 2,108 |
| Nièvre........ | 466 | 605 | 655 | 425 | 2,151 |
| Allier........ | 499 | 228 | 1,087 | » | 1,814 |
| Puy-de-Dôme.. | 462 | 322 | 297 | 243 | 1,324 |
| Cantal........ | 370 | 177 | 285 | 86 | 918 |
| Haute-Loire... | 343 | 328 | 217 | 62 | 950 |
| Lozère....... | 473 | 135 | 194 | 10 | 812 |
| Creuse....... | 341 | 293 | 584 | 21 | 1,239 |
| Haute-Vienne.. | 373 | 313 | 904 | 54 | 1,644 |
| Corrèze...... | 366 | 313 | 412 | 11 | 1,102 |
| Dordogne..... | 360 | 747 | 1,055 | 182 | 2,344 |
| Totaux..... | 5,255 | 4,992 | 7,434 | 2,446 | 20,127 |

Ce qui manque le plus, ce sont les chemins de fer.

| | Voies navigables. | Chemins de fer. |
|---|---|---|
| Loir-et-Cher......... | 174,710 mètres. | 93,619 mètres. |
| Cher................ | 493,096 | 111,840 |
| Indre............... | » | 100,078 |
| Nièvre.............. | 357,236 | 44,225 |
| Allier.............. | 285,754 | 117,358 |
| Puy-de-Dôme........ | 128,545 | 93,650 |
| Cantal.............. | 14,200 | » |
| Haute-Loire......... | 17,000 | 14,087 |
| Lozère.............. | » | » |
| Creuse.............. | » | 29,488 |
| Haute-Vienne........ | » | 50,692 |
| Corrèze............. | 83,860 | » |
| Dordogne........... | 338,580 | 64,929 |
| | 1,892,981 | 719,966 |

Tant que l'épais massif du centre ne sera pas percé dans tous les sens par des voies ferrées, la communication entre l'est et l'ouest, le nord et le midi, sera imparfaite. Le centre lui-même restera isolé au milieu du territoire. C'est là que les chemins de fer sont appelés à faire la révolution la plus radicale, car ils n'ont fait ailleurs que se substituer à des voies de transport déjà fréquentées par le commerce, tandis qu'ils ouvriront dans le centre des rapports qui n'existaient pas. Nul ne peut prévoir ce qui peut sortir d'une semblable métamorphose.

Dans les temps qui ont précédé le dix-septième siècle, ces provinces ne souffraient pas autant en comparaison; elles passaient même pour des plus heureuses. Un vieil auteur, Champier, qui écrivait sous François I<sup>er</sup>, après avoir décrit la manière de vivre des différentes parties du royaume, qu'il paraît connaître parfaitement, ajoute : « Les provinces intérieures ont les mœurs plus douces que les autres. *Elles se nourrissent aussi beaucoup mieux.* C'est du bœuf, du mouton, beaucoup de porc frais ou salé, du gibier, de la volaille, des fruits, toutes choses que le pays produit en abondance. On y consomme aussi une grande quantité de poisson d'eau douce, et, dans la plupart des terres, les seigneurs ont des étangs et des rivières (1). »

Ces détails, qui concordent parfaitement avec ce que dit de la Sologne l'historien Lemaire, donnent lieu de croire que l'alimentation moyenne a plutôt reculé qu'a-

---

(1) Champier, *De re cibariâ*, cité par Legrand d'Aussy, *Vie privée des Français*, introduction.

vancé, depuis le moyen âge, dans cette région. Supposons le temps où la couronne ne percevait presque pas d'impôts, où les seigneurs et les moines résidaient sur leurs terres, où le commerce extérieur n'existait pas : tous les produits devaient se consommer sur place; la viande, entre autres, qui se vend aujourd'hui, ne sortait pas du pays. Actuellement encore, si le reste du territoire disparaissait dans un cataclysme et que le centre se trouvât tout à coup sans communication avec le monde, la condition du plus grand nombre y deviendrait meilleure. Cette région, qui produit si peu, exporte encore une partie de ses denrées agricoles, tandis que le nord-ouest, qui produit trois fois plus, achète un supplément de subsistances.

Il suit de là que le centre, quoique la partie la moins peuplée du territoire, a encore trop d'habitants pour ce qu'il consomme. L'émigration ne peut donc que se développer, jusqu'à ce que l'équilibre soit rétabli entre la population et les subsistances, à moins que l'agriculture et l'industrie ne fassent de rapides progrès, et ces progrès sont difficiles, faute de capitaux. Les mêmes causes qui réduisent au strict nécessaire la ration moyenne, arrêtent ou du moins ralentissent la formation des capitaux. Moins la guerre de religion et l'antipathie de race, ce sont les mêmes plaies qu'en Irlande.

Quand on examine le rapport entre les recettes et les dépenses publiques par département, tel que le donne le *Compte général de l'administration des finances* pour 1857, on trouve que, si les recettes ne s'élèvent en tout, dans cette région, qu'à 105 millions, les dépenses montent moins haut encore, elles n'atteignent que 85 millions. Voilà donc 20 millions, ou le cinquième des recettes, dont la région s'est appauvrie dans cette seule année, et il en est plus ou moins ainsi depuis bien longtemps. Dans les deux derniers siècles, la perte annuelle devait être plus grande encore : l'ancienne monarchie ne se contentait pas d'enlever le cinquième des impôts, elle ne laissait rien pour les dépenses locales ; on comprend ce qui devait en résulter à la longue. Tout le centre était pays *d'élection* et soumis à la taille personnelle ; c'est ce qui l'avait si complétement ruiné avant 1789.

L'absentéisme a fait plus de mal encore, s'il est possible. Il avait donné lieu à l'établissement d'un mode particulier de fermage, exactement semblable à celui qui régnait en Irlande. De véritables *middlemen*, appelés fermiers généraux, prenaient à bail des terres entières et même plusieurs à la fois, mais sans s'appliquer eux-mêmes à la culture, et en s'interposant purement et simplement entre le propriétaire et les métayers. Considéré en soi, ce mode de fermage a sa raison d'être, et dans un pays déjà riche, il n'aurait pas beaucoup d'inconvénients ; dans un pays pauvre et ingrat, il n'a eu que de funestes effets. Aucun lien réel n'attache le fermier général à la terre qu'il administre ; uniquement occupé d'augmenter ses profits, sans s'inquiéter de l'avenir, il rançonne sans pitié les cultivateurs. De son côté, le maître ne voit rien, ne sait rien, et pourvu qu'il touche sa rente à point nommé pour la dépenser le plus loin possible, il laisse faire. Tout sort du sol, rien n'y revient.

Ces inconvénients ont été sentis, et l'usage des fermiers généraux, autrefois universel dans le centre, recule sensiblement. Le mal de l'absentéisme finit d'ailleurs, quand les transactions sont tout à fait libres, par se guérir de lui-même, en ce sens que la terre échappe tôt ou tard à quiconque n'y réside pas. On commence par l'hypothèque, on finit par la vente volontaire ou forcée. La révolution n'a exercé que très-peu d'influence sur l'état de la propriété dans cette région, au moins en ce qui concerne la propriété nobiliaire. La plupart des terres, et surtout des plus grandes, n'en ont pas moins changé de mains depuis un demi-siècle. Quelques capitaux arrivent du dehors, à mesure que le pays s'ouvre; d'autres se créent patiemment sur place, à force de travail et d'économie,

Dans le Berri, le Nivernais et le Bourbonnais, où les terres se sont peu divisées, il y a un assez grand nombre de fortes cotes; le reste de la région n'en a presque pas. Le Cantal ne compte que 18 cotes de 1,000 fr. et au-dessus, la Lozère en a 7, la Creuse 5, la Corrèze 4, la Haute-Loire 2.

# CONCLUSION.

## I

Parvenus au terme de ce rapide voyage, retournons-nous et jetons en arrière un dernier coup d'œil : ce vaste territoire qui s'étend des Alpes aux Pyrénées et de la Méditerranée à la mer du Nord; ce mélange de plaines, de coteaux et de montagnes, que découpent dans tous les sens les bassins de cinq grands fleuves, et qu'arrosent des centaines de rivières et des milliers de ruisseaux, comme les veines arrosent le corps humain ; ces immenses herbages de la côte occidentale, ces forêts séculaires des montagnes de l'est, ces verts pâturages du centre, ces riches vignobles de la Bourgogne et du Languedoc, ces oliviers et ces orangers de la Provence, ces moissons dorées qui flottent de tous côtés, et qui portent la plus grande récolte de blé qu'il y ait au monde; cette réunion sous les mêmes lois de tous les climats et de tous les peuples, ce résumé des Pays-Bas et de l'Espagne, de l'Angleterre et de la Suisse, de l'Allemagne et de l'Italie, cet assemblage vivant de toutes les diversités, c'est notre beau et cher pays, c'est la France !

Arthur Young raconte que le plus grand plaisir du duc de Penthièvre était de résider successivement dans les nombreux châteaux qu'il possédait sur tous les points du royaume. « J'aimerais beaucoup moi-même, ajoute l'agronome anglais, à posséder une vingtaine de fermes depuis la vallée du Rhône jusqu'aux montagnes de l'Écosse, à les visiter tour à tour et à en diriger la culture. » Cette fantaisie d'imagination montre bien le caractère distinctif de notre sol, la variété. Quand on mesure les ressources infinies de ce territoire vraiment unique, on s'étonne qu'il ne soit pas plus riche et plus peuplé.

D'après les documents statistiques les plus récemment connus, nos 50 millions d'hectares imposables se décomposent ainsi :

| | |
|---|---|
| Prairies naturelles............ | 5 millions d'hectares. |
| Vignes................... | 2 |
| Jardins et vergers........... | 2 |
| Terres arables.............. | 25 |
| Bois....................... | 8 |
| Landes et pâtis............ | 8 |
| Total................ | 50 millions d'hectares. |

Les 2 millions d'hectares de jardins et de vergers se décomposent ainsi :

| | |
|---|---|
| Jardins et potagers............ | 500,000 hectares. |
| Châtaigneraies................ | 550,000 |
| Oliviers..................... | 100,000 |
| Mûriers..................... | 50,000 |
| Pommiers et autres arbres à fruits. | 200,000 |
| Pépinières, oseraies, etc........ | 600,000 |
| Total................ | 2,000,000 |

## CONCLUSION.

A leur tour, les 25 millions d'hectares arables se décomposent ainsi :

| | |
|---|---|
| Froment................ | 6,500,000 hectares. |
| Méteil et seigle............. | 2,500,000 |
| Orge, maïs, sarrasin......... | 2,500,000 |
| Avoine................. | 3,000,000 |
| Racines................. | 1,500,000 |
| Prairies artificielles......... | 2,500,000 |
| Légumes secs............. | 500,000 |
| Cultures industrielles (1)...... | 500,000 |
| Jachères................ | 5,500,000 |
| Total................ | 25,000,000 d'hectares. |

Ces chiffres diffèrent à quelques égards de ceux que j'avais cru pouvoir donner pour 1850 (2), en modifiant, d'après les probabilités connues alors, les résultats de la grande statistique de 1840. Ainsi, l'étendue consacrée au froment, que j'avais portée à 6 millions d'hectares, serait aujourd'hui de 6,500,000 ; celle des prés naturels, que j'avais portée à 4 millions d'hectares, serait de 5 ; celle des jachères, que j'évaluais à 5 millions d'hectares, de 5,500,000. En revanche, l'étendue consacrée au seigle et autres grains ne serait que de 5 millions d'hectares au lieu de 6 ; celle des prairies artificielles, de 2,500,000 hectares au lieu de 3 millions, et celle des racines, de 1,500,000 hectares au lieu de 2 millions.

(1) Ces 500,000 hectares se divisent ainsi :
| | |
|---|---|
| Colza.................... | 200,000 |
| Lin et chanvre.............. | 275,000 |
| Garance, tabac, etc.......... | 25,000 |

La betterave est comprise dans les racines.
(2) *Économie rurale de l'Angleterre*, chap. v.

Si ces données sont exactes, elles révèlent un état agricole un peu moins avancé que je n'avais cru. Probablement, en y regardant de plus près, ces différences s'atténueront. L'étendue des prairies naturelles, par exemple, est essentiellement arbitraire, en ce sens qu'on peut comprendre sous ce titre des pacages intermédiaires entre les prairies et les pâtis, ou même certaines catégories de prairies artificielles. De même, l'étendue des jachères peut s'accroître ou se réduire à volonté, suivant qu'on tient compte ou non de certaines cultures dérobées qui n'occupent le sol que très-peu de temps. L'accroissement de la surface semée en froment a plus de valeur, mais elle peut n'être qu'accidentelle. Cette surface était bien, en 1850, de 6 millions d'hectares; à la suite de la mauvaise récolte de 1853 et des hauts prix qui en ont été la conséquence, elle s'est brusquement accrue de 500,000 hectares, et il en est résulté un engorgement qui s'est manifesté par une forte baisse. Suivant toute apparence, la baisse des prix aura déterminé une réduction des emblavures.

J'avais évalué, à la même époque, la récolte moyenne de froment à 82 millions d'hectolitres, réduits à 70 par le retranchement des semences; aujourd'hui, cette récolte paraît être de 100 millions d'hectolitres, réduits à 87 par le retranchement des semences. Il y a donc une amélioration considérable sous ce rapport, pourvu qu'elle se soutienne. La récolte du seigle et du méteil a dû baisser à peu près dans la même proportion; celle de l'avoine, de l'orge, du maïs et du sarrasin est restée stationnaire. Les pommes de terre se sont un peu relevées, mais sans revenir au point qu'elles avaient atteint avant la maladie. Le produit des vignes a diminué au moins d'un quart; la soie, de plus de moitié ; le colza et la betterave ont fait de grands progrès, mais la betterave n'occupe encore que 100,000 hectares et le colza que 200,000. La quantité du bétail ne s'est pas accrue ; j'avais évalué le nombre des chevaux à 3 millions de têtes, celui du gros bétail à 10 millions, celui des moutons à 35 millions; les nouvelles statistiques donnent le même chiffre pour les chevaux; les bêtes à cornes seraient un peu plus nombreuses, mais les moutons auraient diminué.

Cette diminution, qui paraît s'élever au dixième environ des troupeaux, tient surtout à la série d'années humides que nous avons traversées et qui ont amené des maladies fatales aux bêtes à laine. Dans le centre, et généralement dans tous les pays où le mouton se nourrit au pâturage, ces maladies ont sévi avec rigueur. De plus, la division progressive du sol, le défrichement des terres incultes, diminuent sans cesse le parcours, et l'extension qu'a prise la culture du froment doit avoir exercé une influence plus marquée encore, en réduisant l'étendue des prairies artificielles. Ce sont là des alternatives inévitables. Sans doute, si cette diminution des moutons devait se prolonger, il y aurait lieu de s'en inquiéter, mais tout annonce qu'elle n'est que temporaire. Il ne faut pas d'ailleurs oublier qu'il y a moutons et moutons, et que la quantité n'est pas tout; les troupeaux nombreux et mal nourris doivent se réduire par le progrès de la culture, tandis que les mieux nourris et les plus producitfs doivent s'accroître, et il peut très-bien arriver que le produit monte quand le nombre baisse, au moins pour quelques-uns.

Il serait bien à désirer que le gouvernement livrât tous les ans à la publicité le tableau sommaire de la statistique agricole de l'année, au lieu de renseignements incomplets, tardifs, et quelquefois contradictoires. Ces sortes de tableaux allant en se rectifiant avec le temps, on finirait par arriver à une certitude suffisante. Je m'en tiens pour le moment, jusqu'à plus ample informé, à mes estimations de 1850, dans ce qu'elles ont de plus général. L'erreur, s'il y en a une, ne peut être que légère, puisque les différences se compensent à peu près. L'ensemble de la production peut être toujours porté à 5 milliards, avec une plus forte proportion pour le froment et une moindre pour d'autres articles, comme le seigle, le vin, la soie, la laine, etc. Cette somme se répartit ainsi :

| | |
|---|---|
| Nord-ouest....... | 1,600 millions. |
| Nord-est......... | 800 |
| Ouest........... | 800 |
| Sud-est.......... | 700 |
| Sud-ouest........ | 600 |
| Centre........... | 500 |
| Total........ | 5 milliards. |

On voit que la France, sans sortir d'elle-même, peut trouver des modèles à imiter. Si toutes les parties du territoire étaient cultivées comme le nord-ouest, l'ensemble de nos produits agricoles serait doublé, et le nord-ouest lui-même a beaucoup à faire pour arriver partout à la hauteur de ses meilleures parties. Rien ne permet mieux de mesurer ces contrastes que la comparaison entre deux points extrêmes, comme un canton du département du Nord et un canton du département des Landes. D'un côté, la terre vaut, en moyenne, 10,000 francs l'hectare; de l'autre, elle en vaut à peine 50, et cette disproportion ne tient pas uniquement à la nature du sol. C'est la main de l'homme qui a presque tout fait; c'est elle qui, d'un côté, a desséché les marais, assaini l'air et l'eau, ouvert des canaux et des routes, accumulé dans le sol les engrais et les labours, varié les assolements et les cultures, et qui, de l'autre, est restée inactive.

La division du sol entre les régions donne les résultats suivants en nombres ronds :

| RÉGIONS. | TERRES en culture. | BOIS. | LANDES et pâtis. | TERRAINS non imposables. |
|---|---|---|---|---|
| | hect. | hect. | hect. | hect. |
| Nord-ouest... | 7,000,000 | 1,000,000 | » | 500,000 |
| Nord-est...... | 6,000,000 | 2,000,000 | 500,000 | 500,000 |
| Ouest......... | 6,500,000 | 1,000,000 | 1,000,000 | 500,000 |
| Sud-est....... | 4,500,000 | 1,500,000 | 2,500,000 | 500,000 |
| Sud-ouest.... | 5,000,000 | 1,500,000 | 2,000,000 | 500,000 |
| Centre........ | 5,000,000 | 1,000,000 | 2,000,000 | 500,000 |
| Totaux..... | 34,000,000 | 8,000,000 | 8,000,000 | 3,000,000 |

Cette division montre, au premier coup d'œil, combien la première région l'emporte sur les autres, puisqu'elle n'a plus de terres incultes. La division des terres en culture va montrer encore mieux cette supériorité.

| RÉGIONS. | TERRES arables. | PRÉS. | VIGNES. | JARDINS et vergers. |
|---|---|---|---|---|
| | hect. | hect. | hect. | hect. |
| Nord-ouest.... | 6,000,000 | 700,000 | » (1) | 300,000 |
| Nord-est....... | 4,700,000 | 800,000 | 300,000 | 200,000 |
| Ouest......... | 5,000,000 | 1,000,000 | 300,000 | 200,000 |
| Sud-est....... | 3,500,000 | 200,000 | 500,000 | 300,000 |
| Sud-ouest..... | 3,500,000 | 500,000 | 700,000 | 300,000 |
| Centre........ | 3,300,000 | 800,000 | 200,000 | 700,000 (2) |
| Totaux..... | 26,000,000 | 4,000,000 | 2,000,000 | 2,000,000 |

Quand on pénètre dans le détail des cultures, on trouve que la première région consacre au froment 2 millions d'hectares, tandis que la dernière n'en peut consacrer que 200,000. L'étendue des jachères, qui n'est dans l'une que de 300,000 hectares, est dans l'autre de 1,200,000. Ici, un million d'hectares de prairies artificielles; là, 100,000 seulement. Le rendement ne diffère pas moins que l'étendue des cultures; ici le blé rend 15 fois la semence; là il ne la rend que 5 fois. Sur quelques points, on a une tête de bétail par hectare en culture; sur d'autres, il faut 10 hectares pour avoir l'équivalent.

Nous avons vu que la moyenne du produit brut s'élève à 100 fr. par hectare imposable, mais que cette moyenne varie beaucoup suivant les régions. Voici maintenant quelle doit être la division du produit brut par hectare imposable:

(1) La première région a encore quelques vignes, comme quelques terres incultes, mais si peu qu'il est possible de les négliger.
(2) Ce sont les châtaigneraies qui grossissent à ce point, pour le centre, le chiffre des jardins et vergers.

CONCLUSION.

| RÉGIONS. | RENTE. | PROFIT. | IMPOTS. | FRAIS accessoires. | SALAIRES. |
|---|---|---|---|---|---|
| Nord-ouest.. | 60 f. | 20 f. | 10 f. | 10 f. | 80 f. |
| Nord-est.... | 30 | 10 | 5 | 5 | 40 |
| Ouest....... | 30 | 10 | 5 | 5 | 40 |
| Sud-est..... | 25 | 10 | 5 | 5 | 35 |
| Sud-ouest... | 25 | 5 | 3 | 2 | 35 |
| Centre...... | 20 | 5 | 3 | 2 | 30 |
| Moyenne.. | 30 | 10 | 5 | 5 | 50 |

Après avoir résumé la condition agricole de chacune des parties du territoire, il reste à donner une idée de l'état matériel de la population qui les habite. Les dernières statistiques permettent d'estimer à 21 millions de têtes la population rurale et à 15 millions la population non rurale. Le salaire rural peut s'évaluer ainsi, nourriture comprise, à raison de 250 journées de travail par an pour les régions du nord-ouest et du nord-est, et de 200 pour les autres :

|  | Par jour de travail. | Par an. |
|---|---|---|
| Nord-ouest......... | 2 f. » | 500 fr. |
| Nord-est.......... | 1 50 | 300 |
| Ouest............. | 1 25 | 250 |
| Sud-est........... | 2 » | 500 |
| Sud-ouest......... | 1 25 | 250 |
| Centre............ | 1 25 | 250 |

Ces chiffres ont été obtenus en prenant pour base le tarif de conversion arrêté par les conseils généraux pour la prestation en nature (1), et en ajoutant en moyenne 50 pour 100 à l'évaluation du tarif. Le salaire de femme est en moyenne égal à la moitié du salaire d'homme, mais le nombre des jours de travail étant beaucoup moindre pour les femmes que pour les hommes, il ne ressort à guère plus du quart. A ce compte, un ménage de journalier aurait un revenu de 625 francs dans la première région et de 312 francs dans l'ouest, le sud-ouest et le centre ; l'un de ces deux chiffres n'est que la moitié de l'autre, il est cependant tout ce qu'il peut être dans l'état actuel de la production.

Des inégalités du même genre se produisent dans l'intérieur des régions, entre les villes et les campagnes. A Paris, la consommation des denrées agricoles s'élève à 500 fr. par tête ; dans le Morbihan, elle descend à 50 fr. Les différences qui résultent de l'inégalité des positions sociales ne sont rien auprès de celles qui résultent de l'inégalité des salaires. Le million de familles aisées que renferme la France ne consomme qu'une quantité insignifiante de denrées agricoles en sus de la part qui lui reviendrait dans une exacte répartition ; c'est dans les 8 millions de familles ouvrières que réside la véritable inégalité. Le salaire urbain étant en moyenne supérieur au salaire rural, les 3 millions de familles ouvrières urbaines consomment au delà de leur part, et les 5 millions de familles rurales beaucoup moins que la leur. De là la tendance générale à un déplacement, tendance naturelle

---

(1) Rapport sur le service des chemins vicinaux, 1858, page 66.

dans l'état actuel, mais qui aggrave le véritable mal au lieu de l'atténuer; car tant que la production ne s'accroît pas, l'inégalité de répartition ne peut que devenir plus grande par l'accroissement du nombre des consommateurs privilégiés.

## II.

Ces inégalités n'étaient pas tout à fait aussi fortes en 1789. La condition moyenne des Français s'est améliorée sensiblement, puisque la production agricole s'élève aujourd'hui à 150 francs par tête, tandis qu'elle n'était alors que de 100 francs; mais cette amélioration ne s'est pas également répartie.

D'après le dénombrement cité par Arthur Young, la population rurale était, en 1789, de 20 millions et demi, et la population urbaine de 6 millions. Nous ignorons sur quelles bases cette division s'est faite, mais, comme le dénombrement tout entier, elle a un grand caractère de vraisemblance. S'il en est ainsi, la population rurale est restée stationnaire depuis soixante-dix ans, la population urbaine s'est seule accrue, elle a passé de 6 millions à 15. Le progrès saute aux yeux dans les villes et surtout dans les plus grandes; il est moins marqué dans les campagnes. Cette différence de progression n'aurait rien que de légitime, si elle était uniquement le produit naturel d'une société libre; mais ce qui montre que des causes artificielles ont agi, c'est, d'une part, la lenteur du progrès général, de l'autre, son extrême inégalité. Il ne s'agit pas ici d'opposer l'agriculture à l'industrie, ces deux branches du travail sont solidaires ; il s'agit seulement de savoir pourquoi l'une et l'autre se sont développées plus vite dans certaines contrées que dans d'autres.

Il serait puéril de rêver un développement de prospérité mathématiquement égal partout. La nature a mieux doué certains pays que d'autres, et des causes morales viennent se joindre aux influences naturelles pour accroître l'inégalité. Mais ces différences peuvent être plus ou moins marquées, plus ou moins justifiées. On comprend très-bien, par exemple, que les hommes désertent les hautes montagnes ; combien avons-nous de terrains dans ce cas ? On entend généralement par hautes montagnes celles qui dépassent 1,000 mètres au-dessus du niveau de la mer ; les Alpes, les Pyrénées, le plateau central, ne contiennent pas plus de deux ou trois millions d'hectares à cette hauteur. Entre 1,000 et 500 mètres, la vie est déjà plus douce et plus facile, ainsi que l'attestent tant de riches vallées, soit en France, soit à l'étranger, et en particulier les parties les plus peuplées et les plus cultivées de la Suisse. Nous n'avons d'ailleurs que cinq ou six millions d'hectares appartenant à cette seconde catégorie. Les quatre cinquièmes du sol au moins sont au-dessous de 500 mètres, et la moitié ne dépasse pas 250.

La nature du sol et du climat varie sans doute à la même hauteur, mais il s'en faut de beaucoup que la population et la richesse suivent exactement ces variations. A prendre le territoire national dans son ensemble, le sol et le climat du midi paraissent supérieurs au sol et au climat du nord pour la production rurale, et c'est l'inverse qui est arrivé. La production industrielle et commerciale présente des singularités analogues. Il y a des points où le développement s'explique par lui-même, comme Marseille et Lyon ; il y en a d'autres où l'on s'étonne que le progrès n'ait pas été plus marqué, comme dans la région centrale où abondent les chutes d'eau, les richesses minérales et surtout la houille, cette matière première des industries modernes.

Non-seulement le progrès général de la richesse et de la population a été beaucoup plus rapide en Angleterre qu'en France depuis 1789, mais il s'est mieux réparti. Un seul comté, celui de Lancastre, a vu tripler le nombre de ses habitants ; tout le reste a marché à peu près du même pas. Les comtés de Middlesex et de Surrey, que couvre l'immense ville de Londres, n'ont pas plus gagné que l'ensemble du pays. En partageant l'Angleterre en deux moitiés égales, on trouve dans l'une et dans l'autre le même progrès. En Écosse, si Édimbourg et Glascow ont absorbé presque tout l'accroissement, c'est que la différence des conditions naturelles est extrêmement marquée entre les hautes et les basses terres. L'Écosse, considérée dans son ensemble, a suivi la même progression que l'Angleterre. Je ne parle pas de l'Irlande, qui offre des phénomènes particuliers.

La population non rurale s'est encore plus accrue en Angleterre qu'en France, puisqu'elle forme les quatre cinquièmes de la population totale, tandis que chez nous elle ne forme guère que les deux cinquièmes ; mais n'oublions pas que la somme des deux populations est deux fois plus forte en Angleterre. Sur beaucoup de points, il n'y a pas, chez nos voisins, de différence entre le salaire rural et le salaire urbain, et quand la différence se produit, elle ne prend pas les mêmes proportions. Le genre de vie d'un habitant de Londres diffère fort peu de celui d'un habitant du Cumberland. Comme la richesse agricole, la richesse industrielle et commerciale est répandue plus généralement, et on ne rencontre nulle part la distance qui sépare les départements du Nord et de la Seine-Inférieure de ceux de la Lozère et des Landes.

Même dans les montagnes du pays de Galles, la partie la plus pauvre et la plus stérile de la Grande-Bretagne, la population a doublé comme à Londres; elle a passé de 500,000 âmes à 1 million, tandis qu'en France les pays analogues sont restés stationnaires ou ont reculé. Voyez quel est dans les deux pays le tableau comparatif des chemins de fer. La Grande-Bretagne a 5 kilomètres de chemins de fer en exploitation par myriamètre carré, et ces chemins pénètrent partout à la fois, tandis que la France n'en a que le quart, et quinze de nos départements n'en ont pas encore un seul kilomètre.

Deux causes principales expliquent cette différence entre la France et l'Angleterre. La première est la révolution de 1792, qu'il ne faut pas confondre avec le mouvement national de 1789. Autant les idées de 1789 sont favorables à la formation des capitaux sous toutes les formes et sur tous les points, autant les idées de 1792, si toutefois on peut donner ce nom à l'emportement des passions les plus brutales, ont été contraires à tout travail utile. L'Angleterre s'en est tenue à 1789 et même à un peu moins que 1789, et elle s'en est bien trouvée. Sa situation serait meilleure encore, ainsi que la nôtre, si nous avions fait comme elle, car nous ne l'aurions pas entraînée dans une guerre de vingt ans qui ne lui a pas fait autant de mal qu'à nous, mais qui lui en a fait beaucoup. Cette guerre lui a coûté 25 milliards, et si riche qu'elle soit, ce n'est pas une chose indifférente que 25 milliards de moins dans la fortune d'une nation.

Quand on recherche l'accueil fait par chaque partie de la France à la révolution de 1792, on trouve que cette violente crise n'a eu véritablement pour elle qu'une moitié ou même un tiers du territoire. Le nord-ouest, le nord-est et le sud-est l'ont embrassée pour des causes diverses et à des degrés différents ; l'ouest, le sud-ouest et le centre l'ont repoussée. Sans la difficulté et la lenteur des communications à cette époque, elle eût probablement échoué devant la résistance de la véritable majorité. Si la France avait été partagée en deux États indépendants, l'un des deux aurait échappé à la secousse. Le tout n'aurait pu que gagner à une transformation plus lente et plus successive ; l'agriculture surtout en aurait tiré grand profit. Arthur Young, cet observateur sagace qui a jugé d'avance les événements avec l'expérience de la liberté politique dans son propre pays, ne s'y est pas trompé.

« Dans tout ce que j'ai avancé, dit-il, sur cette révolution immense et sans exemple, je lui ai reconnu le mérite d'avoir aboli l'ancien régime, mais non d'en avoir établi un nouveau. Tout ce que j'ai vu en France m'a donné la conviction profonde qu'un changement était devenu nécessaire pour limiter l'autorité royale, supprimer les droits féodaux, restreindre les richesses de l'Église, corriger les abus de finance et purifier l'administration de la justice ; mais que, pour y arriver, il fallût bouleverser l'État, anéantir toutes les distinctions, fouler aux pieds le roi et sa famille, attaquer la propriété, allumer une guerre civile, c'est une autre question. Selon moi, ces violences n'étaient pas nécessaires ; une cour nécessiteuse, un ministère faible, un prince timide, n'auraient pu refuser rien d'essentiel à la prospérité nationale. »

Son opinion sur la dîme ecclésiastique mérite en particulier d'être rappelée.

« Je dois, dit-il, au clergé français une justice que le nôtre ne mérite pas. Quoique la dîme ecclésiastique fût exigée plus sévèrement en France qu'en Italie, elle ne l'a jamais été avec la même avidité qu'en Angleterre. Prélevé en nature, cet impôt, comme je l'ai appris dans mes voyages, *n'atteignait jamais le dixième du produit ;* il n'était guère que le douzième, le treizième et même le vingtième. Nulle part les nouvelles cultures n'y étaient sujettes, comme les pommes de terre, le trèfle, les choux, etc. Dans beaucoup d'endroits, les prairies étaient exemptes, de même que les vers à soie ; les vaches ne payaient rien ; les agneaux, du douzième au vingtième ; la laine, rien. On ne connaît pas chez nous cette modération. »

Ces observations concordent parfaitement avec les calculs qui ont porté le montant des dîmes, en 1789, à 133 millions sur 2 milliards et demi de produit brut, c'est-à-dire au vingtième seulement, tandis qu'en Angleterre le même total s'élevait alors à 125 millions sur 1,500 millions de produit brut, ou à peu près un dixième effectif. Il est digne de remarque que les dîmes aient été abolies sans indemnité dans celui des deux pays où elles étaient le moins lourdes, et qu'elles se soient maintenues dans celui où elles pesaient le plus sur le sol. Aujourd'hui encore, les dîmes, transformées en une rente presque fixe, atteignent en Angleterre le vingtième du produit brut, ou ce qu'elles atteignaient en France en 1789.

Arthur Young ne se montre pas moins prévoyant quant aux conséquences de l'abolition des dîmes et des droits féodaux ; il comprend parfaitement que cette abolition ne profitera, en fin de compte, qu'aux propriétaires et non aux cultivateurs. « Les propriétaires, dit-il, ne manqueront pas d'exiger tôt ou tard de leurs fermiers une rente plus forte, en représentation des droits supprimés. » C'est en effet ce qui est arrivé. En même temps, il montre le contre-coup momentané de ces spoliations sur la propriété ordinaire. « Les fermages, dit-il, qui sont aussi légaux sous le nouveau régime que sous l'ancien, ne se paient plus avec la même régularité. Les paysans ont formé de puissantes associations pour refuser les loyers, disant tout net aux propriétaires : *Nous sommes assez forts pour nous soustraire au paiement, et vous ne l'êtes pas assez pour nous y contraindre.* »

L'habile observateur ajoute : « *Pour l'agriculture en*

*général, je doute fort du bon succès de la révolution.* L'abolition des dîmes et des droits féodaux a été compensée par beaucoup de maux nouveaux, comme les prohibitions sur le commerce des grains et le maintien des biens communaux. » Témoin des funestes effets qu'avait eus, sous le ministère de Necker, l'atteinte portée à la liberté du commerce des grains instituée par Turgot, il ne se dissimule pas que le nouveau régime va aggraver encore les erreurs de l'ancien sous ce rapport. « Nous devons compter, dit-il, sur des famines périodiques, dans un pays où la population impose ses instincts violents et aveugles. » La famine de 1793 n'a pas tardé à lui donner raison. Ailleurs, après avoir rapporté les obstacles qu'opposait à la division des biens communaux la résistance des parlements, il ajoute : « Je ne m'attends pas à beaucoup plus de progrès dans cette voie de la part du gouvernement nouveau. Si j'en comprends bien les institutions, c'est la volonté du peuple qui fait loi, et je ne connais pas de pays où le peuple ne soit hostile à la division. » Cette prédiction s'est encore réalisée.

Au moment où écrivait Arthur Young, il ne pouvait pas compter, parmi les fléaux déchaînés par la révolution, la guerre civile et la guerre étrangère, mais il les pressentait. « Que ne prenez-vous le gouvernement anglais ? » disait-il, dans son bon sens, aux réformateurs ; on lui répondait *qu'il n'entendait rien à la liberté*, et parmi ceux qui se montraient les plus animés, il cite plus d'un membre de la noblesse et du clergé. Sans doute un si grand changement ne pouvait s'accomplir sans exciter des passions, des illusions et des erreurs ; mais, même en admettant que ces entraînements aient été inévitables dans l'état des esprits, il est toujours bon de rappeler qu'ils n'ont fait que du mal. Les révolutions sont comme ces médicaments actifs qui, pris à faibles doses, entretiennent la vie et la santé, et qui, à doses trop fortes, donnent des convulsions et même la mort.

A ces idées éminemment justes, Arthur Young en ajoutait quelques-unes de fausses. Telle est sa théorie absolue contre la petite propriété et la petite culture. Il s'est trompé sur le point de fait, en attribuant à la division du sol l'état arriéré de l'agriculture française en 1789. Les provinces les plus divisées étaient au contraire, alors comme aujourd'hui, les mieux cultivées, sauf un petit nombre d'exceptions, et on peut dire, en règle générale, qu'avant comme après 1789, le progrès agricole a marché en France avec la division, pourvu qu'elle fût naturelle et volontaire. Qu'il en doive toujours être ainsi, c'est ce qui n'est pas aussi sûr ; le morcellement excessif a ses inconvénients, et les avantages de la grande culture commencent à frapper les esprits, à mesure que les débouchés s'élargissent. Dans tous les cas, si Arthur Young n'avait eu d'autre but que d'attaquer la division *forcée*, il aurait eu pleinement raison. Quand même les avantages de la division seraient évidents, il ne peut jamais rien sortir de bon d'une atteinte à la propriété. La propriété française souffre encore aujourd'hui de ce fatal souvenir ; elle serait plus sûre d'elle-même, plus entreprenante, si elle n'avait pas subi un pareil choc.

## III.

La seconde cause qui a retardé le mouvement agricole, industriel et commercial de la France, et qui explique plus directement la différence entre les régions, c'est l'exagération croissante et l'inégale répartition des dépenses publiques ; l'origine du mal remonte à deux siècles, et si ses effets se sont atténués à quelques égards depuis 1789, ils se sont aggravés sous d'autres.

Le plus grand vice de l'ancien régime était la mauvaise administration des finances, au moins jusqu'à l'avénement de Louis XVI. Le produit des impôts payés au trésor public avait décuplé depuis la mort de Henri IV, et il s'en fallait de beaucoup que la richesse nationale eût augmenté dans la même proportion. Depuis que Richelieu avait aboli la plupart des états provinciaux et mis à leur place des intendants, assistés de ces officiers secondaires qu'on appelait des *élus* mais qui n'avaient rien de commun avec l'élection, les impôts se percevaient avec autant de rudesse que d'arbitraire (1). L'invention désastreuse des fermes générales, en donnant à un petit nombre de traitants l'occasion de fortunes scandaleuses, avait écrasé le pauvre peuple d'abus et de vexations. La gabelle surtout, dont le nom est resté couvert d'une si juste exécration, ne s'extorquait qu'à l'aide de violences intolé-

---

(1) On ne saurait trop relire sur ce sujet l'admirable ouvrage de M. de Tocqueville, *l'Ancien régime et la révolution*, bien qu'il soit, à mon sens, trop sévère pour la seconde moitié du xviii<sup>e</sup> siècle.

rables. La France était partagée, pour la perception de cet impôt, en pays de grandes gabelles, pays de petites gabelles et pays francs ; les droits variant sans cesse d'une province à l'autre, il s'établissait sur les frontières une contrebande active qui ne pouvait être réprimée que par la force ; on a compté, sous Louis XIV, 80,000 hommes envoyés aux galères pour ce seul fait.

La dépense était encore pire que la recette, s'il est possible. Outre qu'une grande partie des revenus royaux se perdait en route, ce qui en arrivait au trésor public ne servait qu'à des dépenses improductives. L'entretien de l'armée et le luxe de la cour absorbaient ces impôts achetés si cher. Il n'en revenait rien aux campagnes qui en avaient fourni la plus grande partie. Les revenus annuels ne suffisant pas, la couronne avait recours, pour remplir ses coffres, à toute sorte d'emprunts et d'expédients. Louis XIV surtout, dans les dernières années de sa vie, avait donné un exemple effrayant de ces anticipations ; il a laissé après lui une dette énorme qui a pesé sur les finances pendant tout le dix-huitième siècle et qui a fini par amener la révolution.

Sous la pression de cette administration dévorante, l'agriculture et l'industrie ne pouvaient que languir. La population du royaume avait certainement diminué dans une forte proportion, de 1610 à 1715. Sous le long règne de Louis XV, elle avait commencé à se relever, et n'avait pris décidément son essor que sous Louis XVI. Quand les courtisans demandaient à ce prince, avant son avènement, comment il voulait être surnommé. « Je veux, avait-il répondu, qu'on m'appelle Louis *le Sévère*. » C'est un beau mot que celui-là au milieu des corruptions et des prodigalités du règne le plus honteux de notre histoire. La plupart des abus furent corrigés sous l'administration de Turgot et de Necker, et le roi lui-même donna l'exemple de l'économie dans ses propres dépenses. Tout ce qui touche au mode de perception et d'administration des impôts avait été, pendant le dix-huitième siècle, l'objet d'études approfondies de la part des économistes, et on commençait à mettre leurs préceptes en pratique, quand la révolution vint jeter de nouveau dans les finances le plus affreux désordre.

Après la grande tourmente, quand le Consulat et plus tard l'Empire entreprirent la restauration à peu près complète de l'ancien régime, les formes de l'administration monarchique reparurent, avec des améliorations que Louis XVI n'avait pu réaliser qu'imparfaitement. Les intendants furent rétablis sous le nom de *préfets*; mais ces fonctionnaires n'avaient pas, comme sous Richelieu, tous les pouvoirs confondus entre leurs mains; ce n'étaient plus à proprement parler ces intendants *de police, de justice et de finances*, comme on les appelait autrefois, dont l'autorité prenait toutes les formes et ne connaissait pas de limites. Trop grandes encore malgré ces réformes, les attributions des préfets ont été réduites de nouveau, sous la Restauration et la monarchie de Juillet, par l'établissement des conseils généraux et par l'influence supérieure des assemblées législatives.

L'institution des intendants avait d'ailleurs subi, vers

le milieu du dix-huitième siècle, par le seul mouvement des esprits, une modification heureuse. A l'époque de leur établissement, ils étaient avant tout des officiers politiques, chargés de briser toutes les résistances et de faire triompher partout l'autorité absolue du roi. On parlait bien déjà de travaux utiles et d'intérêts à développer, mais ce n'était qu'un prétexte ou du moins qu'une considération très-secondaire. Pendant le règne de Louis XIV, cette partie de leur tâche avait disparu, ils n'avaient été que les instruments aveugles de la plus horrible oppression. Peu à peu, d'autres idées se firent jour. Il suffira de citer les noms de Tourny, de d'Étigny, et surtout du plus grand de tous, Turgot, pour montrer que la préoccupation de l'intérêt public les avait sérieusement gagnés. Cette idée a dominé lors de leur rétablissement sous le consulat; elle a disparu de nouveau sous l'empire, mais elle a repris faveur en 1815, et n'a jamais été oubliée depuis.

En même temps, l'art de percevoir l'impôt, de le répartir également, de le varier dans ses formes pour le rendre moins lourd, de lui enlever tout caractère trop arbitraire et trop violent, s'est constamment perfectionné par l'expérience, l'étude et la discussion. Les recettes publiques ont pu doubler en quarante ans sans imposer aux contribuables une charge trop forte. L'amélioration dans les dépenses n'a pas marché tout à fait aussi vite, en ce sens que les dépenses improductives ont continué à absorber une trop forte part du budget; mais, là même, le progrès avait été marqué depuis la paix. A partir de 1854, les dépenses publiques ont brusquement passé de

1,500 millions par an à 2 milliards, et cette augmentation n'a servi qu'à des dépenses improductives.

Voici quelle a été, dans les quatre dernières années connues, la somme des dépenses publiques :

>   1853........  1,525 millions.
>   1854........  1,966
>   1855........  2,375
>   1856........  2,195

1,500 millions en trois ans, enlevés aux placements productifs de l'agriculture et de l'industrie, ont ainsi disparu dans les dépenses militaires, en sus des allocations ordinaires. Nous ne connaissons pas encore exactement les chiffres des années qui ont suivi, mais nous savons en gros qu'ils ne sont pas bien différents. Les deux guerres d'Orient et d'Italie ont coûté 2 milliards et demi.

En présence d'un pareil dérivatif, on ne saurait s'étonner que l'agriculture et l'industrie soient restées à peu près stationnaires depuis cinq ans. Non-seulement le progrès de la population s'est ralenti et même arrêté (1), mais le commerce extérieur de la France, le seul qui puisse être constaté, a reculé au lieu d'avancer ; il a été en 1857 un peu moindre qu'en 1856, et en 1858 moindre encore qu'en 1857. 1859 n'a pas valu beaucoup mieux,

---

(1) Voir, pour plus amples détails, l'*Agriculture et la population*, chap. vii : *Du dénombrement de* 1856. L'attention publique s'est portée avec raison, à l'occasion de ce dénombrement, sur le mouvement de déplacement qu'il révèle ; mais il ne faut pas oublier que ce n'est pas là le fait principal. Le déplacement n'a toute sa gravité que parce qu'il coïncide avec un ralentissement dans le progrès général de la population.

et 1860 s'annonce plus mal encore. Ces avertissements ont leur éloquence. On sentira sans doute la nécessité de les écouter et de rentrer dans le budget de 1853, ou du moins de s'en rapprocher.

Sous l'ancien régime, la totalité des dépenses publiques s'effectuait sur un très-petit nombre de points, à Paris et à Versailles d'abord, puis dans les ports de guerre et dans les villes de garnison. Cette accumulation de capitaux avait enrichi à la longue les points privilégiés aux dépens des autres, et c'est là, sans aucun doute, ce qui avait fini par amener l'extrême différence de population et de richesse qui existait déjà en 1789 entre les provinces. Depuis la révolution, cette concentration s'est maintenue ; elle a reçu quelques adoucissements par l'institution des conseils électifs du département et de la commune, qui ont permis aux dépenses locales de prendre un utile essor ; mais en même temps, l'administration centrale a fortifié ses moyens d'action. Les payements effectués par le trésor public dans le seul département de la Seine, siége du gouvernement, atteignaient, avant 1848, 500 millions par an. Depuis quelques années, Paris a encore vu s'accroître dans une proportion inouïe le tribut annuel que lui paie le reste de la France, et qui, d'après *le compte général de l'administration des finances*, s'est élevé en 1855 à 877 millions.

En regard de ce chiffre colossal, il est bon de placer l'état des dépenses publiques dans les départements les plus maltraités ;

| | |
|---|---|
| Lot............... | 5,825,000 fr. |
| Aveyron........... | 5,578,000 |
| Hautes-Alpes...... | 4,691,000 |
| Corrèze........... | 4,500,000 |
| Ardèche........... | 4,448,000 |
| Basses-Alpes...... | 4,272,000 |
| Landes............ | 4,200,000 |
| Ariége............ | 3,798,000 |
| Creuse............ | 3,767,000 |
| Cantal............ | 3,733,000 |
| Haute-Loire....... | 3,680,000 |
| Lozère............ | 2,694,000 |
| Total........ | 51,186,000 fr. |

Ces douze départements forment ensemble un dixième environ de l'étendue totale du territoire, et ils ne reçoivent à eux tous que 51 millions par an, tandis qu'un seul département en reçoit 877 ; on peut donner toutes les explications qu'on voudra, on n'arrivera pas à détruire l'effet d'une si choquante anomalie. Sept départements, outre celui de la Seine, reçoivent du trésor public plus qu'ils ne lui donnent : le Var, le Finistère, la Manche, la Corse, le Bas-Rhin, la Charente-Inférieure, la Moselle ; ces excédants, légers en comparaison, se justifient pour la plupart par les exigences de la défense nationale. 76 départements perdent plus ou moins, et, dans le nombre, il en est qui ne reçoivent dans la répartition des dépenses que la moitié de ce qu'ils y apportent.

Il serait insensé de prétendre à changer de fond en comble une pareille situation. Les priviléges, même les plus criants, ont droit au respect, dès qu'ils sont consacrés par le temps. Tout ce qu'on peut espérer, c'est d'atténuer les plus violents effets de cette concentration sans exemple. Il n'est pas impossible d'y parvenir, car les paiements du trésor public, à Paris, ont un peu diminué depuis 1855 ; ils sont descendus à 725 millions en 1857. Qu'ils reviennent seulement à 500 millions comme avant 1848, et le reste de la France pourra respirer. On se plaint avec raison que l'agriculture et l'industrie manquent de capitaux ; on a essayé par plusieurs moyens pompeusement annoncés de leur en donner, on a échoué. C'est qu'en effet personne ne peut disposer de capitaux qui n'existent pas ; l'agriculture et l'industrie peuvent seuls former les capitaux qui leur manquent, et la première condition à remplir, c'est de les déplacer le moins possible par l'impôt à mesure qu'ils se forment. En admettant un placement à dix pour cent, il a fallu incorporer au sol 25 milliards de nouveaux capitaux depuis 1789, pour augmenter les produits annuels de 2 milliards et demi ; il faut maintenant, pour doubler nos produits agricoles, dépenser au moins 50 milliards ou 1,000 fr. par hectare imposable ; que de temps et d'efforts pour les produire, même avec la paix et l'économie !

Avant de me confier le devoir que j'accomplis aujourd'hui, l'Académie des sciences morales et politiques en avait chargé un autre de ses membres, Blanqui, à qui la mort n'a pas permis de terminer sa tâche, mais qui avait publié d'avance quelques fragments inachevés. « Plus j'étudie la France, écrivait-il il y a dix ans, plus je suis frappé de la tendance à l'appauvrissement des pays pauvres et à l'enrichissement des pays riches. » Le mot n'était pas tout à fait exact, en ce que les pays pauvres ne s'appauvrissaient pas précisément, mais marchaient moins vite que les autres; combien le serait-il davantage aujourd'hui! Il y a juste un siècle, l'homme qui a le mieux étudié notre histoire financière, Forbonnais, écrivait ces paroles mémorables (1) : « *La France serait trop riche si la répartition des impôts était faite également.* » Que de mots semblables on pourrait citer, depuis Vauban et Fénelon jusqu'à nous !

Chaque nation a sa fatalité, la nôtre paraît être l'excès de centralisation; la révolution n'y a pas moins travaillé que l'ancienne monarchie, et chaque nouvelle secousse ne fait qu'en resserrer les anneaux. Plus cette tendance est irrésistible, plus il serait utile de la modérer. Le grand mot d'unité nationale, qui a servi de prétexte à cette absorption universelle, peut se retourner désormais. Les voies de communication sont les plus puissants instruments d'unité qui existent, et c'est surtout des voies de communication que réclament les parties de la France les plus délaissées. Les pays déjà riches ne pourraient eux-mêmes que gagner à l'augmentation générale des échanges par la création de nouveaux centres de production, soit agricole, soit industrielle.

## IV.

Les grandes routes d'intérêt général, qui ont reçu successivement le nom de *royales*, *nationales* et *impériales*, ayant été ouvertes, pour la plupart, dans un temps où

---

(1) *Recherches et considérations sur les finances*, 1758.

dominaient de saines idées de justice distributive, sont assez également réparties. Chaque fraction du territoire en possède à peu près sa part. Sur 37,000 kilomètres, la région qui en a le plus figure pour 7,600 ; celle qui en a le moins, pour 5,100. Ces différences sont peu sensibles. On aurait pu cependant élever contre quelques-unes de ces routes les mêmes objections qu'on oppose aujourd'hui à une égale distribution des chemins de fer, car elles aussi ont eu à traverser des déserts et des montagnes ; mais cette pensée n'est venue à l'esprit de personne, ou, si elle y est venue, elle a fourni un argument en faveur des pays pauvres. On peut citer comme exemple les routes *stratégiques*, qui, tracées exprès dans les parties les moins habitées de la Bretagne et de la Vendée, y ont porté la plus heureuse transformation.

Les routes départementales, exécutées aux frais des départements eux-mêmes, présentent plus d'inégalité. Sur 39,000 kilomètres ouverts au 1ᵉʳ janvier 1854, le nord-ouest figure pour 10,000, et le centre pour 5,000 seulement. C'est que les départements disposent de ressources très-inégales. La moyenne annuelle d'un centime additionnel aux quatre contributions directes, qui est de 91,000 fr. dans la Seine-Inférieure, n'est que de 7,000 fr. dans les Hautes-Alpes. On peut cependant admettre que les ressources actuelles suffisent pour ces sortes de travaux, qui approchent de leur fin.

Les voies de navigation, tant naturelles qu'artificielles, ne paraissent pas plus destinées à prendre un grand accroissement. L'inégalité devient ici nécessaire et forcée.

Un quart environ de la France est privé par la nature de rivières navigables. La navigation artificielle pourrait se répandre plus uniformément, et il y aurait beaucoup à faire sous ce rapport, car 21 départements se partagent les trois quarts des canaux existants; mais les idées ont changé, les canaux de navigation perdent beaucoup de leur ancienne vogue. Restent les chemins de fer et les chemins vicinaux, seuls vraiment susceptibles de se répandre partout, et qui, en bonne justice, devraient se multiplier d'autant plus que les autres voies sont plus rares, tandis que le contraire arrive généralement.

Pour doter, en moyenne, chaque département de 200 kilomètres de chemins de fer, résultat déjà obtenu dans 10 départements, il faut en ouvrir :

| | |
|---|---|
| Dans le nord-ouest............ | 500 kilom. |
| — le nord-est.............. | 1,000 |
| — l'ouest................. | 1,800 |
| — le sud-est.............. | 1,500 |
| — le sud-ouest............. | 1,800 |
| — le centre............... | 1,800 |

De même, pour doter chaque département de 2,000 kilomètres de chemins vicinaux de grande et de moyenne communication, résultat déjà obtenu et même dépassé dans 6 départements, il faut en ouvrir :

| | |
|---|---|
| Dans le nord-ouest............ | 6,000 kilom. |
| — le nord-est.............. | 16,000 |
| — l'ouest................. | 13,000 |
| — le sud-est.............. | 22,000 |
| — le sud-ouest............. | 18,000 |
| — le centre............... | 16,000 |

Puis viennent les autres catégories de travaux publics,

comme les canaux d'irrigation et de desséchement, les défenses contre les inondations, et enfin la petite vicinalité, cette œuvre immense qui n'est en quelque sorte qu'à son début. On a classé 426,000 kilomètres de chemins vicinaux de petite communication; combien sont arrivés à l'état d'entretien? 90,000 seulement. L'ensemble de ces travaux n'exige pas moins de cinq ou six milliards. L'État a pourvu jusqu'à un certain point à l'exécution des chemins de fer par des garanties d'intérêt, et pourvu que la paix se maintienne, nous pouvons espérer de les voir s'achever. Mais aucune ressource nouvelle n'a été affectée aux autres travaux.

La loi de 1836 sur les chemins vicinaux a transformé la France, l'agriculture lui doit la plupart des progrès qu'elle a faits depuis vingt-cinq ans. Cette loi ne suffit plus. Dans son dernier rapport, M. le Ministre de l'intérieur constate lui-même cette insuffisance. « *Il est, dit-il, un nombre considérable de départements où la mise en état de viabilité ne serait jamais obtenue avec les ressources actuelles. J'aurai plus tard à appeler l'attention de Votre Majesté sur cette situation fâcheuse.* » Ces mots contiennent tout un programme. Un secours annuel aux départements les moins riches ne serait qu'une tardive réparation des sacrifices séculaires qu'on leur a imposés. Si grand que soit ce secours, il n'équivaudra jamais aux brèches du passé.

La solution la plus rationnelle consisterait à augmenter les revenus dont disposent les départements et les communes. Ces revenus s'élèvent en tout à 150 millions, non compris les octrois. On les triplerait d'un seul coup en y comprenant la totalité des contributions directes, qui produisent 500 millions de plus. Pour réduire d'autant le budget de l'État, il suffirait d'en distraire la plus grande partie des dépenses des trois ministères de l'intérieur, de l'instruction publique et des cultes, de l'agriculture, du commerce et des travaux publics, qui passeraient avec les recettes à la charge des pouvoirs locaux. L'État resterait chargé de la dette publique, des dotations, de la guerre, de la marine, des affaires étrangères, de la justice, de la partie centralisée des autres ministères, et il aurait, pour y pourvoir, le produit des contributions indirectes, qui s'élève aujourd'hui à 1,200 millions. Ce partage d'attributions n'aurait rien de nouveau et d'insolite ; c'est ce qui existe en Angleterre et ce qui a puissamment contribué à sa richesse agricole et industrielle.

Ces 500 millions, en venant s'ajouter aux budgets locaux, leur apporteraient, en moyenne, une nouvelle recette annuelle de 5 millions et demi par département. Ils pourraient se partager aisément entre les départements et les communes, en attribuant aux uns le principal des contributions et aux autres les centimes additionnels. L'institution du fonds commun resterait pour corriger les trop grandes inégalités et pour représenter le principe de la solidarité entre les diverses parties du territoire. Par cette mesure, les départements pauvres resteraient livrés à peu près à leurs seules ressources, mais ils jouiraient au moins de la plus grande partie de ces ressources, tandis qu'ils en sont privés aujourd'hui, et, en les administrant eux-mêmes, ils en tireraient un meilleur parti.

Quelques publicistes, frappés des inconvénients du morcellement actuel, ont proposé le rétablissement de grandes provinces formées de plusieurs départements. Un si grand changement exciterait des ombrages qu'il serait bon d'éviter. Les provinces n'existent plus que dans l'histoire, il n'y aurait aucun avantage réel à les ressusciter. Mieux vaudrait, au contraire, augmenter le nombre des départements, le doubler peut-être ; c'était le projet de Mirabeau, et il s'appuyait sur d'assez bonnes raisons, car la circonscription d'un département est déjà grande, les comtés anglais ont moitié moins d'étendue. Mieux vaudrait surtout, en conservant les départemants tels qu'ils sont, créer une nouvelle circonscription administrative, plus forte que la commune et non moins rapprochée des intérêts ruraux, le canton. S'il pouvait disposer d'un budget d'une centaine de mille francs, un conseil cantonal ferait merveille.

Ce ne serait pas la première fois qu'il serait question du canton dans nos lois. Le canton est contemporain de la commune, de l'arrondissement et du département ; il a été créé en même temps par la loi de 1790, mais sans administration spéciale. A plusieurs reprises, il a été question de lui en donner une. Un projet de loi, préparé en 1849, pour l'organisation de conseils cantonaux, allait être discuté par l'assemblée nationale quand survinrent les événements de 1851. Le rapporteur de la commission, M. Odilon Barrot, s'était prononcé personnellement, avec beaucoup de vivacité, en faveur du canton, et un des auteurs du projet, M. Vivien, a, dans ses *Études administratives*, insisté de nouveau, avec l'autorité d'une conviction persévérante, sur l'utilité de cette institution. Le canton forme déjà la circonscription d'une justice de paix, et dans une foule d'autres occasions, comme le recrutement, les élections au conseil général, etc., on a été forcé de le prendre pour base.

Chacun de nos cantons a, en moyenne, une étendue de 20,000 hectares et une population de 12,000 âmes, déduction faite des chefs-lieux de département et d'arrondissement. Même sous le point de vue des intérêts urbains, le chef-lieu d'un canton n'est pas tout à fait à dédaigner. C'est ordinairement une petite ville de 1,500 à 2,000 habitants, où se tiennent les foires et marchés, et où s'exercent les industries de première nécessité. Plusieurs ont pris un développement considérable : Mulhouse qui a 46,000 âmes, Roubaix qui en a 40,000, Tourcoing qui en a 30,000, Elbeuf et Cette qui en ont 20,000, sont de simples chefs-lieux de canton. D'autres se recommandent par leurs souvenirs. Quelques-uns ont été des évêchés, comme Séez, Rieux, Viviers, Fréjus, Tréguier, Vence, etc.; Aire a encore gardé le sien. Il en est qui doivent leur existence à des abbayes célèbres, comme Cluny et Vézelay, ou qui étaient, comme Lambesc, le siége d'états provinciaux. La plupart portent les plus grands noms de la France féodale : Bourbon, Montmorency, Condé, Guise, Larochefoucauld, Lusignan, Joinville, Coucy, Rohan, Courtenay, Clisson, Nesle, Sully, Richelieu, etc.

Beaucoup de provinces distinctes et d'états souverains

n'ont eu ni plus d'étendue ni plus de population. Même sans remonter dans les temps passés, on peut en citer de nos jours des exemples : en Allemagne, les principautés de Hohenzollern et de Lichstenstein; en Suisse, les glorieux cantons qui ont fondé la liberté nationale; en Italie, la république de Saint-Marin, la principauté de Monaco, l'île d'Elbe, qui a été un moment l'unique empire de Napoléon; en Angleterre, le comté de Rutland et l'île de Jersey. On pourrait montrer que, par tout pays, cette dimension est la primitive, et que toutes les provinces se sont formées par l'agglomération successive de cantons indépendants; mais il ne s'agit pas, Dieu merci, de fonder des principautés ou des républiques, et cette démonstration historique serait sans objet.

Dans tous les cas, que cette forme soit ou non la meilleure, ce qui importe, c'est de ramener, par une voie quelconque, dans les campagnes, une partie des capitaux qui s'en échappent par l'impôt; c'est de porter dans les coins les plus reculés la puissante action du débouché, et de rendre partout le séjour des champs agréable et lucratif. Tel était, il y a un siècle et demi, le rêve de Fénelon, quand il écrivait pour le duc de Bourgogne ses plans de gouvernement; tel était le dessein principal de Turgot, quand il présentait à Louis XVI son fameux mémoire sur les municipalités; tel était le vœu de Louis XVI lui-même, quand il rendait son impuissant édit contre les assemblées provinciales; telle était, enfin, l'intention de l'assemblée constituante, quand elle s'appliquait à réduire, autant que possible, les dépenses gé-

26.

nérales de l'État et qu'elle votait l'art. 1ᵉʳ de la loi du 28 septembre 1791 : « *Le territoire de la France, dans toute son étendue, est libre comme les personnes qui l'habitent.* » Tant que les provinces seront réduites à solliciter, comme des faveurs du pouvoir, ce qu'elles pourraient réclamer comme des droits, cet article n'aura pas reçu sa pleine exécution.

La ville de Paris n'y perdrait pas beaucoup, car elle sera toujours le rendez-vous de tous les riches de l'Europe, le siége du gouvernement, le cœur des chemins de fer, le séjour du luxe, des plaisirs, des grandes spéculations. Il n'est pas absolument nécessaire que cette reine des cités s'accroisse tous les ans de 50,000 habitants, quand le reste de la France se dépeuple. C'est bien ici le cas de rappeler le mot de Bastiat sur ce qu'on voit et ce qu'on ne voit pas; ce qu'on voit, ce sont les boulevards qui s'ouvrent et les palais qui s'élèvent; ce qu'on ne voit pas, ce sont les fermes et les usines qui ne se construisent plus.

## V.

Plus on étudie notre économie rurale, plus on demeure convaincu que cette question des dépenses publiques est la seule qui ait désormais une sérieuse importance pour l'agriculture. Toutes les grandes conquêtes sont faites, excepté celle-là. Une seule restait à faire, elle vient de s'accomplir. Sous prétexte de protection, notre système de douanes apportait de nombreuses entraves au commerce des denrées agricoles, tant à l'importation qu'à l'exportation. Ces entraves n'ont pas tout à fait disparu, puisque l'échelle mobile sur les grains subsiste encore; mais la plupart sont levées et les autres ne tarderont probablement pas à l'être. Les agriculteurs eux-mêmes, trompés par de fausses apparences, défendaient le système dit *protecteur*; l'enquête de 1859 sur la législation des céréales a dissipé la plus grande partie de ce préjugé et montré que l'agriculture nationale avait plus à gagner qu'à perdre à une entière liberté. Par sa situation géographique et par l'état de sa population, la France est beaucoup plus destinée à exporter qu'à importer des produits agricoles, et on commence enfin à le comprendre.

A l'intérieur, la liberté du commerce est à peu près complète, et fait tous les jours des progrès. La manie de la réglementation résiste encore, mais les faits l'emportent peu à peu sur les habitudes. Le commerce de la boucherie est devenu libre à Paris, et on a renoncé à la chimère, si longtemps cherchée, d'une action sur les prix. S'il n'en est pas tout à fait de même de la boulangerie, peu s'en faut; l'expérience bat en brèche le système des réserves de grains, et l'administration ne le conserve que pour la forme. Dans les temps de disette, on voit reparaître toutes les vieilles erreurs, mais qui vont en s'affaiblissant; si les gouvernements y cèdent, c'est beaucoup plus par politique que par conviction. Quant à la liberté de la culture, elle est tout à fait passée dans les mœurs; on ne comprendrait plus qu'un administrateur vînt, sous prétexte d'intérêt public, imposer ou défendre telle ou telle culture, tel ou tel assolement.

Nous avons encore 4,700,000 hectares de biens communaux. 1,700,000 sont en bois; un autre million au moins n'est bon qu'à être boisé, et après bien des hésitations et des retards, on paraît s'en occuper sérieusement. Un second million forme des pâturages de montagne qui ne peuvent être utilisés autrement. Un million d'hectares seulement est susceptible de culture, et personne ne défend plus le singulier préjugé qui condamnait ces terrains à la stérilité. La mainmorte communale ne peut plus durer; les biens communaux cultivables seront vendus tôt ou tard et passeront dans le domaine de la propriété privée. Depuis cinquante ans beaucoup de ventes semblables ont eu lieu sans bruit par la libre volonté des intéressés, et les deux régions du nord-ouest et du nord-est n'ont plus de communaux incultes.

Il n'est plus question de majorats, de substitutions, de toutes ces combinaisons illusoires imaginées pour maintenir dans les mêmes mains la propriété du sol. Le régime dotal lui-même, qui frappe d'immobilité les biens de la femme entre les mains du mari, s'atténue beaucoup dans la pratique. Les progrès de la propriété mobilière, qui doit la plus grande partie de ses succès à la liberté de ses mouvements, font toucher du doigt aux plus prévenus la vanité de ces contraintes légales qui détruisent la propriété pour la conserver. Rien d'invincible ne s'oppose plus à ce que le sol passe des mains qui le négligent à celles qui le fécondent et qui en donnent le plus haut prix. C'est aux propriétaires eux-mêmes à se montrer dignes de le garder, c'est aux familles à bien comprendre combien leur devoir et leur intérêt leur commandent de s'y attacher.

La loi de succession est encore l'objet de quelques attaques, qui ne parviennent pas à l'ébranler. On ne peut pas dire, d'un pays qui contient 50,000 propriétés de plus de 200 hectares, que le sol y soit divisé à l'excès. Il suffit de lire les colonnes d'annonces des journaux quotidiens pour voir que les terres de plusieurs centaines et même de plusieurs milliers d'hectares sont encore nombreuses. Il n'y en a même que trop, en ce sens que, dans la situation de fortune de leurs détenteurs, la plupart gagneraient à se diviser. L'inconvénient réel de la loi de succession est dans la division indéfinie des petites propriétés. Ici encore, une modification de la loi est à peine nécessaire; il suffit de l'usage, de la jurisprudence et du bon sens pour atténuer beaucoup le mal. Au nombre des dispositions existantes qui peuvent y contribuer, se trouve l'art. 827 du Code civil, ainsi conçu : « *Si les immeubles ne peuvent pas se partager commodément,* il doit être procédé à la vente par licitation devant le tribunal. » A l'île Bourbon, ainsi que nous l'apprend M. Jules Duval dans ses *Études coloniales,* cet article suffit pour empêcher la division des sucreries, qui contiennent cependant des centaines d'hectares ; les experts jugent toujours que ces immeubles ne peuvent pas se partager commodément, et les tribunaux confirment leur décision. A plus forte raison pourrait-il s'appliquer à nos parcelles.

Sur nos cinq millions de petits propriétaires ruraux, trois millions au moins paient moins de 10 fr. de contributions et ne possèdent, en moyenne, qu'un hectare. Deux millions paient de 10 fr. à 50 fr. et possèdent, en moyenne, 6 hectares. Ceux-là jouissent quelquefois d'une aisance véritable. Leurs biens se divisent par des héritages, mais beaucoup d'entre eux ne cessent d'acheter, et, en fin de compte, ils tendent beaucoup plus à s'élever qu'à descendre dans l'échelle de la richesse.

Au lieu de mettre obstacle aux mutations, il serait utile de les favoriser. Outre l'impôt foncier proprement dit, la propriété est soumise à l'impôt fort lourd des mutations. On peut estimer à 2 milliards environ par an la valeur des immeubles vendus, et à 1,500 millions celle des mutations par décès. Les droits perçus s'élèvent à 200 millions. Cet impôt est contraire à tous les principes, en ce qu'il porte sur le capital et non sur le revenu. On ne peut pourtant pas se flatter de l'espoir de le voir disparaître, car les nations qui ne l'avaient pas l'ont successivement adopté. Tout ce qu'on peut espérer, c'est de l'alléger un peu par la suppression du décime de guerre. Le revenu public ne serait probablement pas affecté par cette suppression; peut-être même serait-il possible de réduire le droit sans diminuer la recette, car on aurait moins d'intérêt à s'y soustraire s'il était moins élevé.

Les ventes de domaines ruraux se sont sensiblement réduites depuis quelques années, au point même d'affecter les recettes du trésor; ce sont les décès et les ventes forcées qui ont alimenté la perception. Cet abandon de la propriété tient évidemment à la masse énorme de valeurs mobilières, emprunts publics, chemins de fer, actions industrielles de toute sorte, qui ont absorbé les capitaux disponibles. L'effet a été sensible sur la valeur des immeubles ruraux, qui a généralement baissé, au moins dans la plus grande partie du territoire. Les choses reprendront leur cours naturel, si les emprunts de guerre ne se reproduisent plus ; mais il ne faut pas se dissimuler que la terre a perdu de son crédit exclusif et qu'elle rencontrera toujours désormais la concurrence des valeurs mobilières.

Ce fait n'a rien de bien regrettable en soi, il ne l'est devenu que par l'excès. Le plus sage est d'en prendre son parti et de s'accommoder aux circonstances. S'il y a beaucoup d'artificiel et de faux dans les revenus extraordinaires que donnent certains placements, il en est qui sont tout aussi sûrs et plus élevés que ceux du sol. La rente sur l'État, par exemple, rapporte aujourd'hui près de cinq pour cent. On ne saurait blâmer les propriétaires ruraux qui placent leurs économies dans la rente. Il serait bien plus déplorable encore que tous les bénéfices appartinssent à une catégorie de capitalistes et qu'une autre n'eût que les charges. Puisque la condition des valeurs mobilières a été rendue si bonne en comparaison, il est tout simple qu'on délaisse le sol, sauf à y revenir plus tard ; c'est la propriété que les emprunts publics grèvent à perpétuité des intérêts à payer, elle ne peut alléger le fardeau qu'en prenant sa part des avantages.

En règle générale, il n'est pas prudent d'avoir en immeubles plus de la moitié de sa fortune. Cette règle s'applique à toutes les catégories de propriété, aux plus petites comme aux plus grandes. Ce qui importe à la bonne condition des domaines, c'est l'aisance relative des possesseurs ; peu de terre et beaucoup d'argent, voilà la vraie devise du progrès agricole. D'un autre côté, il n'est pas beaucoup plus prudent de placer en valeurs mobilières plus de la moitié de son avoir. L'expérience prouve que les fortunes exclusivement mobilières passent rarement la seconde génération. La facilité de la réalisation, l'entraînement du jeu, le luxe, les spéculations mal conçues, finissent presque toujours par les détruire. Une partie de ces capitaux reprendra, tôt ou tard, le chemin du sol, pour s'y mettre l'abri, et ainsi s'accomplira, de plus en plus, la fusion dans les mêmes mains des deux branches de revenu.

Nous manquons de renseignements récents sur l'état de la dette hypothécaire. Les derniers documents publiés portaient à 14 milliards la dette inscrite, mais on s'accorde en général à réduire cette somme à 8 milliards, pour tenir compte des doubles emplois. Les propriétés foncières de toute nature étant évaluées par l'administration des finances à 80 milliards, la dette s'élèverait, en moyenne, à 10 p. 100. Cette proportion est beaucoup moins forte qu'en Angleterre, et elle perd encore de son importance quand on la décompose entre les propriétés rurales et les propriétés urbaines. Le département de la Seine supporte, à lui seul, le dixième de la dette inscrite ; cinq dixièmes au moins pèsent sur les autres villes et les propriétés bâties de toute sorte. Sur 30 milliards de propriétés bâties, la dette paraît monter à 5 milliards et demi ou 18 p. 100, et sur 50 milliards de propriétés rurales, à 2 milliards et demi ou 5 p. 100 (1).

En estimant à 6 p. 100 l'intérêt moyen des créances hypothécaires, c'est une charge annuelle de 150 millions qui pèse sur la propriété rurale considérée dans son ensemble, ou 10 pour 100 du revenu net. Suivant toute apparence, ces évaluations sont aujourd'hui plutôt au-dessus qu'au-dessous de la vérité, car les dernières crises ont amené une tendance générale vers une liquidation. Les plaintes sur le poids de la dette hypothécaire paraissent donc exagérées, et il dépend à peu près de tout le monde de s'en affranchir, la loi ne reconnaissant plus d'engagements perpétuels et non rachetables.

La constitution de la culture ne mérite pas davantage les critiques qu'on lui adresse quelquefois. Sur les 30 millions d'hectares qui appartiennent à la grande et à la moyenne propriété, 5 millions d'hectares sont en bois; les 25 millions restant se partagent en un million d'exploitations, ce qui donne une moyenne de 25 hectares pour chacune. La moitié environ sont des fermes, les métairies forment l'autre moitié. 500,000 fermiers avec leurs familles, 500,000 métayers, 2 millions de journaliers et domestiques, les uns et les autres petits propriétaires pour la plupart, avec les 2 millions de propriétaires ruraux indépendants, telle est à peu près la décomposition de notre population rurale. Il n'en est pas qui donne de

(1) Voir les documents publiés à ce sujet par le gouvernement lors de l'institution de la *Société de crédit foncier*.

plus grands gages d'ordre et de travail. Un sixième tout au plus de cette population n'est pas intéressé dans la propriété du sol, et cependant la part de la grande et de la moyenne propriété suffit pour laisser une large place à l'action de l'intelligence et du capital. Le nombre des fermes de plus de 100 hectares n'est pas exactement connu ; à coup sûr, il s'en trouve encore des milliers, surtout dans la moitié septentrionale du territoire. Les exploitations au-dessous de la moyenne abondent dans la moitié méridionale, et, là, elles s'expliquent et se justifient par la nature des cultures.

Sur quelques points, dans les environs de Paris, par exemple, où les avantages de la grande culture deviennent manifestes, l'étendue des fermes tend à s'accroître. On voit plusieurs fermes se réunir pour n'en former qu'une et des fermiers s'arrondir en louant des parcelles à des propriétaires différents. Ailleurs les fermes trop grandes tendent à se diviser comme les trop grandes propriétés. La culture va d'elle-même à l'organisation qui lui convient le mieux. On peut l'éclairer par un bon système d'enseignement agricole, l'encourager par des concours et des récompenses honorifiques; on ne peut pas en changer les bases. Ce n'est pas sa faute si elle manque de capitaux ; elle fait ce qu'elle peut avec ceux qu'on lui laisse.

Même en supposant le maintien des gros budgets et des dépenses improductives, l'agriculture ne devrait pas désespérer; il lui reste ce qu'on pourrait appeler les *réactions économiques*. Si elle avait pu périr, elle aurait péri cent fois; sa nécessité la sauve. Dans une société riche et forte comme la nôtre, le principe vital lutte contre les désordres factices par d'instinctives compensations. La première de toutes est la hausse des prix. On parle beaucoup, depuis quelques années, de la *vie à bon marché*; plus on en parle, plus on s'en éloigne. Toute atteinte portée à la production par le mauvais emploi des capitaux et des bras, se résout nécessairement par une hausse. Ainsi se rétablit l'équilibre compromis. Cette hausse entraîne une réduction de consommation et de population, la production n'en saurait être responsable. Elle ne fait que se défendre. Au bout du compte, c'est elle qui est la maîtresse du marché, puisqu'elle l'alimente. Quand elle voit qu'elle travaille à perte, elle n'a qu'à s'arrêter ou à se réduire pour relever les prix.

En même temps l'attention se porte de plus en plus sur l'économie des frais de revient. La disette des bras a fait faire un grand pas à l'emploi des machines. Autrefois, les cultivateurs se plaignaient beaucoup et agissaient peu ; aujourd'hui, ils se plaignent moins et agissent davantage. Qu'ils n'attendent de personne ce qui ne peut leur venir que d'eux-mêmes ; qu'ils s'habituent à tout calculer, à suivre de l'œil les moindres variations du marché et à se conduire en conséquence ; qu'ils embrassent moins pour étreindre mieux. Il n'y a pas de plus grand progrès que celui-là, car il contient en germe tous les autres.

# APPENDICE.

## I

### L'ALGÉRIE.

De même qu'elle a comprimé pour un temps le développement de l'agriculture et de l'industrie sur le continent national, la révolution a fait beaucoup de mal à la puissance coloniale de la France. Une guerre malheureuse avec l'Angleterre, sous Louis XV, nous avait privés de nos plus belles possessions dans l'Inde et au Canada; les guerres de la révolution et de l'empire ont achevé de nous dépouiller. Une de nos colonies surtout était parvenue, sous Louis XVI, à un degré de prospérité sans égal; on sait par quelle série de catastrophes l'île magnifique de Saint-Domingue a fini par nous échapper. De nos jours, la nation, rendue à elle-même, ayant repris son mouvement d'expansion, a cherché une compensation à ces pertes successives par l'annexion de toute une contrée, située en face de nos côtes, et beaucoup plus rapprochée de nous que nos anciennes possessions. Le tableau de l'*Économie rurale de la France* ne serait pas complet, sans quelques mots sur cette conquête qui, d'après l'opinion dominante, doit être moins une colonie que la prolongation de la France elle-même.

L'Algérie présente, sur la Méditerranée, un développement de côtes de 1,000 kilomètres. Quant à la profondeur, elle est tout à fait arbitraire; en portant la frontière vers le sud jusqu'aux dernières limites des tribus qui reconnaissent notre autorité, on peut la reculer jusqu'à 470 kilomètres de la côte et se donner ainsi la satisfaction d'une étendue totale de 47 millions d'hectares, qui, réunis aux 53 millions de la France, forment le beau compte rond de 100 millions d'hectares. Malheureusement, les cinq sixièmes de cette vaste surface sont inhabitables, au moins pour des Européens. Le véritable territoire se réduit à 8 millions d'hectares, ou à une bande d'une largeur moyenne de 80 kilomètres le long de la mer, entrecoupée de nombreuses chaînes de montagnes, c'est ce que l'on appelle le Tell; le reste peut être confondu sous le nom commun de Sahara, quoique le Sahara proprement dit n'en occupe que la plus grande partie et qu'un tiers environ forme une région intermédiaire dite des *hauts plateaux*.

La population totale s'élève à 2,600,000 âmes, elle se décompose ainsi :

| | |
|---|---:|
| Arabes.................... | 1,200,000 |
| Kabyles et Berbères........... | 1,000,000 |
| Maures, juifs, nègres.......... | 150,000 |
| Européens civils.............. | 200,000 |
| Armée...................... | 50,000 |
| Total................. | 2,600,000 |

Le Sahara ne compte en tout que 400,000 habitants, ou une tête seulement par 100 hectares, et il ne paraît pas susceptible d'en avoir beaucoup plus. Les trois quarts de ses habitants sont nomades, ils parcourent avec leurs troupeaux d'immenses pâturages sans eau, impropres à toute autre production ; l'autre quart réside dans des oasis où l'irrigation rend possibles les cultures, et qui s'étendent sur 100,000 hectares environ ; là se trouvent les dattiers, car cet arbre veut avoir les pieds dans l'eau et la tête dans le feu, tel oasis en compte des centaines de mille. Cette économie rurale, forcée par la nature du sol et du climat, s'améliore par des forages de puits artésiens, par des soins mieux entendus donnés aux troupeaux, par un échange plus actif de marchandises ; elle ne peut changer. Le Sahara sera toujours le pays des dromadaires, des tentes errantes, des grandes chasses à l'autruche et à la gazelle, le pays des patriarches et des scènes bibliques.

Le Tell, au contraire, ressemble beaucoup à l'Europe méridionale ; c'est à très-peu près le même sol et le même climat qu'en Provence. La population qui l'habite est de 2,200,000 âmes, ou 27 habitants par 100 hectares, c'est-à-dire autant et même plus que dans les Landes, la Sologne, la Corse, la Lozère, les Hautes et Basses-Alpes. On y trouve une ville de 50,000 âmes, Alger ; deux de 30,000, Constantine et Oran ; trois de 10,000 à 15,000, Tlemcen, Bone et Blida ; cinq de 5,000 à 10,000, Médéa, Mascara, Mostaganem, Philippeville et Sidi-bel-Abbès ; vingt-trois de 2,000 à 5,000, Cherchell, Ténès, Boufarick, Miliana, Sétif, etc. ; et 130 bourgs et villages au-dessous de 2,000 habitants. La population urbaine est de 400,000 âmes, dont 200,000 Européens, y compris l'armée, et 200,000 indigènes ; la population rurale de 1,800,000, dont 50,000 Européens et 1,750,000 indigènes.

Sur les 8 millions d'hectares, 1 million environ peut être

considéré comme en bois ; 2 millions sont plus ou moins cultivés ; les 5 autres, incultes et déserts, rappellent les *garigues* de la Provence et les *maquis* de la Corse. Les 2 millions d'hectares cultivés ne portent guère que du froment et de l'orge ; les Européens ont introduit d'autres cultures, mais qui ne couvrent encore que des étendues insignifiantes. On a essayé sans succès des plantes tropicales. En revanche, tout ce qui vient en Provence, en Italie, en Espagne, peut y prospérer : l'olivier, le mûrier, la vigne, l'oranger, les arbres fruitiers, le tabac, les légumes secs et les principales céréales. Les animaux domestiques sont les mêmes que dans tout le pourtour de la Méditerranée. Les chevaux barbes ont depuis longtemps une réputation méritée, et dans la guerre de Crimée, ils ont montré tout ce qu'ils valaient ; on en estime le nombre à 200,000. Les moutons sont au nombre de 7 ou 8 millions de têtes ; les chèvres de 3 ou 4 millions. Le gros bétail n'est évalué qu'à 1 million de têtes, mais il peut gagner beaucoup, soit en quantité, soit en qualité, car les pâturages sont excellents pendant une partie de l'année, et la plupart des plantes fourragères viennent bien quand elles reçoivent les soins nécessaires.

Cette situation est en elle-même assez satisfaisante, puisque le Tell algérien égale en prospérité la moitié de l'Espagne, du Portugal et de la Provence, la Corse, la Sardaigne, la Grèce, la Turquie, tous les pays analogues. La moins riche de nos régions, le centre, n'est que deux fois plus peuplée et plus productive. L'impatience nationale ne s'en est pourtant pas contentée ; on s'est imaginé qu'il était possible d'en précipiter les progrès en y implantant immédiatement une nombreuse population européenne, et cette illusion nous a coûté bien du sang et des trésors perdus. L'entreprise primitive était bonne en soi, le résultat final le prouvera. La répression de la piraterie ayant conduit la France à s'emparer d'Alger, il était naturel et légitime qu'elle étendît sa domination sur toute la régence et qu'elle cherchât à en tirer parti. L'unique erreur a été la prétention du peuplement immédiat. Par là seulement, ce qui aurait dû être pour nous une bonne affaire, en est devenue une mauvaise.

Sans aucun doute, l'Algérie serait aujourd'hui plus riche et plus peuplée si nous nous étions bornés, à l'origine, à occuper les principaux ports, comme Alger, Oran, Bone, Bougie, et à en faire le centre d'un commerce actif avec l'intérieur ; c'est à quoi les Anlgais n'auraient pas manqué. L'étude de la langue et de la société arabes nous aurait bientôt appris à gouverner les tribus au moyen d'une force armée indigène, entretenue à leurs dépens ; et après trente ans de relations pacifiques, profitables pour tous, nous serions aujourd'hui plus avancés les uns et les autres. L'Algérie n'aurait probablement pas une population européenne aussi nombreuse ; mais, moins disséminée et plus compacte, cette population aurait davantage les moyens de se défendre elle-même. Les 50,000 hectares cultivés par des Européens nous manqueraient peut-être, du moins en partie ; mais les indigènes en cultiveraient 500,000 de plus, vingt ans de guerre n'ayant pas commencé par détruire les troupeaux, les récoltes et les cultivateurs. Civilisés peu à peu par la paix, la justice et le commerce, ils auraient multiplié au lieu de se réduire, et nous aurions nous-mêmes épargné la plus grande partie des deux milliards que nous coûte notre établissement.

27.

Comme dans les révolutions européennes, l'envie de s'approprier le sol par la force a fait tout le mal. Ici comme partout, injustice a été synonyme d'inhabileté. On n'a pu résister à la convoitise qu'inspirait l'aspect de ces campagnes, on a voulu en chasser les possesseurs pour s'en emparer, ce qui n'était ni juste, ni humain, ni possible, et de là tant de luttes sanglantes qui ont abouti à une transaction. Plus de 100,000 soldats français, deux ou trois fois autant d'indigènes et de colons, un demi-million d'hommes peut-être, ont péri, et enfin de compte, les Européens ne possèdent encore qu'une bien faible portion de cette terre qu'on a payée cent fois sa valeur. 2 milliards pour faire cultiver à l'européenne 50,000 hectares, c'est un peu cher ; il en aurait coûté beaucoup moins pour défricher en France dix fois plus de terres incultes.

La population indigène cultive fort mal, sans doute, mais elle n'est pas la seule à mal cultiver. Sur bien des points de la France et de l'Europe, on cultive assez mal aussi : une expropriation en masse n'y serait pourtant ni possible ni profitable. Outre la guerre que la spoliation entraîne toujours après elle, le sol lui-même se défend contre la violence. Les 50,000 cultivateurs européens que possède aujourd'hui l'Algérie sont le résidu de 500,000, qui, depuis trente ans, ont abordé ce difficile problème ; beaucoup sont morts, d'autres sont repartis après avoir mangé leurs capitaux ou ceux de l'État. Dans le chiffre actuel, comptent les femmes et les enfants ; les hommes proprement dits ne sont pas au delà de 15,000, la plupart jardiniers ou vignerons, qui cultivent la banlieue des villes. Très-peu s'adonnent à la grande culture. On a essayé par tous les moyens d'en augmenter le nombre ; la nature des choses a toujours résisté. C'est qu'en effet, la véritable place des Européens en Algérie est dans les villes; là seulement, ils peuvent jouir des avantages de la vie civilisée et se livrer au commerce et à l'industrie. Les campagnes reviennent aux indigènes; Arabes et Kabyles sont les paysans de l'Afrique.

Il faut rendre cette justice au gouvernement, qu'il a beaucoup hésité avant de s'engager dans cette voie ; il n'a cédé que devant la pression de l'opinion. Les grands peuples sont comme les grands rois, ils ne veulent pas croire à l'impossible. L'entraînement de l'imagination, l'ignorance économique, l'orgueil national, tout a contribué à nous tromper. La résolution prise, il était impossible de la conduire avec plus de vigueur; si la nation française n'est pas toujours raisonnable dans ses entreprises, elle est toujours admirable dans l'exécution. Rien de plus beau, comme histoire militaire, que cette longue campagne d'Afrique, où tous les obstacles réunis n'ont pu triompher de l'indomptable persévérance des chefs et des soldats. L'armée, sortie de ces rudes épreuves, a étonné l'Europe. Encore aujourd'hui, après tant de mécomptes, l'obstination de l'opinion à poursuivre sans se lasser le mirage décevant de la colonisation contraste avec la mobilité proverbiale de l'esprit national.

Il est assez difficile de savoir ce que nous coûte l'Algérie, la plupart de ses dépenses étant confondues avec d'autres dans le budget général. Un fait pourtant peut servir de guide. Le commerce extérieur y atteint 200 millions par an, dont 150 millions pour les importations et 50 millions pour les exportations; différence, 100 millions, qui ne peuvent être soldés que par la mère-patrie. Cette charge énorme, qui écraserait tout autre peuple, est supportée sans murmure. Rien de pareil ne s'était jamais vu dans le monde, et parmi les singularités de notre temps, celle-là n'est pas la moins étrange.

Loin de tendre à leur terme, ces sacrifices démesurés vont probablement s'accroître. L'intention déclarée, acceptée par tous, est de rendre à court délai l'Algérie semblable à la France, telle que l'ont faite des siècles de civilisation; pour approcher quelque peu de ce but, même sans l'atteindre, il faut au moins 20 milliards, et au lieu de demander à l'Algérie elle-même d'en faire les frais avec le temps, on trouve tout simple et tout naturel que la France s'en charge pour aller plus vite.

Le plus fâcheux, c'est qu'on n'ira pas plus vite, quoi qu'on fasse. Au delà d'une certaine somme de capitaux, dont l'Algérie pourrait fournir la plus grande partie, tout ce qui se dépensera sera perdu. A cet égard, le passé nous montre d'avance l'avenir. Le meilleur moyen de sortir de là serait d'appliquer à la colonie les mêmes principes qu'à la France. La mère-patrie pourrait se charger de l'occupation militaire, puisqu'on a tant fait que de tout occuper, et laisser à la colonie le soin de pourvoir à ses autres besoins avec ses propres revenus. Ces revenus s'élèvent aujourd'hui à 30 millions, et ils s'accroîtraient certainement beaucoup si les contribuables en dirigeaient eux-mêmes l'emploi. On a déjà essayé des conseils généraux de province, on pourrait rendre ces conseils électifs en leur abandonnant le vote et l'emploi de l'impôt. On pourrait même faire ce que les Anglais font avec tant de succès dans la plupart de leurs colonies, doter l'Algérie d'un corps législatif spécial, car il est bien difficile que les lois françaises s'appliquent sans modification à un pays si différent de nous sous tous les rapports. De cette façon, les sacrifices de la mère-patrie pourraient être réduits de moitié, sans rien retrancher à l'effet utile.

Mais on ne peut pas espérer que cette marche soit suivie, au moins de quelque temps. On n'arrive malheureusement chez nous à la véritable conclusion en toute chose, la liberté, qu'autant qu'on ne peut pas faire autrement. Les moyens artificiels imaginés ou à imaginer par les faiseurs de projets et par l'administration elle-même, pour activer la colonisation, ne sont pas épuisés ; nous avons encore à passer par bien des expériences. On peut cependant remarquer dès à présent une petite amélioration. Les avortements successifs des entreprises les plus pompeuses ont amené une défiance salutaire ; le système des concessions gratuites de terre, des créations administratives de centres de population, des subventions et des primes pour les cultures privilégiées, est toujours en vigueur ; mais les esprits les plus prévenus commencent à concevoir des doutes sur son efficacité, et d'ici à quelques années, il pourrait bien être abandonné. On s'épargnera ainsi bien des efforts stériles.

Ce qui semble plus en faveur pour le moment et vaut réellement mieux, c'est un grand système de travaux publics. Là encore, la France aurait mieux à faire ; il n'y a pas de sommes consacrées par elle à des travaux publics en Algérie qui ne portât sur son propre sol plus de fruits présents et à venir, et les ressources de l'Algérie elle-même suffiraient pour les travaux véritablement utiles. Mais l'idée contraire prévaut, et en fait de luxe, le luxe des travaux publics est le moins improductif. Un des plus en vogue est l'établissement de trois lignes de chemin de fer devant coûter ensemble 60 millions. Est-ce bien par là qu'il faudrait commencer, et si l'Algérie avait à y consacrer ses propres ressources, est-ce bien là qu'elle les emploierait? La forme même du Tell, si longue et si étroite, ne semble-t-elle pas réclamer avant tout l'amélioration des ports et des routes qui y conduisent? Question désormais superflue. Que l'importation des chemins de fer soit ou non prématurée, ces trois lignes ne pourront exercer qu'une bonne influence, et dans ce qui servira à les construire, tout ne sera pas perdu. On ne peut pas en dire autant de bien d'autres dépenses.

Au nombre des plus pressants intérêts se rangent, comme en Provence, le boisement et l'irrigation. Le climat de l'Algérie ne sera véritablement bon, soit pour l'habitation, soit pour la culture, qu'autant que les terrains les plus arides auront été boisés. Il suffirait de quelques frais de garde et de semis pour les boiser assez vite, car les ravages des troupeaux et les incendies volontaires les ont seuls dépouillés à ce point, et le sol se prête parfaitement à la végétation d'essences spéciales, comme l'olivier, le chêne vert, le chêne-zan, le chêne-liége, le pin d'Alep, le cèdre, etc. Ce soin, le plus utile de tous, est celui qui exige le moins d'argent, voilà peut-être pourquoi on en parle si peu.

En admettant que la population européenne s'accroisse de 7 à 8,000 âmes par an, ce qui a été depuis vingt-cinq ans sa progression moyenne, on arrivera, d'ici à la fin du siècle, à une population coloniale de 500,000 habitants, non compris l'armée, qui ne sera plus nécessaire, il faut l'espérer. Si, en même temps, la population indigène s'accroît en moyenne de 6,000 âmes par an, ce qui paraît aussi sa progression naturelle, elle arrivera à 2,600,000, dont 500,000 dans le Sahara et le reste dans le Tell. Voilà probablement tout ce qui est possible. La portion habitable et cultivable du Tell aura alors une population à peu près égale à la moyenne actuelle d'une moitié de la France ou 50 habitants par 100 hectares. Probablement aussi la proportion entre la population rurale et la population urbaine restera la même. Dans l'état où l'ont mise tant de siècles de barbarie, la culture de l'Algérie présente des difficultés qui s'opposeront longtemps à la multiplication rapide des cultivateurs européens; que ceux-ci se mettent à la tête de grandes exploitations, pour diriger le travail des indigènes, rien de mieux; mais, à part quelques cultures spéciales, ce n'est pas à eux à cultiver de leurs mains.

Il faut arriver, dit-on, à dissoudre la tribu; cela est vrai; mais combien de temps faut-il pour y réussir, et est-il légitime, est-il même habile d'employer d'autres moyens que la justice et la persuasion? Des deux populations qui se partagent l'Algérie, les Arabes sont les seuls qui vivent à l'état de communisme, et ce communisme est mitigé; les Kabyles, presqu'aussi nombreux, sont sédentaires, ils connaissent et pratiquent la propriété. Assurément il vaudrait mieux, au point de vue de la colonisation européenne, que le Tell n'eût pas du tout d'habitants indigènes. La civilisation chrétienne n'aurait pas à lutter contre une société barbare, musulmane, profondément réfractaire; les forêts natives couvriraient encore le sol, les rivières auraient un régime moins capricieux et moins destructeur. Il n'en est rien. Tant qu'on n'aura pas exterminé ou déporté les indigènes, on devra compter avec eux. Ils sont d'ailleurs, et seront longtemps, si barbares qu'ils puissent être, les plus grands producteurs agricoles. L'état des exportations montre en quoi consistent les véritables produits; ce sont des laines en masse, des peaux brutes, de l'huile d'olive, du tabac, une petite quantité de céréales. On pourra y joindre la soie et le vin.

L'Algérie réclame encore quelques satisfactions légales qu'il serait juste de lui donner. Ainsi la loi de douane de 1851, qui ouvre le marché français à la plus grande partie des produits algériens, renferme des restrictions, on demande avec raison qu'elles disparaissent ; dès l'instant que l'Algérie n'est pas admise à faire elle-même sa loi de douanes, ce qui vaut le mieux pour elle et pour nous, c'est l'assimilation pure et simple à la France. La moitié environ des Européens établis en Afrique étant des étrangers, on demande avec non moins de raison que la naturalisation soit simplifiée ; c'est probablement une des premières mesures que prendrait un corps législatif spécial. Ce qui importe plus encore, c'est la suppression de tous les obstacles qui s'opposent à la libre transmission de la propriété ; on n'arrivera que par là aux dernières limites du possible en fait de colonisation.

## II

### LA SAVOIE ET NICE.

Au moment où vont s'imprimer ces dernières lignes, le canon des Invalides annonce à la France que la Savoie et Nice font désormais partie de son territoire. C'est une étendue d'un million d'hectares et une population de 700,000 âmes qui viennent s'ajouter au puissant faisceau de notre nationalité. Applaudissons à ces conquêtes de la guerre, mais n'oublions pas ce qu'elles ont coûté. Dans les dix ans écoulés de 1837 à 1846, la population nationale s'est accrue, par l'effet de la paix, de 1,860,000 âmes ; dans les dix ans écoulés de 1847 à 1856, elle ne s'est accrue que de 638,000 : différence, plus de 1,200,000. Même en y ajoutant nos 700,000 nouveaux frères, le déficit est encore de 500,000, et, suivant toute apparence, il se sera accru dans la période quinquennale qui doit finir en 1861.

En même temps une autre solennité d'un autre genre se prépare : la grande exposition de 1860 va commencer. 1,500 bêtes à cornes, appartenant aux plus belles races nationales et étrangères, remplissent de leurs mugissements le palais de l'Industrie ; 700 étalons et juments de choix viennent pour la première fois montrer à tous les yeux nos richesses chevalines ; des moutons et des porcs, déjà primés dans les concours régionaux, d'innombrables machines aratoires, des produits non moins variés les accompagnent. Même au milieu des révolutions et des guerres, le génie national n'a pas délaissé les arts utiles, tous les éléments d'un rapide progrès sont réunis. Viennent maintenant vingt-cinq ans de paix intérieure et extérieure, et le capital agricole de la France pourra doubler.

# ERRATA.

Page 117, ligne 12, au lieu de 200, lisez 220.
Page 167, ligne 15, au lieu de *moins*, lisez *plus*.
Page 272, ligne 4, au lieu de *âmes*, lisez *habitants*.
Page 320, ligne 27, au lieu de 1,200,000, lisez 1,500,000.

# TABLE DES MATIÈRES.

Introduction .................................................. 1
Première région (nord-ouest) ................................... 63
Seconde région (nord-est) ..................................... 125
Troisième région (ouest) ...................................... 185
Quatrième région (sud-est) .................................... 243
Cinquième région (sud-ouest) .................................. 303
Sixième région (centre) ....................................... 361
Conclusion .................................................... 427
Appendice. I. Algérie ......................................... 473
    — II. La Savoie et Nice ................................ 484

# LIBRAIRIE DE GUILLAUMIN ET Cie

## BIBLIOTHÈQUE DES SCIENCES MORALES ET POLITIQUES
### FORMAT GRAND IN-18. — OUVRAGES PUBLIÉS:

**Essai sur l'économie rurale de l'Angleterre, de l'Écosse et de l'Irlande**, par M. L. DE LAVERGNE, membre de l'Institut. 3e édition. 1 vol........ 3 fr. 50

**L'Agriculture et la Population**, par le même, 1 vol........ 3 fr. 50

**Manuel d'Économie politique**, par M. H. BAUDRILLART, professeur au collège de France. 1 vol........ 3 fr. 50
*Couronné par l'Académie française.*

**Œuvres complètes de Fréd. Bastiat**, mises en ordre, revues et annotées par MM. R. DE FONTENAY et PAILLOTTET, 6 vol.. 21 fr.

**Études sur l'Angleterre**, par Léon FAUCHER, membre de l'Institut. 2e édition. — 2 beaux vol........ 7 fr.

**Mélanges d'Économie politique et de finances**, par le même, 2 beaux vol. 7 fr.

**La France avant ses premiers habitants**, et origines nationales de ses populations, par M. MOREAU DE JONNÈS, membre de l'Institut. 1 vol.... 3 fr. 50

**Statistique de l'industrie de la France**, par le même. 1 vol........ 3 fr. 50

**Éléments de statistique**, par le même, 2e édition revue et considérablement augmentée. 1 vol........ 3 fr. 50

**L'abbé de Saint-Pierre**, membre exclu de l'Académie française. SA VIE ET SES ŒUVRES, précédées d'une appréciation et d'un précis historique, suivies du jugement de J. J. Rousseau sur le *projet de paix perpétuelle ou Polysynodie*, ainsi que du projet attribué à Henri IV, et du plan d'Em. Kant pour rendre la paix universelle, etc., avec des notes et des éclaircissements, par G. DE MOLINARI. 1 vol. 3 fr. 50

**Des délits et des peines**, par BECCARIA. — Nouvelle édition, précédée d'une Introduction et accompagnée d'un Commentaire, par M. FAUSTIN-HÉLIE, de l'Institut, cons. à la Cour de cassation. 1 vol. 3 fr.

**Études sur les réformateurs** ou *Socialistes modernes* par M. L. REYBAUD, de l'Institut. 6e édition. 2 beaux vol. 6 fr.
*Couronné par l'Académie française.*

**Histoire du communisme**, par M. Alf. SUDRE. 5e édition. 1 fort vol..... 3 fr. 50
*Couronné par l'Académie française.*

**Philosophie du droit**, par M. LERMINIER, ancien professeur au collège de France. 3e édition. 1 fort vol......... 5 fr.

**Études administratives**, par VIVIEN, membre de l'Institut. 3e édit. 2 vol.... 7 fr.

**Histoire de l'Économie politique**, par BLANQUI, de l'Institut. 3e édit. 2 vol. 7 fr.

**Précis élémentaire de l'Économie politique**, par BLANQUI, membre de l'Institut. 3e édition. Suivi du RÉSUMÉ DE L'HISTOIRE DU COMMERCE, par le même. 2e édition. 1 vol........ 2 fr. 50

**Précis du Droit des Gens moderne de l'Europe**, par MARTENS. Nouvelle édition, accompagnée des notes de PINHEIRO-FERREIRA, précédée d'une introduction, et complétée par l'exposition des doctrines des publicistes contemporains, par M. Ch. VERGÉ, avocat, docteur en droit. 2 vol. 7 fr.

**Tout par le travail**. *Manuel de Morale et d'Économie politique*, par M. LEYMARIE. 1 vol........ 3 fr.
*Mention honorable de l'Académie des sciences morales et politiques.*

**Saint-Simon, sa vie et ses œuvres**, par M. HUBBARD, suivi de fragments des plus célèbres écrits de Saint-Simon. 1 vol. 3 fr.

**Manuel de Morale et d'Économie politique**, à l'usage des classes ouvrières, par M. J. J. RAPET, 1 fort vol.... 3 fr. 50
*Ouvrage auquel l'Académie des sciences morales et politiques a décerné le prix extraordinaire de 10,000 fr.*

**Études de philosophie morale et d'Économie politique**, par M. H. BAUDRILLART. 2 vol........ 7 fr.

**Du Crédit et des Banques**, par CH. COQUELIN. 2e édit. revue et annotée par M. COURCELLE-SENEUIL (1859). 1 v. gr. in-18. 3 f. 50

**Recherches sur la nature et les causes de la richesse des nations**, par Adam SMITH. Traduction de G. GARNIER, avec les notes de tous les commentateurs, la notice biographique de M. BLANQUI, de nouvelles notes et une table analytique des matières, par M. J. GARNIER. 3 v. gr. in-18. 10 fr. 50

**Théorie des sentiments moraux**, par le même, trad. de l'angl. par Mme Sophie DE CONDORCET, suivi d'une *Dissertation sur l'origine des langues*, par la même. Nouv. édit. revue, ann. et précédée d'une introd. par M. BAUDRILLART. 1 v. in-18. 3 fr. 50

**Voyages en France pendant les années 1787, 1788 et 1789**, par Arthur YOUNG. Trad. nouvelle par M. LESAGE, enrichie de notes et précédée d'une introduction par L. DE LAVERGNE de l'Institut. 2 v. gr. in-18 avec une carte........ 7 fr.

**Essai sur l'histoire du Droit français** *depuis les temps anciens jusqu'à nos jours*, par M. F. LAFERRIÈRE, de l'Institut. 2e édit. refondue et augmentée, 2 v. gr. in-18. 7 fr.

**Traité d'Économie politique** par M. Joseph GARNIER. 4e édit. 1 fort vol..... 4 fr. 50

**Voyages en Italie et en Espagne** pendant les années 1787 et 1789, par Arthur YOUNG. Traduction de M. LESAGE, avec une introduction par M. L. DE LAVERGNE, de l'Institut. 1 vol. gr. in-18... 3 fr. 50

www.ingramcontent.com/pod-product-compliance
Lightning Source LLC
Chambersburg PA
CBHW071620230426
43669CB00012B/2012